KB203705

종교의 두 얼굴

평화와 폭력

이 저서는 2009년 교육과학기술부의 재원으로 한국연구재단의 지원을 받아 수행된 연구임
(NRF-812-2009-1-A00)

종교의
두 얼굴

평화와 폭력

박충구 지음

홍성사.

일러두기

본문에 인용한 성경구절은 공동번역을 기준으로 삼았으며, 다른 번역을 사용한 경우 출처를 표기했습니다.

차례

머리말

　　인류 역사에서 종교만큼 오랜 기간 인간의 정신세계를 지배해 온 것이 또 있을까? 그런데 종교는 정신세계 깊은 곳에 평화를 품도록 돕기도 하지만 무서운 증오와 폭력을 배양하기도 한다. 좋은 종교는 평화를 지키며 살아가도록 돕는다. 그러나 나쁜 종교는 평화를 가장한 탐욕을 가르친다. 오늘의 기독교와 한국의 종교를 생각하면서 좋은 종교인가 나쁜 종교인가 내심 질문해 보곤 한다.

　　사실 좋은 종교와 나쁜 종교는 본질적으로 구별되는 것이 아니다. 한자가 의미하는 대로 종교(宗敎) 자체는 높은 가르침을 지향한다. 그러나 그 가르침을 해석하는 사람들이 다르게 해석하는 것이다. 그런 면에서 오늘의 종교는 종교의 가르침을 품은 성직자나 종교 지도자의 산물이라고도 할 수 있다. 종교마다 시원적(始原的)인 가르침에는 높은 뜻이 담겨 있지만 안타깝게도 일평생 신앙의 길을 걸었다고 자부하는 이조차 본래의 가르침을 배반하는 경우를 적지 않게 본다.

나는 근래에 '영혼 구원'이나 '축복'이라는 단어에 익숙한 한국 기독교가 상실한 기독교적 '평화'를 찾기 위해 많은 시간을 보냈다. 역사를 살펴보니 평화라는 이름은 참으로 많았다. 어느 종교든 참된 평화의 길을 추구한다고 주장해 왔다. 하지만 그 안에 평화의 가르침만 있는 것은 아니었다. 심지어 종교 안에 평화라는 이름으로 위장한 폭력도 있었다. 구원과 축복으로 위장된 탐욕도 있었다. 오늘날에도 우리는 일부 종교 지도자의 폭력성과 탐욕이 노골적으로 행사되는 모습을 경험하곤 한다.

그릇된 종교인이 품은 욕망은 반드시 폭력으로 나타난다. 그 욕망이 정치권력과 거룩하지 못한 연대를 이룬다면, 그에 따른 폭력은 생명 세계의 평화를 깊이 파괴한다. 역사적으로 종교 안에 평화보다 평화라는 이름의 폭력이 많았다는 사실이 놀라웠다. 이는 종교 안에 머물고 있는 우리 자신의 진면목을 바로 보게 하는 거울이기도 하다.

평화와 폭력, 종교가 가진 두 얼굴이다. 종교는 평화와 사랑과 정의와 생명의 힘이 있는가 하면, 폭력과 미움과 불평등과 생명을 파괴하는 힘도 있다. 우리 삶에도 평화와 폭력이 공존한다. 우리는 누구인가? 모든 폭력에서 물러서는 평화를 사랑하는 종교인인가, 아니면 평화라는 이름을 앞세워 누군가와 적대하여 싸우고 있는 신앙인인가? 평화의 길을 걷지 않으면 자신도 모르는 사이 결국 폭력의 지배를 삶에 받아들이게 된다. 종교적 폭력, 정신적 폭력, 언어적 폭력, 사회적 폭력, 관계적 폭력, 물리적 폭력, 심리적 폭력에 심지어 전쟁까지 불러들인다.

이 책은 교과부의 저술 지원을 받아 지난 3년간 연구한 결과

물이다. 연구 과제의 제목은 '기독교 평화사상에 관한 종합적 연구'다. 2천 년 기독교 역사를 평화의 관점에서 살펴보았다. 고대 그리스 도시국가가 동경하던 에이레네 사상에서 시작하여 고대 이스라엘의 샬롬, 로마제국의 평화 이해를 거쳐 기독교 역사에 막대한 영향을 끼친 주류 사상가들의 평화사상을 들여다보았다. 아울러 16세기 이후 비주류로 여겼던 소종파의 평화사상을 살피고 현대 독일 교회와 미국 가톨릭교회, 그리고 세계교회협의회(WCC)의 평화사상까지 살펴보았다.

평화를 찾으려 시작한 연구를 마치면서 종교 역사에 평화보다 평화라는 이름의 폭력이 지배적이었음을 알게 되었다. 다른 종교처럼 기독교 역시 평화의 길을 포기한 적은 없었지만 지금까지 진정한 평화를 가르치고 실천해 왔는지에 대해서는 선뜻 긍정하기 어렵다. 역사적으로 정치권력과 손을 잡은 기독교는 폭력적이었다. 전쟁을 지원하고 축복하는가 하면 국가권력을 이용해 다른 신앙을 가진 사람들을 박해하기도 했다. 종교재판소를 차려 놓고 하나님의 이름으로 무수한 생명을 교수대에서 처형하고 화형대에서 불태워 죽이기도 했다. '평화라는 이름의 폭력'이 하나님 신앙을 지키는 수단으로 행사되었던 것이다.

종교의 폭력은 변형된 모습으로 오늘날 우리 삶에도 기생하고 있다. 이 책은 우리 안에 숨어 있는 폭력의 종교에서 벗어나 진정으로 평화로운 종교의 지평을 찾는 길을 모색한다. 나는 이 길에서 평화의 반대는 전쟁이 아니라 다양하게 변형된 폭력임을 깨달았다. 개인, 관계, 집단, 교회, 정치, 경제, 구조 등 곳곳에 기생하는 폭력이 우리의 평화를 파괴하고 있다. 따라서 우리 안의 폭력을 제거하는 일이야말로 평화를 누리는 길의 첫걸음이다.

나는 죄의 현실을 부정하는 이상주의자도, 인간의 죄 된 현실만을 보며 주체적 가능성을 포기하는 사람도 모두 참된 평화에 이르기 어렵다고 생각한다. 우리 삶 깊이 파고든 폭력을 제거하기에는 너무 순진하거나 지나치게 현실주의적인 접근이기 때문이다. 현실적으로 사고하면서 보다 나은 세계를 꿈꾸는 이들이 역사를 변혁시켜 나갈 것이다.

　1980년대 말 동구권이 몰락하면서 주류 교회들은 로마제국 이후 16세기 종교개혁 시대까지 기독교가 일관성 있게 주장한 정당한 전쟁론을 버리기 시작했다. 정당전쟁론은 제국을 등에 업은 강자의 논리다. 그동안 하나님 신앙보다 칼과 창의 힘으로, 오늘날에는 핵무기로 상대방을 위협하여 얻는 평화를 추구해 왔다. 하지만 핵무기는 상대뿐 아니라 자신의 생명까지 위협한다. 일순간에 지구가 생명이 살 수 없는 불모지로 전락할 수 있다는 극단의 위기를 인지한 교회는 정의로운 전쟁론을 버리고 정의로운 평화의 가능성을 모색하기 시작했다.

　기독교는 오랜 세월 정의로운 전쟁을 지지하면서 강한 자의 편을 들었다. 그들의 종교가 되고 싶어 했고, 강자의 종교임을 자랑했다. 정작 예수의 평화, 교회가 추구해야 할 정의로운 평화가 무엇인지에 대해서는 침묵해 왔다. 이제라도 교회가 핵무기와 전쟁을 앞세운 거짓 평화와 폭력의 정치를 버리고, 진정한 평화를 추구하는 것은 참으로 다행한 일이다. 이 책을 읽는 사람들도 자신과 자신 주변에서부터 폭력을 극소화함으로써 평화를 찾고 지키며 나누는 길에 동참하기를 진심으로 바란다.

　이 책이 세상에 나오기까지 여러 분의 도움이 있었다. 이 책의 출판을 허락해 주신 홍성사 정애주 사장님과 책임 편집자와 디자이너에게 감사드린다. 아울러 거친 원고를 세심히 살펴 준 이현석, 김진형 조교와 고양외고 박일성 선생께도 감사한 마음을 전한다. 책이 나오기까지 좋은 제안을 해준 재은, 지현, 성현 그리고 아내 강남순에게도 고마운 마음을 전한다. 마지막으로 분주한 일정 가운데 귀한 시간을 내어 졸고를 읽고 소개 글을 써주신 캐나다의 오강남 교수님, 파리의 정수복 박사님, 서울신학대 유석성 총장님, 그동안 평화를 노래해 오신 홍순관 선생께 따스한 감사의 마음을 전한다.

2013년 8월 감신대에서
박충구

I
고대 그리스의 평화-에이레네

"평화가 있을 때 자식들은 아비를 장사 지낸다. 그러나 전쟁이 일어나면 아비들이 자식들을 장사 지낸다."[1]-헤로도토스

군사문화와 평화

유럽 문명사에서 중요한 위치를 차지하고 있는 그리스-로마 문명의 축은 고대 그리스에서 비롯했다. 청동기시대부터 이어져 내려오던 그리스 역사는 그리스 고전기(BC 510-BC 323)에 이르기까지 무수한 전쟁으로 얼룩져 있었다. 수많은 도시국가 사이에서 아테네와 스파르타가 패권을 장악하기 위해 벌였던 펠로폰네소스 전쟁(BC 431-BC 404)은 그리스 도시국가들의 운명을 바꾸어 놓는 결과를 초래했다. 펠로폰네소스 전쟁 이전에 그리스는 페르시아와의 전쟁을 치러야 했고, 스파르타가 패권을 장악한 이후에는 마케도니아와 전쟁을 해야 했다.

펠로폰네소스 전쟁에 대한 역사적 기록을 남긴 투키디데스 (Thucydides, BC 460~BC 395)는 전쟁의 비참함과 잔인함을 매우 사실적으로 묘사하고 있다.[2] 근 30년에 걸쳐 치러진 펠로폰네소스 전쟁은 스파르타의 승리로 끝났지만, 그리스 전역이 마케도니아에 넘어가는 비운의 결과를 불러왔다. 수십 년에 걸친 전쟁이 그리스 도시국가들의 국력을 쇠약하게 만들었기 때문이다. 투키디데스는 전쟁의 원인을 이렇게 요약하여 말했다. "진짜 이유는 아테네가 점점 강해졌다는 사실, 그리고 그 결과 레세데모니안(스파르타인)의 두려움이 전쟁으로 불가피하게 빠져들게 했다는 데 있었다."[3] 연맹 간에 조약을 통해 유지되던 평화가 깨진 것은 어느 한편이 강대해지고, 다른 편에서는 두려움을 느꼈기 때문이다. 그 결과 평화 조약이 깨지고 전쟁이 일어났다는 것이다.

그리스에서는 패권을 장악하려는 제국주의적 의지와 그 패권에 휘말려 들지 않으려는 두려움과 저항의 의지가 만났을 때 전쟁이 일어났다. 전쟁은 무수한 생명을 삼켰고, 인간의 본성에 잠자고 있던 야수성과 잔인성을 불러냈다. 전쟁에 지면 남자들은 잔인하게 살육당했고, 여자와 아이들은 노예로 잡혀가 온갖 수모를 겪었다. 현대의 전쟁은 국가적 이해관계를 앞세운 군사 충돌이나 외교 갈등에서 촉발되고 국가 간의 평화나 휴전 협약으로 종료되지만, 고대 그리스에서의 전쟁은 어느 한편의 처절한 몰락을 의미했다. 패배를 당한 편이 몰살당하거나 모든 특권을 상실할 뿐 아니라 가족이 비극적으로 해체되는 지경에 이르곤 했기 때문이다.

그리스 철학자들은 인간 내면의 평정에서 평화를 찾고, 참된 행복의 조건으로 정의를 요구하는 덕(德)을 논하기도 했다. 그러나 사회·정치적 긴장 영역에서는 피비린내 나는 전쟁이 계속되었다. 투키디데스는《펠로폰네소스 전쟁(The Peloponnesian War)》에서 전쟁의 원인을 인간 본성의 악함 때문이라고 했다. 그는 인간의 본성은 공격성을 지니고 있으며, 전쟁이란 민의(民意)와는 상관없이 소수의 사람이 결정하는 어리석은 일이라는 견해를 밝혔다. 그는 부유하고 강해진 자들의 오만이 전쟁을 불러오고, 전쟁은 인간의 통제와 조정의 구조 밖에서 예측 불가능한 새로운 사건들을 촉발하게 된다는 점을 여실히 그려 보이고 있다.[4]

그리스 서사문학가 호메로스의 작품《일리아드(Illiad)》와《오디세이(Odyssey)》[5]도 그리스적인 사고와 행동 양식에 대한 풍부한 서사적 진술을 담고 있다. 고대 그리스인에게 자신의 존재와 전통과 정신을 지킨다는 것은 결국 전통과 존재를 훼손하는 행위에 대한 분노와 그에 대한 보복을 정의로운 것으로 간주하는 것이었다. 자신의 것을 지키기 위해 타인으로부터의 위해를 미연에 방지하는 것은, 어쩌면 투키디데스가 펠로폰네소스 전쟁의 원인을 한편의 오만과 다른 편의 공포라고 본 것과 유사하다.《일리아드》에서 전쟁에서 승리를 거둔 아가멤논은 살려 달라고 애원하는 적국 트로이 병사의 호소에 대해 이렇게 단언한다.

> "아니다. 우리는 결코 그들 중의 한 사람도 살려 두지 않을 것이다. 어미의 태에 있는 어린 생명까지 아무도 살아남지 못한다. 그 종족 전체는 흔적도 없이 도말되어 누구도 그들을 기억하며 눈물을 흘리지 못할 것이다."[6]

이는 적대자의 생명과 역사를 철저히 단절시키려는 의도를 드러낸다. 그리스 전쟁 역사에서 찬란한 업적을 남긴 인물로 기억되는 아가멤논은 이렇듯 차갑고 잔인하며 비정함과 혹독함을 갖췄고 미래의 위험을 미연에 방지하기 위한 잔인성까지 지닌 영웅으로 그려지고 있다. 적을 향한 불관용의 원칙은 《오디세이》에서도 드러난다. 적에 대한 관용과 용서의 태도는 결국 적과 투쟁한 조상과 적과 싸우다가 장렬하게 전사한 이들을 욕되게 하는 것이라고 생각하는 전통을 옹호했기 때문이다.

《오디세이》에서 호메로스는 페르시아와의 전쟁에서 숨을 거둔 이들의 원한과 고통에 대한 보복을 민족혼과 연관하여 언급한다. "만일 우리의 자식과 종족을 살해한 자를 징벌하지 않는다면 그 수치는 대대로 전해질 것이다."[7] 이렇게 선언함으로써 승리를 거둔 자는 패배를 자인하는 자들을 자신의 공동체에 해악을 가져온 이들로 규정한다. 즉 그들을 인간적인 존재가 아니라 야수적이거나 악마적인 존재, 사악한 존재로 간주하고 그들을 잔인하게 처형해야 한다고 강조했다. 이런 사례를 들어 호메로스는 《일리아드》에서 "트로이인은 정상적인 인간이 아니라 전쟁광이다"[8]라고 규정한다.

고대 그리스인의 원한과 잔혹한 보복적 행위를 정당화하는 태도에는 아이러니하게도 평화에 대한 이해가 담겨 있다. 그들에게 평화란 오직 승자만이 누릴 수 있는 것으로, 적을 섬멸하고 적을 향해 잔인한 보복을 가한 후에 누릴 수 있는 만족과 기쁨이 동반되어야 참된 평화였다. 반면 이러한 평화는 그들의 종족과 국가 혹은 자신이 속한 집단에 충성하는 길에서 실패하면 상실되고, 그 자리는 비극과 고통과 원한으로 채워진다. 그러나 반대로 성공하면, 그들의 평화는 승리와 기쁨의 근원이 된다.

고대 그리스인이 야만적 전쟁을 통해 얻는 평화는 강한 자만이 누릴 수 있었다. 전쟁에서 승리한 자가 쟁취하는 평화는 사실상 집단의 안녕과 평화와 질서를 오로지 군사주의적인 폭력에 의존하는 것이다. 이런 평화는 잔인하고 야수적인 폭력성을 가진 이들만 누릴 수 있는 평화가 될 수밖에 없다. 결국 군사주의적인 평화는 도시국가의 중심축을 배타적이고 자기중심적인 정신문화로 만들고 강화하는 데 기여했다.

고대 그리스인은 스스로를 운명적으로 선택된 종족이라고 믿었다. 그리하여 자신들이 미학적 교양과 비판적 사고로 특징지어지는 보다 높은 삶의 양태에 도달하도록 운명의 지배를 받는다고 생각했다. 그들의 원칙과 교훈이 다른 민족에게 전파되는 일이 가능하다거나 바람직하리라는 생각을 받아들이지 못했다. 헬레니즘 문명을 위한 모든 주장은 그들의 정신과는 영 맞지 않았다. 문명과 문화 간 교통이 불가능하다는 것이 그리스인의 고정된 원칙이었기 때문이다. 또한 그들의 눈에는 마케도니아의 지배를 거부하는 것처럼 그것이 정당화되었기 때문이다.[9]

배타주의와 잔인성

다른 인종이나 민족에 비해 그리스인은 신 앞에서 자신들만이 특별하다는 선민 의식이 있었기 때문에 그들은 다른 종족과는 다른 운명을 가지고 태어났다고 믿었다. 나치즘을 불러온 아리안 민족의 이데올로기나 고대 이스라엘의 유대주의가 옹호했던 유대인 선민주의도 동일한 맥락에서 이해할 수 있다. 이들은 선민적 특성을 유지·보존하기 위해 배타적 영웅주의를 강화했다. 그리하여 영웅주의를 예찬하는 문헌은 다른 종족을 향해 철저한 배타성과 보복 의지, 그리고 잔인한 행위를 머뭇거림 없이 행할 자세를 갖춘 전사(戰士) 문화를 양성했다.

하지만 그리스 문인 가운데 군사주의적인 보복과 잔인성의 논리에 반대하며 평화주의적 입장을 옹호하는 견해를 피력하는 이들도 적지 않았다. 이들은 전쟁이 불러오는 비참한 살육의 역사를 잊지 않으려 했기에 희극보다는 비극을 노래하곤 했다. 아이스킬로스(Aeschylus, BC 524-BC 436), 소포클레스(Sophocles, BC 496-BC 406), 에우리피데스(Euripides, BC 480-BC 406) 같은 시인은 전쟁의 무의미함과 백해무익을 통찰하고 전쟁이 야기하는 폭력과 고통에 반대하던 고대의 평화주의자들이다.[10] 문학으로 보다 나은 세상을 그리던 일부 문인은 군사주의에 대립하는 의식을 갖고 전쟁보다는 평화를, 폭력보다는 자비와 관용을 노래했다.

에우리피데스는 인간의 잔인성의 책임을 신들에게 돌릴 수 없다고 생각했다. 왜냐하면 인간 본성에는 적대적인 성향이 있어서 신들의 관여와는 상관없이 인간은 적을 만드는 존재라고 생각했기 때문이다. 그는 친구를 사랑하고 적을 미워하는 인간의 심성을 인정하였지만, 과도한 보복에 대해서는 경고를 보냈다.[11] 그는 폭력을 통한 복수의 쾌락과 그 보복을 겪는 이의 말할 수 없는 고통에 대해 고대 그리스 작가 중에서 거의 최초로 언급했다. 그는 피의 보복을 불러오는 증오와 폭력은 결코 신적인 기원을 가진 것이 아니라, 오히려 과도한 인간의 보복성에서 야기하는 것이라고 믿었다.

에우리피데스는 그의 대표적인 비극 《헤라클레스(Heracles)》[12]에서 헤라클레스의 비극적 탄생과 영웅성, 그리고 그의 광기를 그린다. 헤라클레스가 테베의 패배를 바꾸어 승리를 가져오고 영웅이 되지만 결국 광기에 사로잡혀 가족을 죽이고 죄책감에 휩싸이고 만다는 비극적 이야기다. 군사주의 문화와 깊이 연루된 영웅주의는 군사적 위대함이 적으로부터 민족과 국가를 구원한다는 메시지를 드러

18

낸다.

《일리아드》와《오디세이》를 남긴 호메로스도 전쟁과 평화에 대한 엇갈린 의식을 자신의 작품에서 드러내고 있다. 호메로스는 한편에서는 전쟁 영웅에 대한 예찬과 이상화(理想化)를 노래하다가 다른 한편에서는 다수의 인간을 희생으로 몰고 가면서 힘겨루기를 하는 전쟁의 가면을 벗겨 낸다.[13] 호메로스는 전쟁이란 결국 한쪽에서는 전쟁 영웅에 대한 기록을 남기고 다른 쪽에서는 무수한 생명을 짓밟고 살해하는 결과를 가져온다는 이중적 현실을 함축하여 보여 주는 셈이다.

광포한 전쟁의 시대

지중해 연안 반도에 위치했던 고대 그리스는 다수의 주변 도시국가와 끊임없이 전쟁을 해야 했고, 지중해 연안을 넘나드는 해적들과도 늘 싸워야 했다. 이러한 전쟁의 폐해를 플라톤(Platon, BC 428-BC 347)도 잘 알고 있었다. 하지만 그는 전쟁을 어쩔 수 없는 필요악이라 여겼고, 인간 본성에서 비롯하는지도 모른다는 견해를 피력했다. 그는 포악한 정치가는 전쟁을 불러일으켜 국민들이 지도자를 필요로 하게 만든다고 주장하기도 했다.[14] 또한 그는 그리스인은 필연적으로 야만인과 싸워야 하고 야만인은 그리스인과 싸워야 한다고 생각했다. 이런 관계를 일러 그는 자연의 본성에 속한 것이라고 했다. 플라톤은 그리스인의 우월성을 지나치게 신뢰하여 그리스인끼리 싸우는 것은 자연적 본성이라기보다는 일종의 질병과 같은 것이라고 보았다. 그리스인의 인간다움과 우애를 깨는, 그리스인 사이에서 벌어지는 전쟁은 그리스인답지 못한 것이라고 주장했다. 전쟁이란 결국 죄 없는 순진무구한 사람들이 고통을 당하는 것이기 때문에, 결과적

으로 죄책감을 느낄 수밖에 없다는 것이다.[15]

영웅주의 문화는 끊임없이 정복해야 하는 적이 있어야 하고, 그 적을 극복할 수 있는 무예와 폭력의 필연성이 정당화되는 속성을 지닌다. 폭력을 정당화하는 영웅의 이야기를 가진 사회에서 사람들의 일상은 폭력의 지배에 잠식될 수밖에 없고, 마침내 그들 자신의 삶도 파멸에 이르고 마는 비극이 초래된다. 이런 문화에서는 어느 곳에서나 적에 대한 증오와 보복이 허용되는 데 그치는 것이 아니라, 일종의 엄중한 명령이고 사회적 요구였으며, 영웅다움의 조건으로 칭송되기도 했다. 이런 세계에서는 전쟁 영웅을 예찬하는 논리를 극복할 수 있는 평화주의적 가르침을 찾아보기 매우 어렵다.

죽음과 삶의 갈림길

고대 그리스에서 전쟁은 죽음과 삶의 갈림길이었다. 전쟁에서 승리한 편은 패전국 국민을 잔인하게 취급했다. 귀족이나 왕족은 몰살당하기 십상이었고, 남자들은 대개 살육당했으며 가족은 해체되어 노예로 붙잡혀 갔다. 전사들의 입장에서 자기편이 전쟁에 패하는 것은 곧 자신이 죽임 당하고 가족은 뿔뿔이 노예로 잡혀 감을 의미했다. 가정과 사회의 해체를 불러오는 비극은 전쟁에 패한 결과와 직결되었다. 따라서 전쟁이란 단순히 전사들의 싸움이 아니라 공동체와 가족이 살고 죽는 삶의 갈림길이었다. 전쟁 행위 자체가 평안과 일상을 보장받을 것인가, 아니면 모든 것을 상실할 것인가의 문제였던 것이다.

전쟁에서 이기면 패자의 것을 빼앗고 노예로 삼을 수 있지만, 그렇지 않을 경우 반대의 상황에 처했다. 죽느냐 사느냐의 갈림길에서 전사들은 전쟁에서의 승리를 목숨과 같이 여겼다. 이러한 정황이다 보니 배타적 증오는 거의 광기에 가까웠다. 상대를 진압해야 내가 (그리고 우리가) 살 수 있으므로 적대감은 극도로 고조될 수밖에 없었다. 전쟁에서 이길 경우에만 현실적인 보복을 불러올 모든 가능성을 미연에 방지할 수 있었다. 그러므로 고대 그리스인은 현실적으로 나라가 강하고 적을 물리칠 능력이 있어야 비로소 평화가 이루어질 수 있다고 믿었다. 전쟁 영웅과 군사주의는 생존의 수단이자 방법이었던 것이다. 국가와 민족을 대표하는 영웅은 국가를 지킬 힘이 있고, 적을 무참하게 학살할 능력을 갖춘 이들이었다.

그러나 역사는 영웅들의 이야기로만 이어지지 않았다. 영웅주의 문화 이면에는 자식을 전쟁터로 보내거나 자식을 잃고 노예로 잡혀가는 여인들의 한 맺힌 눈물과 고통의 소리도 들려 왔다. 영웅들이 환호하는 평화의 길에서 상대편에 대한 증오와 분노가 강렬할수록 그들의 공동체는 강화되었다. 그러나 영웅들의 이야기가 멈추면 그들의 역사에는 고통과 슬픔이 증폭되었다.

고대 그리스인의 생명관에 의하면, 모든 전쟁의 목적은 타협을 얻어 내기보다 적을 초토화하는 데 있었다. 전사는 전쟁터에서 적의 시체를 훼손하고 유린하며 적의 무기를 훔치거나 담벼락에 적의 머리를 잘라 걸어 두고 몸은 까마귀나 독수리가 쪼아 먹게 버려 둘 수 있었다. 전쟁에 이긴 군대가 패자에게 가한 징벌은 참으로 피비린내 나는 정신착란 행위와 다름없었다. 정복당한 도시는 완전히 파괴되었고 패전국 전사는 그들의 부인과 자식들 앞에서 살육당했으며 시체는 버려져 짐승의 먹잇감이 되었다. 그리스인은 분노가 죽은 자의 운명에 깊은 영향을 줄 수 있다고 믿었기 때문에, 그들이 사체에 가한 잔인한 증오는 오늘날 있을 수 있는 증오보다 훨씬 잔인했다. 여인들은 노예로 팔려 가거나 고역을 치르도록 먼 나라로 보내졌으며 아이들도 노예가 되거나 잔인하게 죽임을 당했다. 정처 없이 떠돌던 시인들은 이런 전투 문명을 기록으로 남겼다.[16]

피아(彼我)의 이중성

전투를 전제한 전쟁 문화에서 그려진 고대 그리스의 평화는 적을 섬멸하고 초토화한 후에나 얻어지는 것이었다. 전쟁 영웅은 관용보다 불관용을, 자비보다 잔혹함을, 그리고 인간다움보다 야수성을 예찬했다. 동시에 이런 문화 이면에 그려지는 자기편 혹은 '우리 편'을 향한 정서는 이런 가치판단의 척도와는 완전히 다르게 형성되었다. 이는 그리스인의 덕목과 우정에 대한 각별한 이해에도 나타난다. 그리스인은 상대에 대한 적대감을 키우면서 한편으로 자기들 간의 우정을 위해 깊이 헌신하는 윤리를 발전시켰다.[17] 이런 이중적 태도는 내 편과 다른 편을 가르고 같은 편에는 깊은 우정을, 다른 편에는 깊은 증오와 적대감을 품는 이중성을 일상화했다.

인간의 존엄에 대한 보편적 인식보다 국가나 사회 혹은 집난의 보존이 더 중요했던 시대의 전쟁 영웅 이야기는 비범함과 더불어 비인도적인 잔인성으로 가득 차 있다. 동정과 연민, 관용과 용서, 타협의 논리는 언제나 우환을 불러올 소지가 있어 이내 갈등을 유발할 원인이라고 보았기 때문에 적을 아예 초토화하거나 불안과 갈등의 여지를 근본적으로 제거하는 것이 훨씬 지혜롭다고 판단했던 것이다. 이런 문화에서 평화란 무서운 살육과 전쟁의 결과였다. 적을 제압하고 승리를 거둔 편만이 평화를 노래할 수 있었다. 고대 그리스 문화 깊은 곳에 배어 있던 정복주의적 평화사상은 결국 로마제국으로 이어져 군사주의가 강화되고 제국주의적인 로마의 평화사상으로 변형되었다.

_____ 종교의 두 얼굴

그리스 신화에 그려진 평화

고대 그리스 도시국가 사이에 끊임없이 전개되었던 전쟁은 전쟁 영웅의 이야기를 남기기도 했지만 전쟁의 폐해에 대한 진술도 남겼다. 전쟁과 평화는 당시 어느 사회도 피할 수 없이 직면해야 하는 현실이었고, 그 현실을 뛰어넘는 비전을 담은 동전의 양면과도 같은 것이었다. 전쟁의 참혹함을 겪어 본 이들은 전쟁을 정당화하는 견해를 추종하기보다 전쟁이 없는 상태를 희구한다. 그리하여 고대 그리스의 잔혹한 전쟁의 역사는 기원전 4세기를 지나면서 보다 평화로운 삶의 방법을 모색하기에 이른다. 이 시기 그리스인이 추구했던 평화가 바로 에이레네(Eirene)다.

본디 에이레네는 그리스 신화에 나오는 여신이다. 에이레네는 제우스의 딸로 봄의 여신이다. 봄의 따스함, 새싹이 돋게 하는 생명력, 얼어붙었던 대지를 녹이는 부드러움, 다양한 꽃을 피우는 계절의 아름다움을 상징한다. 에이레네는 여러 계절 중에서도 가장 생명력 넘치는 봄의 여신인 것이다. 그녀에게는 두 자매가 있는데, 에우노미아(Eunomia)는 조화로움의 질서를 이루어 내는 여신이고 디케(Dike)는 정의의 여신이다. 에이레네는 언제나 두 자매와 동행했다. 봄의 여신은 풍요의 여신과 정의의 여신을 동반한다는 은유가 담겨 있다. 즉 풍요로운 평화의 계절을 상징하는 에이레네는 언제나 질서와 정의를 필요로 한다는 것이다.

그리스 신화는 에이레네를 통해 봄과 같은 생명력, 풍요와 정의를 동반한 평화를 드러낸다. 늘 두 자매와 동행하는 에이레네는 가슴에 아기를 안고 있는데, 그 아기는 부유의 신 플루토스(Plutus)다.[18] 이런 이미지는 평화를 의미하는 에이레네가 홀로 있지 않고 질서와 정의 그리고 풍요를 불러온다는 것을 암시한다. 평화는 땅의 풍요와 정의 그리고 질서와 부유함 없이 존재할 수 없다는 것이다.

그리스인은 에이레네 반대편에 있는 것이 전쟁이라고 생각했다. 전쟁은 곧 생명력과 따스함을 짓밟고 질서와 정의를 파괴하는 것이라고 여긴 셈이다. 전쟁은 땅의 평화를 파괴하고 생명을 죽이며 풍요를 짓밟아 버리는 폭력을 수반하기 때문이다. 헤로도토스 (Herodotus, BC 484-BC 430)는 "평화가 있을 때 자식들은 아비를 장사 지낸다. 그러나 전쟁이 일어나면 아비들이 자식들을 장사 지낸다"고 전쟁의 슬픔을 노래했다.[19] 전쟁과 평화는 동반자가 될 수 없는 운명으로 서로 적대적일 수밖에 없는 셈이다. 전쟁은 젊은이들을 죽음으로 몰아가는 잔혹한 것이며, 아비의 가슴에 고통을 초래한다는 견해는 사실 고대 그리스 작가들이 이구동성으로 외친 것이다.

그러나 정치 현실은 그렇지 않았다. 군사적 우위를 점하지 않으면 나라가 위태롭고, 나라가 위태로워지면 백성이 적에게 잡혀가 노예로 전락할 수 있었기 때문이다. 이런 점에서 에이레네는 정치 현실이 불러온 평화로운 시대에만 의미를 가지는 것인지도 모른다. 하지만 에이레네는 언제나 정의와 질서, 부유함을 향한 그리스인의 염원과 동경이 담긴 상징이었다. 사실상 에이레네가 지닌 속성은 서로 갈등하며 부딪히는 요소이기도 하다. 보다 나은 정의를 요구하는 소리는 기존 질서와 부딪히기 때문이다. 이상적인 현실에 이르지 못하는 경우 현존 질서를 지키려면 정의가 유보되어야 하고, 정의가 집행되려면 현존하는 질서가 부정될 수밖에 없기 때문이다.

이런 이유로 그리스인이 발전시킨 평화사상의 본질은 '평화란 잠정적인 성격을 가진다'는 것이다. 평화를 얻기 위해서는 정의와 질서가 지켜져야 했고, 평화가 번영과 부유함을 가져오는 것이어야 한다면 이는 오로지 전쟁에서 이긴 상태에서만 보장되는 것이었다. 하지만 그렇게 얻은 평화조차 또다시 다른 전쟁의 위협 아래 놓일 수밖에 없었다. 어느 한편이 전쟁에 패하면 기존 질서가 무너지고, 기존 질서가 무너질 때에는 더욱더 정의가 훼손되었기 때문에 평화는 끊임없이 훼방받을 수밖에 없었다. 이렇듯 그리스인에게는 평화란 쉽게 정의되거나 실현되지 못하는 것이었고, 안정적이기보다는 유동적이며 불안한 것이었다. 평화는 언제나 위협받고 있었기에, 그들은 불안한 평화라도 지켜 낼 방책을 모색해야만 했다.

평정(ataraxia)의 길

그리스인은 오랜 세월을 전쟁 속에 보낸 후에야 비로소 자신들과 야만인이라고 간주했던 상대편 사이에, 그리고 자유인과 노예 사이에 극복할 수 없는 높은 장벽이 존재하고 있다는 생각을 버리기 시작했다. 그들의 문화·종족적 오만이 사라져 갈 무렵 스토아주의자들은 도시인과 세계인 사이를 잇는 사상적 토대를 제시했다. 키프로스의 제논(Zenon, BC 322–BC 264)은 도시국가에 충성을 약속하는 국가주의의 지평을 넘어서서 일종의 이상적인 보편 사회(an ideal universal society: cosmopolis)라는 관념을 받아들여 모든 사람이 협력하여 세상을 가꾸는 이상을 제시했다. 그는 법과 덕과 질서는 이성의 안내를 받는 도시민의 합의에서 형성될 수 있다고 믿었다. 인간다움과 평화 위에 세워진 보편 사회가 스토아주의를 제창한 제논의 꿈이었다. 제논은 이상적인 평화 사회란 반드시 정의에 기초해야 하되 오직 사랑의 법에 따르는 사회여야 한다고 믿었던 철학자다.

스토아주의자들이 보편적인 이성의 법을 신뢰하는 세계관으로 시공간적으로 협소한 가치들을 극복하는 무정부적 태도를 키웠다면, 에피쿠로스학파 사람들은 보편보다는 개별성을 중시하여 세계시민이나 세계도시라는 개념 자체가 개인을 구속하고 거대한 집단이나 이념을 위한 도구적 역할자로 전락시킨다고 생각했다. 제도는 자연의 산물이 아니라 인위의 구조물로서 인간을 억압하는 기제라고 보는 관점이 작용했다. 그리하여 에피쿠로스학파 사람들은 정치적 선전이나 열심으로 치닫는 억압과 폭력을 멀리하려 했다. 이들은 마음의 평화를 지키기 위해 개인의 자유와 권리를 지키는 일 이외의 것에는 다소 무관심했다. 그들은 집단의 이데올로기나 정치적 선전이 열심주의를 조장하고 급기야는 갈등을 초래한다는 것을 파악한 사람들이었다.

스토아학파와 에피쿠로스학파에서 이해한 보편 이성에 근거한 합리적 평화와 개인의 권리와 존재가 지켜지는 가운데 가질 수 있는 심정적 평화사상은 집단과 개인, 정치 이념과 탈이념, 집단 가치와 개인 가치라는 관점에서 비교될 수 있다. 그러나 이들의 관심은 한결같이 참된 평정, 아타락시아(ataraxia)와 평화를 찾는 데 있었다. 이들과 다른 관점에서 필로(Philo, BC 30-AD 50)가 창시한 회의론적 전통은 어떤 심오한 철학과 이념이라 할지라도 참된 진리를 부인하거나 확증할 수 없다는 입장에서 신속한 가치판단보다는 현실에 대한 감각적 이해와 주관에 따른 이해의 다양성을 인정하는 입장이었다.

기원전 4세기 이후 평화에 대한 인문학적 이해는 고대 그리스 사회의 전쟁 영웅을 중심으로 하는 평화 이해와는 다른 것이었다. 전쟁 영웅들의 세계에서 도시국가의 생존 없이는 평화와 번영이 불가능했기에 평화란 전쟁에서 승리하고 패배자를 정복하며 지배할 때에 얻어지는 것이었다. 그러나 피비린내 나는 정치·군사적 평화는 그리스 철학자들의 관점에서 볼 때, 이성에 근거한 보편 정신이나 개인의 소중함을 인식하는 인도적 도덕성, 인간의 인식론적 한계를 부정하는 것이었다. 그리하여 철학자들은 나름대로 각자의 전통에 서서 보복과 정복의 평화와는 다른 보다 보편적인 평화를 자신의 사상에 그려 냈던 것이다.

협약적 평화: 에이레네(εἰρήνη)

기원전 4세기경에 이르러 에이레네는 영어의 peace와 같은 의미로 사용되기 시작했다. peace는 일종의 합의, 타협, 약속의 결과로서의 평화를 의미한다. 협약을 맺기 전에 품고 있던 적대성의 포기를 약속하고 실천하겠다는 정치윤리적 의무를 담고 있는 것이다.

하지만 고대 그리스에서는 사실의 조건(condition of a fact), 즉 법적 기제가 평화를 보장하는 의미로 사용되기도 했다. 평화로운 질서가 보장될 때 사람들은 농사를 짓고 풍요로운 수확을 거두어들일 수 있었기 때문에, 평화로운 조건은 정치적 타협과 약속이기도 했지만, 종교적으로는 신의 선물이기도 했다.[20] 에이레네라는 단어는 후대로 갈수록 합의와 약속, 타협의 의미를 담은 평화를 지칭하는 통상어로 사용된 셈이다.

그리스인은 이런 평화를 담아낼 수 있는 사회적 조건을 도시국가에서 찾았다. 초기 그리스 역사에서 도시국가들은 전쟁과 폭력이라는 방편을 통해 안전을 지키려 했다. 그러나 시간이 흐를수록 전쟁을 통해 얻는 평화가 잠정적이고 불안한 것이었기에 도시국가들은 새로운 생존 전략을 찾게 되었다. 그리하여 도시국가들은 다수가 서로를 견제하는 형태의 권력 균형을 이룸으로써 평화로운 상태를 유지하고 상대적인 안정을 취하는 것이 보다 지혜롭다는 합의에 이르렀다. 동맹 관계에 토대를 둔 협약을 체결함으로써 상호 평화를 보장할 의무를 부과하기 시작한 것이다.[21]

이러한 정치적 판단에 이르게 될 무렵 그리스인은 자신들의 집단을 우상화하던 가치 구조를 극복하고 보다 보편적인 가치를 찾아나섰다. 한때 그들은 도시국가를 제국주의적으로 이해하여 이웃 나라를 침략하고 점령함으로써 자국의 영토와 세력을 확장해 나가려했다. 그러나 시간이 갈수록 그리스인은 지중해 연안을 모두 점령하여 하나의 지배권을 획득하는 일은 그리 쉬운 일이 아니라는 현실을 받아들이기 시작했다. 동시에 상대 국가의 국민도 자신들과 동류임을 인식하기에 이르렀다. 그리하여 연맹체 간에 법적인 약속을 통해 갈등을 피하고 평화를 지키겠다는 조약을 체결함으로써 공동 평화의 길을 모색했다.

그리스 도시국가들이 정복주의적 힘의 평화를 추구하던 시대를 벗어나 평화 조약을 통해 다축의 힘의 균형 속에 공동의 평화를 추구할 수 있다고 믿게 된 데는 아마도 보편적인 합리성을 추구했던 철학자들의 영향이 컸을 것이다. 왕의 평화는 군대에 의한 평화였지만 도시국가들이 공동의 약속을 통해 얻은 평화는 진정한 의미에서의 평화, 즉 도시국가 시민들이 누릴 수 있는 평화였다. 이런 협약적 평화는 평화스러운 미래를 약속하고 보장하는 것이었기에, 일반인이 미래의 행복을 예측하고 준비할 수 있는 토대였다. 영웅들이 가져오는 평화는 늘 불안한 평화였지만, 동맹체 간 체결한 협약에 토대를 둔 평화에 대한 약속은 안정된 미래를 가늠하게 해주었다.

평화를 이루기 위한 조약은 일단 아테네를 중심으로 델로스 동맹 체제로 유지됐고, 스파르타는 펠로폰네소스 반도를 중심으로 펠로폰네소스 동맹체의 맹주를 이루게 했다. 그리고 그리스 도시국가와 페르시아 왕 사이에도 이런 유의 동맹이 체결되었다.[22] 비록 도시국가들은 각기 독립적으로 분립되어 있었지만 동맹 체제를 통해 그리스라는 하나의 공동적 운명과 종족성을 인정하면서 상호 평화를 얻으려 했던 것이다. 시공간적으로 협소한 배타적 소민족주의를 벗어나 보다 보편적인 세계에서 합의의 방식으로 평화를 추구하려 했다는 점에서 그들은 원시적 적대성을 극복하고 진일보했던 셈이다.

협약은 성격에 따라 여러 양태를 지녔다. 종교적 제의를 통한 협약은 델포이 신전에서의 신탁에 따라 형성된 암픽티온 동맹(Amphictyonic league)[23]이었다. 이는 이론적으로는 독립적이고 자유로운 도시국가 간의 협약체 심마치스(Symmachies), 진정한 의미에서 국가 간 연방체인 심폴리티스(Sympolities), 몇몇 국가 간에 타협을 통해 만들어진 일반 평화협약(treaties of koine eirene) 등이다.

이런 협약들은 대개 불가침과 보복의 약속이라는 두 가지 측면을 지녔다. 우선 협약에 가입한 국가들은 의무가 있었는데, 특히 암픽티온 동맹은 연합체에 가입한 도시국가는 다른 도시국가를 파괴하거나, 도시민을 굶주리게 하거나, 용수 공급로를 차단하는 행위를 하지 않는다는 인도주의적 의무를 강조했다. 만일 이러한 원칙을 어길 경우 협약 상대 나라들은 약속을 어긴 나라를 파괴할 것이라는 보복적 책무를 명시했다.[24]

평화의 적

그러나 평화 협약은 약속이 지켜질 때만 유효한 것이었다. 약속을 파기하게 만드는 평화의 적은 외부보다는 공동체 내부에 기생하고 있었다. 역사를 돌아보면 평화의 약속은 잘 지켜지지 않았고, 진정한 평화를 보존하는 데는 늘 역부족이었다. 영웅주의와 애국주의를 그리워하는 공동체 내의 보수주의자들은 타협이나 조약에 의한 평화를 거부하고 자신들만의 영웅적 승리를 통해 평화를 쟁취하려는 제국주의적 환상을 버리지 못했다. 이런 정치적 야욕으로 인해 협약에 의한 잠정적 평화도, 제국주의적인 야망에 따른 평화도 그리스인은 실현하지 못했다. 그들이 현실적으로 대망하던 평화는 장기간 주어지지 않았다. 오히려 지중해 연안의 강대한 도시국가들이 벌인 야망의 길은 끊임없는 전쟁의 여정이었고, 어버이들이 자식의 시체를 땅에 묻어야 하는 슬픔의 역사를 이어 갔다.

사실 공동 협약을 통해 잠정적인 평화를 유지하는 것은 스스로를 상대화하지 않고서는 지킬 수 없는 약속이었다. 다자간에 일반 평화를 추구하려는 공동 평화 협약이 간혹 도시국가 개체의 자율성을 앞세우면서 이기적인 평화주의나 중립성을 추구하는 경향을 불러오기도 했다.[25] 이는 정당한 대가를 치르지 않고 얻으려는 평화였다는 관점에서 나온 비판이다. 그 당시 독자적으로 남다른 번영을 구가하던 아테네는 시간이 지날수록 스스로를 위대한 강국으로 오판하기 시작했고, 아테네의 보수주의자들은 더욱 강력한 국가주의와 애국주의를 불러일으키려 했다.

그 결과 아테네는 그리스 도시국가들의 평화를 파괴하는 도시국가로 전락했다. 자기 집단의 우월성에 빠져 이웃 간의 평화를 파괴했기 때문이다. 이때 일어난 전쟁이 아테네 진영과 스파르타 진영 사이에서 일어난 펠로폰네소스 전쟁이다. 근 30년간 치러진 전쟁은 아테네의 패배로 막을 내렸다. 전쟁을 통해 자국의 힘을 과시하고 다른 도시를 식민지로 만들고 그 시민들을 노예로 삼으려는 제국주의적 욕망을 버리지 못한 아테네는 지역적 분파의 맹주로 우뚝 서서 지중해를 지배하려 했다. 그러나 오히려 스스로를 몰락으로 몰고 가는 결과를 초래하고 말았다.

아테네와 싸우기 위해 페르시아의 도움을 받은 스파르타도 승리를 거두긴 했지만, 오랜 기간의 전쟁으로 국력을 소모한 결과 몰락의 길을 걷게 되었다. 작은 도시국가들이 연방에 의한 평화를 그렇게도 희구하였음에도, 아테네와 스파르타 등 상대적으로 강한 도시국가들이 연방제에 의한 평화를 추구하기보다 제국주의적인 야망의 길을 선택하면서 몰락으로 치닫고 말았다.

도시국가 소시민들의 의지와는 전혀 상관없이 일어난 펠로폰네소스 전쟁은, 영웅주의에 사로잡힌 소수 정치가의 야욕이 도시국가를 몰락하게 했다는 역사적 교훈을 남겼다. 고대 그리스 사회에서 한 도시국가가 자신을 둘러싼 도시국가들을 배타하며 무력으로 정복하여 얻으려 했던 평화는 진정한 평화일 수 없었다. 이웃을 적으로 읽어 내야 하는 적대적 영웅주의만 있고, 이웃과의 평화를 도모하는 길은 막혀 있었기 때문이다.

이웃 도시국가를 그리스의 일부로, 하나의 공동 운명이라고 인식할 때 비로소 그리스 도시국가들은 조약을 바탕으로 서로를 적대하지 않으면서 동시에 압도적인 강한 군대를 키우지 않아도 되는 관계를 형성할 수 있었다. 다자간 평화조약을 통해 그리스인은 신들의 이야기에서 그려 오던 에이레네, 즉 정의와 따스함과 생명력이 넘치는 평화의 계절 속에 풍요를 가슴에 품을 수 있었다. 그러나 평화주의적인 노력은 전쟁을 예찬하는 호전론자들에 의해 밀려나고 말았다.

펠로폰네소스 전쟁으로 쇠약해진 스파르타가 마케도니아에 점령되고, 기원전 198년 로마와 마케도니아 간에 벌어진 2차 마케도니아 전쟁에서 로마제국이 승리를 쟁취하자, 그리스 도시국가들은 로마제국에 복속되어 정치적 자율성을 상실하게 된다. 그리하여 지중해 연안에서 그리스의 협약적 평화(eirene) 개념은 종식되었고, 로마의 평화(Pax Romana)라는 새로운 사상이 대두되었다.

II
로마의 평화 - 팍스 로마나

"당신들이 나타나면서 혼란과 폭동이 사라졌습니다. 도처에 질서가 찾아들었으며 삶과 국가에 밝은 빛이 비쳤고 법이 제정되었으며 신들의 제단은 신앙으로 넘쳤습니다." - 아리스티데스

제국의 흥망성쇠

기원전 4세기경 그리스 도시국가들은 펠로폰네소스 전쟁으로 몰락하기 시작했다. 마케도니아와 페르시아가 강성해지면서 그리스 문명은 폐쇄적인 지정학적 입장에서 벗어나 동양 문명과 만나 헬레니즘 문명을 꽃피우게 되었다. 이 당시 지중해 연안에 자리 잡고 있던 도시국가 로마는 그 세력을 확대하여 기원전 2세기경 강력한 제국으로 성장할 토대를 마련했다. 그리스 문명과 동양의 문명이 만날 무렵 지중해 연안과 유럽이 로마의 지배에 복속되어 갔던 것이다. 지중해 연안을 평정한 로마는 주변 국가들을 끊임없이 종속시키면서

국경을 확대하여 지배 영역을 확장해 나갔다.

오랫동안 도시국가로 존재했던 로마가 제국으로서의 면모를 갖추게 된 것은 기원전 27년 옥타비아누스(Octavianus, BC 63-AD 14)가 악티움 해전(BC 31)에서 안토니우스와 이집트의 클레오파트라의 연합군을 패배시킨 후 로마의 최고 권력자로 들어선 이후부터다. 로마 원로원은 전쟁에서 승리를 거두고 돌아온 옥타비아누스에게 아우구스투스(Augustus) 황제라는 칭호를 부여했다. 아우구스투스 치하(BC 27-AD 14)에서 예수가 태어났다.

로마제국은 아우구스투스 황제 통치기부터 근 백여 년에 이르는 평화의 시기를 맞게 되는데, 이 기간에는 내전이나 외부의 위협이 없었고 영토는 더욱 확장되어 갔다. 일반적으로 로마의 평화(Pax Romana)란 아우구스투스 황제가 악티움 해전에서 승리를 거두고 원로원에 의해 평화를 상징하는 제단이 만들어진 시점부터 마르쿠스 아우렐리우스(Marcus Aurelius, 121-180) 황제가 세상을 떠날 때까지의 상대적으로 큰 전쟁이 없던 시기를 지칭한다. 이 평화 기간에 제국의 국경은 5백만 제곱킬로미터 이상 확장되었다.

로마제국은 지중해 동부 헬레니즘 문화권과 이집트, 팔레스타인 서부의 옛 카르타고, 이스파니아와 길리아 등 기존 영토에 이어 브리타니아와 라인 강 서쪽의 게르마니아, 그리스 북쪽까지 영토를 넓혔다. 이 광대한 영토를 다스리기 위해 아우구스투스 황제는 제도 개혁에 앞장섰다. 자연법 학자들을 통해 법 제도를 정비하여 보편적 정의 개념을 발달시켰고, 정치적으로는 정복과 유화 정책을 병행했다. 로마제국과 융합이 쉬운 지역을 직접적인 정복의 대상으로 삼았고, 개별 문화적 특성이 강한 인접 나라들은 속국으로 삼아 국경에서의 마찰을 피함으로써 방위비를 줄이는 전략을 취했다.

아우구스투스의 통치가 끝나고 티베리우스가 실권을 잡았으나 정치적으로 불안한 통치를 했다. 티베리우스의 의붓아들인 네로가 정권을 이어받았으나 그도 실정을 반복했다. 이후 아우구스투스 통치하에 이룩한 평화의 그늘 아래 로마는 정치적 갈등과 권력 투쟁의 나날을 보내게 된다. 무수한 황제가 엇갈리다가 마침내 395년 테오도시우스 1세에 이르러 그는 제국을 둘로 나누어 두 아들에게 넘겨주었다. 그리하여 로마제국은 동로마제국과 서로마제국으로 분열되었다. 실질적으로 황제 중심의 통치가 어려웠던 서로마제국은 476년 게르만 용병대장 오도아케르에 의해 멸망했다.

한편 동로마제국은 6세기 서로마제국이 잃어버린 영토를 회복하는 데 전력을 기울여 이탈리아, 북아프리카, 이스파니아 등을 되찾았다. 그러나 동로마제국은 점차 그리스 문화권에 편입되어 비잔티움제국으로 변모해 갔다. 십자군 전쟁의 여파로 세력이 약해지다가 마침내 1453년 오스만제국의 침공으로 콘스탄티노플이 함락되면서 당시 황제였던 콘스탄티누스 11세가 로마제국의 마지막 황제가 되는 비운을 맞았다. 무려 1,500년에 걸친 로마제국 흥망성쇠의 역사가 막을 내린 것이다.

보편적인 평화?

장구한 내전을 치른 후 지중해와 유럽을 석권한 로마는 비로소 평화에 대한 이념을 세워 나가기 시작했다. 이때 가장 큰 공헌을 한 사상 체계는 세계시민국가를 꿈꾸던 스토아주의였다. 로마제국이라는 하나의 통치 체제를 통해 세상이 균형을 이루고 평화를 나눌 수 있는 보편 사회에 대한 이상을 제공해 주었기 때문이다. 로마 지식인들은 스토아사상이 내세우던 범세계적 국가를 로마제국이 달성할 수 있다고 여겼을 것이다. 그러나 실상 로마의 평화는 다수의 민족을 폭력으로 굴종시켜 얻는 산물이었다.

　　로마제국은 스토아철학을 수용해 제국의 질서를 이성적으로 옹호하는 데 이용했다. 국경 밖에서는 끊임없이 군사주의적인 정복의 길을 걸으면서 국경 안에서는 스토아학파의 이성적 평정을 예찬했다. 이렇듯 제국의 길은 정복과 평정이라는 극한의 모순을 함축하고 있었다. 그 결과 역사가들은 로마제국을 향해 두 가지 상반된 평가를 내렸다. 한편에서는 "신의 도움 없이는 이처럼 거대한 제국을 세울 수 없었다"라고 경이로움과 예찬을 보내는가 하면, 다른 편에서는 "로마인은 이 세상의 약탈자들이다. (…) 만일 적이 부유하면 그들은 강탈하고, 적이 가난하면 그들을 지배한다. 동방도 서방도 그들을 만족시키지 못했다. (…) 그들은 약탈하고 살육하고 빼앗으면서 그것을 '제국'이라 부르고, 폐허로 만들면서 '평화'라고 부른다"라는 혹독한 평가가 내려졌다.[1]

　　로마제국을 옹호하는 이들은 로마의 평화, 아우구스투스의 평화를 끝없이 찬양했다. 로마제국 이전의 지중해 연안만이 아니라 도처에서 끝없는 혼란과 무수한 전쟁에 처해야 했던 과거를 돌아본다면, 로마제국이 이룩한 광대한 제국의 통일성은 제국의 시민으로 살아가는 이들에게는 한없는 자긍심과 자부심을 불어넣었을 것이다. 로마의 강대한 힘의 그늘 아래 시민들이 나누었던 풍요와 번영과 안전은 황금시대를 충분히 이룩하고도 남았다. 로마가 지배하기 전에는 혼란스러웠지만, 로마가 지배하면서 질서가 찾아왔다. 내전이 끝없이 일어나고 도둑들이 출현하던 위험한 세계는 사라지고 평온한 거리와 평화로운 삶이 보장되는 듯 보였다.

　　그리하여 시인은 이렇게 노래했다. "당신들이 나타나면서 혼란과 폭동이 사라졌습니다. 도처에 질서가 찾아들었으며 삶과 국가에 밝은 빛이 비쳤고 법이 제정되었으며 신들의 제단은 신앙으로 넘쳤습니다."[2] 지중해 연안부터 북해까지, 그리고 사하라와 유프라테스까지 광활한 지역에 로마의 평화가 찾아왔다. 어떤 세력도 이를 파괴하거나 멈추게 할 수 없었다. 예술과 상업과 농업이 발달했고 교역이 성행했다. 시인들은 "지금 도시들은 광채와 우아함을 발하고 있으며 온 세상이 유원지처럼 꾸며지고 있다"[3]고 칭송했다.

평화의 그늘

시인들은 로마제국의 평화의 그늘 아래 일어나는 사건들을 고발했다. 제국의 힘이 강대해질수록 제국에 저항하는 세력은 말살당해야 했다. 살아남은 이들은 제국의 권위에 복종하고 침묵하거나 예찬하는 사람들이었다. 과거 고대 그리스 군사문화에 담겨 있던 정복과 살육과 승리의 충동은 로마제국에서 더욱 정교하게 증폭되었다. 폭정에 저항하는 반란이 도처에서 일어났기 때문에 로마제국은 반란자나 비적(匪賊)을 소탕하기 위해 강경하고 잔인한 진압 방법을 사용했다. 그리스의 군사문화가 적을 소탕하고 승리를 쟁취함으로써 안전과 평화를 도모하는 것이었다면, 로마의 군사문화는 정복과 지배와 진압의 제전으로 이어졌다.

로마의 지배자들은 로마제국에 저항하는 이들을 십자가에 매달아 처형했다. 로마의 평화 시대를 불러온 아우구스투스 시대에 예수가 태어났고 살았으며 십자가에 처형당했다. 당시 십자가 처형이란 제국의 평화에 맞서는 저항자나 반란자에게 주어진 형벌이었다. 이 점을 미루어 본다면 예수는 로마의 평화를 저해하는 저항자로 간주되었던 것이다.

국경에서는 끊임없이 전쟁이 일어났고, 전쟁에 패한 진영은 무참한 학살을 겪었으며, 반란자에 대한 피비린내 나는 처형이 이어졌다. 하지만 로마제국 중심부에는 국경과는 달리 끊임없는 승리의 기쁜 소식이 전해졌고, 강대한 제국 로마에 대한 찬양과 축제가 이어졌다. 로마는 시민권을 가진 이들에게는 특권을 부여한 반면 포로들은 노예로 삼았다. 제국의 위대함과 더불어 제국의 폭력이 불러온 사건들은 공생애를 전후하여 예수가 살았던 나사렛 지경까지 공포와 모욕과 두려움을 안겨 주기에 충분했다.

유다와 갈릴래아(지금의 갈릴리)에 배속된 로마 장군과 총독은 계속해서 십자가 처형을 집행함으로써 주민들을 위협해 더 이상 저항하지 못하도록 했다. 즉 기원전 4년에 대대적으로 일어난 반란에 보복하기 위해 로마의 장군 바루스는 성읍을 불태우고 시골을 초토화한 후 반란자들의 거점을 소탕하고 마침내 2천여 명을 십자가에 처형했다.[4]

동족이 잔인하게 처형당하는 장면을 목도하는 것은 로마에 대한 두려움의 엄습이었을 뿐 아니라 공포와 모욕 그 자체였다. 로마는 잔인한 처형 방법을 사용함으로써 절대 권력을 행사했다. 어느 누구도 감히 로마의 권위에 맞서지 못하게 하려 했던 것이다. 로마인은 인도적인 통치 방법이란 결국 피정복민의 저항과 반란 의식을 키우는 현명하지 못한 지배 방식이라고 생각했다. 이런 방식으로 로마는 지중해 연안과 유럽 전역에 걸쳐 광대한 지배 영역을 키워 갔다.

로마의 평화

'로마의 평화(Pax Romana)'라는 표현에 담긴 라틴어 팍스(Pax)는 그리스의 에이레네와 흡사한 신화적 이해에서 유래했다. 기원전 13년 7월 4일 아우구스투스 황제가 이스파니아와 갈리아(Hispania and Gaul) 전투에서 승리를 거둔 것을 기념하고 그의 업적을 기리기 위해 로마 하원은 아우구스투스의 평화의 제단(Ara Pacis Augustae)을 건립하는 데 합의했다. 평화의 제단 벽에는 평화의 여신 팍스와 번영과 풍요를 상징하는 그림들이 배경을 이루고 있다.[5]

그리스 신화의 에이레네와 유사한 특성의 여신 팍스에게 평화의 제단이 바쳐졌는데, 학자들은 여신 팍스를 베누스라고 하기도 하고, 로마의 어머니 지구의 여신 텔루스 혹은 비옥한 땅의 여신 세레스라고도 해석했다. 특히 이탈리아 고고학자 톨레리(Mario Tolleri)는 이 여신에게 베누스와 땅의 여신, 그리고 평화의 여신의 속성이 모두 담겨 있다고 주장하기도 했다.[6]

평화로 해석되는 라틴어 '팍스'는 '약속을 매듭짓다'는 의미의 동사 'pacisci'와 어원적으로 관계되는데, 원래 평화를 의미하는 말은 아니었다.[7] 팍스는 쌍방 혹은 그 이상의 주체들이 가지는 일종의 관계 혹은 그런 관계를 이루어 낸 합의나 약속을 뜻하는 말이었다. 예컨대 전쟁을 종료하고 친선 관계나 동맹 관계로 들어가기로 약속하는 조약 같은 것이다. 그러나 로마인이 이 단어를 사용했을 때 의미한 바는 원래의 그 뜻이 아니었다. 쌍방이 일종의 약속을 통해 서로 의무를 부과하는 협약을 의미하는 것이 아니라 순전히 '패배한 국가의 무조건적인 항복(the unconditional surrender of the defeated state)'[8]을 의미했다. 이런 이유로 이 단어는 '부과하다', '양보하다' 혹은 '명령하다'라는 의미로 해석되기도 한다.

따라서 비록 평화라고 번역되지만 팍스는 의지를 가진 쌍방의 합의에서 나온 것이 아니라 로마 군대의 승리에 따른 결과로서 얻어지는 평화를 의미했던 것이다. 그러므로 팍스는 쌍방 혹은 여러 주체가 합의하여 약속한 조약에서 이루어지는 평화로운 상태를 지시하는 그리스어 에이레네와는 다른 의미를 지니고 있다고 볼 수 있다. 그리스어 에이레네가 합의를 통해 즉시 적대성을 포기하고 새로운 관계로 들어가는 상태를 의미하는 데 비해, 팍스는 도덕적 의무나 요건을 부수하지 않기 때문이다. 또한 에이레네는 조약에 따른 전쟁의 종료를 함축하지만 팍스는 전쟁의 종료 상태를 의미하는 것도 아니었다.

팍스가 로마 세계에서 일방적인 평화라는 의미로 통용되게 된 데에는 스토아철학이 기여했다. 스토아철학은 모든 감정으로부터 차단된 이성적 질서를 예찬했다. 따라서 구체적인 삶의 현실에 대한 애증의 감정을 멀리하는 데서 정신적 희열을 얻으려 했다. 동시에 스토아학파는 제국의 보편 가치를 보다 확장하는 일에 있어 에피쿠로스학파보다 더욱 정치적이었다.

이런 점에서 스토아학파는 로마의 어두운 면보다 세계를 하나로 엮어 내는 제국의 위대함에 자부심을 느끼며 긍정적 동의를 보냈다. 로마 철학자들의 지지를 받으면서 로마의 평화를 의미하는 라틴어 팍스 로마나는 제국의 신민들에게 진정한 평화 상태가 분명 아님에도 평화를 의미하는 용어가 되었다. 그리하여 로마인은 아우구스투스의 통치 아래 이루어졌던 평화를 일러 "동서남북 모든 영토에 걸쳐 펼쳐진 로마의 평화가 세상의 모든 구석구석에 도적 떼의 횡포로부터 안전을 보장하는 것"[9]이라고 주장하기에 이르렀다.

억압과 풍요의 이중성

에스파냐와 알프스 지역에서 전쟁이 계속되고 있었지만 아우구스투스 황제는 로마의 평화를 선언하며 평화의 제단 제의를 두 번이나 집행했다. 이때의 평화는 전쟁의 부재가 아니라 모든 원수가 박멸당하고 저항 능력을 완전히 상실한 상태를 의미했다. 그러므로 로마의 평화란 군사력의 우위로 상대를 완전히 진압한 상태를 의미한다. 어용 작가들은 로마의 위대함을 자랑했고 로마의 가치, 삶, 군사적 우위, 그리고 군사력을 통해 얻은 풍요를 노래했다. 따라서 그들의 글에는, 이 세상의 평화란 로마의 통치가 이루어지는 곳에서 실현되는 것이라는 믿음이 풍겨 났다.

그리하여 로마제국은 국경을 끝없이 확장하고 지배력을 과시하며 정복된 이들을 복종시키며 끝없는 착취의 길을 걸었다.[10] 제국을 뒷받침한 사상적 배경에는 타민족의 자율성과 존엄성을 인정하지 않는 무자비한 차별의식이 있었다. 이 차별의식에 인종과 종교가 더해지고 정치의식이 더해져 그 잔인성은 강화되었다. 피정복민이 전통적 삶의 방식과 문화를 묻혀 올 때 로마인들에게 낯선 비로마적인 요소들로 인해 피정복민에 대한 타자화가 더욱 깊어져 차별이 심해졌기 때문이다. 이런 잔인한 정치를 필두로 확장에 확장을 거듭해 온 로마제국이 평화를 외쳤다면 과연 그것은 어떤 평화였을까?

> 제국에는 평화가 있으며, 모든 인민을 위한 정의의 보증이 있다. 제국의 개념은 단 한 사람의 지휘자가 지휘하는 전 지구적 음악회로, 사회 평화를 유지하고 윤리적인 진리를 만들어 내는 단일한 권력으로 나타난다. 그리고 이러한 목적을 달성하기 위해 필요할 때마다 단일한 권력에게, 국경에서는 야만인에게 대항하여, 내부적으로는 반란자들에 대항해 정당한 전쟁을 수행하는 데 필요한 무력이 주어졌다.[11]

로마의 평화란 무력에 의한 것이었다. 여기에는 제국의 오만이 중심에 자리 잡고 있었다. 제국이 자국의 평화를 지키기 위해 행사한 사법권에 대해 이탈리아의 정치철학자 네그리는 이렇게 설명한다.

> (제국의) 사법적 개념은 두 가지 근본적인 경향을 포함하고 있다. 첫 번째는 제국이 문명이라고 생각하는 전체 공간, 즉 끝없고 보편적인 공간을 덮는 새로운 질서의 구축 속에서 긍정되는 권리 관념이고, 두 번째는 제국의 윤리적 근거 안에 모든 시간을 포괄하는 권리 관념이다. 제국은 역사적 시간을 소진하고 역사를 중단시키며 자국의 윤리 질서 안에 과거와 미래를 소환한다. 달리 말하면 제국은 자국의 질서가 영구하고 영원하며 필연적이라고 한다는 것이다.[12]

이 정도면 제국이란 인간 집단이 아니라 신적인 권위를 가진다고 보아도 무방하다. 이러한 제국의 정신을 종교적 차원까지 확대하여 재생산한 결과 형성된 로마의 세신은 다름 아닌 로마를 위해 헌신한 왕과 영웅들을 신격화한 산물이었다. 제국을 위해 영웅적 삶을 살아간 그들은 사후에 로마제국의 정치가들에 의해 신으로 추앙받았다. 스스로를 높인 로마제국은 인간다움의 길이 아닌 영웅의 길, 잔인한 영웅을 예찬하는 가치를 비범하게 옹호했다. 제국의 평화는 잔인한 영웅들에 의해 확장되고 수호되었다. 그러나 동시에 제국의 평화는 제국에 적대적인 이들에게는 악몽과 같은 비극과 수치를 불러왔다.

폭력적 평화

로마제국의 평화는 약자의 관점에서 본다면 부패하고 타락한

_____ 종교의두얼굴

포악한 평화였다. 제국의 주권 자체가 부패한 것일 수밖에 없었던 것은 제국의 권력이 약소국가들을 파괴하고, 정복하고, 빼앗고, 기만하고, 죽이는 데서 형성되었기 때문이다. 이런 속성은 로마제국은 물론 중국과 일본 제국주의에서 그리고 끝없이 변형된 현대 제국주의에서도 찾아볼 수 있다.[13]

다른 민족을 무력으로 로마의 지배에 복속시켜 얻는 평화,[14] 그것이 로마제국의 평화였다. 무자비한 압제와 착취를 가하면서도 제국들은 스스로를 우월한 존재로 간주하고 자랑스럽게 여겼다. 로마제국 역시 로마의 법과 삶의 방식을 가장 우월한 것으로 여기고 이를 다른 세계에 부과하는 과제를 성공적으로 수행했다는 자만과 확신을 가졌다.

대규모의 군사력 유지와 무수한 전쟁을 통해 영토가 끊임없이 확장되었기에 로마는 제국 안에서 내적인 통일과 단결을 요구받고 있었다. 한편으로는 무력으로 빼앗은 새로운 영토에서 끌어모은 재화가 유입되면서 로마 사회는 풍요와 사치와 향락에 빠졌다. 국경 너머에서는 전쟁이 있었지만 로마 시민들은 평화와 풍요를 누릴 수 있었다. 제국주의적인 삶의 방식이 가장 진보적인 것이라는 신념도 강화되었다. 그러나 다른 한편에서 로마인은 군대와 로마법에 따른 질서와 사회 원칙을 세워 나갔다. 제국에 모여든 다양한 민족의 종교와 문화와 관습에 대해 관용하면서도 로마는 로마의 법과 정치적 권위에 있어서는 일사불란한 지배 구조를 갖추었던 것이다.

그리하여 로마제국주의는 로마의 평화라는 이념과 맞물려 일종의 정치 이데올로기로 발전해 나갔다. 로마의 평화라는 이데올로기는 평화라는 이름은 있었지만, 전쟁의 종식이나 친선 혹은 동맹관계를 통해 번영과 풍요를 나누기 위하여 상대의 사회적 안정을 깨는 행위나 생존을 위협해 불이익을 주려는 의도와 행위를 즉각 멈추어야 한다는 상생의 국제정치적 의무를 담고 있던 그리스의 에이레네 사상과는 판이하게 달랐다. 오로지 로마제국의 일방적이며 압도적인 승리를 통해 상대편의 인간다움을 압살하고 얻는 평화였다. 이 평화는 로마제국의 위대함을 예찬하는 이들을 통해 증폭되고, 비로마적인 요소들은 야만적인 것이어서 제거해야 하며 정복해야 한다는 신념을 지속시켰던 것이다.

평화와 전쟁 이데올로기

로마는 제국의 깃발이 세워지는 곳에는 야만이 제거되고 로마의 법과 문화가 이식되어 고등 문명이 꽃피게 된다는 이데올로기를 만들었다. 그리하여 그 문명이 전 세계에 전해지고 이식되도록 모든 족속이 로마제국에 복속되어야 한다는 당위를 강조했다. 이는 로마제국의 시민이 아니라면 평정과 평화를 누릴 수 없다는 의미이기도 했다. 이러한 제국주의적인 평화 이해는 주변 국가들에 내한 오만한 폭정을 정당화했다. 사실상 로마의 일방적인 힘에 의한 평화는 무수한 국가와 국민들을 노예 상태로 전락시키는 요인이기도 했다. 한 피억압민 지도자는 로마의 평화에 기만당하는 동족을 향해 이렇게 탄식하기도 했다.

그대는 노예의 자유가 얼마나 다른 것인지 실제로 경험하여 알게 되었을 것이다. 이전에 그대들 중 몇몇이 무엇이 더 좋은 것인가에 대해 알지 못하는 동안, 로마인의 그럴듯한 약속에 기만당해 왔다. 그리고 이제 조상들이 살아오던 삶의 방식보다 외국에서 유입된 독재를 더 선호한 것이 얼마나 큰 오류인지 알게 되었다. 또 그대들은 노예의 부유함보다 주인이 없는 가난함이 얼마나 좋은 것인지 깨달았을 것이다. 로마인이 영국에 나타난 이후 우리가 고통을 겪지 않았다는 수치스럽고 슬픈 주장에 대한 응답은 무엇인가? 우리는 우리 땅에 머무르는 그들에게 세금을 바침으로써 사실상 모든 소유와 위대한 것들을 강탈당한 것 아닌가? 우리의 모든 자원으로 그들을 위해 가축을 키우고 땅을 경작하는 것 외에도 우리 몸에 대해서도 매년 일정한 세금을 바쳐 오지 않았는가? 단번에 모든 것을 지배자들에게 넘겨주는 편이 그저 이름뿐인 자유로 매년 속량해야 하는 것보다 훨씬 낫지 않겠는가?[15]

이는 로마의 평화를 로마인의 눈이 아닌 피정복민의 관점에서 바라본 주장이다. 로마인이 아닌 이들에게 로마의 평화란 박탈과 고통, 치욕과 죽음, 침묵과 굴종의 삶을 의미하는 것이었다.

로마인이 사용하던 비텔리우스의 은화에는 승리의 여신이 새겨져 있다. 로마인은 이 은화에 완전 무장한 로마 병사가 한쪽 어깨에 군기를 메고, 다른 편 어깨로 승리의 여신을 떠받치고 있는 모습을 새긴 후 '전쟁신 승리자(Mars Victor)'라는 문구를 담아 넣었다. 다른 동전에는 적의 무기를 밟고 서서 로마 여신의 보호를 받으며 앉아 있는 승리의 여신이 새겨져 있다. 또한 트라야누스의 동전에는 로마 여신이 적의 목을 짓밟고 있는 장면이 새겨져 있다.[16]

로마인은 은화에 로마 황제들의 영웅적인 모습을 담기도 했고, 피정복민의 참담한 모습을 그려 넣어 자신들의 강대함을 자랑하기도 했다. 결박당한 포로와 울부짖는 여인들의 형상이 그려진 동전이나, 포로의 머리 위로 말을 타고 달리는 황제의 모습을 담은 동전도 있었다. 군사주의적 힘의 우위를 앞세워 인간성을 짓밟는 형상을 담은 동전들은 로마인에게는 자부심을 불러오는 것이었지만, 피정복민에게는 수치와 굴욕의 감정을 불러일으켰을 것이다. 이렇듯 로마의 동전은 로마의 평화란 무력에 의해 유지되는 평화, 무장을 해제한 평화가 아니라 무장한 정복자의 평화라는 사실을 암시한다.[17]

억압자의 평화

정치적인 면에서 로마의 평화는 형식적 원리로 모든 사람에게 주어진 것같이 선전되었으나 실상은 로마의 기준과 원칙에 따라 로마인만의 평화를 보장하는 것이었다. 일반인들은 로마 병사를 비판하거나 그에 저항하는 것이 금지되었지만, 로마 병사는 일반인들을 불러 노역을 시킬 수 있었다. 로마인의 기준이 일반적으로 적용되면서 사회의 질서와 평화가 유지되었지만 그 평화는 보편적인 평화가 아니라 로마인의 평화였기에 피정복민에게는 억압과 강요와 통제를 의미했다.

평화와 제국주의의 군사적 명령의 일치에 대해 아우구스투스 황제의 보고서에는 이런 기록이 남아 있다. "나는 우리의 명령에 복종하지 않는 민족과 인접해 있는 로마 민족의 모든 식민지에서 경계선을 확장해 나갔다. 나는 갈리아와 에스파냐, 그리고 게르만 민족에게 평화를 주었다."[18] 로마의 정치적 지배가 정복을 통해 피지배 민족에게서 달성될 때 이는 곧 평화를 베푸는 일이라 여겨졌던 것이다.

여기서 우리는 로마의 정치에 보편적 정의를 위한 정치가 부재했다는 사실을 알 수 있다. 왜냐하면 로마의 평화란 칼과 창이 정의를 결정하고 로마의 군사력이 이루어 내는 억압의 산물이었기 때문이다. 억압자와 피억압자 사이에서 로마의 평화는 철저히 억압자의 것이었다. 따라서 로마의 평화가 누구를 위한 평화인가를 묻는다면 그 대답은 자명했다. 로마의 군사적 법과 질서에 복종하는 이들의 것이었다.

제국의 질서

억압적 평화는 상대적으로 자유와 안전을 불러오기도 했다. 강력한 군사적 힘이 무질서한 물리적 위협을 억죄고 있었기 때문에 그 어느 때보다 도적이나 강도의 강탈 행위가 없었다. 자칫 잘못하면 로마의 권력을 거부하는 자로 몰려 희생될 수 있었기에 분쟁이나 다툼조차 일으켜서는 안 되었다. 복종은 생명을 보장받고 상대적인 자유를 누리는 길이었다. 이 정황에 대해 로마의 역사를 기록한 아리스티데스는 "과거에 도시들은 상호적인 적대감과 소요로 인해 멸망할 위기에 놓여 있었지만, 지금은 동일한 지배자를 갖게 되어 갑자기 생기를 띠게 되었다"[19]고 기록하고 있다.

> 팍스 로마나는 점령군과 관료들이 뒤늦게 채택한 경험적 이념의 산물이었지만, 그 이념의 점진적 확장은 로마인에게 팍스 로마나야말로 전 세계를 위한 최선의 삶의 방식이라고 느끼게 했다. 승리를 정치·군사적 작전의 최종 목적으로 여긴 적이 결코 없었다. 다만 다음 목적을 향한 이행적 단계로 여겼다. 최종 목적은 하나의 권위 아래 모든 세계의 거주민이 통합되는 것이었다.[20]

로마의 군사적 평화는 제국의 영토를 끊임없이 넓혀 가면서 제국의 법과 원칙을 적용하는 도상에서 확산되었다. 하나의 위대한 제국, 그것은 예수 시대에 존재한 현실이었다. 제국은 강대했다. 제국이 강대해질수록 그에 버금가는 권위가 형성되었다. 그 결과 로마의 평화를 불러오는 위대한 지도자들에 대한 신격화 작업이 이루어졌다.

제국 안에서 이루어지는 교역과 경제 활동은 점차 활기를 띠었고, 로마 지배 계층의 부유함은 그 어느 시대의 화려함에 비할 바가 아니었다. 풍요와 번영을 불러온 시대의 지도자들을 향한 칭송은 무수한 시를 낳았고, 로마의 황제들로 하여금 신에 버금가는 권위와 오만을 품게 했다. 그들은 사람과 족속을 죽이고 살릴 수 있는 힘을 부여받았고, 화려한 궁전에서 지상에서 얻을 수 있는 최고의 사치와 향락을 누렸다.

반면 피억압자의 편에서 본다면 로마의 통치는 폭정이었다. 무거운 세금을 징수했으며 피억압자의 역사는 억압받았고 피정복민의 자유로운 자치 능력은 부정되었다. 로마제국에서 피정복민에게서 수탈한 것 가운데 가장 좋은 것은 육상과 수로를 통하여 로마 중심부로 보내졌다. 제국의 존재는 제국의 신민을 위한 것이 아니라 지배자들의 만족을 위한 것이었다. 심지어 사람들은 "우리가 로마의 새원이 되는 것을 감수해야 하며, 로마가 우리의 재산을 관리하는 것을 허용해야 한다"[21]고 주장할 정도였다.

로마의 평화가 지속되는 동안 지배 계층은 시간이 갈수록 더욱 사치스러워지고 더 깊은 탐욕에 빠졌다. 과거에는 도둑들이 설쳐 댔지만 이제는 공적 권력을 가진 세력이 합법적인 힘으로 민중을 착취했다. 페트로니우스는 이 정황에 대해 이런 기록을 남겼다.

> 로마는 이미 전 세계, 땅과 바다, 그리고 해와 달이 비추는 모든 것을 정복했다. 중무장한 갤리선이 큰 물결을 가르며 오고 갔다. 금을 비롯해 호화찬란한 보화를 가진 변방의 해안이나 멀리 떨어져 있는 나라

는 적으로 간주되었다. 로마는 그 나라를 극악무도한 전쟁을 통해 폐허로 만들고 전리품을 획득하려 했다. 향락은 더 이상 매력을 끌지 못했으며, 서민들에게 일상적인 즐거움도 가져다주지 못했다. 병사들은 고린도산 청동을 매우 좋아했으며, 성 안에서 자줏빛 옷감 같은 값진 보화를 찾아다녔다. 여기서는 대리석이, 저기서는 중국산 비단이 약탈되었으며 아랍족의 초원을 빼앗았다. 보라! 손상된 평화의 또 다른 상처와 치욕을…… 아시아의 숲에서는 맹수를 사냥했으며, 아몬 신이 광야 도처에서 발견되었다. 먼 곳에서 온 호랑이는 으르렁거리며 관중을 위협하고, 철창을 넘어 갈채를 보내는 관중이 보는 앞에서 인간의 피를 마신다.[22]

로마는 지배자의 위대함이 피지배자의 열등함을 지배하는 문화를 낳았다. 로마의 자연법론자들은 합법적인 법이론을 통해 보다 보편적인 가치를 세워 나갈 것을 요구했지만 그것은 단지 형식 논리였다. 사실상 이상적이고 보편화된 정의를 세워 나갈 만한 역량과 지도력을 갖춘 지배자는 거의 없었다. 오히려 피통치자들에게 로마의 법은 압제의 도구였고, 지배자들은 초법적인 권력을 행사했다. 법은 로마인을 옹호하는 데 이용되었고, 피지배자와 로마인이 갈등할 경우 로마인의 이익과 권리를 옹호하는 데 적용되었다. 로마의 병사들이 가진 특권에 대한 기록은 이런 사실을 여지없이 보여 준다.

가장 중요한 것은 민간인이 너를 때릴 수 없다는 사실이다. 오히려 병사로부터 얻어맞은 민간인이 이러한 사실을 숨기고 집정관에게 부러진 이와 시퍼렇게 멍든 얼굴, 그리고 아직까지 남아 있지 않지만 의사가 치료할 수 없을지도 모르는 눈을 숨길 것이다. 민간인이 처벌을 원

한다면 군화를 신은 자가 심리를 맡게 될 것이며, 긴 배심원석에는 우
람한 근육의 배심원이 앉아 있게 될 것이다.[23]

로마의 광대한 영토에서 권력은 지역 행정관에게 위임되었으나
통제되지는 않았다. 황제 스스로 자신이 인간이라는 사실을 잊을 정
도였다. 심지어 로마의 시인들은 황제를 신으로 예찬했다. 위대한 로
마제국은 신의 선물이었고, 위대한 로마가 지속되는 것은 신의 뜻으
로 이해되었다. 그러므로 로마의 황제는 위대한 신의 아들이었고, 신
에 버금가는 영예와 숭배의 대상이 되었다. 그는 소수민족의 생살여
탈권을 쥐고서 누구에게는 자유롭게 살 것을, 누구에게는 노예로 살
것을 결정하는 존재였다.

정복자의 평화

로마의 평화란 사실상 정복자 제국주의의 평화였다. 피정복민
들에게 사회·정치·종교·경제 등 모든 영역에서 로마의 특권과 우상
화를 견뎌야 하는 수치와 모욕과 굴종을 불러오는 것이었다. 도시국
가 로마를 제국으로 발돋움하게 만든 아우구스투스의 위업을 기리
기 위해 로마인은 평화의 제단을 세웠다. 이 평화의 제단에 새겨진
신들은 아이러니하게도 창을 들고 서 있다. 그들이 예찬한 평화는 무
기를 들고 지키는 평화, 군사주의에 의한 평화, 가해자의 평화였던 것
이다.[24]

평화의 제단 제의를 통해 소개된 평화의 여신에 대한 이미지는
로마의 정치 이데올로기가 어떻게 그리스의 평화의 여신을 변형하여
이용하는지 보여 준다. 그리스의 평화가 협정에 의해 전쟁을 종료하
는 의미에서의 평화였다면, 로마의 평화는 제국의 군대에 의해 제국

을 끝없이 확장함으로써 로마의 통치가 이루어지는 현실을 뜻하는 것이다. 전쟁의 종료를 의미하는 평화가 아니라 전쟁과 무력이 다른 편을 굴종시키는 힘의 평화, 군사주의적 평화, 제국주의적 평화로 자리 잡은 것이다. 이 시대 한복판에 나타난 예수는 사실상 로마 평화의 걸림돌이었다.

> 예수가 두 명의 강도 — 이 명칭은 당시에는 반란을 일으킨 사람을 지칭했다 — 와 함께 십자가에 달렸다는 사실(막 15:27)도 이 사건의 정치적 성격을 조명해 준다. 예수의 죄목 또한 '유다인의 왕'(막 15:26)이었다. 이러한 일련의 사실은, 예수가 로마 총독의 눈에는 기존의 평화를 위협하는 반도(叛徒)로 비추어졌음을 암시한다. 평화를 위협하는 자는 힘에 의해 합법적으로 제거되었다. 이러한 사실로부터, 예수가 로마와 다르게 평화를 이해했을 뿐 아니라 로마의 평화에 대립되는 행위를 했다는 것이 드러난다.[25]

로마의 평화 시대에 예수는 로마 총독 빌라도의 법정에서 재판을 받았고, 로마 군병들이 지켜보는 가운데 골고다 언덕에서 십자가에 달려 처형당했다. 로마의 평화가 선포되었던 시기는 예수와 그의 제자들에게는 격심한 고통과 번민의 시기였을 것이다. 예수의 공생애는 바로 이러한 현장에서 시작되었다. 제국이 예찬하고 환호하며 자랑하던 로마의 평화가 있었으나, 예수는 아이러니하게 이렇게 말했다. "내가 너희에게 주는 평화는 이 세상이 주는 것과 같지 않다." (요 14:27). 예수는 자신의 평화사상이 로마의 평화와는 전혀 다르다는 사실을 깊이 인식하고 있었다.

Ⅲ
구약성서의 평화-샬롬

"여호와는 네게 복을 주시고 너를 지키시기를 원하며 여호와는 그의 얼굴을 네게 비추사 은혜 베푸시기를 원하며 여호와는 그 얼굴을 네게로 향하여 드사 평화 주시기를 원하노라"(민수기 6: 24-26).

샬롬의 의미

히브리어 '샬롬(שָׁלוֹם)'은 신학적 의미가 담긴 개념이다. 구약성서 곳곳에서 사용되는 이 단어는 단순히 개인적이고 영성적인 차원에서 사용된 것이 아니라, 고대 이스라엘 사람들의 역사에서 하나님의 구원을 희구할 때 그들이 꿈꾸던 삶의 의미에 대한 답변이기도 했다. 그리고 샬롬은 그들이 지루하고 고통스러운 역사 현실을 넘어 바라본 희망으로서 역사의 목적이기도 했으며, 궁극적으로는 역사에 개입하시는 하나님의 역사(役事)를 통해 성취되는 종말론적 희망을 담아 내던 단어다. 그러므로 구약성서의 샬롬은 하나님과의 관계, 이웃과의 관계, 그리고 사람과 자연과의 관계를 총칭하는 상징적인 용어라 할 수 있다.

이렇듯 성서에서 말하는 샬롬(shalom)[1]은 한마디로 정의하기 어려운 단어다. 이 용어로 고대 이스라엘 사람들은 자신들이 바라는 평화란 부분적인 것이 아니라 전체적인 것이고, 구체적인 것이라기보다 추상적인 것이며, 인간적인 것이기보다 하나님과의 깊은 관련성을 내포하는 것이라는 생각을 담으려 했다. 개인적으로 본다면 샬롬이란 건강하고 건실한 삶, 번영을 구가하는 희망을 지닌 삶의 내용을 포괄한다. 이 개념이 공동체에 적용될 때에는 전쟁이 없고 평온한 상태를 지시하고 종교적인 의미에서는 하나님이 임재하시고 동행하시는 삶의 기쁨과 환희, 구원을 함축한다. 그래서 샬롬은 히브리인들에게 이 모든 의미를 담은 평안의 인사말로도 사용되었다.

> 인간과 그 동료 인간 그리고 자연을 향해 하나님이 의도하는 관계를 지시하는 구약성서의 자료에서 지속적으로 널리 사용되어 온 상징어가 샬롬이다. 우리는 이 단어를 일반적으로 평화라고 번역한다. 성서 본문에서 샬롬은 폭넓은 의미를 담고 있다. 그 핵심 의미는 전체, 건강, 안전과 같은 것이다. 전체, 건강, 안전이란 외적인 사회·정치적 격동기에 개인의 안녕을 의미하는 것이 아니다. 샬롬은 좌절과 주변 환경에 대한 관심에서 도피하는 마음의 평화를 말하는 것이 아니다. 샬롬은 사회적 실존의 독특한 상태를 지시한다. 오히려 모든 요구와 필요가 충족되는, 하나님과 인간과 자연이 친교의 관계를 나누는, 그리고 모든 창조물을 향한 성취가 이루어지는 실존의 상태다.[2]

이렇듯 구약성서에 담긴 샬롬 사상은 포괄적인 개념으로서 개인 실존의 의미에서부터 사회적 존재로서의 인간, 그리고 하나님과의 관계에 놓여 있는 모든 피조물을 아우를 수 있는 총체적인 것이라고 할 수 있다. 따라서 샬롬 사상은 고대 그리스의 정치적 평화인 협약적 평화(eirene)나, 로마의 정복적인 폭력의 지배가 가져오는 로마인들의 평화(Pax Romana)와 그 성격이 근본적으로 다른 것이다.

히브리인이 하나님과의 관계에서 이해한 평화는, 창조주 하나님과 히브리인 사이에 맺은 계약 관계에 기초한다. 이스라엘을 억압 상태에서 해방하고, 가난한 자와 과부와 고아와 나그네의 편을 드시는 하나님은, 창조 세계를 향해 긍정하는 동시에 약자를 향해 깊은 동정(compassion)을 품고 계신 분이다. 당신이 창조한 세계를 바라보시며 '좋다!'고 생각하시는 하나님은, 인간 중심적인 하나님이나 남성 중심적인 하나님이나 국가 중심적인 하나님이 아니라 생명을 지으신 생명의 하나님이다.[3]

성서의 하나님은 혼돈 가운데서 당신이 지으신 세계를 바라보며 긍정하신다. 그 세계는 생명이 살 수 있는 빛과 물이 있는 세계이며, 초목과 짐승과 인간이 살아가는 공동 세계다. 그리고 그 세계에서는 생명 간에 폭력적 해함이 없다. 샬롬은 이런 건강하고 풍요로우며 생명력이 넘치는 원(原)평화(Ur-Frieden)의 상태를 이르는 말이다. 구약 신학자 폰 라트는 이 상태를 해함이 없는 온전함(Ganzheit), 그리고 하나님이 보시기에 좋은 건강한 상태(Wohlsein)라고 이해했다.[4]

샬롬의 신학

샬롬의 신학적 전거를 창조신학과 더불어 구약성서의 계약법전 사상에서 찾아 볼 수 있다. 이스라엘 백성의 본질을 하나님에 의해 지음을 받은 존재로 규정하고 그들이 피조물로서 창조주의 뜻에 따라 살아갈 의무를 담고 있는 내용이 계약법전(Covenant Code)이라면, 핵심은 '하나님이 동정이 많으시니 너희도 동정을 품고 살아야 한다'는 데 있다(출 22:27). 그렇지 않을 경우 성서는 비록 하나님의 백성이라 할지라도 파멸이 닥칠 것을 예고한다. 샬롬은 하나님과 하나님 백성 사이에 있어야 하되 그 조건은 하나님 백성과 약자 사이에 먼저 있어야 한다는 것이다.

이런 의미에서 야훼 하나님과 계약 관계를 통해 하나님의 백성이 된 고대 이스라엘 백성은 평화란 단순히 개인적이거나 정치적인 것 혹은 군사적인 수단을 통해 얻을 수 있는 것이 아니라 하나님의 축복이라고 여겼다. 이 평화를 얻기 위해 그들은 하나님의 백성다운 관계를 맺으며 살아야 한다고 믿었다. 하나님의 백성은 자애로우신 하나님처럼 깊은 동정을 품고 살아야 한다는 것이다. 이렇게 살아가는 이들에게 주어지는 평화는 하나님의 선물이며, 하나님의 구속이고 구원이며, 의와 성의가 넘치는 상태를 의미한다. 이렇듯 샬롬은 개인적인 것이기보다는 공동적인 것이다. 이는 또한 전쟁에서 승리를 거둔 후 누릴 수 있는 평화는 물론이고 깊은 화해와 공감을 나누며 공동으로 삶을 나누는 상태를 의미했다. 여기에는 인간들끼리의 평화만이 아니라 하나님의 창조 세계와 더불어 생명과 희망을 나누는 공동의 정서도 깃들어 있다.

따라서 샬롬이라는 단어에는 인간들이 주체가 되어 이루어 내는 전쟁이 없는 상태라든지 협약을 통한 잠정적 평화 혹은 로마의 평화와 같이 어느 한편의 폭력적 힘이 만들어 내는 억눌린 평화가 아니다. 오히려 하나님과의 관계에서 하나님에 의해 이루어지는 것으로 하나님의 선물이다. 하나님은 빛과 어둠, 평화와 재앙을 다스리시는 분이시기에(사 45:7) 인간에게 평화의 깊은 근원은 인간의 수단과 방법이 아니라 하나님이라고 믿었기 때문이다. 그러므로 샬롬은 하나님과 계약을 맺은 백성이 그 계약에 충실하게 살아갈 때 하나님이 주시는 약속의 선물이다. 이런 맥락에서 창세기 12장에서 하나님은 아브람과 계약을 맺고 그를 축복할 것을 약속하신다.

> 주님께서 아브람에게 말씀하셨다. "너는 네가 살고 있는 땅과, 네가 난 곳과, 너의 아버지의 집을 떠나서, 내가 보여 주는 땅으로 가거라. 내가 너로 큰 민족이 되게 하고, 너에게 복을 주어서, 네가 크게 이름을 떨치게 하겠다. 너는 복의 근원이 될 것이다. 너를 축복하는 사람에게는 내가 복을 베풀고, 너를 저주하는 사람에게는 내가 저주를 내릴 것이다. 땅에 사는 모든 민족이 너로 말미암아 복을 받을 것이다." 아브람은 주님께서 말씀하신 대로 길을 떠났다(창 12:1-4상, 새번역).

히브리적 사유에서 본다면 하나님은 복의 근원이자 평화의 근원이시다. 이런 관점에서 계약법전은 하나님의 백성에게 하나님을 경외하고 이웃을 사랑하라는 내용을 담고 있는데, 특히 약자들에 대한 보호법(출 22:20-27)과 사회정의와 복지에 관한 법(출 23:1-13)은 독특한 성격을 가진다. 이들 법에서 법적 규정의 성격은 일방적인 요구가 아니라 조건적 요구다. 하나님의 백성이 되는 조건은 결국 그들이 약자와 더불어 정의롭고 공정한 사회를 이루어 나가야 한다는 사회윤리적 조건과 분리되어 이해할 수 없다는 것이다.

> 너희는 너희에게 몸 붙여 사는 나그네를 학대하거나 억압해서는 안 된다. 너희도 이집트 땅에서 몸 붙여 살던 나그네였다. 너희는 과부나

고아를 괴롭히면 안 된다. 너희가 그들을 괴롭혀서, 그들이 나에게 부르짖으면, 나는 반드시 그들의 부르짖음을 들어주겠다. 나는 분노를 터뜨려서, 너희를 칼로 죽이겠다. 그렇게 되면, 너희 아내는 과부가 될 것이며, 너희 자식들은 고아가 될 것이다. 너희가 너희 가운데서 가난하게 사는 나의 백성에게 돈을 꾸어 주었으면, 너희는 그에게 빚쟁이처럼 재촉해서도 안 되고, 이자를 받아도 안 된다. 너희가 정녕 너희 이웃에게서 겉옷을 담보로 잡거든, 해가 지기 전에 그에게 돌려주어야 한다. 그가 덮을 것이라고는 오직 그것뿐이다. 몸을 가릴 것이라고는 그것밖에 없는데, 그가 무엇을 덮고 자겠느냐? 그가 나에게 부르짖으면 자애로운 나는 들어 주지 않을 수 없다(출 22:21-27, 새번역).

너희는 근거 없는 말을 해서는 안 된다. 거짓 증언을 하여 죄인의 편을 들어서는 안 된다. 다수의 사람들이 잘못을 저지를 때에도 그들을 따라가서는 안 되며, 다수의 사람들이 정의를 굽게 하는 증언을 할 때에도 그들을 따라가서는 안 된다. 너희는 또한 가난한 사람의 송사라고 해서 치우쳐서 두둔해서도 안 된다. 너희는 또한 원수의 소나 나귀가 길을 잃고 헤매는 것을 보거든, 반드시 그것을 임자에게 돌려주어야 한다. 너희가 너희를 미워하는 사람의 나귀가 짐에 눌려서 쓰러진 것을 보거든, 그것을 그대로 내버려 두지 말고, 반드시 임자가 나귀를 일으켜 세우는 것을 도와주어야 한다. 너희는 가난한 사람의 송사라고 해서 그에게 불리한 판결을 내려서는 안 된다. 거짓 고발을 물리쳐라. 죄 없는 사람과 의로운 사람을 죽여서는 안 된다. 나는 악인을 의롭다고 하지 않기 때문이다. 너희는 뇌물을 받아서는 안 된다. 뇌물은 사람의 눈을 멀게 하고, 의로운 사람의 말을 왜곡시킨다. 너희는 너희에게 몸 붙여 사는 나그네를 억압해서는 안 된다. 너희도 이집트 땅에서 나그네로 몸 붙여 살았으니, 나그네의 서러움을 잘 알 것이다. 너희는 여섯 해 동안은 밭에 씨를 뿌려서, 그 소출을 거두어들이고, 일곱째 해에는 땅을 놀리고 묵혀서, 거기서 자라는 것은 무엇이나 가난한 사람들이 먹게 하고, 그렇게 하고도 남은 것은 들짐승이 먹게 해야 한다. 너희의 포도밭과 올리브 밭도 그렇게 해야 한다. 너희는 엿새 동안 일을 하고, 이렛날에는 쉬어야 한다. 그래야 너희의 소와 나귀도 쉴 수 있을 것이며, 너희 여종의 아들과 몸 붙여 사는 나그네도 숨을 돌릴 수 있을 것이다(출 23:1-12, 새번역).

하나님과의 평화, 즉 하나님이 이스라엘의 하나님이 되시고 이스라엘이 하나님으로부터 당신의 백성임을 인정받을 수 있는 상태는 이스라엘과 하나님 사이에 맺은 이·언약에 기초한다. 출애굽기 21장에서 23장에 담겨 있는 계약 사상은 구약성서 전반에 흐르는 윤리적 지침의 샘이라 할 수 있다. 이 계약법전에 드러나는 사회정의의 관점에서 본다면 샬롬은 삶의 모든 면과 관계되는 것이다. 샬롬은 자기 자신과의 관계, 이웃과의 관계, 하나님과의 관계, 심지어 자연과의 관계에서 억압과 착취와 속임수가 없는, 정직하고 공평하며 정의로운 상태를 지시하고 있기 때문이다.

약속의 선물로서의 샬롬

샬롬은 최고의 인사이며 안부를 묻는 말이다. 형제들에게 배반당하고 노예로 팔려 갔다가 다시 형제들을 만났을 때 자신을 알아보지 못하는 형제들에게 요셉은 아비의 안부를 이렇게 묻는다. "너희 늙은 아비가 잘 계시냐?" 이 구절의 직역은 "그가 샬롬을 가지고 있느냐?"라는 물음이다. "샬롬은 전쟁의 반대 개념이 아니고, 또 무덤의 안식과 같은 그런 평화도 아니다."[5] 구체적인 삶의 자리, 살아 있는 생명의 다양한 관계의 상태를 이르는 것이다. 따라서 샬롬은 하나님 백성이 누릴 축복으로서 계약 관계에 있는 하나님의 변함없는 약속이기도 하다. 이 약속을 이사야는 이렇게 노래했다.

> 비록 산들이 옮겨지고 언덕이 흔들린다 하여도,
> 나의 은총이 너에게서 떠나가지 않으며,
> 평화의 언약을 파기하지 않겠다.
> 너를 가엾게 여기는 주께서 하시는 말씀이다(사 54:10, 새번역).

하나님과 그 백성이 맺은 언약 관계와 평화에 대한 약속은 구약성서에서 끝없이 반복되는 중요한 주제다. 계약법전도 이 약속을 환기하며, 예언자들의 사상도 이 약속을 기억할 것을 요구한다. 그리고 궁극적으로 구약성서의 묵시문학도 불의한 역사의 기만적인 현실에 속아서는 안 된다는 점을 강조하면서 마지막 때에 일어날 하나님의 개입을 노래한다. 따라서 거짓 예언자들의 거짓 평화에 속지 말라고 요구한다. 미가는 하나님을 떠난 시대의 죄악을 고발할 줄 모르는 거짓 예언자들을 비판하고, 그들이 자기만족에 빠져 있음을 고발한다. 그러나 그 모든 비판을 넘어서서 미가가 바라다보는 궁극적 지평은 하나님이 주시는 평화, 곧 샬롬이다.

> 주님께서 민족들 사이의 분쟁을 판결하시고, 원근 각처에 있는 열강 사이의 갈등을 해결하실 것이니, 나라마다 칼을 쳐서 보습을 만들고 창을 쳐서 낫을 만들 것이며, 나라와 나라가 칼을 들고 서로를 치지 않을 것이며, 다시는 군사훈련도 하지 않을 것이다. 사람마다 자기 포

도나무와 무화과나무 아래 앉아서, 평화롭게 살 것이다. 사람마다 아무런 위협을 받지 않으면서 살 것이다. 이것은 만군의 주님께서 약속하신 것이다(미 4:3-4, 새번역).

샬롬은 정의로운 삶에 주어지는 하나님의 선물이다. 예레미야는 하나님과의 계약을 잊은 이스라엘 백성이 인애와 의를 버리고 서로 속고 속이며 불의한 이익을 탐하는 현실을 바라보면서 한숨과 눈물을 짓는다. 사회를 지배하는 자 가운데 의로운 이가 없고, 선지자라 하는 이들은 상처 입은 하나님의 백성을 오히려 조롱하고 있다고 고발한다. 거짓 평화를 말하는 이들이 넘쳐 나는 현실에서 예레미야는 불의와 거짓이 넘치는 사회에는 하나님의 평화가 주어질 수 없다고 선언한다. 오히려 저주와 심판이 기다리고 있다는 것이다. 예레미야는 "내 백성의 혀는 독이 묻은 화살이다. 입에서 나오는 말은 거짓말뿐이다. 입으로는 서로 평화를 이야기하지만, 마음속에서는 서로 해칠 생각을 품고 있다"(렘 9:8, 새번역)고 고발한다.

가치가 뒤집힌 세상에서 예레미야는 하나님과의 평화를 되찾는 길은 하나님과의 계약 관계로 돌아가는 길밖에 없다는 점을 거듭 강조한다. 그러나 문제는 하나님의 백성이 그 계약 관계를 망각하고 있는 현실에 가로막혀 있다는 것이다. 그래서 예레미야는 선지자들로부터 제사장까지 모두가 거짓을 행하며 하나님의 저주와 심판 아래 놓인 백성을 향해 평화가 있다고 거짓 주장을 하는 자들이라고 소리 높여 고발한다. 하나님과 계약을 맺은 백성이 정의와 자비와 정직을 외면하고 살아갈 때에는 샬롬이 주어지지 않을 것이기 때문이다.

그런데도 거짓 선지자들은 평화가 있다고 거짓 예언을 한다는 것이다. 권력을 남용하고 강한 자가 약한 자를 짓밟는 도시에서는 하나님의 샬롬은 약속되지 않는다. 그럼에도 예레미야는 당신 백성을 향한 하나님의 속뜻은 참된 샬롬을 주려는 것이라고 주장한다(참조. 렘 29). 이렇듯 샬롬은 사람이 이루어 가는 것이 아니라 하나님의 백성 이스라엘이 정의와 진실, 인애와 자비를 나누며 살아갈 때 하나님으로부터 주어지는 약속의 선물로 이해되었다.

피조 세계의 평화

구약성서가 말하는 샬롬은 인간만이 아니라 동물들과도 친교를 나누며 서로 부요함과 건강을 나누는 차원도 담고 있다. 따라서 샬롬은 하나님의 온전한 생태계의 평화를 의미하기도 한다.

> 샬롬은 하나님, 인간, 동료 인간 그리고 자연으로 이루어진 완전한 생태계를 드러낸다. 샬롬은 완벽히 관계적인 용어로, 존재하는 모든 것 사이에 그리고 그 가운데 존재해야 하는 적절한 관계를 상징한다. 샬롬이란 예언자들에게는 현재 일어나는 일에 반대하여 견지되고 있는 판단 범주로서 사용되어 사람들로 하여금 그들의 계약적 의무와 운명을 기억하게 하는 것이다. 샬롬은 궁극적인 것과 준궁극적인 것을 묶어 하나님의 목적과 권세를, 그리고 인간의 능력이 꺾이고 마는 인간의 목적을 상징하고 있다.[6]

그러므로 샬롬은 인간과 하나님의 관계를 제외하고서는 이해하기 어렵다. 구약성서에서 샬롬이 사용되는 예를 들어 보면, 시편에서는 번영을 구가하는 삶으로 이해되고(시 122:7; 35:27; 73:3), 문자 그대로 평화를 나누는 삶을 축복하는 인사로도 사용된다. 샬롬은 사회적 혹은 국가적인 차원에서도 적으로부터의 위협이 없는 상태를 지시하는 것으로 전쟁이 없는 정황을 가리키기도 한다(레 26:6). 따라서 관계나 사회의 다툼과 갈등이 없는 정황을 일러 샬롬이라 말할 수 있는 것이다.

구약성서의 축복기도 가운데 가장 아름다운 표현이라 할 수 있는 민수기 6장 24-26절에는 "여호와는 네게 복을 주시고 너를 지키시기를 원하며 여호와는 그 얼굴로 네게 비추사 은혜 베푸시기를 원하며 여호와는 그 얼굴을 네게로 향하여 드사 평화(샬롬) 주시기를 원하노라"라고 빌고 있다. 또한 하나님은 모세를 통해 제사장들에게 이스라엘 백성을 축복할 것을 지시하신다. 시편에도 하나님의 백성이 받을 축복으로서의 평화가 언급되고 있다(시 29:11). 이렇듯 구약성서에서 언급하는 하나님의 축복은 평화를 담고 있다.

이런 언급들을 살펴보면 무엇보다도 샬롬이 개인 삶의 정황과 관계할 때에는 인간이 자신으로부터 소외되지 않는 본연의 모습을 얻는 정황을 지시한다. 외부의 간섭과 지배와 억압이 없이 온전히 자신의 정체성을 가질 때, 즉 정직하고 온전하며 건강하고 결핍이 없을 때를 일러 샬롬이라 할 수 있다.[7] 또한 샬롬이란 이스라엘 사람들에게 사회 구성원 모두가 누릴 수 있는 사회계약적 상황을 지시한다. 이 계약의 근거는 하나님과 하나님 백성인 이스라엘 사이의 계약이다. 이런 이유로 이스라엘 백성은 스스로를 계약 백성이라는 의식을 가지고 살았다.

먼저 하나님과 평화를 나눌 때 비로소 이스라엘은 샬롬을 누릴 수 있었다. 하나님 백성으로서 그들은 자신들을 이집트의 학대에서 구원해 내신 하나님을 기억하고, 이스라엘 회중 가운데 나타나셔서 모세에게 율법을 주신 하나님, 그 하나님과 더불어 가나안 땅을

정복해 가는 존재로 자신을 묘사했다. 이러한 삶의 성패를 하나님과의 관계에서 해명하려 했다.[8]

따라서 이스라엘의 참된 평화는 하나님과의 계약 관계에 성실한지 아닌지에 달려 있었다. 이런 이유에서 하나님 백성의 존재 양식을 해명하는 계약법전은 하나님과의 평화가 인간과의 평화의 전제가 된다는 점을 명백히 밝힌다. 여기서 내세적 가치나 피안의 의미는 중요하지 않다. 다만 현실의 삶을 사랑하며 살아가는 인간의 조건, 인간됨의 조건 혹은 하나님 백성됨의 조건이 명령의 형태로 주어지고 있다.

야훼전쟁과 평화

고대 이스라엘 전통은 일종의 신율(神律)적인 사회를 구성했다는 점에서 고대 그리스 전통과 상당한 차이가 있으나, 종족적 파당성에 근거한 원시적 잔인성과 보복의 구조는 양자가 크게 다를 바 없었다. 고대 그리스인이 효용론적인 차원에서 잔인성을 행사했다면, 고대 이스라엘 사람들은 이를 하나님의 명령을 수행하는 성스러운 일로 만들어 종교적으로 강화했다고 볼 수 있다. 이스라엘 민족을 이집트에서 구해 내는 하나님은 이스라엘 편에 서서 이집트의 왕과 군대를 무력하게 만드신다. 하나님의 이름도 전쟁터를 다스리는 만군의 왕으로 불린다. 모세가 팔을 들고 기도할 때 이스라엘은 승리하고, 팔을 내리면 패하였다. 또 하나님은 여호수아에게 가나안으로 진군하라고 명하신다(수 1:3).

이러한 맥락에서 보면 하나님은 전쟁의 신이다. 심지어 하나님은 이스라엘 군대의 무장을 독려하고 가나안 땅에 들어가 모든 족속을 섬멸하고 그 땅을 차지하라고 명하신다(수 14-15). 이 명령을 수행한 여호수아는 여리고 성을 함락시키고 다음과 같은 기록을 남겼다.

제사장들이 나팔을 불었다. 그 나팔 소리를 듣고서, 백성이 일제히 큰소리로 외치니, 성벽이 무너져 내렸다. 백성이 일제히 성으로 진격하여 그 성을 점령하였다. 성 안에 있는 사람을, 남자나 여자나 어른이나 아이를 가리지 않고 모두 전멸시켜서 희생제물로 바치고, 소나 양이나 나귀까지도 모조리 칼로 전멸시켜서 희생제물로 바쳤다(수 6:20-21, 새번역).

성 안의 사람들, 남자와 여자, 어른과 아이를 가리지 않고 모조리 죽여서 희생제물로 바치는 제의는 상상만 해도 참으로 끔찍하다. 이렇듯 여호수아가 이끌었던 고대 이스라엘은 여리고 성의 남녀노소를 비롯해 나귀와 짐승까지 희생제물로 받으시는 하나님을 믿었다. 피로 얼룩진 잔인한 전쟁이었다. 아무런 죄도 없는 어린아이들과 짐승까지 죽여야 했던 이유는 무엇일까? 거룩하지 못한 백성은 죽고 이스라엘만 살아남아야 한다는 거룩함의 논리일까? 이어 아이 성으로 진격한 여호수아는 뜻하지 않던 참패를 당하고 그 이유를 전리품 가운데 외투와 은과 금덩이를 훔쳐 내 감춘 아간의 탐욕에서 찾았다. 그리고 그는 이스라엘을 부정하게 만든 아간의 모든 족속을 아골 골짜기로 끌고 가서 모두 돌로 쳐서 죽여 버렸다. 그리고 이런 기록을 남겼다.

여호수아는, 세라의 아들 아간과 그 은과 외투와 금덩이와 그 아들들과 딸들과 소들과 나귀들과 양들과 장막과 그에게 딸린 모든 것을 이끌고 아골 골짜기로 갔으며, 온 이스라엘 백성도 그와 함께 갔다. 여호수아가 말하였다. "너는 어찌하여 우리를 괴롭게 하느냐? 오늘 주님께서 너를 괴롭히실 것이다." 그러자 온 이스라엘 백성이 그를 돌로 쳐서 죽이고, 남은 가족과 재산도 모두 돌로 치고 불살랐다. 그들은 그 위에 큰 돌무더기를 쌓았는데, 그것이 오늘까지 있다. 이렇게 하고 나서야 주님께서 맹렬한 진노를 거두셨다(수 7:24~26상, 새번역).

아간의 집안을 제거함으로써 평화를 얻을 수 있다는 논리다. 이스라엘 진영에서 아간의 집안을 빼면 평화가 올 것이라고 생각한 것이다. 그래서 범죄한 아간만이 아니라 그의 집안의 모든 자녀와 소유와 짐승까지 죽이고 불살랐다. 그리고 하나님은 여호수아를 향해 "두려워하지 마라! 겁내지 마라! 군인들을 다 동원하여 아이 성으로 올라가거라"라고 명하신다(수 8:1). 그리했더니 이스라엘은 큰 승리를 거두었다. 아이 성읍으로 쳐들어간 이스라엘 백성이 그들을 쳐 죽이되 그들 가운데에서 살아남거나 도망한 사람이 없었다(수 8:22). 아모리 백성과 싸우는 날에는 "백성이 그 원수를 정복할 때까지 태양이 멈추고, 달이 멈추어 섰다. '야살의 책'에 해가 중천에 머물러 종일토록 지지 않았다고 한 말이, 바로 이것을 두고 한 말이다. 주께서 사람의 목소리를 이날처럼 이렇게 들어주신 일은, 전에도 없었고 뒤에도 없었다. 주께서는 이처럼 이스라엘 편들어 싸우셨다"(수 10:13~14, 새번역)고 성서는 기록하고 있다.

야훼 하나님이 이스라엘 편을 들어 잔인한 살육의 제의를 요구했다는 기록은 여기서 끝나지 않는다. 그들은 적국 왕들의 목을 밟고 쳐 죽인 후 나무에 매달아 놓기도 했다(수 10:24~26). 막게다 성, 라기스 성을 침공한 후 살아남은 사람이 한 사람도 없을 때까지 완전히 전멸시켰다. 여호수아가 살아 있는 동안 이스라엘 백성은 피의 전쟁을 계속했다. 사무엘서, 역대기, 열왕기 등의 역사서에 잔인한 전쟁에 대한 기록은 끝없이 계속된다. 하나님 편에 선 엘리야가 갈멜 산에서 바알과 아세라 선지자들을 학살했다는 기사(왕상 18:30-40)나 사무엘이 아말렉 진영에서 어린 아기의 생명까지 도말하고 사무엘이 아말렉 왕 아각을 난도질하여 죽인 기사는 야훼 하나님에 대한 신앙에 담긴 비인도적인 성격을 잘 보여 준다(삼상 15).

성전론의 뿌리

이스라엘을 편들고 상대편의 몰살을 요구하는 전쟁의 신 야훼 하나님에 대한 기록은 기독교 역사에서 오랫동안 종교전쟁의 성서적 근거가 되었다. 이 야훼 전쟁 전통은 후대에도 영향을 미쳐 종교적 의무와 사명으로 오인된 십자군 전쟁론(crusade)을 낳아 하나님의 이름으로 참혹한 전쟁을 치르게 했다. 고대 이스라엘인은 스스로를 신의 선민으로 이해했고 사회의 치리 원칙을 신의 법칙을 따르는 것으로 해석하려 했다. 그 결과 이스라엘의 하나님 신앙 이해에는 일종의 성전(聖戰)론적인 열광성이 담기게 되었다.

하지만 이 기사들은 구약성서에 담긴 샬롬의 신학과 병행할 수 없는 모순을 담고 있다. 다른 민족을 향해 잔인한 전쟁의 제의를 벌이는 하나님 야훼와 그 백성의 광기 어린 살육을 정당하게 여기고 있기 때문이다. 과연 이스라엘 민족의 광포함을 요구한 하나님이 샬롬의 계약을 요구하신 하나님이신지, 혹은 이스라엘이 자신들의 해방 전쟁을 야훼 신앙에 편입시킨 것인지는 신학적으로 따져 볼 문제다.

하지만 평화의 신학 관점에서 본다면, 전쟁의 하나님에 대한 이해는 성서 전반에 걸친 평화사상과 병립하기 어렵다. 성서학자 길레트(George Gillett)는 구약성서에 담긴 전쟁의 하나님에 대한 자신의 논문[9]에서 구약성서의 전쟁 이야기는 군사주의적 승리를 약속하는 것이 아니라 하나님에 대한 신뢰를 가진 이스라엘은 망하지 않는다는 시각을 보여 주는 것이라고 주장한 바 있다.

그러나 하나님이 직접 전쟁에 개입하는 방식은 문명화된 생활 방식 이전 무지한 시대의 생존방식이었다. 사도행전 17장 30절에서 바울은 이렇게 주장한다. "하나님께서는 사람이 무지했던 때에는 눈을 감아 주셨지만 이제는 어디에 있는 사람에게나 다 회개할 것을 명하십니다." 구약성서의 샬롬 사상에 배치되는 전쟁과 승리에 대한 기록은 평화를 위한 근거가 되지 못하는 무지한 시대의 기록이라고 보아야 한다. 이런 야훼 전쟁에 대한 기록은 보편 정의와 사랑의 하나님을 이스라엘 민족주의와 결부된 민족신(henotheistic God)으로 격하시키는 결과를 초래했다. 이러한 민족신으로서의 하나님을 예수는 받아들이지 않았다.

또한 왕권과 결부된 성전신학은 하나님의 평화를 이스라엘의 평화와 동일시하면서 하나님의 이름으로 국수주의적인 전쟁을 통해 평화를 이루어 나갈 수 있다는 사고를 발전시켰다. 결국 이스라엘 국가 이전 시기(BC 1250-BC 1050)에 대두된 야훼의 전쟁 사상이 후대로 가면서 십자군 전쟁의 근거로 인용되는 결과를 초래했다. 전쟁 영웅들을 예찬하고 전쟁의 승리를 보장하는 하나님은 지금까지 살펴본 샬롬 사상과는 어긋나는 모습이다. 따라서 우리는 하나님과 종족을 위한 전쟁을 동일시하는 것은 국가 이전 시대의 전쟁에 국한된 것으로, 구약성서가 말하는 샬롬 즉 평화사상의 보편 원리가 될 수 없다고 판단할 수 있다.

야훼 전쟁의 동기는 한 세기 후에 비로소 영웅화되고 꾸며진 과거 투사로서 이해되었는데, 그것은 당시에는 진정으로 상응하는 어떠한 것도 갖고 있지 않았다. 국가 이전의 야훼 전쟁은 국가의 중앙 권력에 의해 수행되지 않았고, 따라서 중요한 것은 곤경의 상황으로 간주되었던 집단의 정치·경제적 상황에 기초하고 있으며, 출애굽의 전통에서 해방 투쟁으로 이해되었던 지파 공동체들의 투쟁이었다.[10]

볼프강 후버(Wolfgang Huber)는 다윗 왕조 시대와 고대 이스라엘 국가 형성 이후 일어나는 끔찍한 전쟁은 "야훼의 구원 행동이 아니라 일차적으로 왕의 세력을 통한 정치적 행위로 파악되어야 한다"[11]고 평가한다. 예루살렘 성전신학과 손을 잡은 왕의 정치적 지배가 결국 왕의 정치적 판단과 세력 확장을 위한 전쟁을 야훼 하나님의 전쟁으로 미화했기 때문에 이런 해석의 지평을 벗어나 이해해야 한다는 것이다.

왕권을 옹호하는 야훼 하나님으로 번안된 관점은 왕에게 세계 지배에 대한 비전을 제시하는 하나님을 내세운다. "내게 구하라. 내가 이방 나라를 네 유업으로 주리니 네 소유가 땅끝까지 이르리로다. 네가 철장으로 그들을 깨뜨림이여 질그릇같이 부수리라"(시 2:8-9). 여기서 예루살렘 성전신학자들은 왕권을 야훼 하나님의 뜻을 수행하는 권위로 인정하고 있다. 그러나 이스라엘 역사에서 이런 왕권신학은 바벨론에 의해 주전 586년 남왕국 유다의 멸망과 더불어 몰락하고 말았다.

샬롬의 비전

현대적 평화사상과 양립할 수 없는, 전쟁의 신으로 묘사되는 하나님 신앙은 구약성서의 주류 사상이 아니다. 오히려 우리는 구약성서의 다른 측면에서 용서와 화해와 돌봄의 메시지를 읽을 수 있다. 우리는 계약법전에 담긴 사회적 약자에 대한 배려가 구약성서의 평화윤리의 원류(原流)로서 야훼 하나님과 그의 백성 간 계약 조건이 되어 있다는 점에서 그 중요성을 강조해야 한다. 이 계약 정신에 따르면 가난한 자, 고아와 과부, 그리고 나그네 된 자에 대한 사회적 배려는 하나님의 선민들이 가져야 할 도덕적이며 종교적 의무다. 이스라엘 민족의 생존을 건 길에서 야훼는 이스라엘을 편들기도 했지만, 언제나 그렇지는 않았다. 오히려 성서의 다른 부분에서는 하나님이 이스라엘에 대한 징벌자로도 이해되고 있다.

이사야와 미가는 메시아적 평화를 그리면서 칼을 쳐서 보습을 만들고 창을 쳐서 낫을 만드는 새로운 샬롬의 시대가 도래할 것을 새 비전으로 제시한다. 이들은 권력과 전쟁과 폭력을 옹호하던 왕권의 궁전(宮殿)신학을 버리고 역사의 과정은 마침내 하나님의 평화가 이루어지는 참된 평화, 즉 무기를 든 전쟁을 통한 구원이 아니라 하나님의 평화에 도달할 것이라고 예언한다. 이사야의 하나님은 전쟁의 신이 아니다. 그 하나님은 평화의 하나님이시다. 이사야의 비전은 하나님이 굴곡진 역사를 구원하기 위해 예비하신 메시아를 통해 평화를 가져오실 것이라는 믿음에 기초하고 있다. 메시아적 평화에 대한 비전은 이사야에 의해 이렇게 그려졌다.

마지막 때에, 주님의 성전이 서 있는 산이 모든 산 가운데서 으뜸가는 산이 될 것이며, 모든 언덕보다 높이 솟을 것이니, 모든 민족이 물밀 듯 그리로 모여들 것이다. 백성이 오면서 이르기를 "자, 가자. 우리 모두 주님의 산으로 올라가자. 야곱의 하나님이 계신 성전으로 어서 올

　　　　　　　　　　　　_____ 종교의두얼굴

라가자. 주님께서 우리에게 주님의 길을 가르치실 것이니, 주님께서 가르치시는 길을 따르자" 할 것이다. 율법이 시온에서 나오며, 주님의 말씀이 예루살렘에서 나온다. 주님께서 민족들 사이의 분쟁을 판결하시고, 뭇 백성 사이의 갈등을 해결하실 것이니, 그들이 칼을 쳐서 보습을 만들고 창을 쳐서 낫을 만들 것이며, 나라와 나라가 칼을 들고 서로를 치지 않을 것이며, 다시는 군사훈련도 하지 않을 것이다(사 2:2-4, 새번역).[12]

왕을 예찬하던 궁전신학을 넘어서서 이사야는 권력과 전쟁에 의한 평화를 철저히 거부한다. 그에게 진정한 샬롬은 다시 하나님에게서 오지만 어느 한편의 승리는 아니다. 또한 강한 자들이 만들어내는 것도 아니다. 샬롬은 하나님의 선물이며 하나님의 정의가 높이 세워질 때 도래하는 것이라고 이사야는 주장한다.

따라서 구약성서에 나타나는 영웅들의 무용담을 통한 승리주의 혹은 제국주의적인 지배 세력을 옹호하는 하나님은 이사야와 미가에서는 드러나지 않는다. 오히려 하나님의 역사는 낮고 약한 곳에서, 그러나 모든 폭력과 위선적 권력을 넘어선 평화의 기운이 일어나는 자리에서 이루어질 것을 고백한다. 그러므로 구약성서가 말하려는 평화의 근원은 왕권과 손을 잡은 하나님이 지원하던 정치·군사적 힘이 아니다. 그것은 이스라엘 왕권과 결탁한 왕정신학의 산물일 뿐이다. 권력가와 성전신학자들의 미움을 받았던 예레미야는 그들이 말하는 거짓 평화에 대하여 이렇게 탄식했다.

그들이 작은 자부터 큰 자에 이르기까지, 예언자고 제사장을 막론하고 모두가 불의한 이익을 얻으려는 탐욕에 빠져 그릇 행하고, 하나님

백성의 상처를 함부로 다루면서 아무런 평화가 없는데도 '평화, 평화
로다'라고 외치는구나(참조. 렘 6:13-14).

평화의 하나님

성서의 하나님은 억압에서 해방하는 하나님, 약자 편을 드는
하나님이다. 그러므로 하나님을 섬기며 살아가는 의로운 이들은 평
화를 구하고(시 34:14), 누리며 사는 이들(슥 8:16, 19)이 되어야 한다. 이
런 의미에서 평화는 하나님 백성의 것이며 그들이 누려야 할 축복이
다. 그러나 역사에는 굴곡이 있고 고난과 고통이 주어진다. 그러므로
평화는 기다려지는 것, 하나님으로부터 오는 구원이기도 하다. 이런
이유에서 구약성서는 평화를 메시아 시대에 이루어질 시대적 징후
로 표현한다(사 2:4; 9:6; 11:6; 미 4:2-4). 메시아가 평화를 가져오는 왕이
라고 고백하고 있는 것이다. 요컨대 평화는 현실, 현재가 아니라 미래
적인 것이고 다가오는 것이기도 하다. 하여 에스겔은 이 희망의 비전
을 다음과 같이 에인했다.

내가 또 그들과 평화의 언약을 세우고 모든 악한 짐승을 제거해 주고
그들이 빈 들에서 살며 숲에서 편안히 잠을 잘 것이다. 내가 그들에게
복을 주며 그 지경 모든 곳에 복을 주리라. 때를 따라 비를 내리게 할
것이니 그것이 축복의 비가 될 것이다. 밭의 나무들이 열매를 내고 땅
이 그 소산을 낼 것이니 그들이 그 땅에서 평화롭게 살 것이며, 내가
그들의 멍에를 부수고 그들을 종살이시키는 이들의 손아귀에서 구
원해 내어 그들의 주님이 됨을 알게 하리라. 그들이 다시는 다른 민족
들에게 강탈당하지 않을 것이며 땅의 짐승들에게 잡아먹히지 않고
평화를 누리며 살 것이다.[13]

72

이렇듯 구약성서가 궁극적으로 그리고 있는 평화, 즉 샬롬은 모든 창조 세계를 품는 하나의 공동체에 대한 성서적 희망이다.[14] 하나님이 그들의 하나님이 되고, 그들이 하나님의 백성이 되어 누리는 축복의 삶은 인간만이 아니라 인간과 자연, 인간과 하나님, 인간과 인간 사이에 해함과 위험, 착취와 억압과 다툼이 없는 평화가 깃드는 삶을 그리고 있다. 그러므로 이 평화는 인간이 이루어 내는 것이 아니라 하나님의 축복이며 선물이라 이해된 것이다. 이런 비전을 품고 있었던 위대한 예언자 이사야는 해함이 없는 정의와 평화로 가득한 세상에 대해 "이리와 어린 양이 함께 풀을 먹으며, 사자가 소처럼 여물을 먹으며, 뱀이 흙을 먹이로 삼을 것이다. 나의 거룩한 산에서는 서로 해치거나 상하게 하는 일이 전혀 없을 것이다"(사 65:25, 새번역)라고 노래했다.

샬롬의 비전

구약성서에 담긴 샬롬의 비전은 역사의 굴곡에 지친 이스라엘에게는 희망의 근원이었고, 현실 역사에서는 하나님 백성다움의 조건이었다. 그리고 무엇보다 생명의 의미와 기쁨의 조건으로서 샬롬은 개인적이거나 군사적인 모든 폭력 관계의 극복을 지시하는 이정표 같은 것이었다. 그것은 부분으로 만족할 수 없는 모든 것의 건강한 상태를 의미했다. 이 때문에 불완전한 역사 속에서 샬롬을 순간순간 경험할 수는 있지만, 궁극적으로는 우리 인간의 성취가 아닌 하나님의 선물로 이해하게 되는 것이다. 야훼 하나님을 한때는 군왕들의 이념에 적합한 전쟁의 신으로 이해하기도 했지만 그런 민족신(民族神)적인 이해는 구약성서에 나타난 창조주 하나님, 역사의 주재이신 하나님에 대한 현명한 해명이 될 수는 없었다. 오히려 생명의 해함과 상함이 없는 온전함을 노래하던 이사야의 비전에 드러나는 하나님이 전쟁의 신을 벗어 버리고 평화의 하나님으로 다가오신다.

Ⅳ
예수의 평화

예수께서 다시 "너희에게 평화가 있기를! 내 아버지께서 나를 보내
주신 것처럼 나도 너희를 보낸다" 하고 말씀하셨다(요한복음 20:21).

신약성서와 평화

신약성서에서는 그리스어 에이레네(eirene)를 빌려와 평화를 표
현하고 있다.[1] 그리스도를 통해 주시는 하나님의 메시지로서 복음이
평화의 복음이라고 밝히고 있으며(눅 2:14; 행 10:46), 예수 그리스도를
통해 하나님과 누리는 평화(롬 5:1)는 영적인 하나님 나라의 본질적
요소(롬 14:17)라고 한다. 따라서 평화는 서로가 나누어야 할 것이며(
막 9:50), 하나님의 속성이다(고후 13:11). 이렇듯 신약성서에서 그리고
있는 하나님은 평화의 하나님이다.

그래서 사도들은 서로를 향해 우리 주 하나님과 예수 그리스
도의 평화가 함께할 것을 비는 인사를 주고받았다(고전 1:3; 고후 1:2).

평화를 빌고 나누는 행위는 그리스도인의 삶의 핵심 요소이며 그리스도를 통해 얻는 궁극적인 삶의 의미로 이해된다. 부활하신 그리스도 역시 제자들에게 평화를 거듭 빌어 주신다(눅 24:36; 요 20:19, 21, 26).

또한 마가복음 5장 34절에서 오랫동안 혈루병을 앓던 여인이 예수의 옷자락을 만졌을 때 예수는 그 여인에게 "평안히 가라"고 평화를 빌어 주셨다. 요한복음 14장 27절에서 예수는 "내가 너희에게 평화를 주고 간다. 내가 주는 평화는 세상이 주는 평화와 같지 않다"고 하신다. 예수의 평화는 세상이 주는 평화와 다른 평화라는 것이다.

예수의 평화는 칼과 창으로 유지되던 로마의 평화와 다르다. 유감스럽게도 기독교 역사에서 예수의 평화는 지배자의 평화와 혼동되기도 했다. 평화를 지키는 데 있어 주류 교회는 그리스도의 평화를 지키기보다 로마의 평화, 즉 제국의 평화를 지키는 데 크게 기여했기 때문이다.

신약의 주제로서의 평화

평화는 그리스도인의 삶의 의미요 과제며 목적이다. 마태복음 5장 9절에서 예수는 "평화를 위하여 사는 이는 복이 있다. 그가 하나님의 자녀라 일컬음을 받을 것이다"라고 언급한다. 평화를 위해 사는 삶, 평화를 나누며 사는 삶, 그리고 평화를 위해 일하는 것은 하나님을 믿고 그리스도를 따라 사는 그리스도인의 본질에 속한다. 이런 의미에서 평화는 구원을 받은 하나님의 백성이 삶에서 누리는 것이며, 백성은 평화를 지키는 삶의 의무와 과제를 이행할 책무를 진다.

신약성서에 나타난 평화사상은 무엇보다 예수의 삶과 사상에서 분명하게 드러난다. 로마제국 시대를 살아가면서 예수는 세상의 평화 즉 로마의 평화와 당신이 말하는 평화가 다르다는 점을 명시적으로 언급했다. 예수에게 평화는 하나님 나라의 전조이자 사랑의 열매로서 깊은 영성적 뿌리를 갖고 있다. 이사야가 희망했던 역사의 구원자 메시아는 평화의 종으로 겸비를 옷 입고 오실 것이며, 그의 고초와 고난으로 인해 우리가 평화를 누리게 되리라는 예언에 적합한 영성을 나눈다(사 53:5).

우리는 예수의 생애 일부가 아우구스투스 황제의 통치 기간과 겹치고 있다는 점을 기억하는 동시에, 로마의 평화 시대에 예수가 십자가형에 처해진 사실을 떠올릴 필요가 있다. 그 당시 십자가에 처형된다는 것은 로마제국의 권위에 도전하고 저항하는 범법자로 간주되었음을 의미한다. 반역자를 처형하던 방법이었기 때문이다. 로마 총독은 예수의 죽음을 승인했고, 로마의 군사들이 예수의 십자가형을 집행했다(마 27:26-66). 결국 예수는 로마의 평화 시대에 로마제국의 권위에 의해 처형당한 것이다.

로마의 평화와 예수의 평화는 일치하지 않았다. 예수는 제국의 평화, 왕의 평화 혹은 땅의 평화로 만족할 수 없는 다른 평화에 대해 수시로 언급했다. 이런 예수의 정신을 따라 초기 그리스도 신앙 공동체는 구약성서에서 반복적으로 비치던 승리의 하나님, 전쟁의 신이신 하나님과는 대조적으로 평화의 하나님을 고백하기 시작했다. 하나님은 무질서의 하나님이 아니고 평화의 하나님이시며(고전 14:33), 우리를 평화 가운데에서 부르셨다고 고백한다(고전 7:15). 바울 역시 할 수 있거든 모든 사람과 더불어 평화하라고 권면한다(롬 12:18).

또한 예수는 인간의 실존적 한계를 넘어서는 평화를 약속한다.

예수는 평화의 선물을 주시는 분이고(요 14:27), 은총의 선물인 평화는 실존의 불안과 죽음의 힘을 극복하는 근원이기도 하다(요 16:33; 20:19). 이런 측면에서 예수의 평화는 간혹 영적이고 탈세계적(other worldly)인 평화로 이해될 소지가 있다. 특히 누가복음은 예수를 일러 '평화의 왕'(눅 19:38)이라고 고백한다. 그러나 이 평화의 왕은 세속적인 권위와 통치권을 가진 왕이 아니다. 예수는 그리스 전통이나 로마 전통 혹은 유대 전통의 호전적 평화 이해를 수용하거나 답습하지 않았다. 오히려 예수의 메시지는 기본적으로 가난하고 멸시받고 박해받는 이들에게 주어졌다.[2] 예수의 청자(聽者)는 대부분 지배 계층이 아니라 사회 저변의 사람들이었다. 그들은 가난했고 멸시와 조롱을 받았으며 로마제국의 폭력적 박해를 받고 있었다. 그럼에도 불구하고 예수의 가르침에는 보복과 증오와 살육과 적대성을 부추기는 것이 없었다. 오히려 그는 사랑과 자비를 행한 이들에게 주어질 미래의 축복을 설교했다. 그런 까닭에 예수의 가르침은 당시의 어떤 가르침과도 견줄 수 없을 만큼 달랐다. 힘과 지배와 억압을 통해 성공과 자만을 표현하는 가르침이 아니었기 때문이다. 그리하여 놀라는 사람이 많았다고 성서는 기록한다(마 12:23; 13:54; 22:33).

그리스도인의 존재 양식으로서의 평화

초기 기독교 공동체가 이해한 예수의 평화는 하나님과 적대적인 자리에 있던, 하나님 없이 살던 이들이 예수 그리스도의 십자가 고난을 통해 하나님과 화해함으로써 얻은 평화였다. 그래서 에베소서는 예수 그리스도를 일러 '우리의 평화'(엡 2:14)라고 고백한다.

이제는 전에 멀리 있던 너희가 그리스도 예수 안에서 그리스도의 피로 가까워졌느니라 그는 우리의 화평이신지라 둘로 하나를 만드사 원수 된 것 곧 중간에 막힌 담을 자기 육체로 허시고 법조문으로 된 계명의 율법을 폐하셨으니 이는 이 둘로 자기 안에서 한 새 사람을 지어 화평하게 하시고 또 십자가로 이 둘을 한 몸으로 하나님과 화목하게 하려 하심이라 원수 된 것을 십자가로 소멸하시고 또 오셔서 먼 데 있는 너희에게 평안을 전하시고 가까운 데 있는 자들에게 평안을 전하셨으니 이는 그로 말미암아 우리 둘이 한 성령 안에서 아버지께 나아감을 얻게 하려 하심이라(엡 2:13-18, 개역개정).

당시 사회에서 소수자였던 초기 그리스도인들이 이해한 평화는, 정치적 평화나 이데올로기적인 평화가 아니라 예수 그리스도를 통해 이방인이던 이들이 하나님과 화해하고 하나님의 자녀로 인정을 받음으로써 얻는 평화였다. 이 평화는 그리스도인에게 필수 불가결한 덕이기도 했고, 성령의 열매이며(갈 5:22), 심판과 죽음의 위협에서 벗어난 안전을 의미하기도 했다(살전 5:3). 그러므로 평화는 그리스도인이나 그리스도 공동체에 필수 불가결하게 간직해야 할 영적이며 사회윤리적인 규범이었다.

성서 기자는 어지러운 고린도 교회를 향해 "하나님은 무질서의 하나님이 아니라 평화의 하나님이십니다"(고전 14:33)라고 했고, 그리스도인의 행위와 사고의 동기에 관해 "위에서 내려오는 지혜는 첫째 성결하고 다음에 평화스럽고 관용하고 양순하며 긍휼과 선한 열매가 가득하고 편견과 거짓이 없다"(약 3:17)고 주장함으로써 신앙 행위의 본질이 평화스러워야 한다는 점을 명시한다.

그러므로 평화는 그리스도인의 존재 양식이다. 그리스도인의 삶은 평화에 지배받는 삶이어야 한다. 디모데전서 2장 2절에서는 "왕들과 높은 지위에 있는 모든 사람을 위해서도 기도하시오. 그래야 우리가 조용하고 평화롭게 살면서 경건하고도 근엄한 신앙생활을 할 수 있습니다"라고 언급한다. 이를 통해 개인의 내면적 평화나 영적 평화를 넘어서서 사회 지도층이 평화로운 삶을 이끌어 나가야 할 책임과 소명이 있다는 점을 시사한다.

이런 이해를 가진 초기 그리스도인은 서로를 향해 평화를 빌었다. 로마서 15장 33절에서는 "평화의 하나님께서 여러분과 함께하시기를 빈다"고 기원한다. 또 데살로니가 교회를 향해서는 "평화의 주님께서 어느 모양으로든지.항상 여러분에게 친히 평화를 내려 주시기를 원합니다"(살후 3:16)라고 빌고 있다. 그뿐 아니라 예수도 요한복음 14장 27절에서 "나는 너희에게 평화를 주고 간다. 내 평화를 너희에게 주는 것이다. 내가 주는 평화는 세상이 주는 평화와는 다르다"고 이르셨다. 야고보서 3장 18절은 "평화를 위해 일하는 사람들은 평화를 심어 정의의 열매를 거둔다"고 하여 정의로운 평화를 그리스도인의 규범으로 삼고 있다.

비폭력적 평화

오늘날 우리가 이해하고 있는 국제 평화나 국가 간 평화에 대한 구체적인 관심을 예수에게서 찾기는 어렵다.[3] 하지만 예수의 제자들은 그리스도인은 은총의 선물(Gnadengabe)[4]로서 평화를 지니고 나누며 비는 사람들이라는 인식을 하고 있었다. 그들은 예수의 제자라면 비폭력 평화주의적인 삶을 선택하는 것이 옳다고 여겼고, 그런 삶을 서로 권고했다. 그리하여 죄와 얽매임으로부터의 해방과 모든 폭력적 관계의 제거를 중시했다. 이런 제자들의 삶을 드러내는 증거로 신약성서에 나타나는 평화의 인사가 백여 개에 달한다는 사실

을 들 수 있다.[5]

미국 종교학자 호슬리는 예수를 내재화된 개인주의적 영성이나 평화를 가르친 그리스도라고 이해하는 입장을 거부한다. 그는 예수를 로마제국의 포악한 정치 세력으로부터 가난한 대중을 해방하는 이로 보는 것이 옳다고 주장한다. 이런 이유를 들어 그는 예수를 유랑하는 영성의 지도자로 보았던 타이센(Gerd Theissen)을 비판했다. 타이센의 관점은 예수를 로마제국에 의해 해체된 가족과 경제적 착취에 처한 이스라엘의 회복보다는 로마의 해체적 음모에 부응한 탈가족주의적인 영성가이거나, 착취당하는 유대인에게 구걸하여 먹고사는 사회적으로 무책임한 영성가들 중 하나로 보게 한다는 것이다.[6]

호슬리에 따르면 예수는 강력한 로마제국의 질서가 유지되는 상황에서 제국의 질서가 하나님의 주권 위에 있는 것이 아니라 하나님의 주권 아래 놓여 있음을 믿는 믿음을 요구했다. 따라서 예수는 참된 평화는 제국이 해체되고 하나님의 주권이 이루어질 미래에 주어질 것이지만, 그 평화를 믿음 안에서 선험적으로 체현(體現)할 수도 있다고 가르쳤다고 한다. 이런 맥락에 따라 호슬리는 기독교 신앙 공동체의 형성은 제국의 질서가 아닌 대안적 질서와 공동체를 모색하는 데 목적이 있다고 보고, 기독교 신앙 공동체의 특징을 반(反)로마제국에서 찾았다. 예수는 로마제국주의에 반하여 새로운 하나님 나라를 세우려는 인물로 이해되었고, 그 나라는 폭력과 억압과 착취를 통해 세워지는 것이 아니라 사랑과 평화와 평등주의적인 질서를 통해 세워지는 것이기 때문에(갈 3:28), 하나님은 모든 주권을 그에게 양도하셨다는 고백이 형성되었다는 것이다(빌 2:5 이하).

로마제국의 세계에서 복음은 카이사르가 이 세계에 평화와 안전을 확립했다는 승전보, 즉 기쁜 소식이었다. 카이사르는 전체 세계에 구원을 가져다준 구세주였다. 그러므로 제국의 백성은 그들의 주님인 황제에 대해 믿음을 가져야만 했다. 더 나아가 사람들은 필립피, 고린토, 에페소와 같은 도시의 민회에서 주님이며 구세주인 카이사르를 경축하고 찬양해야만 했다. 바울로는 이처럼 제국의 핵심적인 언어를 예수 그리스도에게 적용시킴으로써, 예수를 이 세상의 대안적인 혹은 진정한 황제로 만들고 예수를 반제국주의적인 국제적 대안 사회의 수장으로 만들었다.[7]

변질된 예수의 평화사상

예수에 대한 호슬리의 해석은 초기 그리스도인들이 보인 로마제국에 대한 반문화적 저항의식이라는 맥락과 일치하는 관점을 보여 준다. 그러나 이런 관점이 교회의 역사에서 언제나 타당하게 받아들여진 것은 아니었다. 초기 그리스도 공동체에 자리 잡고 있던 예수에 대한 정치적 이해는 점차 현실 세계와 유리된 자리에서 종교적으로 해석되었다. 그러나 제국주의적인 가치와 구조를 수용하는 기독교로 변형되어 갔기 때문이다.

그리스도 교회가 로마제국 전역으로 확장되어 교회들은 보다 큰 사회의 중요한 세력이 되었다. 로마제국은 여러 차례에 걸쳐 이 운동을 저지하고 억압하려 했지만 나중에는 오히려 이 운동을 이용하기로 결정했다. 교회들은 여러 세대에 걸쳐 제국의 질서에 순응한 후에 마침내 콘스탄티누스 황제에 의해 로마제국의 공식적 종교로 인정받게 되었다. (…) 그리스도는 이제 더 이상 반제국주의적 주님과 구세주가

아니었으며, 오히려 황제와 제국의 질서에 대해 그 권위를 공식적으로 인정해 주는 제국적 왕이 되었다.[8]

예수의 평화사상은 초기 그리스도교 공동체에서 심각한 변형과 왜곡을 거쳐 이해되었음을 알 수 있다. 그리스 평화사상과 유대의 성전론적인 전통을 수용한 로마제국의 폭력적 평화에 반하여 예수는 반제국주의적인 입장에서 하나님의 주권에 따른 내외적 평화를 선포했다. 하지만 후대로 가면서 예수의 평화사상은 로마제국의 그늘 아래에서 왜곡되어 로마제국의 권력과 권위를 승인하는 입장으로 이해되었다.[9]

예수는 3년의 공생애를 살았으며, 그의 생애는 십자가형에 처해지는 고난으로 끝이 났다. 이런 예수의 삶은 땅의 풍요와 번영과 즐거움을 동반한 그리스적인 평화(eirene)를 보여 주는 것도 아니었고, 로마의 강대한 군사력이 보장해 주는 폭력적 평화(Pax Romana)를 예시하지도 않는다. 그런 관념에서 본다면 예수는 아무런 평화도 보장하지 못한다. 하지만 예수의 죽음은 부활 신앙으로 이어지고, 초기 기독교 공동체들이 예수를 '평화의 주님'[10]으로 부르기 시작했다는 점에 주목할 필요가 있다.

예수의 평화는 로마제국의 폭력이 횡행하고 예루살렘 성전의 타락이 극심한 시대에 선포되었다. 현실 세계에서 고난을 겪는 이들이 품었던 평화, 그리고 현실 세계를 변혁할 동력이 되었던 예수의 평화사상은 하나님의 주권에 대한 신뢰에서 우러나는 것이었다. 이는 또한 삶의 모든 영역에 구체적인 평화의 열매를 맺게 하는 내적 동력이었다. 그러나 시대가 바뀌고 교회가 권력에 길들여지면서 예수의 평화에 대한 가르침은 변질되기도 했다. 그럼에도 그 가르침은 초기 기독교 공동체가 가지고 있던 삶의 원칙 가운데 가장 소중한 것이었다.

다양한 예수 이해

초기 기독교 영성에 비치는 예수의 모습은 교회 역사에서 다양하게 해석되었다. 신비주의자들은 예수를 신비주의적 체험의 대가로 이해했고, 수도원주의자들은 자신들의 금욕적 삶의 근거를 주신 분으로 이해했다. 교회주의자들은 교회의 구조와 제도를 통해 일하는 예수를 주장하고, 소종파들은 제도화된 교회의 타협주의를 멀리하면서 예수의 성서적 메시지를 실천 가능한 삶의 원리로 받아들였다. 이렇듯 예수를 이해해 온 시각은 매우 다양하다. 어떤 이들은 예수를 민족주의에 접합시키고, 또 어떤 이들은 군사주의적 문화와 결부시키기도 했다. 어떤 이들은 제국주의적으로, 어떤 이들은 해방주의의 선두 주자로 생각했다.

《예수의 윤리(The Ethical Teaching of Jesus)》를 쓴 성서신학자 브리그스(Charles Augustus Briggs)는 예수의 윤리를 분석하면서 예수의 가르침은 유대의 교육 방법인 할라카(halacha)와 하가다(haggada)를 사용한다고 했다.[11] 그러나 예수의 가르침은 유대의 랍비 전통이나 권위에 의존하지 않는다. 오히려 그런 전통에 대해 예수는 자신의 입장에서 동의하거나 비판하거나 반대하는 태도를 드러내는 방법을 택했다. 그래서 그는 당시 권력 관계나 전통과 대립하거나 갈등을 겪기도 했다.

예수의 가르침을 특징짓는 요소 중 가장 중요한 것은, 그가 무수한 비유를 사용하고 있다는 점이다. 예수의 비유는 크게 두 가지 범주로 분류된다. 첫 번째 범주는 하나님 나라에 관한 비유다. 하나님 나라에 대한 비유의 내용과 양은 상당하여 하나님 나라 사상이 예수의 세계관적 시각에 중요한 위치를 차지함을 알 수 있다. 복음서마다 병행되는 비유들이 있고 관점이 약간 다르게 기록된 것들도 있지만, 하나님 나라 비유는 궁극적으로 복종의 대상은 하나님이며 하나님 나라를 향한 희망을 가진 이들은 세상의 속된 것을 향하는 자기를 철저히 버리기를 요구한다.

비유는 당대의 일반인들이 구체적으로 경험하는 현실을 빗대어 주어졌다. 예컨대 씨 뿌리는 자, 가라지, 겨자씨, 누룩, 감춰진 보화, 값진 진주, 그물, 집 주인을 주제로 한 비유가 있다(마 13:1-53). 이외에도 잃은 양, 무자비한 종, 포도원 일꾼을 들어 비유했다. 또한 수난의 길목에서 예수는 세 가지 비유를 더 언급하는데 두 아들의 비유, 사악한 소작인의 비유, 그리고 결혼 잔치의 비유다.

그런가 하면 종말론적인 논의에 덧붙여진 비유도 있다. 무화과나무, 경각심 없는 종, 충성스러운 종과 불충한 종, 열 처녀, 그리고 달란트와 관련된 비유다. 특별히 누가복음은 다른 공관복음에는 없는 열세 개의 비유를 담고 있다. 두 종류의 빚진 자, 선한 사마리아인, 심야에 찾아온 친구, 어리석은 부자, 잔치 자리의 상석, 가난한 자를 위한 잔치, 잃었던 동전, 탕자, 지혜로운 종, 부자와 나사로, 무익한 종, 불의한 재판관, 바리새인과 세리의 비유다. 요한복음에는 많은 비유가 실려 있지는 않지만 선한 목자와 포도나무 비유가 우화적으로 담겨 있다.[12] 이런 점에서 미루어 볼 때 우리는 예수가 유대의 정신세계를 깊이 공유하고 있음을 알 수 있다.

이뿐 아니라 예수의 가르침은 다양한 논쟁을 통해 이루어졌다. 이런 논쟁은 예수의 가르침과 유대 랍비 전통의 갈등을 드러내 보여준다. 갈등을 통해 사랑과 용서에 대한 예수의 사상이 유대의 율법주의적 해석과 다르다는 사실을 증명한다. 이와 같은 성격의 논쟁으로 다음과 같은 것이 있다.

세리와 죄인들과 먹고 마시는 예수에 대한 평가, 금식에 관한 논쟁, 안식일에 예수의 제자들이 곡식을 털어 먹은 행위, 안식일에 손이 마른 사람을 고친 일, 악령 축출과 바알세불에 관한 논쟁, 바리새인들의 누룩을 조심하라는 논의, 하나님 나라에서 누가 제일 큰 자인가에 관한 논의, 제자가 아니지만 예수의 이름으로 악령을 축출하는 사람에 관한 논의, 이혼에 관한 논의, 부유한 청년과 완전에 관한 논의, 야고보와 요한의 야망에 관한 논의, 향유를 부은 마리아에 관한 이야기, 성전 정화 사건, 바리새인들과 권위에 대한 논쟁, 하나님과 카이사르의 것, 사두개인과 부활에 관한 논쟁, 율법에 대한 사두개인과의 논쟁, 다윗의 자손에 관한 논의, 과부의 헌금, 선한 사마리아인의 비유에 앞선 영원한 생명에 관한 논의, 안식일에 여인의 치유에 관한 논의 등이 있다. 이 밖에도 니고데모와의 논쟁, 제자들과의 논쟁, 안식일에 병자를 치유한 사건에 대한 논쟁, 바리새인들과 죄와 그의 선재(pre-existence)에 관한 논쟁, 죄와 벌에 관한 논쟁, 최후의 만찬에서 제자들과의 논의, 베드로와 사랑에 관한 논의 등이 요한복음에 있다.

이러한 가르침은 예수가 랍비적 특성이 있다는 사실을 보여 준다. 그러나 예수의 가르침은 랍비적이었을 뿐 아니라 예언자적 특성도 있었다. 특히 사마리아 여인과의 대화, 예수의 자기 증거, 예루살렘 거리의 소경, 마르다와 부활에 관한 언급, 피할 수 없는 심판에 관한 언급, 부활에 관한 예언, 예수의 기도, 제자들의 발을 씻기심, 성령의 임재에 관한 말씀 등은 예수의 예언자적인 특성을 드러낸다.

예수의 가르침은 그리스-로마 전통과 다르고, 유대의 특성이 있음에도 유대의 특성에 매이지 않는 독특함을 보여 준다. 이런 유대의 교육 방식을 사용하는 예수의 진정한 목적은 그가 청중에게 전달하려는 내용, 즉 하나님 앞에서의 삶에 대한 자신의 주장을 전달하려는 데 있다. 여기에는 예수가 가진 남다른 신앙의 태도, 즉 하나님과의 관계, 하나님 나라에 대한 이해, 그리고 사랑과 평화를 향한 하나님의 뜻에 대한 전적인 헌신과 복종의 자세가 포함된다. 하나님을 향한 전적인 헌신과 복종의 자세가 없었다면 예수의 도덕적 가르침은 형성될 수도 없었고, 아무런 목적과 근거도 갖지 못했을 것이다.

예수의 사회윤리적 규범

복음서에 나타난 예수의 윤리사상을 자세히 살펴보려면 최소한 네 가지 사회학적인 관점이 필요하다. 네 가지 관점이란 힘의 역학 관계를 의미하는 정치윤리, 물적 관계를 의미하는 경제윤리, 인간의 성성(sexuality)과 관련되는 관계를 보여 주는 성윤리, 그리고 하나님과의 관계를 드러내는 종교적 관심에서 형성되는 규범적인 요소로서의 종교윤리다.[13] 이 네 가지 요소는 각기 권력과의 관계, 물질과의 관계, 성적 욕망과의 관계, 그리고 하나님과의 관계와 상응하기 때문에 우리의 구체적 삶의 모든 영역을 비추어 볼 수 있다.

정치윤리와 평화

성서에 나타난 예수의 어록을 중심으로 살펴본 예수의 정치윤리 사상은, 지배윤리(ethics of domination)가 아닌 섬김의 윤리(ethics of diakonia)를 축으로 삼고 있다. 신학적으로 본다면 영광의 신학(theology of glory)보다는 십자가의 신학(theology of the cross)이다. 예수는 구약성서의 신정론(神正論)적인 보복의 윤리(ethics of retaliation)

를 넘어서서 '너와 나의 공동 존재됨'을 일러 주는 사랑의 윤리를 설교했다. 그러므로 예수의 윤리는 철저하게 지배의 평화가 아니라 화해의 평화이며, 기능적인 평화가 아니라 존재론적인 평화를 지향한다. 더구나 예수는 외면적인 지복과 축복을 약속하지 않고 오히려 십자가를 지는 삶을 선택할 것을 요구하는 동시에 겸비와 죄책을 받아들이는 삶을 가르쳤다.

그리스나 로마 사회에서 권력은 중요한 사회적 힘이었다. 정치권력은 가장 현실적인 힘이었고, 신민의 살고 죽는 문제를 결정하는 능력이었다. 그러므로 현실 정치에서 정치권력은 강해야 했고 국내적으로는 국가 치안을, 국외적으로는 전쟁에 대비해야 하는 능력을 의미했다. 정치권력의 관점에서 본다면 평화는 도덕적인 논리가 불러오는 것이 아니라 힘을 통해 상대의 위력을 제압하거나 상대의 위력으로부터 해를 당하지 않을 긴장과 균형을 가질 수 있는 것이어야 했다.

구약성시에서도 야훼 하나님의 능력은 간혹 군사적 승리의 배경으로 이해되었다. 그리하여 이스라엘 백성의 승리는 야훼 하나님이 함께하실 때 가능하다는 신앙고백을 낳았다. 그러나 구약성서는 욥을 통해 의로운 자의 고난이 존재함을 암시하고 개인의 삶이나 역사의 어두운 굴곡에서 하나님의 정의가 현실의 정의와 일치하지 않을 수 있다는 이해를 남겨 두었다. 다니엘에게서 우리는 현실적인 악의 힘에 굴복하지 않고 궁극적인 하나님의 주권이 실현될 미래의 희망을 품고 사는 길을 본다.

이런 맥락에서 본다면 예수는 그리스와 로마의 현실 정치에서 융통되던 포악한 정치권력의 본질을 깊이 파악하고 있었고 포악을 통해 얻는 평화의 허상을 꿰뚫고 있었다. 권력을 통한 평화는 진정한 평화가 아니라 지배적 평화였고 어느 한편의 평화를 파괴하는 평화였기 때문이다(마 20:25). 그리하여 예수는 제자들에게 지배자의 자리, 상석에 앉는 것을 권하지 않았다. 이런 사실을 미루어 볼 때 예수는 분명 군사적이거나 물리적인 폭력에 의존하는 삶을 제자들에게 권고하지 않았다. 오히려 그는 "주 너의 하나님께 경배하고 그분만을 섬기라"(마 4:10)고 요구했다.

예수 시대에 일반적으로 이해된 평화는 로마의 평화였다. 로마의 평화가 의미하는 정치·군사적 평화란 현실적으로 대단히 폭력적인 것이었다. 예수는 당시 로마의 권력 구조로부터 지지나 지원, 호감을 얻을 만한 자리에 있지 않았다. 오히려 그들과 여러 갈등을 겪을 수밖에 없었다. 세례 요한의 죽음이나 헤롯에 대한 예수의 관점, 그리고 하나님의 것과 가이사의 것을 구별하라는 예수의 요구(마 22:21)는 예수의 하나님 나라 사상이 당시의 정치 구조에서 현실화될 수 없음을 전제하고 있다.

그럼에도 불구하고 예수의 평화윤리는 하나님을 향한 복종과 이웃 사랑이 가능한 영역 안에서의 정치적 실천이라는 범주를 가진다. 사랑의 행위로서 정치적 행위란 폭력을 휘두르지 않는 평화적인 행위로만 가능했다. 그러므로 예수는 세속적이고 폭력적인 권력에 대해 지지나 성원을 보내지 않았다. 이 점에서 그의 정치윤리는 당시의 로마 정치윤리와는 극명하게 달랐다. 폭력적인 평화를 추구하는 로마제국 한가운데서 예수는 이렇게 가르쳤다.

'눈은 눈으로, 이는 이로' 하신 말씀을 너희는 들었다. 그러나 나는 이렇게 말한다. 앙갚음하지 마라.[14] 누가 오른뺨을 치거든 왼뺨마저 돌려 대고 또 재판에 걸어 속옷을 가지려고 하거든 겉옷까지도 내주어

라. 누가 억지로 오 리를 가자고 하거든 십 리를 같이 가주어라. 달라
는 사람에게 주고 꾸려는 사람의 청을 물리치지 마라. '네 이웃을 사
랑하고 원수를 미워하여라' 하신 말씀을 너희는 들었다. 그러나 나는
이렇게 말한다. 원수를 사랑하고 너희를 박해하는 사람들을 위하여
기도하여라. 그래야만 너희는 하늘에 계신 아버지의 아들이 될 것이
다. 아버지께서는 악한 사람에게나 선한 사람에게나 똑같이 햇빛을
주시고 옳은 사람에게나 옳지 못한 사람에게나 똑같이 비를 내려 주
신다. 너희가 자기를 사랑하는 사람들만 사랑한다면 무슨 상을 받겠
느냐? 세리들도 그만큼은 하지 않느냐? 또 너희가 자기 형제들에게
만 인사를 한다면 남보다 나을 것이 무엇이냐? 이방인들도 그만큼은
하지 않느냐? 하늘에 계신 아버지께서 완전하신 것같이 너희도 완전
한 사람이 되어라(마 5:38-48).

꾸고자 하는 자를 금하지 말며 오른뺨을 치거든 왼뺨마저 돌
려 대고 겉옷을 달라는 이에게 속옷까지 벗어 주며 원수를 사랑하
는 삶을 통해 하나님과 같이 온전해지라는 예수의 요구는 그리스와
로마 전통이나 유대 전통의 관점에서 볼 때 이해가 되지 않는다. 예
수의 가르침은 전적인 자기주장과 자신의 안전을 먼저 고려하는 것
이 아니라 자기의 목숨까지 내놓는 적극적인 사랑과 섬김을 위한 철
저한 자기 포기의 윤리였다. 야고보와 요한의 어머니가 예수에게 다
가와 "주님의 나라가 서면 저의 이 두 아들을 하나는 주님의 오른편
에, 하나는 왼편에 앉게 해주십시오"라고 부탁했을 때, 예수는 이렇
게 대답했다.

너희도 알다시피 세상에서는 통치자들이 백성을 강제로 지배하고 높

은 사람들이 백성을 권력으로 내리누른다. 그러나 너희는 그래서는 안 된다. 너희 사이에서 높은 사람이 되고자 하는 사람은 남을 섬기는 사람이 되어야 하고 으뜸이 되고자 하는 사람은 종이 되어야 한다. 사실은 사람의 아들도 섬김을 받으러 온 것이 아니라 섬기러 왔고 많은 사람을 위하여 목숨을 바쳐 몸값을 치르러 온 것이다(마 20:25-28).

예수는 지배하고 높아지고 영광을 누리는 권력의 길이 아니라 섬기고 낮아지고 겸비하여 고난을 겪는 길을 가르쳤다. 지위 높은 자들의 폭력적 지배가 아니라 약한 자와 가난한 자, 버림받은 자를 섬기고 돌보는 길을 가라고 제자들에게 일러 준 것이다. 따라서 예수의 길은 지배자의 길도 아니고 한때 제자들이 기대했던 황제의 길도 아니었다. 힘의 논리에서 평화를 해석하던 로마의 황제와는 달리 예수는 사랑의 힘으로 평화를 입증하려 했다. 따라서 그는 다른 이를 지배하고 가르치는 높은 자리에 앉지 말라고 권고한다. 또한 스스로 큰 자로 여기는 교만도 버리라고 가르쳤다.

예수의 관점에서 오만과 허세를 부리는 특권층이 곱게 보였을 리 없다. 예수는 분봉왕 헤롯을 일러 '여우'라고 불렀다(눅 13:32). 헤롯은 세례 요한의 목을 자르라고 명령한 장본인이었다. 마태복음에서 예수는 고운 옷을 호화스럽게 차려입은 사람들을 보려거든 왕궁에나 가보라고 한다(마 11:8). 이러한 언급은 예수가 당시 로마 지배 계층에 대해 상당한 거리를 두고 있다는 사실을 드러낸다. 예수는 손바닥에 놓인 데나리온에 새겨진 황제의 초상을 바라보며 "황제의 것은 황제에게로, 하나님의 것은 하나님께로"라고 말함으로써 하나님의 것과 황제의 것, 하나님의 방식과 황제의 방식이 다름을 밝힌다.

　예수는 침략과 정복과 약탈로 점철되는 폭력적 지배 방식이 아닌 다른 길에 대해 말했다. 그가 가르친 길은 저항과 폭력적 대응을 명백하게 금지하는 것이다. 초기 기독교 전통은 이 권고를 받아들이는 데서 제자도를 찾았고, 이후 수많은 사람이 여기에서 평화의 길을 찾았다. 포악한 로마의 평화와는 다른 길, 예수는 전쟁과 보복과 폭력의 악순환이 없는 평화의 길을 일러 준 것이다.

　그러므로 폭력을 통해 얻는 평화는, 예수가 가르친 평화가 아니다. 예수가 가르친 비폭력 평화의 길을 현실주의자들은 비현실적 이상론이라며 외면했고, 영성주의자들은 현실 세계와 대응하지 않으며 고난을 수납하는 수동적 소극주의로 이해하기도 했다. 또한 일련의 학자들은 예수의 비폭력 평화주의적 가르침에 대해 무책임의 윤리라고 비난하기도 했다.[15]

　하지만 성서는 예수의 탄생을 기록하면서, 그의 출생과 더불어 '땅의 평화'가 울려 퍼졌다고 증언하고 예수를 평화의 임금으로 묘사한다. 이에 부응하여 예수의 공생애는 제국의 복음이 아니라 하나님 나라의 복음을 설파하는 데 바쳐졌다. 그 결과 예수는 제도권 종교와 로마 지배 권력의 합의에 따라 십자가형에 처해졌다. 그러나 십자가 처형 이후 부활하신 그리스도는 제자들에게 나타나 평화를 빌었다(요 20:21). 예수의 부활의 소식을 전해 들은 그리스도인들은 신앙 공동체를 구성하기 시작했고, 그들은 예수를 '평화의 주'로 고백했다. 따라서 예수의 삶과 사상, 그리고 복음은 예수의 평화사상 없이 이해되기 어렵다.

예수의 평화사상의 영향

예수의 산상설교로 지칭되는 마태복음 5-7장에 담긴 윤리적 성격을 많은 사람이 평화주의적인 것으로 이해해 왔다. 여러 초기 교부들과 톨스토이, 간디, 함석헌, 본회퍼 등은 예수의 사상에서 자신의 평화사상을 이끌어 냈다. 톨스토이는 성서의 예수 사상에 깊이 고무되었을 뿐 아니라 전쟁을 벌이는 국가의 권위에 대해 깊이 회의했다. 그는 그리스도인으로서 정부의 폭력은 의도적인 것이며 이성의 왜곡을 통해 작용하므로 사악해지기 쉽고, 분노한 개인의 폭력은 무지에서 비롯되기 때문에 부분적으로만 악할 뿐이라고 생각했다. 그리하여 그는 제도적 폭력을 거부하면서 무정부주의적인 평화주의를 주장했다. 그는 "오로지 폭력에 의해 세워지고 폭력에 의해 유지되며 기독교 규범에 거슬러 끊임없이 악행을 저지르는 권력기관에 기독교인은 복종할 수 없다. 징집, 전쟁, 감옥, 처형은 물론 국민들이 토지를 이용할 가능성까지 박탈할 수 있는 권력기관이 하는 일은 모두 기독교 규범에 어긋난다"[16]고 주장했다.

국가권력의 본질을 폭력으로 보는 이들은 예수의 비폭력 평화주의적 사상에 근거하여 전쟁 반대의 입장을 표명해 왔다. 이 전통은 교부들로부터 소종파 운동의 흐름을 타고 현대의 전쟁반대운동으로 이어졌다.[17] 메노나이트 신학자 요더(John Howard Yoder)는 이 전통을 일러 '전쟁은 어느 경우에도 옳지 않다'는 원칙을 지켜 왔다면서 기독교 평화주의 전통이란 성서의 평화사상을 결집한 예수에게서 연원하여 4세기 주교 마르탱(Martin)을 거쳐 아시시의 성 프란치스코(San Francesco)와 재세례파와 퀘이커들을 통해 전승되었다고 분석한다.

이 전통은 국가의 자연적 권위를 긍정한 그리스-로마 전통의 비평화적인 흐름과 구별된다. 그리고 구약성서에 그려진 전사(戰士) 하나님 전통과 다르고, 세속적인 비평화적 전통을 종합한 전통과도 구별된다.[18] 따라서 그리스도인은 이웃을 향해 폭력을 행사하는 삶이 아니라 온갖 종류의 폭력에 거리를 둔 삶(renunciation of violence)에서 평화를 지켜 나가야 한다는 입장을 명시적으로 지시한다.

경제윤리와 평화

평화에 대한 예수의 사상을 이해할 수 있는 또 다른 관점은 재물과의 관계에 대한 그의 가르침에 담겨 있다. 예수는 제자들에게 물질을 소유하는 관계에서 얻는 평화에 대해서도 가르쳤다. 풍요로우나 영적으로 빈곤한 어느 부자의 이야기(눅 12:13-21), 제자의 길을 외면한 부자 청년(마 19:16-30; 막 10:17-31; 눅 18:18-30)에 대한 기록은 "너희는 탐욕을 멀리하여라. 재산이 차고 넘치더라도 사람의 생명은 거기 달려 있지 않다"(눅 12:15)는 예수의 선언을 보조적으로 해명한다.

풍요와 물질적 탐욕에 대한 예수의 경고는 구약성서가 말하는 부유함과 땅의 축복을 나누는 포괄적 평화에 비교해 볼 때 매우 급진적이다. 구약성서는 억압과 폭력과 굶주림이 없는 안전한 길에 평화가 있다고 가르친다. 구약성서의 후기 부분에는 묵시적 종말과 야훼의 날에 대한 희망, 그리고 최종적인 하나님의 정의 실현에 대한 기다림이 담겨 있지만, 구약성서 대부분의 책에서 하나님의 계약 백성이 누릴 땅의 축복을 약속한다. 이에 비해 예수의 길은 현세의 축복과 풍요와 안전의 길을 지시하지 않는다. 오히려 예수는 탐욕과 권세와 자기중심의 쾌락이 얼마나 하나님 나라에서 먼지를 가르쳤다.

구약성서가 하나님의 정의가 실현된 정황에서 하나님의 주권이 확인되는 길에서 평화를 가르친다면, 신약성서의 예수는 하나님의 주권이 실현될 하나님 나라에 대한 믿음에서 평화를 가르치고 있다. 예수는 제자들을 선택하고 훈련시켜 하늘나라가 가까웠음을 선포하는 전도의 길에 나서게 했다(마 10:7). 제자들을 파송하는 예수는 제자들에게 이렇게 당부했다.

> 오히려 길 잃은 양 떼인 이스라엘 백성에게로 가거라. 다니면서 '하늘 나라가 가까이 왔다'고 선포하여라. 앓는 사람을 고쳐 주며, 죽은 사람을 살리며, 나병 환자를 깨끗하게 하며, 귀신을 쫓아내라. 거저 받았으니, 거저 주어라. 전대에 금화도 은화도 동전도 넣어 가지고 다니지 말아라. 여행용 자루도, 속옷 두 벌도, 신도, 지팡이도 지니지 말아라. (…) 너희가 그 집에 들어갈 때에, 평화를 빈다고 인사하여라. 그래서 그 집이 평화를 누리기에 알맞으면, 너희가 비는 평화가 그 집에 있게 하고, 알맞지 않으면 그 평화가 너희에게 되돌아오게 하여라(마 10:6-13, 새번역).

청빈의 윤리

많은 이가 예수의 가르침에서 전도자의 길이란 스스로 선택한 청빈의 길이어야 한다는 명령을 들었다. 이는 마치 구약성서에서 제사장의 길을 가야 할 레위 지파에게 몫이나 유산으로 물려받는 땅이 없을 것이며 오로지 야훼를 분깃으로 여기며 살아가기를 요구한 정신과 흡사하다(참조. 신 18:1-2). 땅의 소유나 자신의 힘이나 혈연적 의지를 넘어서서 오로지 하나님만을 의지하며 살아가는 전도자의 요건을 담고 있기 때문이다.

이러한 가르침은 예수 시대를 지배하던 로마인의 삶의 가치에 정면으로 배치되는 것이었다. 하지만 예수는 제자들에게 그 가르침에 대한 급진적인 복종과 실천을 요구했다(행 5:1-5; 참조. 마 19:1-5). 제자의 길에 들어선 이들은 소유를 통한 만족에 빠지지 않아야 함과, 소유로 인해 하나님과의 관계와 이웃과의 관계 상실에 빠져서는 안 된다는 의미였을 것이다.

하지만 예수의 가르침은 소유의 본질이 인간다움의 기본 요건을 충족시키고 삶의 자유와 질을 높일 수 있다는 생각을 외면한 것은 아니었다. 예수는 소유를 통한 만족이 아니라 하나님의 일꾼으로서 필요한 것이 마땅히 주어질 것을 믿으라 했기 때문이다. 다만 전도자의 길은 땅의 것인 소유에 의존하는 삶이 아니라, 하나님께 신뢰를 둔 삶이어야 한다는 것이었다(마 6:25-34).

로마 사회에서의 청빈

예수 당시 거대한 제국의 중심부에 사는 이들은 변방에서 착취한 것을 로마 중심부로 흡수해 들였다. 부유함과 사치, 향락의 문화가 팽배한 시대에 예수는 그런 풍요와 향락의 문화에 담긴 기쁨과 평화를 가르치지 않았다. 오히려 그는 제자들에게 무소유를, 자의적 청빈을 가르쳤다.

예수는 제자들에게 당당히 '너희는 소유를 땅에 쌓아 두지 말라'고 했다. 부자와 나사로의 비유를 들어 부유함의 허망함도 가르쳤다. 탐욕의 문화에 포로가 된 로마 문명의 구조 안에서 예수는 다른 길을 가르친 것이다. 바로 자의적 청빈, 무소유의 길, 청지기의 길이다. 이 길에서 제자들은 평화의 사도가 되어 평화를 전하는 전도자의 삶을 살라는 것이었다. 예수는 이 길이 하나님과 동행하는 샬롬의 길이라고 믿었다. 소유와 자신의 능력과 쌓아 둔 재화를 믿고 사는 삶에는 하나님을 향한 신실한 신앙이 깃들 수 없다고 본 것이다.

반면 예수는 가난하고 업신여김을 받는 창기와 세리의 친구가 되었다. 그들과 더불어 먹고 마시면서 그들을 벗으로 받아들였다. 그 때문에 비난을 받았다(막 2:16). 이런 예수의 삶은 오만한 위선자들의 문화와는 다르다. 예수는 낮아지고 작아지고 섬기며 죄인들과 더불어 먹고 마시는 길을 제자들에게 가르쳤다. 그리하여 예수는 로마의 평화와 결별을 선언한다. "나는 평화를 베풀러 온 것이 아니라 오히려 칼을 던지러 왔다"(마 10:34).

그리고 예수는 혈연과 지연과 땅의 것에 매인 삶을 갈라놓겠다고 선언한다. 유대 가부장 문화의 친권(親權)과 전통 가치와 관습에 매여 있는 이들을 해체하겠다는 것이다. 이는 땅의 것에만 연연하고 매여 있는 삶에 대한 도전이다. 이 도전은 이 땅의 관계만으로 만족하는 삶을 흩어 놓겠다는 의도를 보인다. 이 세계가 주는 평화를 깨고 오히려 그에 도전하겠다는 것이다.

심지어 예수는 어머니와 형제가 찾아왔다는 전갈을 듣고는 새로운 가족 관계를 선언한다. "누가 내 어머니며 내 형제들이냐?"라고 반문하고 둘러앉은 사람들을 돌아보며 말씀하셨다. "바로 이 사람들이 내 어머니이며 내 형제들이다. 하나님의 뜻을 행하는 사람이 곧 내 형제요 자매요 어머니다"(마 3:33–35). 하나님과의 관계가 단절된 상태에서 얻어지는 평화, 관계, 친·인척, 행복은 결코 예수의 관심을 끌지 못했다. 하늘의 평화, 하나님과의 관계에서 얻어지는 평화가 부재했기 때문이다.

로마의 권력과 부유함, 소유와 땅의 관계는 예수 앞에서 상대화되었다. 진정한 평화의 조건이 아니었기 때문이고, 그 본질이 사랑의 길을 왜곡하고 가로막는 것이었기 때문이다. 그리하여 자유로운 영혼의 사람들이 예수의 제자가 되고, 하나님 나라의 전도자가 되었다.

소유에 대한 집착과 탐욕이 하나님과 이웃 사랑을 방해한다면 그것은 결코 선한 것이 될 수 없다. 소유에 대한 탐욕이 강할 때 우리는 하나님 백성다운 구도자의 삶을 포기하기 때문이다. 그러므로 예수는 하나님 나라 비유에서 "천국은 마치 밭에 감추인 보화와 같으니 사람이 이를 발견한 후 숨겨 두고 기뻐하며 돌아가서 자기의 소유를 다 팔아 그 밭을 샀느니라"(마 13:44, 개역한글)라고 일러 준 것이다.

양자택일의 길

한 부자 청년과의 대화에서 예수는 소유의 포기를 요구했다. 마태복음, 마가복음, 누가복음에 담긴 이 대화에서 예수는 "그를 보시고 사랑하사 이르시되 네게 아직도 한 가지 부족한 것이 있으니 가서 네게 있는 것을 다 팔아 가난한 자들에게 주라 그리하면 하늘에서 보화가 네게 있으리라 그리고 와서 나를 따르라"(막 10:21, 개역개정)고 했다. 그러나 그 청년은 가진 것이 많아 예수를 따르지 않고 자기 길을 갔다. 이때 예수는 "재물이 많은 사람이 하늘나라에 들어가는 것이 얼마나 어려운 일인지 모른다. 부자가 하나님 나라에 들어가는 것보다 낙타가 바늘귀를 빠져나가는 것이 더 쉬울 것이다"(눅 18:24-25)라고 말했다.

예수의 가르침을 이어받은 초기 기독교 공동체는 세상을 향한 탐욕의 옷을 벗어 버리고 소유의 나눔을 실천했다. 사도행전 2장 44-47절은 "믿는 사람이 다 함께 있어 모든 물건을 서로 통용하고 또 재산과 소유를 팔아 각 사람의 필요를 따라 나눠 주며 날마다 마음을 같이하여 성전에 모이기를 힘쓰고 집에서 떡을 떼며 기쁨과 순전한 마음으로 음식을 먹고 하나님을 찬미하며 또 온 백성에게 칭송을 받으니 주께서 구원받는 사람을 날마다 더하게 하시니라"라고 기록한다. 초기 기독교 신앙 공동체가 재화를 공유하며 유무상통했던 정황을 보여 주는 것이다.

청빈의 영성

청빈의 윤리는 그리스도인이 물질에 대해 어떤 태도로 살아가야 할지를 지시하는바 예수의 중요한 가르침이다. 이 전통은 수도사들만이 아니라 사막의 교부들, 현대 가톨릭 성직자들 그리고 소종파 신앙인들에게도 면면히 이어져 왔다. 특히 퀘이커들이나 테제 공동체 구성원들에게는 소유와 생활의 단순함을 중시하는 생활윤리를 낳게 했다. 메노나이트 역시 여러 측면에서 그 가르침에 바탕을 두고 그리스도인의 경제적인 삶의 원리를 강조하며 실천하고 있다. 메노나이트 생활 원칙에는 다음과 같은 내용이 있다.

1) 유물주의는 비기독교적인 것이다.
2) 재화는 본질적으로 선하거나 악하다고 말할 수 없지만 그리스도인은 선을 행하는 수단으로 사용해야 한다.
3) 그리스도인은 우리의 모든 필요를 아시는 하나님을 신뢰해야 한다.
4) 세상의 죄스러운 형편은 물질적인 소유를 향한 비기독교적인 태도에서 기인한다.
5) 부유함의 극단적인 형태는 옳지 않다.
6) 참된 기독교 공동체는 경제적이며 영적인 평등을 포괄한다.
7) 이러한 지침은 나눔과 협동의 엄격한 공동체적 삶을 요구한다.[19]

예수의 평화 전통을 이어받은 교회나 공동체는 한결같이 무소유 청빈의 영성을 예수의 가르침으로 수용했다. 메노나이트, 후터리안, 그리고 재세례파에게 이 원칙은, 사적 소유가 허락될 수 있지만 유물주의는 비신앙적인 것이라는 점을 명시한다. 그리고 모든 재화의 생산과 소유, 사용은 소유자만이 아니라 공동체 구성원과 공동체를 위한 것이어야 함을 신앙고백으로 받아들였다. 이들은 사적 소유를 최소화하면서 탐욕을 멀리하는 삶을 그리스도인다운 삶으로 여긴다. 결국 참된 삶의 공동성을 해하지 않는 경제윤리는 개인과 공동체를 탐욕의 유혹에서 벗어나게 하며 평화로운 삶의 공동성에 이바지하게 한다.

육체의 욕망과 평화

성(性)은 인간의 삶에서 가장 깊은 감정과 욕망의 근거다. 하나님은 성을 우리에게 주셨다. 우리는 예수의 사회윤리적 가르침에서 성에 근거한 관계의 윤리에서도 평화가 강조되고 있음을 볼 수 있다. 예수는 인간이 성적 존재로 결혼할 수 있고, 또 가정을 이루어 부부로 살아가는 존재라는 점을 잘 이해하고 있었다. 요한복음 기자는 예수가 갈릴리 지방 가나에서 열린 혼인 잔치에 참석해 첫 이적을 베푼 사실을 기록하고 있다(요 2:1-11). 포도주가 떨어져 잔치의 열기가 식을 수밖에 없는 상황에서 예수가 물로 포도주를 만들어 혼인 잔치를 더 흥겹게 했다는 기록이다.

그런데 예수는 결혼에 대한 견해를 밝히면서 기존 유대 전통과 다른 입장을 표명했다. 유대 전통에서는 이혼이 가능하지만, 예수는 결혼으로 한 몸을 이룬 이들은 이혼해서는 안 된다는 입장을 견지한다.

그러자 예수께서는 "처음부터 창조주께서 사람을 남자와 여자로 만드셨다는 것과 또 '그러므로 남자는 부모를 떠나 제 아내와 합하여 한 몸을 이루리라' 하신 말씀을 아직 읽어 보지 못하였느냐? 따라서 그들은 이제 둘이 아니라 한 몸이다. 그러니 하나님께서 짝지어 주신 것을 사람이 갈라놓아서는 안 된다" 하고 대답하셨다. 그들은 다시 "모세는 '아내를 버리려 할 때에는 이혼장을 써주어라' 했으니 그것은 무슨 까닭입니까?" 하고 물었다. 예수께서는 "모세는 너희의 마음이 굳을 대로 굳어져서 아내와 이혼을 해도 좋다고 하였지만 처음부터 그랬던 것은 아니다. 나는 이렇게 말한다. 음행한 까닭 외에 아내를 버리고 다른 여자와 결혼하면 간음하는 것이다" 하고 대답하셨다 (마 19:4-9).

예수는 결혼이란 남자와 여자를 창조하신 하나님의 뜻에 따른 것이며, 결혼을 통해 한 몸을 이루는 것이므로 결혼은 인위적 선택이라기보다 하나님의 성사(聖事)라고 보았다. 예수는 인간이란 성과 성적 본성, 즉 성적 욕망을 가지고 태어나며 결혼을 통해 성적 유대와 친밀성을 나누게 된다는 사실을 받아들였다.

전통적으로 기독교 신학은 성을 창조하신 하나님의 목적은 부부간 연합(unity)과 자녀 생산(procreation)에 있다고 보아 성애(sexual pleasure)의 관점을 애써 외면해 왔다.[20] 그리하여 교회는 역사적으로 금욕주의적인 성윤리를 지켜 왔고, 특히 가톨릭교회는 결혼을 성사(sacrament)로 여겨 이혼을 금하는 신학 전통을 중시한다.

가부장적 이혼관의 부정

성서에 언급된 예수의 관점을 바르게 이해하려면, 유대 전통에서 남성만 이혼의 주체가 될 수 있었던 정황을 고려해야 한다. 이를 감안하면 예수는 여성의 권리를 부정해 온 유대의 가부장적이며 남성 중심적인 이혼을 금지한 것이다. 그리고 결혼을 했어도 어느 한편이 간음을 했다면 예외적으로 이혼이 허용될 수 있다는 견해를 담고 있다. 예수는 이혼의 가능성을 완전히 부정하지는 않았다.

하지만 유대 전통에 따르면, 이혼은 여성이 아니라 남성의 결정에 따르는 것이었다. 일단 자녀를 낳지 못하는 여인은 남편이 다른 여인을 취해 자녀를 얻는 것을 당연하게 여겨야 했다.[21] 심지어 남편이 죽은 후에도 대를 잇기 위해 남편의 동생과 잠자리를 해야 했다. 다말의 경우, 대를 잇기 위한 여인으로 스스로의 성을 이해하여 그 소임을 다하려고 시아버지와 관계를 갖기까지 했다(창 38:1-26). 구약 성서에 나타나는 이런 사례들은 여성을 자기 성의 주체로 보지 않고 가부장적 관점에서 자손을 낳아 주는 도구적 존재로 간주했던 폐습을 드러낸다.

이런 전통에서 여성이란 남성의 소유물 혹은 전유물이었으므로 여성의 권리와 안전이 배려될 수 없었다. 이런 관습을 알고 있던 예수는 남성 중심의 자의적 이혼법을 파기한 것이다. 달리 말하면, 이혼의 당위성보다 결혼의 거룩함과 정결함을 중시함으로써 사소한 이유를 앞세워 함부로 여성을 내쫓는 폐습을 금하고 여성의 권리를 지켜 주었던 것이다. 예수는 남성 중심의 자의적 이혼은 결과적으로 간음을 초래하는 것과 다름없다고 보고, 남성 중심의 이혼관의 오류를 수정했다(마 5:28-32).

예수는 행위 중심이 아니라 의지 중심으로 판단 기준을 새롭게 제시함으로써 의지와 행위의 정결을 강조했다. 예수의 태도와 가르침은 제자들에게 '남편과 아내의 관계가 그런 것이라면 차라리 결혼하지 않는 것이 좋겠다'는 생각을 갖게 했다(마 19:10). 실제로 종말론적인 희망을 갖고 하나님 나라 운동에 참여한 제자 중 대다수는 당시에 결혼을 하지 않았다. 이는 다소 금욕적이며 종말론적인 정결의 성윤리가 교회 안에 형성된 원인이기도 하다.

소명을 앞세운 정결의 윤리

정결의 윤리는 교회 역사에서 무수한 수도사가 선택한 것이었고, 가톨릭교회에서는 성직자에게 요구되는 필수 요건이었다. 물론 여기에는 성에 대한 이원론적인 이해, 즉 성애적 삶을 다소 비영성적으로 바라보는 관점이 섞여 있다. 하지만 예수에게서 비롯된 소명적 독신의 삶을 긍정하는 한편, 인간의 성애 본성을 인정하면서도 성애의 방종과 타락을 무서운 죄로 간주해 온 성윤리의 전통은 성과 결혼, 가정을 지켜 온 소중한 기독교 윤리적 유산이다.

그럼에도 예수는 다른 차원의 관점을 우리에게 제시했다. 그것은 가족 관계의 상대성과 하나님 나라를 위한 헌신자의 독신을 중시하는 데서 나타난다. 그는 "나를 따르려고 제 집이나 형제나 자매나 부모나 자식이나 토지를 버린 사람은 백 배의 상을 받을 것이며, 또 영원한 생명을 얻을 것이다"(마 19:29)라고 약속한다. 더 나아가 "처음부터 결혼하지 못할 몸으로 태어난 사람도 있고 사람의 손으로 그렇게 된 사람도 있고 또 하늘나라를 위하여 스스로 결혼하지 않는 사람도 있다. 이 말을 받아들일 만한 사람은 받아들여라"(마 19:12)라고 했다.

결혼보다 중요한 소명이 하나님 일이며, 그 일을 위해 형제나 부모 자식과의 관계가 상대화될 수도 있다는 것이다. 이런 예수의 태도는 교회의 역사에서 많은 이로 하여금 자의적 독신을 선택하게 했다. 오리게네스(Origenes)는 인간의 성적 욕망을 죄악시하고 자신의 성기를 절단했는데 당시 일부 교회 지도자들은 그를 칭찬하기까지 했다.[22]

그러나 전통적인 기독교 성윤리 관점에서 본다면, 창조주 하나님 신앙을 포기하지 않는 한 육체나 육체성, 그리고 성성(sexuality)을 경시하거나 무시하는 것은 바람직하지 않다. 영육의 이원론에서 소명을 생각할 것이 아니라 하나님 나라를 향한 사랑의 길에 충실한 소명으로 이해함이 옳다. 성에 관한 예수의 가르침은 결혼과 가정, 성의 거룩함을 내적 동기에서부터 지키기를 요구하는 것이다.

평화를 파괴하는 음행

음행에 대한 예수의 경고는 우리 몸을 욕망에 내어놓는 행위에 대한 경고이자 사랑의 대상을 개인의 욕망을 위해 도구화하거나 이용하는 행위와 동기를 죄악시하는 것이었다. 그러므로 초기 기독교 공동체에서는 예수의 관점에서 비롯된 음행에 대한 경고가 줄을 이었고, 거룩한 결혼과 가정생활이 그리스도인의 마땅한 삶의 원칙이라고 가르쳤다. 골로새서 3장 19절에는 "남편 된 사람들은 자기 아내를 사랑하십시오. 아내를 모질게 대해서는 안 됩니다"라고 했고, 고린도 교회에 보낸 편지에서는 보다 구체적인 지침을 밝히고 있다(고전 7:2-15). 금지할 것을 권하는 것은 음행이 우리 삶의 평화를 파괴하기 때문이다.

사도들은 성에 대한 예수의 가르침에 근거하여 보다 실천적인 지평에서 목회의 지침을 제시했다. 이 지침의 궁극적 목적은 억압과 갈등이 아니라 화해와 평화, 순결의 원칙을 지키는 것이었다. 그러므로 성과 결혼, 가정에 관한 예수의 가르침은 욕망의 충족이 아니라 거룩한 하나님의 백성으로 정결한 삶을 살아가는 데 근원적 목적을 둔다. 다른 이의 인간으로서의 존엄성과 가족 관계를 이룬 가정을 파괴하는 부도덕한 쾌락은 성과 사랑, 결혼의 연결 고리를 끊어 우리 삶의 평화를 근원적으로 파괴한다. 그러므로 하나님께서는 부르심을 받은 자들이 사랑의 소명을 이루며 평화롭게 살아가기를 원하신다는 원칙에서 기독교 성윤리의 핵심을 평화로운 관계로 해석해야 하는 것이다.

종교적 삶과 평화

성서는 공생애를 시작하기 전, 광야에서 시험받는 예수에 대해 기록한다. 그 시험의 본질은 하나님과의 관계를 시험하는 데 있다. 마가복음은 예수에 대한 하늘의 인증을 통해 예수가 하나님의 아들임을 보여 준다. 예수가 요한에게 세례를 받을 때를 "하늘이 갈라지며 성령이 비둘기 모양으로 당신에게 내려오시는 것을 보셨다. 그때 하늘에서 '너는 내 사랑하는 아들, 내 마음에 드는 아들이다' 하는 소리가 들려왔다"(막 1:10-11)라고 기록하고 있다. 그리고 하늘의 인증에 따른 예수의 정신과 삶의 자세를 드러낸다. 요한에게 세례를 받은 예수는 광야에서 40일 동안 금식했는데, 그때 사탄의 유혹이 다가왔다(참조. 마 4:1-11).

예수는 유혹자 사탄에게 시험을 받지만, 사탄은 그를 이기지 못한다. 사탄의 유혹에서 승리를 거둔 후 예수는 공생애를 시작한다. 사탄에 대한 예수의 승리 비결은 하나님에 대한 전적인 복종 혹은 하나님을 향한 절대 의존에 있다. 이기적 욕망, 가족 관계의 얽매임, 제자의 도리, 민족이나 국가 등의 이념적 가치도 끼어들 수 없었다.[23] 유혹을 이긴 예수를 통해 우리는 그의 정신과 삶의 자세, 곧 유물론적 유혹과 오만의 유혹은 물론 모든 이념적 가치를 넘어선 궁극적인 하나님 신앙에 흐려짐이 없는 모습을 엿볼 수 있다.

타협이나 물러섬이 추호도 없었다. 그러므로 예수의 윤리적 가르침은 하나님을 향한 절대적 신뢰로 사탄의 유혹을 이기는 방법이기도 하고, 하나님 백성으로서 당연히 지녀야 할 삶의 자세로 제자라면 마땅히 따라야 할 지침이기도 하다. 초기 기독교 교부들도 이런 삶의 원칙에 충실했다. 그들은 예수가 하나님을 향한 무한한 신뢰를 지녔고, 삶과 죽음을 초월하는 신앙을 통해 자신이 하나님의 아들임을 보여 주었다고 믿었다.

철저한 신앙의 원칙에 서 있는 예수는 종교의 이름으로 하나님을 경시하거나 하나님 신앙을 종교 지도자들의 이해관계에 복속하는 행위, 그리고 위선적인 종교인들에 대해 날카로운 비판을 제기했다. 이런 예수의 모습을 성(聖)과 속(俗)의 전도 현상이 일어나던 예루살렘 성전에서 찾아볼 수 있다.

> 그들이 예루살렘에 도착한 뒤, 예수께서는 성전 뜰 안으로 들어가 거기에서 사고팔고 하는 사람들을 쫓아내시며 환전상들의 탁자와 비둘기 장수들의 의자를 둘러엎으셨다. 또 물건들을 나르느라고 성전 뜰을 질러 다니는 것도 금하셨다. 그리고 그들을 가르치시며 "성서에 '내 집은 만민이 기도하는 집이라 하리라'고 기록되어 있지 않느냐? 그런데 너희는 이 집을 '강도의 소굴'로 만들어 버렸구나!" 하고 나무라셨다(막 11:15-17).

예수는 거룩한 성전이 속된 자리로 전락하는 현장, 곧 종교의 타락을 거부한다. 종교의 타락은 성과 속이 뒤집어지는 현상을 초래한다. 속된 것이 거룩한 자리에 놓이고, 거룩한 것이 속된 것으로 취급되는 현상이다. 이런 예수의 태도로 인해 성과 속의 관계를 모호하게 흐려 오던 대사제들과 율법학자들의 증오가 시작되었다. 그들은 예수를 죽일 기회를 노렸다. 심지어 예수는 공생애 마지막 설교에서 율법학자와 바리새인의 위선을 공개적으로 꾸짖었다 (마 23:2-35).

혹독한 공개 비판의 핵심은 마치 하나님을 믿지 않는 듯한 그들의 위선을 드러내는 데 있었다. 종교의 허울을 쓴 그들의 내면은 위선과 불법으로 가득 차 있었다. 그 마음이 오만하여 제일 높은 자리에 앉기를 즐겨 하며, 하늘나라 소식을 전한다면서 오히려 하늘나라의 문을 닫고, 세상의 물질적 유혹을 극복하라고 가르치면서 정작 그들은 황금을 좋아했다. 종교적 위선의 양태를 지적한 예수의 예언자적인 비판은, 시대를 막론해 위선적 종교인이 있는 자리에서 살아 있는 메시지가 된다.

여기서 우리는 예수의 급진적인 유일신 신앙을 엿볼 수 있다. 그의 비판의 요지는 하나님에 대한 신앙은 하나님 중심주의적 가치를 실천할 때 드러난다는 것이다.[24] 하나님 중심의 가치가 없는 곳에서 하나님 신앙이란 종교적 위선일 뿐이다. 당대의 위선적 종교인에게는 하나님 주권에 대한 신앙고백적인 희망, 곧 하나님 나라의 도래를 믿는 태도가 없었다. 예수는 신앙인이 하나님 주권에 대한 신앙을 잃으면 종교는 이름뿐이고 인간의 판단과 이해의 기준을 앞세운다는 사실을 깊이 통찰하고 있었다.

위선적 종교인에 비해 예수의 모든 활동은 하나님 주권에 대한 신앙고백적 승인에서 나온다. 예수의 삶과 사상은 하나님 나라를 그의 하나님에 대한 절대적 복종과 헌신을 통해 이미 체험한 데서 나온 것이었다. 이런 이유로 우리는 예수의 윤리사상을 하나님 나라의 윤리라고 부를 수 있고, 실질적 내용은 하나님 사랑의 능력을 극대화할 수 있는 조건으로서 평화의 윤리라 할 수 있다. 평화가 있는 곳, 소유에 대한 탐욕이 사라진 곳, 이기적인 욕망 충족 행위가 없는 곳, 종교적 위선과 거짓이 없는 곳에서 진정한 이웃 사랑과 하나님 사랑이 역동성을 얻어 평화의 열매를 맺기 때문이다.

예수의 하나님 나라

예수 평화사상의 원천은 예수의 하나님 나라 사상이다. 예수에게 세례를 주기 직전에 요한은 이렇게 선언했다. "도끼가 이미 나무뿌리에 닿았으니 좋은 열매를 맺지 않은 나무는 다 찍혀 불 속에 던져질 것이다"(마 3:10). 예수는 이렇게 설교하는 세례 요한을 찾아가 세례를 받았다. 요한의 예언자적 정신에서 하나님 나라의 조짐을 보았기 때문이다. 요한의 예언적 정신이 예수에게 이어지고 강화되어 예수의 하나님 나라 사상으로 발선했다.

하지만 예수의 예언자적 메시지는 요한의 그것과 사뭇 달랐다. 그도 요한처럼 하나님 백성에게 회개를 요구했지만 그 메시지는 온화했다. 예수는 이렇게 선포한다. "내 어린 양 떼들아, 조금도 무서워하지 마라. 너희 아버지께서는 하늘나라를 너희에게 기꺼이 주시기로 하셨다"(눅 12:32). 하나님 나라가 임박했으니 이제는 하나님 나라에 들어갈 조건이 요구된다는 것이다. 예수의 하나님 나라는 하나님의 백성에게 무엇보다 소중한 것이어서 모든 것을 팔아서 사야 하는 것으로 이해되었다.

미국 윤리학자 가드너(E. Clinton Gardner)는 예수의 하나님 나라에 들어갈 요건은 죄의 회개, 하나님에 대한 전적인 신뢰, 그리고 복종이라고 했다.[25] 결국 개인적이며 실존적인 결단을 촉구하던 예수는 인간이 하나님 나라에 들어가기를 스스로 선택할 수 있는 자유를 가진 존재라고 보았던 것이다.

하나님 나라는 아직 오지 않았지만, 예수의 실천적 가르침이 있는 자리에서 맛보고 경험할 수는 있다. 하나님 나라를 선취하는 경험이 현재적인 하나님 나라다. 이를테면 국제적 혹은 국가적 차원에서 하나님의 주권이 실현되는 것이 아니라, 하나님을 향한 신뢰와 복종에서 경험할 수 있는 하나님 나라의 전조와도 같은 것이다.

이런 특성 때문에 예수의 윤리적 가르침의 본질이 종말론적인 하나님 나라의 윤리로 이해되곤 했다. 곧 우리가 하나님 나라와 마주 닿아 있는 지평에서 삶을 살아간다면 사랑과 평화의 길에서 정치·경제·사회·종교적 삶을 규명해야 한다. 비로소 그때 우리는 정치적으로 비폭력 평화주의적인 윤리, 경제적으로는 비탐욕과 청빈의 윤리, 성적으로는 애욕에 매이지 않고 상대에 대한 깊은 존중에서 우러난 정결의 윤리, 종교적으로는 하나님의 거룩함을 진실하게 받아들이는 행위로 하나님 나라의 도래를 경험할 수 있다. 이는 사랑과 평화라는 무제약적인 윤리적 과제가 하나님의 명령으로 모든 그리스도인에게 주어져 있을 뿐 아니라 그 과제를 실천할 수 있다는 사실을 전제한다.[26]

사랑은 평화 없이 이루어질 수 없고, 평화 역시 사랑 없이 이루어질 수 없다. 그러므로 예수의 평화윤리는 사람들의 이해에 따라 형성되었던 그리스와 로마의 평화사상 그리고 유대적 평화 이해를 초월한다. 세상이 주장하는 평화는 정치적 평화, 군사적 폭력에 의해 이루어지는 것이지만, 예수의 평화사상은 하나님의 사랑과 용서와 자비의 빛에서 이해된다. 때문에 로마제국의 포악이 횡행하던 박해 시대에 예수의 제자들은 예수의 가르침을 따라 비폭력 평화주의적인 삶을 살아가는 것이, 그들 곧 하나님 백성에게 주어진 소명의 길이라 믿었던 것이다.

V
초기 교부들의 평화

"우리는 우리의 칼을 쟁기로 바꾸고, 우리의 창을 농기구로 바꾸어 왔습니다. 이제 우리는 하나님을 두려워하는 마음과 정의, 사람들을 향한 친절함, 그리고 믿음과 십자가에 달리신 분을 통해 아버지께서 이미 우리에게 몸소 주신 미래에 대한 소망을 가꾸고 있습니다."-저스틴

기독교 복음과 하나님 신앙은 성서가 밝히는 바와 같이 예수의 평화사상과 밀접한 관계가 있다. 하나님은 평화의 근거이면서 평화의 보존자이자 평화의 회복자로 이해되고, 하나님 백성으로 이 땅을 살아가는 이들은 한결같이 이 땅의 평화를 초월하는 하나님의 평화를 따라 살아갈 것을 요구받는다.

기독교 신앙운동 초기에 그리스도인은 대개 평화를 이중적으로 이해했다. 내면의 평화와 더불어 미래에 주어질 외적 평화에 대한

희망이다. 예수의 십자가 처형과 부활의 소식을 접한 이후, 그리스도 인은 예수의 가르침에 따라 비폭력 평화주의를 삶의 원칙으로 받아들였다. 비록 성서에 로마 백부장의 믿음을 칭찬한 기사가 기록되어 있고, 당대 정치가를 하나님의 일꾼이라 간주했던 바울의 견해도 담겨 있지만, 당시 소규모의 새로운 신앙 공동체 구성원들은 평화로운 삶을 그리스도인의 삶의 본질로 받아들였다.

독일의 신학자 하르낙(Adolf Harnack, 1851-1930)은 초기 그리스도인이 스스로를 그리스도의 병사로 이해해 로마제국의 군병이 되는 것을 거부했다고 한다.[1] 그의 견해에 따르면, 4세기 초엽 콘스탄티누스 대제 때에 이르기까지 그리스도인은 평화주의적인 태도를 정체성의 일부로 여겼다는 것이다. 신약성서를 번역한 모펏(James Moffat, 1870-1944)도 하나님에 대한 그리스도인의 불신앙을 구약 시대에는 결혼의 신실성을 파기하는 음행에 비유했지만, 신약 시대와 초기 기독교 시대에는 예수의 명령을 저버린 영적인 음행으로 간주했다고 한다.[2]

초기 교부들이 남긴 문헌은 전쟁과 살상을 감행하는 로마 병사의 삶과 그리스도인의 삶은 결단코 일치할 수 없음을 명료히 밝힌다. 교회사가 베인튼(Roland Bainton)은 적어도 콘스탄티누스 대제가 공인하기까지 초기 기독교의 태도는 구약의 성전론을 주장할 수 없었으며, 오히려 평화주의적 태도를 공고히 하고 있었다는 점을 강조한다. 콘스탄티누스 대제가 313년 기독교를 공인한 사실에 대해서도 초기 교부들은 교회 안에 파고든 뱀처럼 그리스도인을 유혹하여 정치권력과 군대라는 금단의 열매를 따 먹도록 유혹하는 정황으로 이해했다.[3]

초기 그리스도인의 삶은 신약 시대와 별 다름 없이 열악하고 어려웠다. 로마제국의 폭력적인 정치가 편만했고 특권을 누리던 로마 시민과 달리 약소민족은 제국의 횡포에 시달렸다. 높은 세금과 노역, 다양한 형태의 억압과 수탈이 이어졌다. 수백 년 역사를 이어 온 로마제국의 권력 구조는 시간이 지날수록 견고함을 자랑했다. 그리스도인은 로마제국의 정치·경제·종교 상황에 적응하지 못한 부류로 지목되어 반사회적 존재로 낙인찍히고 핍박의 대상이 되었다.

종교적 측면에서 로마제국은 제국의 통치 영역에 존재하던 다른 종교들을 흡수해 들였다. 강대한 제국의 종교는 정치적 우월성과 타의 추종을 불허하는 위대함을 자랑하고 있었기에 사소한 것, 예컨대 작은 나라나 다른 민족의 신앙과 견주거나 대립하는 것 자체를 인정하지 않았다. 어떤 종교든지 로마제국의 권위와 위세를 거부하는 것으로 간주될 경우, 지역 정부 차원에서 엄격하게 다스렸다.

로마의 관점에서 초기 그리스도인은 유대교의 한 분파 정도로 간주되었다. 유대인은 정치적으로 로마에 순응해 로마의 지시와 요구에 잘 따르고 세금도 잘 냈기 때문에 상대적으로 로마 정권과 깊은 갈등이 없었다. 이런 정황 때문에 1세기 초 그리스도인은 로마 위정자들에게 정치적 관심의 대상이 되지 못했다.

하지만 기독교의 성장과 부흥이 일어나자 로마의 위정자들은 점차 기독교가 유대교와 다름을 인식했고, 동시에 유대교는 기독교와 자신들을 구별함으로써 로마와의 정치·종교적 갈등을 불러오지 않으려 했다. 급기야 로마의 집정관들은 기독교를 이상한 종교 집단이라고 여기기 시작했고, 그 결과 지역 정부에 의한 연이은 기독교 박해가 일어난 것이다.

초기 그리스도인은 무수한 억측과 핍박을 받았다. 바울의 고백에서 보듯이 돌팔매질을 당하는 경우도 많았고, 예수의 살과 피를 상징하는 떡과 포도주를 나누는 성례로 인해 사람의 살과 피를 먹고 마시는 이들이라는 오해도 받았다. 로마의 정치·종교적 전통을 수용하지 않는 기독교에 대해 불편해하는 정치가가 많았다. 더구나 로마에는 정치·종교적 이유를 막론하고 제국에 조금이라도 해악을 끼칠 가능성이 있다면 그 원인을 즉각 없애려는 정책도 있었다.

제국의 안보를 위한 억압 정책은 사실 기독교 이전부터 실시되고 있었다. 기원전 4년, 유대인 반란 세력을 진압하기 위해 무려 2천여 명의 반역자를 잡아 십자가에 매달아 처형했다는 기록이 있다.[4] 이방 민족을 처리하는 로마의 방법은 잔인하기 그지없었다. 십자가 처형을 사용한 진압적 박해는 주로 로마에 반역하거나 정치적 권위에 저항하는 세력을 진압하기 위한 것이었다. 집정관들은 저항하는 이들을 반역자나 반로마주의자로 규정하고 혹독하게 징벌했다. 이런 통치 방식은 초기 그리스도인을 박해하는 데도 적용되었다.

3세기에 걸친 박해 시대

초기 기독교는 예수의 십자가 죽음 이후 형성된 신앙운동으로, 시간이 지날수록 로마제국의 경건(pieta)에 해가 되는 미신적 종교로 분류되었다. 로마는 대체로 어떤 종교든지 수용해 로마제국과 로마 시민 공동체와 일치를 이루는 제의로 인정하려 했다. 하지만 로마의 일부 지식인은 기독교를 로마에 해가 되는 종교로 보았다. 로마 역사가 타키투스(Tacitus)는 기독교를 로마의 경건 개념에 미달하는 해로운 종교로 간주했다.[5] 그의 견해는 당시 기독교에 대한 일반적인 의식을 대변한다. 이런 관점이 로마의 정치적 권위를 움직여 기독교를 로마의 번영과 복리에 도움이 안 되는 종교로 규정하고 박해를 가하게 했다.

초기 기독교가 겪어야 했던 순교의 역사는 무려 300년에 걸쳐 일어났다. 박해는 주로 지방정부 차원의 통치권에 의해 집행되었기에 크고 작은 일이 많았다. 공식적으로 알려진 굵직한 박해 사건은 네로의 박해부터 시작해 4세기 초엽 디오클레티아누스(Diocletianus, 244-311)의 대박해에 이르기까지 열 차례에 이른다. 네로의 박해기(64-68)에 베드로와 바울이 순교했고, 도미티아누스(Domitianus) 치하에서 일어난 박해(81-96)는 15년에 걸쳐 일어났다.

202년에서 210년까지의 세베루스(Severus Alexander, 208-235) 박해기에는 성녀 페르페투아(Perpetua)의 순교가 있었다. 데키우스(Decius, 201-251) 황제 치하에서 일어난 박해(250-251) 때에는 대대적인 그리스도인 색출 작업이 이뤄져 로마와 예루살렘, 안디옥의 감독들이 순교했다. 발레리아누스(Valerianus, 195-264) 황제의 박해 시기에는 카르타고의 사이프러스(Cyprus)가 순교했다.

그 후 막시미누스(Maximinus, 171-238) 황제의 박해기(235-238), 아우렐리아누스(Aurelianus) 황제의 박해(270-275)에 이어 마지막으로 디오클레티아누스의 박해(303-311)가 이어졌다. 디오클레티아누스 대박해기에는 무려 2만여 기독교인이 처형당했다.[6] 트라야누스(Trajanus, 53-117) 황제 때에는 기독교를 아예 불법 종교로 규정했다. 로마의 지혜로운 군주로 알려진 마르쿠스 아우렐리우스(Marcus Aurelius, 121-180) 황제 치하에서도 오랫동안 기독교 박해(161-180)가 있었다.

당시 로마는 제국의 휴일이 다가오면 대대적인 축제를 벌이곤 했다. 축제 기간에는 군중에게 볼거리를 마련해 주기 위해 원형 경기장에서 검투사를 동원해 서로 죽기까지 싸우게 하거나 범죄자들을 굶주린 짐승의 먹잇감으로 던져 주기도 했다. 축제 마지막 날에는 로마에 반역하는 이들을 십자가에 매달아 처형하는 잔인한 제의를 벌였다. 집정관은 축일이 다가오면 사자 우리에 던져질 죄인이나 죽기까지 싸워야 하는 검투사, 십자가형에 처해질 이들에게 군중과 더불어 먹고 마실 수 있는 기회를 마련해 주었다. 군중은 죽음의 제의에 제물로 바쳐질 그들의 마지막 만찬을 바라보면서 검투사 경기 결과를 예측하며 즐기기도 했다. 이렇듯 로마인들은 잔인한 죽임의 제의를 즐겼고, 이런 축일에 폴리카르푸스(Polycarpus)를 비롯한 많은 그리스도인이 순교당했다.[7]

세상을 이긴 신앙

그리스도인을 박해하기 위해 온갖 잔인한 수단이 동원되었다. 네로 황제는 64년 로마에서 일어난 대화재의 책임을 기독교인들에게 덮어씌워서 잔인하게 고문하고 죽였다.[8] 그 후 기독교 초기 역사를 점철하며 그리스도인에 대한 박해가 이어질 때마다, 무수한 그리스도인이 삶과 죽음을 앞에 둔 신앙적 결단을 해야 했다. 이 무섭고 잔인한 박해의 시대에 그리스도인들은 신앙을 지키기 위해 생명을 걸었다. 그들은 모진 박해의 시대를 살아가면서 그리스도인으로서의 존재 이유와 신앙의 확증을 변증하지 않으면 안 되었던 것이다.

어떤 이는 굶주린 사자 우리에 던져졌고, 어떤 이는 십자가에 매달려 처형당했다. 또 어떤 이는 사지가 찢겨 성난 개들의 먹이로 던져졌다. 이 시기에 순교당한 폴리카르푸스는 배교의 증거로 그리스도를 모욕하라는 요구에 "내가 주님을 섬겨 온 86년 동안 그분은 나에게 해를 끼치지 않았는데 어떻게 내가 나의 왕이며 구원자이신 그분을 모독하겠는가?"[9]라고 되물었다고 한다. 그는 십자가 화형을 자청했다.

초기 기독교 지도자들은 무수히 순교의 피를 흘려야 했다. 신실한 지도자들은 박해의 세력 앞에서도 목숨을 아까워하지 않는 의연함을 보였다. 저스틴(Justin Martyr)은 죽음을 목전에 두고 "비록 목이 베이고 십자가에 못 박히며 야수의 먹이가 되거나 고문이 가해진다 할지라도 우리는 그리스도를 향한 신앙고백을 포기하지 않을 것이다. 오히려 이런 일이 일어날수록 더 많은 그리스도인이 신실해질 것이다"[10]라고 담대히 증언했다.

혹독한 박해를 견디면서 교회 지도자들이 보여 준 신실하고도 헌신적인 영적 지도력은, 세상의 유혹에 연약하지 않았으며 세상의 위압에 두려워하지 않는 경건한 모습이었다. 세상이 약속하는 안일과 물질, 권세의 유혹은 이들의 영성을 흔들 정도의 강한 유혹이 되지 못했다. 이런 지도자들이 있었기에 초기 그리스도인은 영적인 돌봄을 받으며 죽음을 두려워하지 않는 초연한 신앙을 지킬 수 있었다.

초대교회의 영성

이 당시 교회 지도자들은 자신의 안일이나 유익을 추구하지 않았다. 그들은 그리스도를 본받아 청빈을 사랑했고 겸비한 평화의 길을 걸었다. 세속의 탐욕이나 욕망, 권력의 유혹은 이들이 섬기는 하나님의 교회를 이기지 못했다. 교회는 작고 약했지만, 그들의 신앙은 확고했다. 온갖 박해에도 그들은 순수한 신앙인의 모범적인 삶과 증언을 통해 교회와 신앙을 지켰다. 죽음을 두려워하지 않는 신앙과 모진 고문에도 그리스도의 평화를 잃지 않는 초연한 태도에 오히려 박해하던 이들이 두려워하며 신앙을 가지는 일도 있었다.

기독교 역사 초기 교부들의 헌신적인 평화 신앙은 예수의 평화 영성에서 비롯되었다. 이들은 모진 박해를 받을지라도 예수의 가르침을 따라 비폭력으로 대응했다. 로마제국의 힘은 그들의 신앙을 꺾을 수 없었다. 그들은 이미 이 세상의 권세를 이긴 사람들이었다.

초기 교부들에게 그리스도의 평화는 기본적으로 내적인 평화였지만, 외면 세계와의 관계에서도 평화를 지키는 일을 별도로 생각하지 않았다. 이들은 예수의 산상수훈을 실천의 원리로 삼고, 예수의 평화사상을 신실하게 따르는 것으로 그리스도인 됨을 증거하려 했다. 이런 지도자들이 이끌던 초기 기독교 시대는 그 어느 때보다 평화적 영성이 깊은 시대였다.

낯선 이방인으로서의 그리스도인

독일 교회사가 레넨(Joachim Lehnen)은 초기 그리스도인의 정치적 자기 이해를 연구하면서 1–3세기 초기 그리스도인은 스스로를 로마제국의 신민이 아니라 하나님 나라의 백성으로 규정하고 이 세상을 '낯선 이방인으로서의 그리스도인'으로 살았다고 했다.[11]

2세기 신학자 알렉산드리아의 클레멘스(Clemens, 150–215) 역시 "하나님의 백성인 그리스도인에게 조국은 하늘나라이며 하나님이 법의 수여자"[12]라고 주장했다. 그리스도교 저작가 테르툴리아누스(Tertullianus)도 그리스도인을 일러 하늘나라의 백성으로서 "세상에서는 방랑자(peregrinus mundi)"[13]라고 생각하며 살아갔으며, 카르타고의 키프리아누스(Cyprianus)도 "그리스도인은 이 세상과 단절하고 이 세상을 손님으로 혹은 이방인으로 살아가는 존재"라고 주장했다.[14]

오리게네스는 그리스도인 됨에 대해 "그리스도인이 육체를 가지고 세상의 시민으로 살아가는 한, 그들은 하나님 나라의 백성에

_____ 종교의두얼굴

속하지 않는다. 그리스도인은 육체의 소욕에서 벗어난 백성이며 동시에 주님의 백성이 되는 것을 축복으로 여긴다. 따라서 주님의 백성이 될 때 그들은 하나님과 하나가 되는 것이다"[15]라고 주장했다. 2세기 전후 교부들의 인생관은 이 세상에서 주인 노릇하는 것이 아니었다. 그들은 그리스도인의 정체성을 하나님 나라 백성에 두고 이 세상에서는 나그네처럼 살아갔다.

이를 토대로 미루어 볼 때, 초기 그리스도인은 이 세상에 속해 성공과 번영을 구가하려는 의욕을 버리고 스스로를 나그네로, 손님으로, 방랑자로 이해했다고 볼 수 있다. 이들에게 이 세상 주민으로서의 자기 이해를 갖고 세상의 모든 문제를 해결해야 할 주체로서 정치·군사적 책무와 의무를 수행하기 위해 전쟁이나 폭력적 수단까지 받아들일 수 있다고 믿는 태도를 찾아보기 어렵다.

하나님 나라와 그 백성

초기 그리스도인은 국가와 일정한 거리를 두는 입장을 유지했다. 요한계시록 기자는 로마의 정치권력을 사탄의 대행자로 간주했다(계 13:1-8). 로마는 바벨론의 몹쓸 창기와 비슷하기 때문에 그리스도인의 삶과 직접적인 관련이 없다는 것이다(계 17:3-5). 그러나 이와는 달리 바울은 로마서 13장 1-5절에서 로마 시민권을 가진 그리스도인을 로마 시민으로 간주하고 집정자에게 복종할 것을 요구한다. 그는 국가권력이 하나님에 의해 제정된 것이며, 권력자는 하나님의 일꾼이라고 주장한다. 하나님께서 세우신 상위의 대행자로서 제국의 왕에게 복종해야 한다는 것이다(롬 13:1-7).

바울의 진술은 후대로 갈수록 주류 교회에서 예수의 평화윤리 사상보다 중요한 기독교 정치윤리의 규범으로 받아들여졌다. 세상 권세가 하나님에게서 왔다는 그의 사상은 사실상 세상 권세조차도 하나님의 피조물이므로 하나님의 뜻에 따라야 한다는 신학적 이해를 담고 있다. 하지만 세상 주권자들이나 이들과 손을 잡은 교회 지도자들은 이 진술을 내세워 세상 권력의 신성함을 주장하는 근거로 이용했다.

권력과 친밀함을 나누던 종교 지도자들은 바울의 주장을 근거로 권력에 대한 복종을 하나님에 대한 복종과 유사한 것으로 해석했다. 그러나 적어도 아우구스투스 이전까지의 기록은 기독교 신앙 공동체 안에서 그리스도인의 정체성을 로마제국의 신민으로 간주하는 견해보다 하나님 나라 백성으로서 이 세상을 순례하는 존재로 보는 견해가 지배적이었다. 그러므로 초기 그리스도인의 사회규범은 로마제국의 법과 풍습, 도덕이 기준이 아니라 예수의 가르침에서 보다 평화적인 삶과 가치를 중심으로 형성됐던 것이다. 하지만 초기 그리스도인의 실제 삶에서는 하나님 백성이면서 로마제국의 통치를 받아야 하는 모순이 일어났다.

이때 가장 논쟁이 되었던 문제는 그리스도인이 로마제국 군사주의의 일원이 될 수 있는가, 로마의 제신을 숭배하는 제의에 참여해도 좋은가, 황제 숭배에 참여하는 행위와 그리스도인의 신앙이 병립할 수 있는가 등이었다. 하지만 초기 그리스도인은 양자택일의 순간에 언제나 하나님의 백성다움을 택했다. 이들은 하나님의 법과 로마의 법이 갈등할 경우, 하나님의 법을 따르고 로마의 요구를 거부함으로써 세속 정부의 신민이 아니라 하나님의 백성임을 증명하려 했다.

신학자 요더는 초기 그리스도인이 직면했던 로마제국과의 갈등은 전쟁과 황제 숭배를 수용하라는 로마제국의 요구에서 비롯되었다고 보았다. 대부분의 그리스도인은 황제를 숭배하는 행위를 우

상숭배의 죄라 여겨 로마 황제에 충성을 맹세할 수 없다고 생각했
고, 전쟁에 나가는 일은 그리스도의 평화의 가르침과 병립할 수 없으
며 그리스도의 가르침에 위배된다는 신념을 갖고 있었기 때문이다.[16]

그들은 오로지 하나님만 섬겨야 한다는 생각에서 우상숭배라
든지 서약하지 말라는 주님의 말씀에 반하여 황제에게 충성을 약속
하는 것은 신앙의 정절을 포기하는 것과 같다고 여겼다. 더구나 전쟁
터에 나가 적을 죽여야 하는 병사의 책무는, 예수의 원수 사랑의 가
르침을 포기하지 않는 한 받아들일 수 없는 것이었기에 그들은 양심
적으로 거부할 수밖에 없었다.

단순하고 명료한 원칙

마태복음과 누가복음에 명시된 '원수를 사랑하라'는 예수의
새 계명은 원수 관계의 설정 자체를 부정하는 가르침이다. 이와 달리
구약성서에는 원수에 대한 앙갚음을 하나님께 호소하는 구절이 여
러 곳에 나온다.

> 나를 사랑하시오니 이 원수들을 없애 주시고 나를 억누르는 자들을
> 멸하소서(시 143:12).

> 네가 미워하는 모든 원수들뿐 아니라 네가 사랑하였던 모든 정부들
> 까지도 다 모아다가 그들 앞에서 너를 벌거벗기리라. 그들을 사방에
> 서 모아다 놓고 그 앞에서 너를 벌거벗겨 알몸을 드러내 보이리라(겔
> 16:37).

> 그러나 예수는 '원수를 미워하고 이웃을 사랑하라'는 유대 민

족주의의 규범을 따르지 않았다. 오히려 너희 원수를 사랑하고 그들을 위해 기도하라고 권고했다. 심지어 "악한 자에게 맞서지 말라"(마 5:39)는 권고도 같은 맥락에서 나온 것이다. 초대교회 교부와 그리스도인은 이 가르침을 문자적으로 받아들였다. 그리하여 원수 사랑의 계명은 어떤 이유에서든 누구에게나 아무 해악도 끼치지 않는 절대 평화주의적 요구로 이해되었다.

그리하여 초기 그리스도인은 불의한 권력이나 폭력에 침해받아도 자기방어라는 명목으로 저항하거나, 대리적 행위를 빙자해 힘으로 제압하려 들거나 상대에게 해악을 끼치는 행위를 정당화하지 않았다. 그들은 악에 대한 판단과 징벌은 최후의 심판자인 하나님께 맡기고 평화의 원칙을 충실히 지켜 나갔다. 초기 교부인 저스틴은 그리스도인의 삶에 대해 이렇게 설교했다.

사람들이 주님께 찾아와 가이사에게 세금을 바쳐야 하는가를 물었을 때, 수님은 그 동전에 새겨진 형상이 누구의 것인지 물으셨습니다. 그들이 가이사의 것이라고 말했습니다. 그때 주님은 그들에게 "가이사의 것은 가이사에게 그리고 하나님의 것은 하나님께 돌려라"라고 말씀하셨습니다. 그러므로 우리는 하나님만을 예배하고 다른 일에서는 기꺼이 그대들이 왕의 권세로 바른 판단을 하도록 기도하며 그대들이 지배자라는 사실을 인정하고 섬길 것입니다. 그러나 만일 우리의 기도와 진실한 해명을 무시한다면 우리는 무엇을 잃는다 해도 고통스러워하지 않을 것입니다.[17]

초기 그리스도인은 세상의 관헌이 가진 권위와 권한을 하나님에게서 주어진 것으로 여기거나 그들의 권위를 받아들이지 않았다.

오히려 관헌의 권위는 반드시 하나님의 권세 아래 심판을 받을 것이라고 생각했다. 그들에게 세상의 길과 하나님의 길을 판가름하는 기준은 예수의 사랑의 명령에 대한 단순하고도 자발적인 헌신이었다. 세속 권위자의 행위가 그리스도의 뜻에 어긋난다면, 그리스도인들은 손해나 고통을 감수하고서라도 그에 복종하지 않는다는 단호한 태도를 가졌다. 그리스도인은 현세의 유익을 따라 사는 것이 아니라 최후 심판의 빛 아래 자신들의 삶을 바라보며 평화의 길을 걸어야 한다고 믿었기 때문이다.

고난의 신학

초기 기독교 지도자들은 세속적 권세자 곁에서 시중을 들며 그 권력과 풍요를 나누어 가지려 하지 않았다. 심지어 주님을 향한 복종의 자세를 견지함에 있어 자신의 안전과 유익으로부터도 초연했다. 오늘날 우리가 보기에 정당방어로 여겨질 만한 정황에도 그들은 자신의 생명과 재산을 지키려는 의지보다 예수의 말씀에 복종하는 것이 참된 그리스도인의 길이라 여겼다. 저스틴은 이에 대해 다음과 같은 증언을 남겼다.

우리는 이 세상 도처에서 우리의 무기를 거래해 왔다. 우리는 우리의 칼을 쟁기로 바꾸고, 우리의 창을 농기구로 바꾸어 왔다. 이제 우리는 하나님을 두려워하는 마음과 정의, 사람들을 향한 친절함, 그리고 믿음과 십자가에 달리신 분을 통해 아버지께서 이미 우리에게 몸소 주신 미래에 대한 소망을 가꾸고 있다.[18]

2세기를 살았던 저스틴은 이사야의 평화의 비전을 받아들여

칼과 창을 사용하는 전쟁은 그리스도인의 삶과는 아무런 관련이 없는 것이고, 나아가 그리스도인은 칼과 창을 쟁기와 낫으로 바꾸고 하나님 나라를 향한 평화를 일구어 나가는 이들이라고 증언했다. 그리스도인은 세속적인 로마 정권의 군병이 되기를 거부하고, 그리스도의 평화의 군사가 되기를 자원했다.[19] 그들은 영원의 관점에서 현재를 바라보았고, 현재의 안일과 평화가 아니라 그리스도의 말씀에 따른 하나님 나라 백성으로서의 삶을 '이미' 살고 있었던 것이다.

그들은 언제라도 고난을 받아들이고 기꺼이 십자가를 짊어질 각오가 돼 있었기에 그들에게 고난의 신학은 낯선 것이 아니었다. 세상을 두려워하지 않는 신앙을 가졌기에 초기 그리스도인은 현재의 삶이 최후의 것이라 생각하지 않았다. 그들이 두려워했던 것은 목을 베고 화형에 처하는 세속 권세가 아니라, 몸과 영혼을 지옥에 던질 수 있는 하나님이었다.[20]

그러므로 그리스도인의 삶의 규범에 있어 오직 그리스도의 가르침과 일치될 경우에만 바른 것으로 인정받았다. 그 결과 그리스도인은 예수의 산상수훈을 언제나 따라 살아야 할 삶의 규범으로 받아들였다.[21] 저스틴은 "자, 우리가 주장하는 것은 그리스도와 그리스도에 앞선 예언자들의 가르침과 일치하는 이 자명한 사실만이 진실한 것이요, 또한 지금까지 존재했던 모든 필자보다 오래된 것"[22]이라고 주장했다.

그리스도 중심의 윤리

무수한 박해를 받은 초기 그리스도인의 삶의 방식을 보여 주는 〈디오그네투스에게 보낸 편지〉[23]에는 초기 그리스도인의 신앙에 대한 중요한 관점이 드러난다. 이 문서는 그리스도인을 심문한 결과,

마치 이중의 국적을 가진 사람처럼 이 세상의 시민이지만 하늘나라 시민의 윤리 기준을 갖고 있었다고 기록한다. 그들이 어떻게 이 세상을 이기는지, 왜 세상이 그들을 미워하는지에 대해 이 문서는 이렇게 증언한다.

> 그리스도인은 다른 사람이나 민족, 언어, 의복으로 구별되는 것이 아닙니다. 그들은 자신들만의 고유한 도시에서 살고 있지 않습니다. 그들은 뛰어난 방언을 사용하지도 않습니다. (…) 그들은 각자 고유한 나라에서 살고 있습니다. 그러나 체류하는 외국인처럼 삽니다. 그들은 시민의 모든 의무를 완수하며, 외국인이 지는 부담 등 모든 부담을 견디어 냅니다. 외국의 모든 영토가 그들에게는 조국이며, 모든 조국은 외국입니다. 다른 사람처럼 그들도 결혼을 하고 자녀를 갖지만, 태어난 아기를 유기하지 않습니다. 그들은 식탁을 함께하지만 잠자리는 같이하지 않습니다. (…) 한마디로 말하자면 영혼이 육체 가운데 있는 것처럼, 그리스도인도 그렇게 세상 속에 있습니다. (…) 육은 영혼이 자기에게 잘못하는 것이 하나도 없는데 그것과 전쟁을 합니다. 육의 쾌락을 위해 즐기는 일은 영혼에 방해가 되기 때문입니다. (…) 영혼은 마치 그리스도인들이 자기를 미워하는 사람들을 사랑하듯이, 자신을 미워하는 육체와 그 지체를 사랑합니다. (…) 영혼은 굶주림과 갈증을 통해 자신을 강하게 합니다. 그리스도인은 박해를 받으면서도 날이 갈수록 더욱더 성장해 갑니다. 하나님이 그들에게 부여한 위치가 얼마나 아름다운지, 하나님은 그들에게 그것을 미워하는 것을 허락하지 않습니다.[24]

초기 그리스도인이 살아간 평화의 길은 그리스도의 가르침에서 배운 것이었다. 이들에게 가장 중요한 원칙은, 아무리 손해가 나고 심지어 죽임을 당한다 할지라도 이 세상이 요구하는 규범이 아니라 하나님 나라 백성으로서의 규범을 따라 사는 것이었다. 예수가 가르쳐 주신 길은 미움이 아니라 사랑의 길이며, 투쟁과 다툼이 아니라 평화의 길이었다. 소유와 쾌락을 좇는 삶이 아니라 나눔과 정결한 삶을 살았다. 이렇듯 3세기까지만 해도 그리스도교 공동체의 내적 질서와 규범은 예수의 가르침에서 벗어나지 않았다.

세상과 다른 평화의 길

로마제국에 대한 긍지가 높았던 로마 관리 켈수스(Celsus)는 오리게네스와의 논쟁에서 예수에 대해 "그는 왜소했고 추했고 그리고 고귀함이 없었다"[25]고 묘사하면서 다음과 같이 설명한다. 이 자료는 당시의 관헌들이 이해했던 예수의 무리, 즉 초기 그리스도인의 모습을 보여 준다.

> 예수는 유대의 작은 촌락에서 노동을 해서 먹고살던 한 가난한 시골뜨기의 아들로 태어났다. (…) 사람들이 볼 때 그는 불안에 찌들고 정처 없는 떠돌이였으며, 열 명 혹은 열한 명의 세리나 어부와 같은 하층민 중에 주워 모은, 주종 관계를 고백하지는 않은 부하들을 데리고 온 나라를 돌아다녔으며, 비굴하고 궁색하게 연명했으며 (…) 사람들은 그가 어떻게 최후를 맞이했는지 안다. 친구들의 배신, 정죄, 학대, 처형의 모욕과 고통들 (…) 왜 당신들의 예수가 기둥 꼭대기에서 부르짖은 것과 당신들의 각본에 있는 화제들을 그가 죽어 가면서 내지른 것보다 더 좋은 모습으로, 확실한 것으로 여기면서, 왜 다른 사람들의 사건은 있음직하지 않은 우스갯거리로 취급하는가? 그는 살아 있

없을 때 자신을 위해 할 수 있는 것이 하나도 없었고, 그리고 당신들이 말하듯 죽어서야 부활했고, 고난의 상처들, 자기 손에 난 구멍을 보여 주었다. 그러나 그 모든 것을 누가 보았던가? 당신들 스스로 고백하는 바에 따르면, 공포에 사로잡힌 한 여자였고 또 그와 비슷한 상태로 넋을 잃은 사람들이었다.[26]

제국주의자 켈수스의 관점에서 예수는 제국주의자의 위엄과 품위를 전혀 갖추지 못한 사람이었다. 그리고 그를 추종하는 그리스도인 공동체는 위대한 로마제국에 전혀 어울리지 않는 무리였다. 이런 까닭에 켈수스는 그리스도교가 야만에서 유래했을 따름이라는 사실을 입증하려 노력했다. 이는 바울이 고린도 교인들에게 보낸 서신에 "유대인들은 기적을 요구하고 그리스인들은 지혜를 찾지만 우리는 십자가에 달리신 그리스도를 선포할 따름입니다. 그리스도가 십자가에 달렸다는 것은 유대인들에게는 비위에 거슬리고 이방인들에게는 어리석게 보이는 일입니다"(고전 1:22-23)라고 기록한 맥락과 유사하다.

테르툴리아누스는 기독교를 박해하는 로마 정부와의 관계를 악마와의 교제처럼 여겼다. 로마제국이 제아무리 위대한 힘을 자랑한다 할지라도 그 본질은 악마적이라고 보았기 때문이다. 그리하여 그는 성서에 기록된 악의 상징을 로마와 일치시켰다. 그는 성도를 억압하고 오만과 자긍이 가득한 로마제국과 그리스도인의 삶을 구별하는 것은 당연하다고 생각했다. 교회사가 베인튼은 테르툴리아누스의 평화주의적 입장을 이렇게 설명했다.

테르툴리아누스는 '베드로를 무장 해제시킨 그리스도께서 모든 병사를 풀어놓으신다'라고 주장함으로써 대단히 명료한 입장을 취한 사람이었다. 그는 자신의 변증론에서 박해하는 황제들에 반대하여 그리스도인이 충분히 저항할 수 있는 수가 되었을 때에도 폭력을 행사하기보다는 차라리 살해당하는 것이 낫다고 주장했다. 또 다른 글에서 그는 '평화의 자녀가 법에 호소하는 것도 옳지 않은데 과연 전쟁에 나가는 것이 옳은가?'라고 되물었다.[27]

테르툴리아누스는 〈우상숭배〉라는 글에서 그리스도인이 왜 로마와 짝할 수 없는지 설명했다. 그는 로마의 공직자가 되는 것은 사탄과 짝하는 것과 다를 바 없다고 했다. 그럼에도 그는 로마나 로마 군대의 존재 자체를 부정하지는 않았다. 다만 그들의 직무가 폭력적이기 때문에 그리스도인의 삶의 본질과 거리가 멀어 평화를 지키고 사랑하는 이들은 그런 일에 관여할 바가 없다고 본 것이다.

3세기 알렉산드리아의 클레멘스 역시 "교회는 피를 흘리지 않는 평화의 군대"[28]라고 주장하면서 "그리스도인은 전쟁이 아니라 평화를 위해 훈련받은 사람이며, 전쟁은 엄청난 준비를 요하지만 조용한 자녀인 평화와 사랑은 무기를 필요로 하지도 않고 많은 비용을 요구하지도 않는다"[29]고 했다. 그는 또한 "일단 하나님 백성의 일원이 되면 천국이 그대들의 나라가 되고 하나님이 입법자가 되는 것이다. 하나님의 법이 무엇인가? 살인하지 말지니라. 이웃을 네 몸같이 사랑하라. 네 오른뺨을 때리거든 왼뺨도 대어 주어라"[30]라며 그리스도 군사의 본질은 비폭력·무저항적 평화주의에 있다는 점을 강조했다.

초기 기독교 평화주의

지금까지 초기 그리스도 공동체를 이끌며 세상을 향해 그리스도인의 정체성을 변증했던 교부들이 소수자의 공동체로서 그리스도 공동체가 폭력과 미움의 역사에 오염되는 것을 막으려 노력한 흔적을 살펴보았다. 하지만 그들이 소극적 거부를 넘어 적극적으로 폭력과 미움의 역사를 막아 내기에는 역부족이었다는 사실도 인정해야 한다. 이 같은 관점에서 몇 가지 특징을 살펴볼 필요가 있다.

첫째, 초기 그리스도인이 지켜 나간 기독교 평화주의는 무엇보다 예수 그리스도의 평화의 가르침을 그리스도인의 정체성을 규정하는 가장 중요한 요소로 이해하는 데 핵심이 있다. 테르툴리아누스가 지적했듯, 내가 살기 위해 저항하며 다른 이를 죽이기보다 차라리 죽임 당하는 것이 더 그리스도인답게 평화를 지키는 것이라는 태도가 바로 그것이다. 이런 태도를 견지하는 한 그들은 경제윤리에 있어 탐욕이나 풍요에 눈멀지 않았고 나아가 이기적으로 성적 애욕에 빠져들지 않는 영성을 지킬 수 있었다. 이런 고난의 평화주의적 태도를 수 세기 동안 견지할 수 있었던 또 다른 이유는, 로마제국은 곧 저물고 하나님 나라가 도래할 것이라는 종말론적인 믿음이 있었기 때문이다.[31]

둘째, 초기 그리스도인은 로마제국의 사회윤리, 즉 가이사의 길과 다른 예수의 길을 평화의 그리스도론에서 찾았다. 초기 그리스도 공동체는 여러 사상적 싸움—유대교와의 관계에서 상이성과 정체성을 규명하는 일, 그리스의 이원론적 사상으로부터 그리스도교의 창조 신앙을 견지하는 일, 로마의 박해에 대해 그 부당함을 변증하는 일, 그리스도 공동체에서 일어나는 끊임없는 오류와 잘못에 대해 용서해야 하는 이유 등—을 풀어 나갈 때 그 모범과 근거를 평화의 그리스도에 대한 신앙고백적인 결단과 선택에서 찾았다.

셋째, 초기 기독교 평화주의는 현실적인 고난을 두려워하지 않았다. 그들의 모범은 영광의 그리스도가 아니라 고난의 그리스도였기 때문이다. 그들이 박해를 받고 살아가는 이유도 오직 하나, 사랑과 평화가 가능한 길에서 만난 하나님의 아들 예수였다. 폭력과 미움, 증오를 수단으로 삼는 자리는 그리스도인의 삶에 받아들일 수 없었다.

넷째, 초기 그리스도인의 평화주의는 외적 평화보다 내적 평화를 지키는 영성에 이끌린 것이었다. 이들이 지키며 살아간 예수의 평화는 그리스도를 따라 십자가를 지는 길, 자기 버림과 비움의 길에 마주 닿아 있으며 자신의 유익을 좇지 않는 길이기도 하고, 또한 거룩한 삶을 살아가며 하나님 나라 백성다움을 지키는 길이었다. 그들은 하나님 나라 백성은 평화 속에 자라며 살아간다고 굳게 믿었다. 이런 까닭에 평화 연구가 게라르도(Gerardo)는 초기 그리스도인의 삶을 해석하는 키워드를 내적 평정에서 찾았다.

> 평화는 그리스도인에게 주어진 보상이기도 했지만 동시에 그리스도인의 힘이기도 했다. 일단 내적인 평화를 얻게 되면 하나님 나라가 오기를 기다리며 오직 하나님께 기도할 권리를 주장하는 것 외에 아무것도 구하지 않았으며, 모든 위험과 위협을 마주할 수 있었다. 구세주가 가져다준 혁명은 이교도들이 현세에서 추구하고 귀하게 여기는 것을 버리고, 초자연적인 세계의 축복을 향해 자세를 바꾸는 것을 의미했다. 바로 이것이 평화라는 말로 요약되는 내적 평정을 언급하는 복음서 구절에 대한 해석의 자리다.[32]

비폭력 평화의 영성

초기 그리스도인을 이끈 교부들의 윤리적이며 도덕적인 가르침의 본질을 이해하려면 이들이 누린 내적 평정으로서의 평화를 바르게 이해해야 한다. 그들은 평화를 얻으면 그 이상의 것을 구하지 않았다. 따라서 부요함을 향한 탐욕이나 육체의 소욕이 그들의 평화를 깰 수 없었다. 이는 마치 선지자 시므온의 고백과 같고, 마리아의 찬가 정신과도 같다. 그들에게 세상의 권세는 그리스도인이 취할 것이 아니었다. "주여, 이제는 말씀하신 대로 이 종은 평안히 눈감게 되었습니다. 주님의 구원을 제 눈으로 보았습니다. 만민에게 베푸신 구원을 보았습니다"(눅 2:29-31).

이처럼 하나님의 구원을 체험한 이들은 세상을 이기고, 자신의 생명을 넘어선 희망의 사람이 되었다. 초대교회 지도자들은 평화의 신앙을 설교하고 그 기준을 따라 살았다. 기독교 역사에서 가장 깊은 비폭력 평화의 영성이 담긴 시기를 말한다면 아우구스티누스 직전까지, 즉 초기 기독교 교부들의 평화의 영성에 이끌리던 시기라 할 수 있다.

VI

제국화된 기독교의 평화

"평화란 질서의 평온함이다."–아우구스티누스[1]

기독교에 대한 로마제국의 박해는 네로의 박해에서 시작해 3세기 말에서 4세기 초까지 재위한 디오클레티아누스 시대에 막을 내렸다. 근 3백 년에 이르는 박해의 시기에 무수한 그리스도인이 십자가에 달렸고 원형 경기장에서 굶주린 짐승의 먹잇감으로 던져졌다. 박해기에 현실 세계를 장악한 로마 황제들은 악의 대명사로 간주되었던 반면, 그리스도인은 그리스도의 평화의 군사로 여겨졌다.

이때 그리스도인은 예수의 평화 메시지를 실천하는 데서 그리스도인 됨의 본질을 찾았고, 박해가 심해질수록 더욱 평화적인 삶의 태도를 견지하며 생사를 초월하는 신앙을 증언했다. 이 시기에 기독교는 오히려 내적으로 더욱 성결한 신앙을 지킬 수 있었다.

초기 기독교가 품은 평화주의적 신념에는 보이지 않는 하나님의 정의에 대한 신념이 내재되어 있었다. 비록 그리스도인이 처한 현실은 모진 박해와 고난으로 점철된다 할지라도 그들의 진실함과 그릇됨에 대한 분별력, 선악과 세속과 거룩함에 대한 신앙적 신념은 어느 때보다 확고했다. 그러나 고난 속에서는 하나님의 정의(theodicy)에 대한 실증적 답변을 얻지 못했기에 그 답을 역사 너머로 미루어 놓은, 천상의 세계를 바라보는 신앙을 가지고 있었다.

변화된 정황

4세기를 지날 무렵 무서운 박해의 시대는 끝났다. 그리고 놀랍게도 313년 콘스탄티누스 대제가 기독교를 공인했다. 게다가 392년 테오도시우스 1세(Flavius Theodosius I)가 로마의 국교로 지정하면서 기독교는 더 이상 박해의 대상이 아니었다. 오히려 로마 황제와 고관들이 기독교로 개종하기 시작했고 로마제국의 주류 종교로 변모했다. 이 무렵부터 로마제국과 대립적 구조 속에 형성되었던 초기 기독교의 반문화적인 신앙[2]은 점차 약화되기 시작했다.

기독교 신앙이 로마 기득권층에 받아들여지자 기독교를 향한 고의적 곡해와 비난도 사라졌다. 그동안 그리스도인이 로마의 제신을 하나님과 동격으로 간주하지 않음으로써 비롯되었던 '무신론자'[3]라는 비난이나, 황제의 권위나 제국의 안전에 대해 무책임한 존재라는 비난은 기독교 공동체의 내적 반성과 태도 변화를 초래했다. 그리하여 기독교 신앙 공동체가 성장할수록 자연스럽게 로마 사회 안보에 대한 기독교의 사회적 책임이 거론되지 않을 수 없었다.

이와 동시에 기독교 내부에서 초기 기독교가 대망하던 종말론적 기대와 그리스도 재림에 대한 소망이 점점 약화되었다. 교회 안에서 종말론 중심의 신앙에서 벗어나 역사의식을 가진 책임 있는 신앙으로의 이행이 일어나기 시작한 것이다.[4] 종말을 기다리던 이들이 이제 하나님 나라를 향한 경건한 신앙보다 현실 세계에서 그리스도인으로 살아가는 일에 보다 적극적인 의미를 부여하기 시작했다. 이와 맞물려 기독교는 더 이상 사회 주변부에 존재하는 소수자의 종교가 아니라, 로마 사회 중심부를 차지하는 강력한 종교로 부상하게 되었다.

제국에 적응하는 기독교

아우구스티누스 이후 초대교회 신자의 신앙적 신념을 구성하던 로마제국의 폭력 문화에 대한 거부와 부정의 태도는 점차 내면화되어 갔던 반면, 새로 부상한 제도화된 기독교는 선교를 위해 로마제국을 이용하려는 새로운 요구를 갖게 되었다. 또한 교회 지도자들은, 기독교를 공식적으로 인정하고 제국의 종교로 긍정한 로마제국에 대해 새롭게 평가하지 않을 수 없었다. 과거에는 박해 세력이었으나 오히려 지금은 기독교 옹호 세력으로 변모했기 때문이다.

그리하여 교회 안에 하나님 나라보다 로마제국을 조국으로 생각하는 이들이 점차 많아지자, 일련의 신학자들은 로마제국을 기독교 제국으로 간주했다. 이들은 초기 교부들과 달리 성서의 정신 자체를 평화주의적으로 보지 않고, 구약성서의 성전론과 정치권력에 대한 바울의 긍정적 언급(롬 13:1-7), 어느 백부장의 이야기(눅 7:1-10) 등을 앞세워 전쟁과 살상의 불가피성을 주장하기 시작했다. 이와 더불어 교회에서는 로마제국 신민으로서의 의무와 충성에 대한 새로운 논의가 형성되기 시작했다.[5]

밀라노의 주교 암브로시우스(Ambrosius)를 비롯한 기독교 지도자들은 제국을 기독교화하고 제국의 힘으로 이교도를 징벌하거나 개종하려 들었다. 이로써 과거의 관계, 즉 박해자와 박해받는 자의 구분이 사라지고 기독교 신앙은 로마제국과 근친의 연대를 형성하기 시작했다. 그 결과 제국은 기독교 제국이 되고, 기독교는 제국의 기독교로 변모되어 갔다.

종말론적 신앙의 퇴조

기독교의 사회적 위상이 바뀌고 종말론적 신앙에서 벗어나 역사에 대해 새로운 기대를 갖게 되면서 변화는 시작됐다. 3세기경부터 종말론적 관점에서 평화주의적으로 글을 쓰던 이들의 의식에서 종말론적 희망은 서서히 사라지고 있었다. 따라서 기존의 평화주의적 태도의 사람들과 제국의 요구에 부응하려는 현실주의자들이 교회 안에서 부딪치며 갈등했다. 하지만 소수의 사람만 고난과 죽음을 각오했고, 대세는 이미 로마제국의 요구에 순응하려는 이들이었다.

한때 이교도 켈수스로부터 "만일 모든 사람이 그대들과 같다면 왕들은 선혀 보호받시 못하고 버려실 섯이며 제국의 군대는 거칠고 무법한 야만인의 손에 함락되고 말 것이다"라고 비판받던 기독교인이었지만, 이제는 오히려 기독교 지도자들에게서 켈수스와 동일한 견해가 나오게 되었다.

여기서 두 가지 태도가 대립한다. 산상수훈을 기독교 신앙의 규범으로 받아들여 생명처럼 지키던 이들은 이 세상에 대한 기대를 접고 세상과 타협하지 않으며 거룩한 삶을 살아가기 위해 세속과 분리된 삶의 영역을 형성하려 했다. 이렇게 시작된 것이 기독교 수도원 전통이다.[6] 반면 종말론적 기대를 포기하고 정체성을 이 세상과의 관계에서 새롭게 규명할 방안을 찾으려는 이들이 있었다. 이들은 가톨릭교회의 주축이 되었다. 이 변화에 대해 로저 신(Roger L. Shinn)은 이렇게 설명한다.

> 시간이 흐를수록 기독교는 세상의 역사에 대한 의미를 좀 더 고려하
> 지 않으면 안 되었다. 종말론적 기대를 향한 성급한 태도는 이미 신약
> 성서에서조차 어느 정도 잦아들고 있었고, 시간이 갈수록 더 시들해
> 졌다. 특히 313년 콘스탄티누스 대제의 칙령이 내려진 후, 한때 박해
> 받던 소수자들이 존경을 받으며 로마제국에서 지배 세력으로 움직일
> 무렵 그 이전 시대에 비해 좀 더 일반적인 용어로 사회와 역사에 대해
> 이해해야 했다. 기독교 사상은 지속하는 역사에 대해 상대적인 항구
> 성과 의미를 부여해야 했고 사회질서에 대한 책임을 수용해야 했다.[7]

종말론적 희망과 기대가 기독교인의 내적인 정체성에 관계된
것만은 아니었다. 그들의 조용하고 평화로운 희망에는 급진적이고
전복적인 변혁에 대한 기대가 담겨 있었기 때문이다. 종말의 날이 오
면 지상의 모든 것은 상대화되고, 지상의 모든 권력이 대주재이신 하
나님 앞에 심판을 받을 것이었다.

평화로운 공동체 안에 깊이 잠재되어 있던 전복적인 희망은 억
압과 순교의 자리에서 지체되었던 하나님의 정의가 종말의 순간에
이루어질 것이라는 기대였다. 이러한 기대를 포기한다는 것은 하나
님의 심판 앞에 설 것이며, 그 자리에서 모든 행위를 심판받는다는
의식으로 살던 긴장의 포기를 의미했다. 그리하여 4세기를 지나면서
교회는 내면에 지니고 있던 완전주의적 실천의식을 이중화하기 시작
했다. 종말론적 의식을 내면화한 이들과 그렇지 못한 이들에 대한 이
중적 조처였다.

기독교 평화주의의 퇴조

기독교와 로마제국은 연합함으로써 정치·종교적으로 시너지 효과를 얻었다. 야만족을 향한 로마제국의 문화적 우월감은 절대 종교로서의 기독교 신앙으로 승화되고 공고해졌다. 제국의 종교로서 기독교는 지상에서 하나님 나라를 대신하는 세력이 되었고 사람들의 정신과 몸, 정치 영역까지 깊은 영향력을 끼쳤다. 이른바 기독교 세계(Christendom)가 도래한 것이다.

이 과정에서 예수의 직접 명령으로 이해되던 새 법(New Law)은 사회·정치·군사적 영역에서 타당성을 잃고 개인 영성의 원칙으로 비정치화된 반면, 예수의 산상설교의 구체적 실천 원리보다 사랑의 명령에 대한 포괄적인 새로운 해석이 추가되기 시작했다. 평화에 대한 가르침의 구체성은 약화되고 대신 제국의 강한 힘에 부과된 이웃 사랑의 과제가 사회·정치적으로 새롭게 해석되었다. 초기 그리스도인이 품었던 폭력에 대한 거부와 비폭력 평화주의는 서서히 증발하고 제국의 폭력을 기독교적인 사랑의 명령에 위배되지 않는 차원에서 합리화하는 방안이 제기되었다.

이후 주류 기독교 안에서 초기 기독교 시대처럼 제국의 황제 숭배를 거부한다든지, 전쟁 거부를 분명하게 주장하는 교회 지도자의 글은 찾아보기 어려워졌다. 종말론적 기대와 환상을 자극하는 글은 사라지고 세상에서 어떻게 살아가는 것이 옳은가에 대한 논의가 진척됐다. 이런 논의를 주도하는 신학자와 교부가 교회 정치의 중심 인물이 되기 시작했다. 이들은 로마 정부와 교회와의 관계에서 자기 희생적인 평화주의 전통을 무책임한 논의로 여기고 새로운 관점을 제시했다. 암브로시우스에서 시작되어 주류 교회가 받아들인 이 이론은 가톨릭교회뿐 아니라 개신교의 중추적 정치이론으로 여겨졌다. 지상에서 얻을 수 있는 상대적 평화는 정당한 전쟁을 통해 현실화할 수 있다는 논리다. 더불어 국가권력에 대한 긍정적 평가가 덧붙여지면서 교회는 국가권력을 하나님의 뜻에 따라 존재하는 것이라고 가르쳤다. 초기 기독교 정신과는 다른 견해였지만, 이런 이론 없이 중세의 교회 발전은 상상할 수 없었다.

결과적으로 로마제국의 폭력적 군사주의가 기독교 신앙을 만났을 때, 기독교는 기독교 평화주의로 제국의 폭력성을 제거한 것이 아니라 절대 평화주의적 입장을 버리고 국가 안보를 위한 수단으로서의 제국의 군사주의를 수용했다. 이 과정에서 신학자들은 사랑의 원리를 적용하며 무력 사용의 한계를 설정했다. 정당전쟁론은 이런 과정을 거쳐 형성되었다.

정당전쟁론의 요지는, 아직 하나님 나라가 아닌 이 세상에서 인간의 죄의 발현인 야만적 폭력성과 죄의 세력을 억제하기 위해 기독교 정치가는 정당한 폭력을 행사하며 전쟁을 할 수 있다는 데 있다. 여기에 적용된 윤리적 논거는 '나 개인은 도덕적으로나 심리적으로 내게 주어지는 위험을 감수할 수 있지만, 이웃이 처하게 될 도덕적이며 심리적인 위험까지 감수할 수는 없다'[8]는 것이다. 즉, 이웃 사랑의 계명을 받은 그리스도인이라면 이웃이 직면할 고통과 위험을 방관할 수 없다는 것이다. 예수의 사랑의 명령이 전쟁을 통한 대리적인 이웃 사랑으로 해석된 셈이다.

따라서 기독교가 로마제국 안에서 만들어 낸 정당전쟁론은 전쟁에서의 야만성을 제거하기 위한 필요악으로서의 피아(彼我)의 폭력을 어디까지 승인하고 허용할 수 있는가의 문제를 다룬다. 긍정적으로 본다면, 야만적 폭력에 윤리적 판단 범주를 부여하여 전쟁의 폭력성과 야만성을 극소화하려는 기독교의 공헌이 있다고 볼 수 있다. 그러나 비판적으로 본다면, 기독교는 평화주의적 신념을 버리고 세속 권력의 폭력성을 승인했다는 비난을 피할 수 없다.

제국의 기독교화

로마제국의 악마성이 기독교에 의해 순화되고 기독교화되는 변화도 일어나기 시작했다. 콘스탄티누스 대제가 기독교를 공인한 후 기독교와 로마제국의 구조적 대립 의식이 서서히 사라지고, 로마제국 황제와 고관들이 기독교로 개종했다. 기독교에 대한 억압과 박해는 사라졌다. 오히려 로마제국의 행정 조직과 도로망을 기독교가 이용할 수 있었을 뿐 아니라, 로마 군대의 보호 아래 기독교 선교가 확대되었다.

기독교의 확장은 기독교의 로마화를 불러왔다. 기독교는 로마제국의 속성을 교회로 수용해야 했기 때문이다. 권력이나 소유욕의 포기 등의 덕목은 성직자에게는 지속적으로 요구되었지만, 평신도에게는 요구하기 어렵게 되었다. 그리하여 부유함과 권력, 인간의 욕망에 대한 일방적 비하와 거부의 태도는 약화되고, 교회 지도자조차 세속 가치를 가진 이들로 채워지기 시작했다.

로마제국에 기독교가 급속도로 확장되면서 교회는 영적으로 지상에서 하나님을 대리하는 존재라고 자신을 해석했다. 하나님 나라에 대한 종말론적 기대는 역사 저편으로 미루고 현실적으로 하나님 나라의 대행자를 의미하는 교회론이 자리 잡게 된 셈이다. 로마제국이 흥할 때 교회는 국가권력과 더불어 중세 사회를 지배했고, 제국의 세력이 쇠약해질 때 교회는 국가권력을 초월하는 최고 권력기관으로 지상권(Supremacy)까지 행사하게 되었다.

_____ 종교의 두 얼굴

하나님의 정의론(theodicy)

아우구스티누스의 사상이 가장 잘 나타난 책은 아마도 《하나님의 도성(civitas dei)》일 것이다. 그가 이 책을 집필하게 된 계기는 기독교 로마제국이 야만족으로 간주되던 비스코트족의 알라리크 1세(Alaric I) 군대에 의해 410년까지 세 번이나 침공당했던 정황과 밀접하다.[9] 로마제국이 야만족에 의해 참담하게 유린당하면서 사람들은 하나님의 주권을 의심하게 되었다. 하나님이 살아 계시다면 어찌하여 기독교 제국이 야만인에게 이토록 수치를 당할 수 있느냐는 회의가 일었다.

당시 경건한 그리스도인은 세계 역사는 하나님이 주관하시고, 기독교 로마제국은 하나님의 보호 아래 있다고 믿었다. 그러나 이교도이며 야만족인 알라리크 군대에 제국이 세 차례나 무릎을 꿇은 현실 앞에 어떻게 하나님의 정의를 주장하고 그의 보호와 돌보심을 해석해야 할지 난감했다. 더구나 로마의 일부 지식인은 로마가 제신을 버리고 기독교를 받아들인 결과 로마의 제신이 분노하여 로마를 외면했기에 야만인에게 수치를 당하게 되었다는 낭설을 퍼뜨렸다.[10]

교회 역시 알라리크 군대에 큰 피해를 입었다. 무수한 성직자가 살해당했다. 야만족에게 유린당하고 교회가 파괴된 상황에서 아우구스티누스는 하나님의 살아 계심과 역사의 주관자 되심을 변증할 목적으로 《하나님의 도성》을 집필하기 시작했다. 이 책에서 그는 이 세상에 왜 고난과 고통이 있고 불행이 있는지를 규명하려 했다. 그의 논거에 따르면, 불행의 근본 원인은 원죄를 지닌 인간에게 있다. 그러나 그리스도를 통해 인간은 죄에서 해방되고 하나님과 관계를 회복할 수 있는데, 그 길은 하나님의 사랑 안에서 깊은 관조를 통해 하나님과의 합일에 이르는 길이다.

이 세상에는 하나님을 배반한 아담의 길과 그리스도를 통한 구원의 길이 있으며, 한 길은 아벨의 길이고 다른 한 길은 가인의 길로 상정된다. 그러므로 역사 속에 가인과 아벨이 공존하고 있으며, 이 역사의 과정은 우리 신앙의 시험대다. 이 세상은 악과 선이 공존하며 모든 것은 악과 선의 갈등을 피할 수 없다. 역사의 어느 단면을 들여다보아도 우리는 죄의 현실을 목도하게 된다.

아우구스티누스에게 전쟁과 박해, 무수한 악으로 점철된 제국의 역사는 오직 하나의 목적, 즉 하나님께서 쭉정이와 이삭을 구별하시려는 목적을 위한 도구에 지나지 않는 것이다.[11] 이 세상에는 두 개의 도성이 존재하는데, 둘은 영원성에 있어 서로 다르고 도덕적 가치에 있어서도 다르고 나아가 사랑의 성격에 있어서도 다르다. 하나님의 도성은 그 본질이 영원한 평화의 도성이지만, 이 세상의 도성은 잠정적인 것에 지나지 않는다. 영원한 것과 영원하지 못한 것, 두 성격의 도성이 공존하는 자리가 바로 역사라고 그는 보았다.

기독교 주류의 교회

독일의 신학자 트뢸치(Ernst Troeltsch)의 교회 유형 이론은[12] 대중적 신앙운동이 가능하여 다수의 신앙인이 쉽게 수용할 수 있는 넓은 길을 선택하는 데서 기독교 신앙의 주류가 형성되었다는 사실을 해명한다. 평화주의를 지지하는 소종파주의자는 소수에 그치고 말았던 데 비해, 교회 유형의 신앙을 선택한 이들이 오늘의 기독교 주류를 형성했기 때문이다. 동시에 교회 유형의 신앙은 세상을 지배하고 정복하는 윤리를 신학적으로 합리화하는 대신 예수의 평화적 가르침을 일부 침묵하게 하거나 외면했다.

이런 특징은 4세기를 지나면서 두드러졌다. 기독교가 로마 사회의 속성과 가치를 수용하면서 초기 기독교의 반문화적 속성이 약화되자 기독교인 수가 급속도로 늘어났다. 교회 안에 로마제국의 사회윤리적 논리와 가치가 유입되고 이를 옹호하고 합리화하는 제도권 신학자와 목회자도 생겨났다. 소수자의 내적 확신에서 이어지던 가치에 담겨 있던 진리 이해는 대중 신앙운동을 전개하는 이들에 의해 손쉬운 신앙운동으로 바뀌고, 동시에 제국의 종교적 일치를 도모하기 위한 공식적인 교리를 체계화하기 시작했다.

콘스탄티누스 대제의 기독교 승인 이후 기독교를 로마제국의 종교로 탈바꿈시킨 신학자 중 가장 주목할 인물은 아우구스티누스다. 그는 북아프리카 히포의 감독으로 로마제국과의 관계를 고려할 수밖에 없는 교회 정치가였다. 그는 하나님 나라를 대망하는 신앙보다 악과 죄가 관영한 세상에 대한 현실주의적 이해를 앞세워 불완전한 이 세상에서는 결코 완전한 평화가 이뤄질 수 없다고 생각했다. 동시에 초기 기독교의 영성에 깊이 영향을 받았던 그는 예수의 평화주의도 포기할 수 없었다. 그리하여 그는 이중적 세계관을 제시했다.

이중 구조의 현실

아우구스티누스는 평화를 하나님 도성(civitas dei)의 평화와 지상의 도시(civitas terrena)의 평화라는 이중 구조로 나눴다.[13] 하나님의 도성이 지향하는 평화를 궁극적이며 영원한 것으로서 하나님에 의해 성취되는 종말론적 사건으로 이해하는 한편, 신자의 내면적 영성 세계에서 맛볼 수 있는 것이라고 생각했다. 반면 세속적 평화는 악을 제어하는 정치·군사적 힘에 의한 평화로, 본질상 영원한 평화에 비해 상대적이며 잠정적인 것이라고 생각했다. 그리하여 그는 하나님의 백성이 이 세상에서 살아갈 때 피할 수 없이 이러한 이중적 현실에 처한다고 주장했다. 그러므로 영원하고 궁극적인 평화는 내세의 천국에서나 누릴 수 있을 것이라고 가르쳤다.

따라서 아우구스티누스에게 지상에서의 평화는 하늘의 평화에 비해 상대적인 것이며 잠정적인 것이다. 이 땅에 온전한 평화는 없다. 온전한 평화를 얻으려 하는 이들은 죄의 힘을 부정하는 반(反)기독교적 존재다. 불행하게도 사람들은 이 세상을 살아가면서 잠정적인 평화를 지키기 위해 전쟁을 할 수밖에 없다는 것이다.

> 이렇게 좋은 평화를 지상에서, 자신의 지혜에서 얻기를 희망하는 이
> 는 어리석다. 생명을 침해하는 위협이 없을 만큼 큰 안전이란 누구에
> 게도 주어지지 않기 때문이다. 하나님을 닮은 인간은 항상 안전한 평
> 화를 얻기 위해 전쟁을 벌인다. 여기서 일어나는 비극은 평화가 사
> 람들의 손아귀에서 부스러지는 순간, 평화가 얻어진다는 것이다."[14]

아우구스티누스의 관점에서 본다면 참된 안전을 보장하는 지상의 평화는 이 땅에서 찾을 수 없다. 그의 고백은 이 세상을 향해서는 절망하지만 경건한 삶을 사는 신자에게는 다른 세계에서의 희망과 약속을 담고 있는 것이기도 하다. 하지만 그의 논리를 따라가다 보면 예수의 하나님 나라는 현실 세계에서는 이룰 수 없는 것이 되고, 이 땅에서는 모호해지거나 사라지고 만다. 이런 이유로 경건한 그리스도인은 현세적 희망을 버리고 수도원으로 들어가 천상의 희망을 품고 무소유 청빈의 영성과 절대 복종의 영성을 나누며 일생을 순례자로 사는 길을 선택했다.[15]

현실주의적 세계 이해

아우구스티누스는 《하나님의 도성》에서 역사란 세상의 나라와 하나님 나라가 공존하는 장이고, 역사 현장은 궁극적으로 죄의 현실에서 이탈하거나 온전히 죄를 극복할 수 있는 자리가 될 수 없다고 본다. 역사의 어느 단면을 잘라 보아도 죄의 현실과 그리스도의 구원의 역사가 공존하고 있기 때문이다. 그러나 그는 언젠가 궁극의 것이 다가오는 최후의 순간이 오면 악은 영원한 저주와 심판 아래 놓이고, 그리스도 왕국 곧 하나님 도성에 속한 이들은 영원한 행복을 누리게 될 것이라는 역사관을 제시했다.

따라서 역사를 살아가는 동안 죄로부터 완벽하게 벗어난 완전한 삶은 불가능하기에, 우리는 궁극적으로 그리스도 안에서 주어지는 하나님의 은총에 의해 구원받아야 한다는 것이다. 죄가 교차하는 이 세상을 살아가는 존재는 누구나 그리스도의 은총 없이는 구원에 이를 수 없는 죄인이기 때문이다.

인간의 죄 된 본성과 하나님 은총의 필연성을 강조한 아우구스티누스의 신학적 견해는 기독교 신학의 기초 교리와 역사에 대한 이해에 지대한 영향을 끼쳤다. 아우구스티누스 이후 교회와 국가 그리고 인간이 이루어 낼 수 있는 평화, 인간 사회의 현실에서 완전하고도 철저한 선과 정의를 요구한다는 것은 결과적으로 인간 본성에 대한 지나친 낙관론에 빠진 것으로 간주되어 비기독교적이거나 이교적 혹은 이단적인 견해로 규정되기 시작했다.[16]

이렇듯 아우구스티누스는 지상의 평화와 천상의 평화를 나누고, 세상 도성의 평화의 잠정성과 상대성에 하나님 도성의 영원성을 대비시켰다. 영원한 평화는 미래에 오직 그리스도의 왕국으로 불리는 하나님의 도성 백성에게만 주어지는 것이다. 영원한 평화는 이 세상에서 온갖 환란과 시련을 견디고 이겨 낸 이들에게 주어지는 약속이다. 그 약속은 그리스도를 통한 구원의 은총을 경험하지 못한 천사들이나 구약의 이스라엘 민족에게도 주어지지 않았던 것이다.

그러나 현재적 평화는 세상의 도성이 이루어 내는 것으로서 칼과 창, 법과 폭력을 통한 평화다. 그 본질은 잠정적이며 일시적인 것이다. 평화란 추구하는 주체의 요구에 맞는 조화와 질서를 요구하는데 그 양태는 다양하다. 아우구스티누스는 몸의 평화, 국가의 평화, 땅의 평화, 영혼의 평화 등 다양한 평화가 있으나 궁극적인 평화는 창조주 하나님이 주시는 보편적 평화라고 주장했다.[17]

> 몸의 평화는 몸의 각 부분이 적절한 비율로 조절된 상태에서 나온다. 이성을 초극하는 영혼의 평화는 욕망이 균형 잡힌 평정에서 오고, 이성적인 영혼의 평화는 앎과 행위의 조화에서 나온다. 몸과 영혼의 평화는 질서 지어져 조화로운 생명체의 건강한 삶에서 나온다. 인간과 하나님 사이의 평화는 영원한 법에 따라 질서 지어진 신앙에서 나온다. 인간과 인간 사이의 평화는 질서 지어진 합의에서 나오는 것이다. 가정의 평화는 다스리고 복종하는 가족 구성원 간에 잘 질서 지어진 합의에 근거한다. 사회의 평화는 시민들의 합의에서 나온다. 천상 도성의 평화는 완벽하게 질서 지어지고 조화로운 하나님을 향한 즐거움과 하나님 안에서 서로 나누는 즐거움에서 나온다. 이 모든 평화란 곧 질서의 평정이다. 질서란 사물을 성격에 따라 공평하거나 불공평하게 분배하는 것이다.[18]

평온한 조화의 질서
아우구스티누스가 평화라는 단어를 사용할 때 의미한 바는 평온한 질서(tranquilitas ordnis)로서 조화의 질서(odinata concordia)를 갖춘 상태다.[19] 따라서 평화의 상실은 질서의 상실이며 혼란이거나 비정상적으로 병든 상태와 같다. 그는 죄로 오염된 이 세상에서는 참된 평화를 찾을 수 없다고 여겼다.[20] 그러므로 우리가 얻을 수 있는 평화란 일종의 비참한 평화일 뿐이다. "불행하게도 완벽한 정의와 같은 완벽한 평화는 최후의 날에 천상의 도성에서나 이루어질 수 있는 이상"이기 때문이다.[21]

그는 평화의 내용인 질서와 조화를 이루는 주체가 누구이고 어떤 본성을 따르는 것인가에 따라 평화의 내용과 성격이 달라진다고 했다. 주체는 몸일 수도 있고 개체 영혼일 수도 있으며 나아가 가정이나 사회 혹은 국가가 될 수도 있다. 그러므로 해당 주체가 요구하는 평화는 보편성을 가지기보다는 특수하고 한정적이어서 상대적이고 잠정적이다. 반면 하나님의 도성에서 누릴 평화는 모든 주체에게 평화를 줄 수 있는 보편성과 영원성을 가진다.

아우구스티누스에게 평화의 주체는 어떤 양상의 질서를 만들어 낸다. 예를 들어 한 가정의 평화는 가정을 다스리는 이가 질서 지우는 조화로운 관계에서 형성되고, 한 사회의 평화는 질서를 부여하는 주체 즉 다스리고 지배하는 사람에 의존한다.[22] 이런 의미에서 《하나님의 도성》은 모든 그리스도인의 삶에 지대한 영향을 끼치는 두 가지 질서를 해명하고 있다. 그리스도의 주권이 고백되는 그리스도의 나라와 이 세상의 관헌[23]들이 이루어 가는 나라에 대한 해명이다. 하나님의 도성과 땅의 도성은 평화를 추구한다는 점에서 동일하지만, 평화의 내용과 형식과 본질은 사뭇 다르다.

아우구스티누스에게 하나님의 도성이 지상의 교회를 의미하는지는 분명하지 않다. 교회가 하나님의 도성을 대리하는 제도라고 인정하기에는 많은 장애가 있기 때문이다. 그리스도의 왕국과 교회는 완전히 동일하지는 않지만, 하나님의 법에 의해 질서 지어지는 존재인 그리스도인이 교회의 구성원이기 때문에 부분적으로 겹쳐진다고 볼 수도 있다. 그럼에도 보이는 교회는 하나의 제도로서 시간 안에서 잠정적인 영원성을 지니지만 실제적인 영원성은 마지막 때에 입증될 것이므로 하나님의 도성과 동일한 것이라고 볼 수 없다.[24]

두 가지 사랑

아우구스티누스는 하나님의 도성에 속한 사람들과 이 세상의 도성에 속한 이들을 구별해 내는 방법으로 그들이 지닌 사랑의 성격을 분석했다. 그에게 사랑은 인간이 지닌 본성에 속하는 것이다. 사랑은 자신을 사랑하고 이 땅에 것들을 사랑하는 사랑과, 자신을 미워하고 하나님을 사랑하는 사랑으로 나뉜다. 육체를 사랑하는 사랑과 영혼을 사랑하는 사랑은 구별된다.[25] 이런 의미에서 하나님의 도성과 지상의 도성 백성은 구별될 수 있다. 개인의 사랑의 성격과 성향에 따라 소속이 구분되는 까닭이다. 따라서 보이는 교회의 구성원이라 할지라도 영원한 도성에 속하지 않는 그리스도인이 얼마든지 있을 수 있다.

두 도성의 차이를 좀 더 자세히 살펴보면, 한 도성은 하나님의 백성이 속해 있고 탐욕이 없고 사랑(charity)이 넘친다. 반면 다른 도성은 자기애(cupidity)가 넘친다. 하나님 도성의 백성은 '하나님을 사랑하며 자기를 사랑하는 사랑에 유혹받지 않고 하나님 사랑을 위해 자신이 가진 모든 것을 이용할 뿐이다. 그러나 세상의 도성 사람들은 자신이 가진 모든 것으로 자신을 즐겁게 하기 위한 삶을 산다. 어떤 사람들에게는 세상의 것이 하나님을 사랑하는 수단이지만, 다른 사람들에게는 목적 자체다. 거룩한 삶을 사는 이들에게는 이 세상의 것이 궁극적인 목적이나 가치를 갖지 못하기 때문에 세상의 것을 잃는다 해도 아무것도 잃은 것이 없는 셈이다.[26]

하나님의 도성과 견주어지는 세상의 도성은 아우구스티누스에게는 로마제국과 같다. 거기에는 잠정적인 평화를 추구하는 주체가 있고 칼과 창에 의한 평화를 이루려는 의지가 있다. 자기 사랑과 이 세상을 향한 사랑이 하나님 사랑을 능가하는 구조가 공존하는 영역이다. 그러나 그에게 이 세상의 도성은 일반적으로 말하는 국가를 의미하는 것은 아니다. 다만 그가 살던 시대에서 견줄 만한 것이 있다면 제국국가(imperial state)[27]일 것이다.

지상의 도성이 땅의 것을 사랑하는 사랑에 지배를 받고 있다면, 지상의 도성을 다스리는 권위의 의미와 한계는 무엇이고 그 권위가 이루어 내는 평화는 어떤 것인가?

국가권력의 의무와 한계

아우구스티누스는 국가의 핵심 기능은 정의를 실현하는 데 있다고 주장했다. 그는 정의가 없는 왕국의 권력과 권위는 도둑 떼의 것과 다름없다고 보았다.[28] 그는 알렉산더 대왕이 포로로 잡혀 온 해적과 나눈 대화를 예시하면서 정의 없는 권력은 해적의 그것과 무엇이 다르냐고 반문한다. 이야기에 등장하는 해적은 알렉산더 대왕에게 이렇게 항변했다. "온 땅을 두루 점령하여 얻는다는 것은 무엇을 의미합니까? 나는 그저 조그만 배를 타고 그 일을 한 것이고, 대왕께서는 황제의 모습으로 큰 함대로 그 일을 한 것입니다."[29]

이 일화를 소개하며 아우구스티누스는 정의를 간과하는 제국국가는 그 본질이 도적 떼와 다를 바 없다고 주장했다. 그는 아시리아 니누스(Ninus) 왕의 사례를 들면서[30] 법보다는 권력자의 결단이 앞서며 국경을 수비하는 차원을 넘어 함부로 다른 나라를 침략하고 그 백성을 종으로 잡아 오고 영토를 확장하는 제국을 일러 거대한 도적 떼(great robbery)와 다름없다고 논증한 것이다.

정치권력에 대한 아우구스티누스의 비판은 사실 로마 법철학자 키케로(Cicero)의 국가 공동체(commonwealth) 개념에서 유래한 것이다. 그는 국가의 본질에 관한 여러 논의에서 키케로를 인용했다. 키케로는 "이상적인 정치 공동체란 공화국(Republic)으로 국민의 소유인데, 국민은 특정한 방식으로 모은 사람들이 아니라 정의를 존중하고 공동선을 위해 책임을 나누기로 합의한 회중"[31]이어야 한다고 주장했다.

이 견해를 받아들여 아우구스티누스는 정의를 존중하고 공공선을 도모하기 위한 합의 공동체가 국가라면, 그 존재 의미는 합의의 주체인 국민을 위한 것이어야 한다고 생각했다. 그러므로 아우구스티누스는 정의가 결여된 정치 공동체는 비난받는 데 그치는 것이 아니라 차라리 존재하지 말아야 한다고 단언하기도 했다.

그것이 왕국이든 귀족 정치든 혹은 전체 국민에 의해 다스려지든지를 막론하고 정의롭게 다스려질 때만 존재한다. 그러나 왕국이 정의롭지 못하여 그리스인이 말하듯 폭정이거나 귀족 정치가 불의하거나 파당을 형성하고 있다면, 그것은 로마의 정치가 스키피오(Scipio)가 잘 표현한 바대로 폭군(tyrant)일 뿐이다. 그런 정치는 비난받아야 할 뿐 아니라 여러 개념에서 적법하게 추론된 결론에 따라 모두 존재하기를 그쳐야만 한다.[32]

_____ 종교의 두 얼굴

아우구스티누스는 국가권력은 정의와 공동선을 위해 봉사할 때 적법하고 존재 가치가 있다는 키케로의 정치철학을 그대로 수용한 셈이다. 국가권력의 정당성은 정의를 집행하고 지키는 데 있고 그 정의는 정치 공동체 구성원의 합의에 따르는 것이라고 이해할 때, 공동체를 지키고 수호하는 역할은 정의로운 것일 수 있기 때문이다.

아우구스티누스는 인간 본성의 죄성을 강조한 신학자였지만, 오늘날 민주주의 사상과 매우 유사한 정치사상을 갖고 있었다는 사실은 매우 놀랍다. 국가권력은 국민의 복리를 위해 존재하고 참된 정의에 의해 평가받아야 하는 대상이라는 생각은, 그로 하여금 지상의 도성을 넘어 하나님의 도성을 그리워하는 이유가 되었다. 아우구스티누스가 보기에 당시의 로마제국은 진정한 정의를 상실하고 있었다. 불의가 횡행하는 제국에 살면서 그는 진정한 정의를 갖춘, 하나님의 뜻이 법이 되는 공화국과 같은 하나님의 도성을 그리워한 것이다.

그는 국가에 대해 명확한 견해를 표하지는 않았지만 하나님의 도성에서 국가의 가장 중요한 기능으로서 평화를 지키고 보존하는 과제에 대해 많이 언급했다. 그에게 국가는 하나님의 창조 세계인 자연의 산물이다. 하지만 국가는 하나님 뜻에 합당하게 진정한 정의를 실현함으로써 하나님의 도성에 일치하는 수준의 것이 아니다. 이런 점에서 국가는 자연적 정의를 추구하는 기관으로 인정되는 것이지 영적인 권위까지 지닌 것은 아니다.

하지만 아우구스티누스는 권력의 오만에 사로잡힌 거대한 제국국가에 대해 상대적인 자연적 혹은 잠정적인 정의조차 결여할 수 있는 성향을 지니고 있다고 날카롭게 비판했다. 그에게 이상적인 국가는 오만하고 거대한 제국이 아니었다. 오히려 그는 "한 도시 안에 무수히 많은 조그만 가정이 있듯이, 이 세상에 무수하게 많은 조그만 나라가 있다"[33]는 의미에서 국민의 복지와 평화를 위해 섬기는 각 국가를 마음에 두었다.

아우구스티누스의 평화론

아우구스티누스는 지상의 정부는 잠정적 평화를 위해 칼과 창을 사용하지만, 하나님의 도성은 하나님의 말씀을 통해 평화를 추구해야 한다고 주장했다.[34] 따라서 그는 초기 기독교 교부들과 달리 지상에서 하나님의 도성이 명시적으로 이루어질 것이라는 낙관적 기대를 갖지 않았다. 로마제국이 기독교화되어 거대한 하나님의 도성이 될 것이라고 믿지 않았기 때문이다. 그리하여 아우구스티누스는 상대적 정의를 추구하는 데 기독교 사회윤리학적인 실천 목표를 두었다. 만일 누군가 양자를 같은 것으로 여긴다면, 진정한 정의가 결여된 세상의 도성을 하나님의 도성이라 부르는 신학적 오류를 초래하는 것이다. 그에게 인간의 통치는 하나님의 통치와 결코 동일시될 수 없다.[35]

그리스-로마 사회철학과 정당전쟁론

아우구스티누스가 동의하고 실천한 평화의 지평은 초기 기독교가 견지하던 절대 평화주의가 아니었다. 역사에 기생하고 있는 악의 힘을 인식한 아우구스티누스는 낙관적 역사관에 동의하지 않았다. 평화롭게 살아가려는 그리스도인이 세상의 악에 의해 비참함에 빠질 수 있다는 역사적 체험을 했기 때문에 그는 키케로의 정치철학을 발전시킨 암브로시우스의 생각을 이어받아 보다 현실적으로 기독교 제국 안에서 상대적 평화를 지키고 찾는 방법을 강구했다. 이런 입장에서 기독교 역사에서 전개되어 온 정당한 전쟁이론(just war theory)의 초기 형태가 나온 것이다.[36]

키케로는 국가의 책무는 법에 따라 정의를 지키고 집행하며 공동체의 복지를 지키는 것이기에, 불의한 힘에 의해 정의가 훼손되고 공동체의 안녕이 파괴될 경우 공동체의 명예와 안전을 지키기 위해 불가피하게 전쟁이 요구된다고 보았다. 그는 외교 수단이나 합리적 토론이 불가능할 때 불의를 제거하기 위한 마지막 수단으로 전쟁은 불가피하다고 여겼다. 하지만 전쟁을 수행할 때 불순한 의도나 목적 혹은 비인도적인 잔인성이 동반되어서는 안 된다는 입장도 함께 밝혔다.[37]

아리스토텔레스 역시 정치 공동체인 사회에서 상위의 권위를 가진 사람이 하위의 권위를 가진 이를 다스리는 데서 정의가 집행된다고 생각했다. 그러나 크고 작은 권위 사이에 지배와 복종 관계가 성립하지 않을 때 권력 간 충돌이 불가피하기 때문에 전쟁이란 상위의 권위를 가진 존재의 이해가 충돌할 때 야기되는 것이라고 했다. 아리스토텔레스도 전쟁을 예찬하지는 않았지만 불가피하게 전쟁을 해야 할 경우가 있음을 인정하며 "우리가 전쟁을 하는 이유는 평화를 얻으려는 데 있다"[38]고 주장했다.

아우구스티누스의 정당전쟁론에 영향을 준 역사적 요소 중 가장 중요한 것은 그의 영적 스승과 같았던 암브로시우스의 견해였다.[39]

나는 정의롭고 지혜로운 사람으로, 그리스도인은 다른 이의 죽음을 통해 자기 생명을 지키려 하는 사람이라고 생각지 않는다. 이는 마치 무장한 도둑을 만났을 때 자기 생명을 지키려고 이웃 사랑을 포기하면 안 되기에 저항하지 않는 것과 같다. 그러나 전쟁과 같은 문제들은 성직자인 우리의 직무와 무관한 것이다. 우리의 생각은 육체에 관한 문제보다는 영혼의 문제에 고착되어야 하기 때문이고, 나아가 우리의 과제는 전쟁을 돌보는 것이 아니라 평화의 군대를 돌보는 것이기 때문이다.[40]

한때 로마제국의 주지사(governor)였던 암브로시우스는 초기 기독교의 평화주의를 개인적 관계나 성직자의 삶에는 적용할 수 있으나 공직자에게는 적용할 수 없다고 생각했다. 사적 관계에서는 목숨을 부지하기 위해 보복하거나 정당방위하는 것조차 비기독교적이라고 생각할 수 있지만, 공적인 자리에서 즉 이웃 사랑을 수행해야 할 자리에서는 자기를 버리고 전쟁터에 나갈 수도 있다고 본 것이다. 기독교인의 정의로운 행위는 자신을 사랑하는 동기에서 나오는 것이 아니라, 이웃 사랑에서 나오는 대리적 행위가 되어야 한다는 점을 주장한 셈이다.[41]

키케로나 아리스토텔레스의 이론을 알고 있던 아우구스티누스는 전쟁 행위와 관련해 암브로시우스의 관점을 받아들이면서 성서의 전거를 찾았다. 그는 무엇보다 여호수아의 경우를 들어 하나님은 전쟁을 돕거나 명령하시는 하나님으로 묘사되고 있다는 점, 신약성서에서 예수와 세례 요한은 로마 군대에 복무하는 이들에게 군대에서 이탈할 것을 요구하지 않았다는 사실을 들어 전쟁을 승인하는 근거로 삼았다. 소수의 개인보다는 공동체의 가치와 존속을 우선시하는 성서의 예증은, 최대 다수에게 더 나은 것을 가져다줄 수 있는 효용성의 윤리가 적용된 종교적 표현이라고 볼 수 있다.

기독교에서 정당전쟁론이 발전되어 온 것은 사실이지만, 이에 앞서 키케로의 글에 이미 정당전쟁론에 대한 기본적인 윤곽이 드러나고 있었다. 당시 기독교 사상가들은 이교도의 글을 알고 있었지만 그 사상이 자신들의 주장의 모체가 된다는 점을 인정하기를 꺼렸던 것 같다. 아우구스티누스는 자신의 생각이 어디에서 왔는지 명시적으로 밝히지 않았지만 상당 부분 키케로나 아리스토텔레스의 주장과 유사하다. 그가 키케로나 아리스토텔레스와 다른 점은 구약성서의 성전론을 정당전쟁론의 전거로 삼는다는 정도다.[42]

평화를 위한 전쟁론

아우구스티누스는 정의를 집행하는 주체가 일으키는 전쟁이든, 정치권력의 대립 관계를 해소하려는 전쟁이든, 하나님의 명령에 따라 준행되는 전쟁이든 모든 전쟁의 궁극적 목적은 평화에 도달하려는 데 있다고 생각했다. 모든 전쟁은 평화를 얻는 수단이기 때문에 사람들은 평화를 얻기 위해 전쟁을 하는 것이지 전쟁 자체에 목적을 두는 경우는 없다고 그는 생각했다.

하지만 아우구스티누스는 전쟁을 하는 당사자 중 어느 한편에만 정의가 있다고는 생각지 않았다. 오히려 사악한 편이 승리할 가능성도 인정했다. 다니엘의 경우를 예로 들면서 "사악한 편이 승리를 거둘 때 정복당한 이들에게는 그들의 죄를 시정하거나 벌하기 위한 하나님의 징벌적 조치가 주어진다"고 했다.[43] 전쟁은 어느 한편의 정의만을 입증하는 것이 아니라 근본적으로 죄의 노예가 된 인간의 어두운 본성에서 비롯되기 때문에, 간혹 전쟁이 인간의 죄에 대한 하나님의 교육과 징벌의 수단일 수 있다는 것이다.

전쟁의 사악함이란 무엇인가? 어느 전쟁에서도 누군가는 죽을 수밖에 없고, 누군가는 평화롭게 종속되어 살아가게 된다는 것인가? 이는 우리가 그저 비겁하게 염오하지만 하등의 종교적 감정은 아니다. 전쟁에서의 실제적인 악이란 폭력, 보복의 잔인성, 격렬하고 단적인 증오, 거친 저항, 그리고 권력에 대한 탐욕 같은 것이다.[44]

악에 대한 징벌의 수단으로 전쟁을 인정하는 아우구스티누스는 전쟁 자체의 본질이 악한 것이라고 판단하면서도 그리스도인이 전쟁에 참여할 수밖에 없는 긴급 상황이 있음을 인정했다. 대리적 행위로서의 전쟁에 참여할 수밖에 없다는 것이다. 그는 마니교도인 파우스투스(Faustus)를 반박하는 글[45]에서 구약성서에 하나님의 권위에 의해 요구되고 승인된 정당한 전쟁이 있었다는 사실을 지적했다.[46] 그리고 그 전쟁은 불의한 폭력으로부터 자신을 지키려는 자기 방어의 목적이 아니라, 제삼자가 불의한 힘에 의해 고통 당할 때 이를 외면할 수 없는 하나님의 정의와 사랑에서 비롯되는 대리적 행위라고 해석했다. 약자를 대리하거나 대표하는 전쟁일 경우 정의로운 전쟁일 수 있다는 것이다.

인간의 오만을 책망하거나 낮추거나 꺾어 버리려는 하나님께 복종하는 가운데 일어나는 전쟁은 일종의 의로운 전쟁으로 허락받은 것이다. 전쟁이 비록 인간의 격정에서 비롯된 것이라도 그 전쟁은 하나님의 영원하신 복리에 해가 될 수 없고 또한 하나님의 백성을 해하지 못한다. 그들의 인내로 시험하고 영혼을 단련시킴으로써 하나님 아버지의 훈육을 받기 때문에 해를 입는 것이 아니라 오히려 유익을 얻는 것이다.[47]

아우구스티누스에게 모든 전쟁은 하나님의 손 안에 있는 것이며, 그리스도인에게는 시련의 훈련 과정이고 사악한 자에게는 훈육과 징벌의 기회다. 그러므로 만일 국가의 평화가 외부 침략으로 위태해질 경우, 그리스도인은 평화를 지키기 위해 국가를 수호해야 한다.[48] 이런 점에서 그는 대리적인 행위라 할지라도 방어적 폭력을 승인하지 않은 초기 교부들이 견지하던 비폭력 평화주의의 전통에서 떠나 있다.

감독이 된 아우구스티누스는 마니교도나 도나투스주의자와의 교리 논쟁에서도 대단히 관대하고 온화한 태도를 보였다. 그러나 그들의 수가 많아지고 그들이 폭력적 행위도 불사하자 그들을 진압하기 위해 사형 집행을 제외한 정부의 진압적 무력 사용을 승인했다. 그는 성서 구절과 바울의 강제 회심을 예로 들면서 도덕적 행위와 관련해 강제를 통해 좋은 결과를 얻을 수 있다는 점도 주장했다.[49] 이런 아우구스티누스에 대해 독일의 교회사가 로이터(H. Reuther)는 정치권력을 이용해 이교도나 분리주의자를 교훈하고 훈육할 수 있다고 생각해 "종교 재판을 옹호한 최초의 교의학자"라고 비판했다.[50]

양심적 거부 전통의 약화

대리적 폭력을 승인하는 입장이 강할수록 개인의 양심적 선택의 폭은 줄어든다. 암브로시우스 전에는 그리스도인이 지배적 위치나 군사적 폭력을 수행하는 군 복무에 대해 신학적으로나 윤리적으로 거부하는 견해가 지배적이었다. 후버는 콘스탄티누스 시대 이전의 기독교에 대해 이렇게 말한다.

이웃 사랑과 원수 사랑의 계명은 다른 사람에 대한 어떤 종류의 폭력 사용도 배제한다는 것이 콘스탄티누스 전환 이전의 그리스도교적 생각이었다. 그리스도인들은 평화의 수립자이고 산상설교의 계명을 지켰다. 그들은 진리의 증언을 위해 수난당하고 죽을 각오가 되어 있었다. 그들은 살인하지 않았다. 군대가 요구하는 용감함과 절제, 복종은 단지 상징적으로만 이해되었다. 하나님이 그들의 최고 사령관이었고 그런 계명은 영적인 덕목이었다.[51]

하지만 아우구스티누스는 자연과 몸과 영혼, 가정과 사회, 도시와 국가는 평화를 요구하는 자연스러운 평정의 질서가 있어야 하고, 이 상태를 침해하는 것은 인간의 오만한 지배욕과 광포한 본성에 속한 악의 현실이기에 반드시 억제하거나 제지해야 한다고 생각했다.[52] 따라서 자연적 질서와 평정의 상태를 파괴하고 침해하는 악을 제거하는 행위는 방어라기보다 악에 대한 적극적인 징벌을 의미한다. 악을 징벌하고 질서를 회복하려는 목적이 바로 평화이기 때문이다.[53]

아우구스티누스는 로마의 장군 보니패스(Boniface)에게 군 복무 중에는 하나님을 기쁘시게 할 수 없을 것이라는 생각을 하지 말라며 전쟁을 독려하는 편지를 썼다.

수도사는 분명 하나님 앞에서 보다 높은 지위를 가진다. 하지만 그대는 적절한 시기가 오기 전에 그들이 받은 축복을 구하지 마라. 그대는 일단 인내를 갖고 그대의 소명을 행하라. 수도사들은 그대의 보이지 않는 적에 대항하여 그대를 위해 기도할 것이다. 그대는 수도사들의 보이는 원수인 야만인에 대항하여 수도사를 위해 싸우라.[54]

아우구스티누스가 전쟁을 지지하는 결론에 이른 것은, 초기 교부들이 평화를 내적이며 사적인 삶의 영역에서 이해한 데 비해 평화에 대한 이해의 폭을 넓혀 기독교 국가의 정치 과제로 이해하고 해석했기 때문이다.[55]

아우구스티누스의 영향

로마제국의 그늘 아래 형성된 아우구스티누스의 정당전쟁론은 사실상 중세 가톨릭교회에 깊이 뿌리내리고 있는 애국주의 사상이나 성전론, 종교재판이나 마녀사냥 같은 종교적 포악을 불러오는 논거로 오용되곤 했다. 그가 그리도 염려하던 인간의 죄성이 기독교 제국 외부나 교회 밖에만 있었던 것이 아니라, 교회 내부에도 깊이 파고들었다는 사실을 교회 스스로 인정하기에는 교회의 권위와 세력이 너무 강하고 컸기 때문이다.

정의에 대한 이해가 국가주의나 교회지상주의, 교권주의와 결부되어 해석될 경우 오용은 그 정도가 참으로 심각했다. 정의를 회복하고 수호한다는 명분으로 외부의 공격으로부터 보호될 때는 애국주의적 전쟁을 지지했다. 그리고 내부 혼란으로부터 보호될 때는 내부의 이단자와 배교자를 숙정하는 정화론을, 그리고 특정한 종교적 이견에 대해서는 종교전쟁이나 종교재판이라는 형식을 빌려 이단자로 규정하고 처형하는 수단이 되기도 했다. 중세기에 일어난 무수한 종교적 오류는 대부분 그 세력이 미약했던 초기 기독교 세계와는 달리 막강한 제국의 교회로 성장한 기독교가 내부의 악에 대해 철저한 비판과 견제를 하지 못할 때 발생한 것이었다.

Ⅶ
기독교 세계의 평화 – 팍스 크리스티

"권위를 가진 사람들에게 공동체를 수호하는 직무가 맡겨졌기 때문에 도시나 국가, 지역을 돌볼 임무는 그들에게 주어진 것이다. 그리고 내란에 대처하여 공동체를 지키기 위해 무력을 사용하는 것이 법적으로 타당한 것처럼, 그들이 악행자를 징벌하는 것도 타당하다. 그들이 외부의 적을 방어하기 위해 전쟁이라는 수단을 사용하는 것도 그들의 직무다."–토마스 아퀴나스

권력화된 교회

아우구스티누스 이후 기독교는 세계종교로서 교의학적 체계를 갖추는 데 많은 힘을 쏟았다. 무수한 신학 논쟁이 있었고 논쟁에서 패한 사람은 이단으로 몰려 죽음에 처하기도 했다. 교회는 정경(正經)을 확정했고 기독론을 정돈했으며, 도나투스파와의 논쟁 끝에 교회론도 견고해졌다. 펠라기우스(Pelagius) 논쟁을 통해 죄와 구

원론과 은혜론이 확립되고, 삼위일체론이 형성되었다. 니케아 신조와 칼케돈 신조를 비롯한 신앙고백들이 나오면서 신앙고백에서 이탈하거나 받아들이지 않는 이들에 대한 정죄도 일어났다. 이런 움직임은 평온한 질서를 평화라고 생각했던 아우구스티누스 시대부터 시작되었다.

교회가 내적 평화에 관심을 갖던 초기 기독교 시대에 비해 아우구스티누스 시대에는 사회적 평화에 대한 교회의 이론이 형성되기 시작했다. 이런 과정에서 정치·사회적 죄의 현실에 대응할 수 있는 분석으로 아우구스티누스의 죄론이 사용됐다. 교회는 죄악과의 투쟁을 선포하고 억제할 방책을 세웠다. 그리스도인에게는 은총의 교설을 통한 구원을 약속하고 그리스도를 받아들이지 않는 이들에게는 저주와 심판을 선고했다.

중세기로 접어들면서 기독교는 동서로 나뉘어 지중해 연안과 유럽에서 상당한 정치·종교적 위기를 맞았다.[1] 현재의 이스탄불(콘스탄티노플)을 중심으로 형성된 비잔틴 문화는 희랍어를 사용하는 아타나시우스, 카파도키아의 교부들, 다마스쿠스의 요한과 같은 신학자들의 주도하에 비잔틴 신학을 산출했다. 반면 프랑스, 독일 등지의 서유럽에서는 로마와 아비뇽을 중심으로 교권 체제가 복잡하게 형성되었다. 파리를 중심으로 소위 서방교회의 학문적 발전이 상당한 진척을 보였는데, 그 중심은 여전히 아우구스티누스의 신학 체계였다.

동교회와 서교회 간 알력과 갈등은 마침내 1054년경 동방정통교회와 서방교회로의 분립을 초래했다. 그리고 점차 확장되는 이슬람 세력의 위협이 기독교 세계를 동요하게 했다. 이 시대에 형성된 중세 신학의 주된 흐름은 서방교회의 신학사상에 크게 의존하고 있었고, 신학의 중심지는 로마에서 점차 북쪽으로 이동하여 파리나 독일 등지로 옮겨 갔다. 기독교가 지상에서 최고의 권위를 갖게 되자 아퀴나스 시대를 지나면서 교회는 종교재판소[2]라는 최고의 법정을 갖추게 된다.

기독교 사회이론의 형성

이 시대 최고의 신학자로 명성이 높던 토마스 아퀴나스(Thomas Aquinas, 1225-1274)는 중세 사회 전반을 아우르고 품을 수 있는 신학을 형성하는 데 모든 관심을 기울였다. 그는 아우구스티누스의 신학을 기초로 그리스의 덕론(德論)을 수용하는 한편, 로마의 자연법 전통을 성서의 권위 아래 두고 체계화했다. 그리하여 계시와 이성, 은총과 자연, 신학과 윤리, 유대 기독교 전통과 그리스 로마 전통을 자신의 신학에 통합했다. 이런 그의 신학을 미국의 신학자 리처드 니부어(Helmut Richard Niebuhr)는 '문화 위의 그리스도' 유형으로 구분했다.[3]

독일의 신학자 트뢸취는 이 시대를 지배한 사상 구조가 토마스 아퀴나스의 신학과 사회철학이었다고 생각하고 그의 사상에서 교회와 중세 사회가 통합과 일치를 이루는 것으로 해석했다.[4] 중세의 모든 사람이 기독교 신자가 되고 사회·정치·경제·문화 등 모든 영역이 기독교적으로 해석되어야 할 때 교회는 아퀴나스의 사상을 통해 사회 전반에 대한 기독교 사회이론을 제시했던 것이다.[5] 그 결과 아퀴나스의 사상 구조 안에서 교회와 국가는 나란히, 그러나 교회가 영적으로 국가의 우위에 서는 지배 구조가 받아들여졌다.

전 유럽의 다양한 국가와 사회를 넘어서서 하나의 보편 교회로서 위상을 갖춘 중세 교회는 지상 최고의 권위를 자랑하며 사회와 국가를 지배·감독하는 위치에 있었다. 이때 교회는 전쟁과 평화에 관해 사회를 설득할 수 있는, 이론적 논거를 갖춘 신학적 해명이 필요했다. 정치권력자들은 국가 간 전쟁은 반드시 정의로워야 한다는 교회의 규범에 따라야 했고, 그 규범을 적용하고 판단하는 주체는 교회가 되었다. 이런 상황에서 아퀴나스는 자신의 신학을 통해 하나의 세계관적 체계를 제시했다.

아퀴나스의 이론에 따르면 중세 사회의 모든 개인과 사회 구조, 심지어 교회의 영적인 후견과 감독을 받는 국가들은 국가 간 관계에서도 교회의 가르침에 충실해야 한다. 중세 교회의 지상권에 대해 트뢸취는 다음과 같이 설명한다.

> 국가 간 관계도 기독교 사회의 한 구성원으로 존립해야 했다. 전쟁은 정당한 이유가 있을 경우에만 허용되었는데, 상대국이 그릇된 행동을 하여 촉발되었을 때나 악을 방지하고 선을 증진하는 목적을 가질 때였다. 나아가 전쟁은 반드시 통치자가 공식적으로 수행해야 하며 사적인 전쟁이나 반목은 금지되었다. 이 시기 민족의 이기성은 기독교 문명이 이룬 국제적 연대에서 아직 숙고할 대상이 아니었다. 그때까지만 해도 교회의 형이상학은 민족을 중심으로 감정이 일어나는 것을 허용하지 않았다. 최후의 수단으로서 전쟁의 정의로움은 모든 도덕 문제에 관한 최고의 심판관인 교회가 결정했다. 무엇보다 삶에서 영적인 목적에 속한 것은 교회의 지상권에서 해명했는데, 영적인 문제에 관한 것일 경우 세속 문제까지 다루었다. 하지만 그런 연관성 유무와 상관없이 교회는 자의적 기준에 따라서 결정을 내렸다.[6]

교회의 지상권 행사는 교회의 권위가 세속 군주의 권위를 능

_____ 종교의 두 얼굴

가했을 뿐 아니라 신학적 해명으로 뒷받침된 교회의 사회이론이 있었기에 가능했다. 이런 점에서 토마스 아퀴나스의 신학은 중세 교회의 지상권에 신학적 정당성을 부여하는 데 크게 기여한 셈이다.

신학의 후견 아래 놓여 교회의 감독을 받던 중세 사회는 교회가 정한 기준을 따라야 했다. 도덕적 문제에 대한 판단은 고도의 도덕신학적 훈련을 받은 사람들, 즉 성직자에게만 맡겨졌다. 따라서 모든 도덕적 물음에 대한 궁극적인 답변은 교회가 했고, 교회는 중세 기독교 사회의 모든 영역에 대한 교회의 주된 견해를 제시했다. 바로 이런 세계관을 신학적으로 규명하고 해명한 것이 아퀴나스의 신학이다.

신학적 지평 확장

아퀴나스는 세계에 일어나는 모든 문제에 대해 신학적인 해명을 하기 위한 근거가 필요했다. 그는 일차적으로 성서를 가장 중요한 근거로 삼았으나 모든 문제에 대해 백과사전적인 해명을 하기에는 성서적 전통이 좁다고 여겨졌다. 성서에는 구체적인 정치·사회적 이론을 제시하는 논거가 충분하지 않았기 때문이다. 그리하여 아퀴나스는 성서의 계시뿐 아니라 자연과 이성의 영역도 하나님의 창조로 주어진 것이므로 하나님의 뜻을 담고 있다고 생각했다. 결국 아퀴나스 사상은 자연 이성의 전통, 즉 로마의 자연법적 전통과 그리스 윤리사상에 크게 의존하게 되었다.[7]

아퀴나스의 신학적 기초는 아우구스티누스의 사상이다. 그러나 그가 아우구스티누스와 다른 점은 아리스토텔레스나 키케로를 비롯한 그리스와 로마의 전통을 은총을 위한 예비 단계로 평가하여 교회와 신학에 받아들였다는 점이다. 그는 인간의 모든 가르침과 배움은 이전에 획득한 지식에 기반을 두기에 사상과 체계가 개인의 고유한 사상에서 나온 것이 아니라 역사적으로 존재한 무수한 선각자의 사상을 통해 이루어졌음을 인정했다. 이런 점에서 아퀴나스는 자신을 철학자나 과학자라고 생각하지 않고 단순히 과거의 것을 배워 가르치는 자로 여겼다.

아퀴나스는 아우구스티누스와 아리스토텔레스, 성서와 자연법 전통을 종합하며 신앙으로 고백된 것은 이성에 의해 귀결될 수 있다고 생각했다.

> 아퀴나스는 이 세계가 하나님에게서 나와 하나님께로 돌아간다고 믿었다. 그리고 인간을 구체적인 우주의 목적으로 이해했다. 우리가 볼 수 있는 우주의 의미와 중요성은 하나님이 사랑 한가운데에서 당신을 세 가지 형태로 주시는바, 사랑하는 이들에게는 성령의 선물로, 육체로 오셔서 우리 가운데 거하시는 말씀으로, 사랑의 근원이신 당신과의 연합을 이루는 마지막 선물로 주신다. 이 주심을 수납하는 이들, 즉 선택한 이들을 택하시는 것이다.[8]

아퀴나스는 하나님의 은총은 교회를 통해 확증되고, 교회는 지상에 있는 모든 것의 존재 의미와 목적을 은총의 빛 아래에서 규명해야 한다고 믿었다. 인간 집단은 민족과 국가로 나뉘어 나름대로의 목적과 정당성을 추구하고 있지만, 교회는 하나의 교회로서 모든 민족과 국가, 사회와 다양한 인종을 향해 불변하는 진리의 보루가 되어야 한다고 여겼다. 이런 점에서 국민이나 민족, 국가를 앞세운 가치는 교회의 보편적 성격과 상대화되는 한편, 교회는 민족과 국가를 초월하는 보편성을 획득하게 되었다.

그리하여 아퀴나스 시대에 교회는 사회 평화를 이해함에 있어 하나의 사회이론을 정립하게 되었다. 성서적 한계와 제한성을 보완하기 위해 그리스의 덕론과 로마 자연법의 사회이론을 받아들인 아퀴나스는 이성에 앞서는 은총 우위의 신학을 따라 이성의 평화론을 제시했다.

아퀴나스와 평화사상

아퀴나스의 평화 이해는 그의 신학적 틀에서 파악해야 한다. 그의 신학은 초월과 자연이 상하의 수직적 이중 구조를 이루고, 덕과 법이라는 횡적인 이중 구조로 나뉜다. 하나의 원으로 표현한다면 수직과 수평으로 네 등분된 것과 같다. 상층부 우측이 신학적 덕으로 사랑과 믿음과 소망을 해명하고, 그 아래 하층부 우측이 그리스의 자연적 이성의 덕목, 즉 지혜와 정의와 절제와 용기로 구성된다. 그리고 상단부 좌측은 하나님의 말씀 성서가, 그 하단부는 영원한 이법(理法) 아래 드러나는 자연법과 그에 근거해 만들어진 실정법이 자리한다.[9]

그에게 평화는 이성적 인식을 통해 얻을 수 있는 네 가지 덕(신중, 용기, 정의, 절제)과 하나님의 은총을 통해 얻게 되는 신학적 덕(믿음, 소망, 사랑)의 빛에서 이루어지는 열매다. 하나님의 말씀과 자연의 법에 따른 덕의 질서로서 평화는 덕스럽지 못한 요인들에 의해 위협을 받는다. 그러므로 사회·정치적 차원에서 정의로운 질서가 위협을 받거나 상실되는 경우는 곧 평화가 위협받는 것을 의미하기 때문에 평화를 지키고 회복하기 위한 공적 수단을 강구해야 했다.

결국 아퀴나스의 평화 이해의 신학적 출발점은 덕론이다.[10] 그에게 덕이란 인간 내면의 균형과 평형을 이루어 내는 질서를 부여하는 것이다. 아우구스티누스 역시 인간의 덕에 죄의 현실이 개입할 수 있다는 점을 잊지 않았다. 하지만 그는 죄의 극복을 비관적으로 보았기 때문에 덕의 완성 가능성을 부정했다. 그러나 아퀴나스는 인간의 덕은 완성될 수 있다고 믿었다. 궁극적으로 인간의 노력이 아니라 하나님의 은총에 따른 완성이기 때문이다.

아퀴나스는 그리스의 4대 덕목을 이성적 합목적성을 가진 것으로 받아들였지만 그것만으로 평화가 유지될 수 있다고 보지는 않았다. 그에게 평화는 하나님 은총의 선물이기 때문에 은총이 없는 곳에는 평화가 없다. 또한 은총의 부재는 사랑의 부재를 의미한다. 그러므로 그는 사랑(caritas)이 결여된 자리가 바로 평화의 상실이 일어나는 자리라고 보았다. 따라서 아퀴나스에게 평화란 사랑의 열매다. 하나님에게서 주어지는 성덕(聖德)으로서의 사랑은 평화를 가능하게 하는 제1원인인 셈이다.

아우구스티누스가 기독교인인 사랑, 카리타스가 인간의 모든 행위의 성격을 규명하는 원리가 된다고 하였듯 아퀴나스에게 평화의 가능성은 신학적 덕인 사랑에 의존한다. 하지만 사랑의 실현 가능한 영역은 아리스토텔레스의 정의론을 통해 해명된다. 이는 정의의 집행자로서 국가권력에 대한 아퀴나스의 이해가 로마의 자연법론자 키케로나 세네카(Seneca)의 자연법론에서 큰 통찰을 얻은 데서 연유한다. 따라서 아퀴나스의 평화사상을 이해하려면 그의 신학적 세계관의 큰 틀이 어떻게 종합되고 있는지 살펴보아야 한다.

아퀴나스에게 사랑은, 아우구스티누스가 주장한바 사랑의 존재론의 재해석이라는 의미를 가진다. 아우구스티누스에게 사랑이란 존재론적으로 누구에게나 주어지는 것이다. 그러나 그 주어진 사랑의 능력이 어떤 성향을 지니고 있는가가 그 사람이 지닌 사랑의 본질을 결정한다. 그에게 사랑의 방향은 두 가지로 축약되었다. 하나님을 사랑하는 방향과 자기를 사랑하는 방향이다. 그리하여 하나님을 사랑하는 이들은 하나님 도성의 백성이지만 자기를 사랑하는 데 목적을 둔 사람은 이 세상 도성에 속한 사람으로 규정된다.[11]

그러나 아퀴나스는 사랑을 존재론적으로 이해하지 않았다. 참된 사랑은 이성적 능력의 한계를 넘어서서 하나님에게서 주어지는 은총을 통해 얻는 거룩한 덕이라고 생각했다. 아퀴나스 사상 체계에서 자연 이성으로 얻을 수 있는 그리스의 덕목이 논의되고 있지만 그 덕을 초월하고 능가하는 신학적 덕목, 즉 사랑과 믿음과 소망이 더 중요한 요소로 강조되고 있다. 신학적 덕으로서 사랑은 인간으로 하여금 지속적으로 하나님을 향하게 하고 이웃을 사랑하게 하는 능력과 같은 것이다.[12] 바로 이 능력이 평화의 능력이다. 그러므로 아퀴나스는 우리가 하나님을 사랑하고 이웃을 사랑하는 데서 평화가 이루어진다고 믿는다. 그런데 은총이 바로 사랑의 존재 근거이기 때문에 사실상 평화는 은총의 선물인 셈이다.

공동선으로서의 평화

아퀴나스에게 진정한 평화란 이성적 질서나 조화로서의 평화, 정치적 합의로서의 평화, 힘에 의한 진압적 평화와는 근본적으로 다르다. 그가 이해한 평화는 국가나 사회, 가정에서 하나님을 사모하는 사랑(caritas)에 의해 시원(始原)적으로 동기(動機)화되는 것이다. 한 예로 가부장의 권위는 이런 관점에서 새롭게 이해되었다. 전통적인 가부장적 부권 중심의 가족 이해를 아퀴나스는 사랑에 의해 동기화된 가족 관계로 재해석했다. 물론 가부장성이 사라진 것은 아니지만 남성 중심의 지배 구조로서 자연적 권위를 입던 가부장성을 사랑에

의해 움직이는 가부장성으로 이해하여 새롭게 해석한 것이다. 트뢸
취는 이 변화를 이렇게 설명했다.

> 근본적인 사회이론은 유기성(organism)과 가족에 대한 가부장주의
> 적 이해, 이 두 가지 견해에서 표현되었다. 나아가 이 두 가지 견해는
> 서로 밀접하게 관련된다. 양자는 모두 하나님 사랑과 이웃 사랑이라
> 는 아주 기본적인 기독교의 사고와 연관된다. 이 유기체가 지닌 연합
> 과 연대성은 공동체와 교회라는 사상에서 유래되었고, 바로 그런 생
> 각에서 사회의 모든 구성원이 그리스도의 몸의 지체로서 혹은 교회
> 의 다양한 지체로서의 성직자, 수도사 그리고 평신도로서 다양한 기
> 능을 통해 그들이 함께 나누는 하나님의 사랑 안에서 서로 사랑하며
> 서로를 보완하는 것이다.[13]

하나님의 성품에서 유래하는 사랑인 카리타스는 이웃을 향한
사랑을 낮임없이 실천하게 하는 능력인 농시에, 평화로움을 선택할
수 있는 지혜로서 우리가 올바른 질서를 분별할 수 있는 성품을 일
깨운다. 이런 의미에서 아퀴나스는 가장 출중한 덕을 카리타스라고
생각하고, 카리타스 없이는 진정한 의미에서 아무런 덕을 이룰 수 없
다고 생각했다.[14] 카리타스를 통해 인간은 내적인 기쁨과 평화, 긍휼
함을 얻고 외적으로는 선행과 자선과 형제의 충고를 주고받을 수 있
기 때문이다.[15]

그리하여 기독교 세계에서는 모든 것이 신학과 연계되어 해석
됐다. 그 결과 모든 개체는 하나님을 사랑하는 공동성을 통해 유기
적으로 연계되어야 하는 것으로 설명되었다. 이런 유기성과 연관성
은 하나님을 향한 사랑과 이웃 사랑을 가능하게 하는 은총의 덕인

사랑에 의해 이끌려지는 것이다. 따라서 기독교 세계에서의 평화란 유기적인 조화와 사랑의 질서가 잘 이루어질 때 모든 관계에서 나타나는 현상이다. 유기적 조화와 사랑의 질서에서 가정과 사회, 국가에 평화가 이루어지기 때문이다. 이런 의미에서 평화는 공동체의 선, 즉 공동선(bonum commune)이다.

기독교의 평화(Pax Christiana)

아퀴나스의 평화 이해가 로마제국의 질서에 적용되었을 때 무기와 폭력에 의한 로마의 평화를 이상적인 사회질서와 연관시키는 결과를 초래했다. 아우구스티누스의 입장에서 본다면 기존의 세계와 사회질서를 옹호하는 데 기여한 평화 이해는, 성서의 평화와 결코 동일시될 수 없다. 그럼에도 아우구스티누스는 로마의 평화를 이용하여 교회를 이롭게 하고 죄악 된 세상에서 불가피하게 기독교인도 함께 살아가야 함을 현실적으로 받아들였다.[16] 여기에서 아우구스티누스는 로마의 평화(Pax Romana)를 기독교적 평화(Pax Christiana)로 전환시키기 위해 정당전쟁론을 제시했던 것이다.

그리하여 로마의 평화에 내재되어 있던 일방적인 야만성과 폭력성을 어느 정도 제거할 수 있었다. 아우구스티누스의 평화 이해의 본질은 하늘의 도성에서 얻을 평화가 아닌 지상의 평화라는 점에서 한계가 있지만 동시에 미래에 주어질 하나님의 평화에 대한 기다림의 여지를 남겼다.

그러나 아우구스티누스 이후 800년이 지난 시점에서 아퀴나스는 아우구스티누스와 달리 기독교 신앙에 따라 모든 세계가 유기적 관계를 이루고, 하나님을 향한 사랑에 의해 커다란 공동성을 이루는 정치 현실에 처해 있었다. 그는 아우구스티누스가 의미한바 상대적인 의미에서 생각했던 조화로운 일치(concordia)와 공동성(soci-etas)을 교회와 정치 현실과의 거리 없이 보다 적극적으로 하나의 유기적 통일을 이루는 관계로 재해석하려 했다. 그것이 바로 하나님의 은총에 힘입은 사랑 안에서 이루어 가는 평화 이해다.[17]

아우구스티누스의 초월적인 하나님 나라는 아퀴나스에 와서 교회라는 제도를 통해 현실화되는 듯 보였다. 진정한 평화는 아우구스티누스의 이해처럼 이 지상에서 인간이 결코 누릴 수 있는 것이 아니었지만, 아퀴나스는 아우구스티누스와 달리 지상에서 얻을 수 있는 인간의 평화 역시 진정한 평화의 현시라고 생각했다.[18] 그는 우리가 얻을 수 있는 평화는 상징적이거나 은유적인 것이 아니라 구체적인 하나님 사랑과 이웃 사랑의 증거로 참된 평화를 일부 드러내는 것으로 여겼기 때문이다.

이렇듯 현존하는 기독교 세계의 질서 안에서 조화와 일치를 통해 공동선을 이루어 나가는 것은 세속적 과제가 아니라 특별한 성덕(聖德)에 힘입는 거룩한 과제로 인식되었다. 반면 이런 기독교적 평화에 반하거나 역행하는 것에 대해 아퀴나스는 하나님의 거룩함을 부정하는 악이라고 보아 거룩한 평화 사역을 방해하고 위협하는 악에 대처하는 방안으로 정의의 실천을 주장했다. 사랑의 사역은 정의에 의해 보호받고 유지될 수 있고, 사랑의 사역을 가로막는 악은 정의로 다스려져야 한다고 믿었기 때문이다.

질서의 평정과 정의

아퀴나스는 인생의 궁극적 목적은 참된 행복을 찾는 것이라 주장했다.[19] 이 행복의 길은 평화의 길과 직결된다. 아퀴나스는 평화는 사람들 간의 일치일 수 있지만, 역으로 모든 사람의 일치가 평화를 의미하는 것은 아니라고 생각했다. 어떤 사물에 대해 사람과 사람 사이에서 일치가 가능하다 해도 사람마다 원하는 것이 동일하지 않기 때문이다. 사람의 마음은 여러 방향으로 향할 때가 많기 때문에 욕구가 다양할 경우 어느 것 하나라도 채워지지 않으면 평정을 얻기 어렵다. 그리하여 아퀴나스는 욕구의 통일과 상이한 마음의 일치가 이루어질 때 비로소 평화가 주어진다고 했다.

그는 평화의 본질을 질서의 평정(tranquility of order)에 있다고 판단했다.[20] 질서의 평정이란 사람의 모든 욕구가 서로 충돌하지 않고 일치를 이루는 상태를 뜻한다. 아퀴나스는 의지의 일치만이 아니라 욕구가 충돌하지 않고 잘 정돈된 상태를 일러 참된 평화라고 생각했기 때문에 양자의 조건 중 어느 한 가지가 결여될 경우 참된 평화가 아니라 거짓 평화로 판명된다고 했다. 그러므로 두 가지 조건을 충족시킬 수 있는 정의를 동반한 평화가 참된 평화다. 이런 점에서 아퀴나스는 "평화는 정의의 열매다(Opus iustitiae pax)"라는 이사야의 관점을 좋아했다(참조. 사 32:17).

무언가 정돈되지 않거나 질서가 잡히지 않는 까닭은 어지럽게 흩어져 있거나 일치를 방해하는 요인이 있기 때문이다. 참된 사랑이란 우리를 하나님과 일치시키고, 사람들과 연합하게 하는 능력이다. 사랑이 아닌 미움이나 증오가 일어날 때, 우리 가운데 일치를 이루지 못하고 연합하기보다는 무질서에 빠지게 된다. 그러므로 사랑이 평화를 가능하게 하는 힘이라면, 사랑의 힘에 이끌려 조화로운 상태가 곧 정의이며 정의가 맺는 열매가 평화인 것이다. 즉 평화는 사랑과 정의가 부딪치지 않는 평정을 요구한다는 것이다.

정의가 평화의 장애를 제거한다는 의미에서 평화는 정의의 간접적인 결과다. 하지만 사랑은 그 본질에 따라 평화의 원인이기에 평화는 사랑의 직접적인 결과가 된다. 사랑은 디오니시우스가 말했듯이 '연합하는 힘'이고, 평화는 욕망의 성향들의 연합이기 때문이다.[21]

사랑이 평화의 직접적인 원인이라면 정의는 이 원인에 의해 혼란[22]으로부터 일치를 구하고 무질서의 위협에서 질서를 되찾는 것이며 하나님의 계명을 위배하는 분열(schism)을 극복하는 것이다. 아퀴나스는 정의란 하나님의 법에서 주어지며 자연의 법과 실정법의 형태로 현실과 관계한다고 생각했다. 그러므로 하나님의 영원한 창조질서를 따라 주어진 자리에서 각자의 역할을 다하는 것이 정의에 가까운 것이다. 자연의 질서 속에서 각자의 몫을 찾는 동시에 다른 이에게 해를 끼치지 않는 상태가 정의이기 때문이다.

아퀴나스는 평화와 관련하여 지혜의 중요성도 강조했다.[23] 아퀴나스는 덕이란 순간의 기지나 사건에서 드러나는 것이라고는 생각하지 않는다. 덕은 신중함을 통해 고결하게 되고, 이 고결함은 출중함으로 좋은 성품을 형성하기 때문이다. 이런 맥락에서 아퀴나스도 아리스토텔레스와 같이 지혜나 신중을 최고의 원인을 인식할 수 있는 확고한 능력이라 생각했다. 우둔함이나 사특함이라는 극단을 피하고 지혜롭게 중용지도(中庸之道)를 찾을 수 있는 탁월한 능력이 바로 지혜인 까닭이다.

무엇이 철학적이며 실천적인 지혜의 쓰임인가? 철학적 지혜란 행복의 형식적 원인이고, 실천적 지혜란 도덕적 덕이 요구하는 적절한 목적에 맞도록 중용지도를 보증하는 것이다.[24]

아리스토텔레스에게 지혜란 삶의 진정한 목적인 행복을 얻기 위해 가장 적절한 방법을 취할 수 있는 출중한 능력과 같은 것이다. 지혜의 덕은 실천적 덕을 함축하고 있어 옳은 규칙에 일치하는 자세를 성품에 더해 주기 때문이다.[25] 아퀴나스는 이런 이해를 받아들여 참된 행복에 이르는 삶의 목적인 평화를 얻기 위해서는 지혜의 능력으로 자신의 삶을 적절하게 질서 지어야 한다고 했다.

이런 질서를 이해하는 것은 행복의 원인을 이해하고 행복한 결과를 불러올 수 있는 능력으로서 지혜의 역할이다. 그러므로 지혜는 우리를 평화로 이끌어 가는 인도자와 같다. 야고보서 3장 17-18절에 이르듯 "위에서부터 오는 지혜는 우선 순결하고, 다음으로 평화스럽고, 친절하고, 온순하고, 자비와 선한 열매가 풍성하고, 편견과 위선이 없습니다. 정의의 열매는 평화를 이룩하는 사람이 평화를 위해 그 위에 그 씨를 뿌려서 거두어들이는 열매"인 것이다.

아퀴나스는 성서의 예증을 들면서 평화는 또한 성령의 열매로서 참된 희락과 기쁨을 불러온다고 했다. 이런 까닭에 성서는 평화를 위해 일하는 이는 복이 있다고 했고, 하나님은 '일치와 평화의 신(deus unitatis et pacis)'이시며,[26] 그리스도는 평화의 주로 고백되고 있다는 것이다. 바로 이 평화가 인생의 목적인 행복을 구성하는 중요한 요소다. 참된 행복은 내면의 충만함일 수도 있지만 인간의 주변, 다른 사람, 그리고 공동적 삶의 구조에서 누리는 행복, 곧 평화이기도 한 까닭이다.

정치권력의 과제

아퀴나스는 사회와 교회를 아우르는 하나의 거대한 공동체는 목적론적으로 주어진 존재 이유가 있다고 생각했다. 공동체의 일치와 조화를 이루게 하고 공동체 구성원이 행복을 느낄 수 있는 목적이다. 그는 사회 구성원은 개체의 특수성보다 전체의 조화를 지향하는 것이 자연스러우며, 전체를 유기적으로 구성하고 혼란과 무질서에서 벗어나게 하여 조화와 안정을 지키도록 돕는 것이 정치권력의 과제라고 생각했다. 이 커다란 공동체의 중추부는 영혼의 문제를 다루는 교회이고, 외적 문제를 다루는 것은 세속 정부의 역할이다. 모든 개체 구성원은 사회 구성원 전체의 공동선을 위한 봉사자로서 협력해야 할 의무가 있다.

아퀴나스 체계에서 하나님 말씀의 명료성과 자연에 담겨 있는 자연법[27]에서 규범을 추출하는 과제는 교회가 담당하고 그 규범에서 벗어나지 않는 범위에서 국가는 실정법을 집행할 권리를 갖는다. 아퀴나스는 성서를 상위에 두고 로마의 자연법론 전통을 성서적 권위 아래에 둠으로써 성서가 명료하게 밝히지 못한 공동적 삶의 문제를 이성적 사유를 통해 사안마다 그 적절성을 찾는 결의론적인 윤리(casuistic ethic)를 통해 규명하는 것이 옳다고 했다.[28] 중세의 사회이론의 틀은 크게 보아 아우구스티누스 전통의 성서적 요소와 로마의 자연법론 전통을 종합하는 방법을 통해 구성된다. 그리고 이 방법으로 성서에서 명료하게 해명할 수 없었던 많은 문제가 이성적인 전통의 관점에서 해석되고 정당화될 수 있었다.

> (중세적인) 유기체 이해는 절대적인 목표와 연관되어, 즉 교회와 교회가 제공하는 구원과 더불어 인간 사회의 일치를 전제했다. 그리하여 이 유기체는 하나의 일치로서 교회를 전체 유기체의 영혼으로 인정하는 것이었고, 또한 당연히 교회의 자유와 그 지배적 지위를 함축하고 있었다. 또한 이러한 개념은 모든 그룹과 사회적 지위와 권위에 대

_____ 종교의두얼굴

응해 그들 가운데 서로 고려해야 할 필요가 있었다. 그리하여 그 개념은 언제든지 조화가 훼방받게 되면 반드시 회복되어야 한다는 완전한 사회적 조화라는 이념을 구성했다. (…) 하나님의 법에 불복종하는 불의한 제도는 변경되거나 반드시 바뀌어야 했고, 경건치 못한 지배자는 그 직을 잃게 하거나 경고를 받아 행동 양식을 수정하도록 교도되었다. 저항권이나 반역할 권리는 사랑과 유기적 공동체를 위한 기독교적 양심의 권리였다. 말하자면 더욱 큰 혼란을 초래하지 않는 한, 그 권리는 행사되어야 했다. 특히 교회는 경건하지 못하거나 불복종하는 국가 권위에 반한 싸움을 정당화했다. 그러므로 혁명을 도모하는 것도 정당화되었다.[29]

교회가 중세 사회규범의 창안자가 되고, 영혼 구원을 위한 보루가 되었을 때, 세상에 대한 교회의 평가가 지상의 모든 권력 구조를 초월하여 보편적으로 행사되었다. 이 때문에 악과 불신앙에 대한 교회의 저항 의지는 절대적이었고 또한 혁명적일 수 있었다. 교회가 제시하는 규범에서 벗어나지 않는 한, 당시의 사회질서는 그대로 보전되었다. 그러나 그렇지 않을 경우 교회는 사회의 혁명적인 변화를 요구할 수 있었다.

평화사상의 약화

신학적 덕목과 하나님의 말씀의 권위를 이성적인 모든 질서에 둔 아퀴나스의 사상 구조에서 초기 교부들과 예수의 평화윤리 전통은 점차 침묵하게 되었다. 아퀴나스 시대에 예수의 평화윤리 전통은 수도사와 성직자의 삶에서 성덕(聖德) 실천의 과제로 받아들여졌지만 일반 신도의 삶의 원칙으로는 수용되지 못했기 때문이다.

행복을 지향하는 인간은 개인이나 공동체 차원에서 평온한 질서로서의 평화를 자연 본성에 따라 찾게 된다. 하지만 죄와 악의 세력이 평화를 방해하고 차단하기 때문에 아퀴나스는 공공의 선을 지키고 개인의 평화를 보장하기 위해 국가는 평화를 방어할 책무를 가진다고 생각했다. 국가의 존재 이유를 정의를 집행하고 악으로부터 생명을 보호하는 것이라고 간주한 세네카의 사상을 아우구스티누스가 수용했듯이 아퀴나스도 세네카의 국가권력에 의한 정의 집행 기능을 받아들였다.

평화를 저해하는 죄와 악의 현실에 강력히 대처할 수 있는 방안으로서 정치적 권위와 폭력은 아퀴나스에 의해 평화를 지키는 수단으로 평가되었다. 조화와 일치를 이루는 정돈된 질서로서 아퀴나스의 평화 이해는 개인의 삶만이 아니라 사회와 국가의 기능과 목적과도 관계된다. 바른 질서가 아닌 것은 교정되거나 제거되거나 거부되어야 했기 때문이다. 그는 "전쟁에서 해를 끼치는 감정, 보복에 목말라하는 잔인성, 반평화적이며 안정되지 못한 정신, 폭동의 열기, 권력을 향유하는 것 등이 모두 전쟁에서 정직하게 정죄받아야 한다"[30]고 주장했다.

결과적으로 아퀴나스의 평화론은, 기독교가 지상권을 쟁취했을 때 강력한 이론으로 반평화적인 세력을 제거하거나 억압하는 현실적인 군사적 폭력을 앞세웠다. 이는 결국 기독교가 로마의 평화를 폭력성과 더불어 수용함으로써 예수와 초기 기독교가 품고 있던 비폭력 평화주의적인 태도를 약화시킨 결과였다.

정치권력의 과제

아퀴나스는 평화에 적대적 요소가 일어나는 죄의 현상을 규명하면서 세 가지를 지목했다. 첫째는 마음에서 일어나는 불일치다. 둘째 요소는 말다툼에서 일어나는 불화이고, 셋째는 불일치나 불화가 행위로 일어나는 것으로 분열, 싸움, 전쟁과 폭동 등이라고 했다.[31]

아퀴나스는 평화를 깨뜨리는 가장 직접적이고 심각한 죄는 불일치에서 나온다고 보았다. 불일치가 평화를 저해하는 모든 죄의 뿌리가 되기 때문이다. 여기서 불일치란 관점의 차이라든지 사물에 대한 이해의 차이에서 일어나는 일상의 현상이기보다 의도적이며 의식적인 불일치를 의미한다. 보다 나은 선을 얻기 위한 과정에서 일어나는 견해의 차이는 죄가 아니라 오히려 더 좋은 것에 이르려는 선한 노력의 결과일 수 있다. 하지만 여기서 말하는 불일치는 편벽되거나 명성을 얻으려거나 인간의 오만에 뿌리를 둔 것을 이르는 것이다. 이 불일치에서 진리를 거스르는 오만이 자라고, 마침내 언쟁을 불러오기 때문이다. 즉 의지의 불일치(contraritas in voluntate)에서 말의 불일치(contraritas in locutione)가 일어나는 것이다.

아퀴나스는 마음에서 일어나는 의지의 불일치와 외적으로 표현되는 언어의 불일치에서 비롯된 분열, 특히 교회의 분열을 평화의 가장 큰 적으로 간주했다. 분열은 사랑의 의무를 회피하고, 교회의 다른 지체와의 교제를 차단하는 죄를 범하게 만들기 때문이다. 바로 이 분열이 교의에 대한 편벽된 해석을 불러오는 이단이며, 교회의 일치를 깨뜨리는 분리의 원인이다.[32]

그는 《신학대전》 II-II의 질문 49항에서 불일치와 언쟁의 결과인 다툼을 해명한다. 다툼은 정신과 마음의 불일치에서 일어나 상대를 공격하는 중대한 죄다. 이는 영혼의 불안에서 결과하는 것으로 은밀하게 행하든 공적으로 행하든 상대를 해하려는 치명적인 죄요, 자의적인 중죄에 해당한다. 아퀴나스는 싸움이 개인 간에 이루어지든지 혹은 집단 간, 나아가 나라 사이에서 일어나든지를 막론하고 모두 중한 죄가 될 뿐 아니라, 이런 싸움이 공동체와 평화를 수호하는 지배자에 반한 것이라면 폭동이나 반역이라고 규정한다.

아퀴나스는 폭동이나 반역은 국가의 안녕을 저해하는 불의한 싸움이기에 중죄로 규정했다.[33] 하지만 아퀴나스는 정치권력에 대한 세네카의 견해나 그 견해를 받아들인 아우구스티누스와 같이 폭군까지 옹호하지는 않았다. 오히려 그는 폭군에 저항하는 투쟁은 칭송받아야 한다고 했다. 이런 논의의 연장에서 아퀴나스는 정치권력의 본질과 정당성이 무엇인지에 대한 판단을 내리고 있다.[34]

평화란 평온한 질서 상태라는 아우구스티누스의 이해를 수용한 아퀴나스는 조용한 질서(ruhigen Ordnung), 질서 정연한 안정(ge-ordneter Ruhe)이야말로 인간의 공공복리(Gemeinwohl des Menschen)를 지켜 주는 것이고, 국가는 그것을 증진할 의무가 있다고 생각했다. 따라서 정부는 개인의 삶의 공간을 마련하고, 개인의 능력을 발휘할 수 있는 자유를 최대한 부여하고, 사회의 공공복지나 공동선을 보장하는 평온한 질서를 유지하여 국민이 그 자유를 최대한 누릴 수 있도록 노력할 책무가 있다.

신민의 권리와 자유를 보장하고 평화를 지키기 위해 정부는 두 가지 수단, 곧 지배권(Herrschaft)과 지배권을 행사하는 원칙이 담긴 법률(Rechte)을 갖는다.[35] 또한 아퀴나스는 국가권력은 공공선이나 사회의 평화가 위협받을 경우 불가피하게 전쟁을 치러야 할 책무를 져야 한다는 점을 분명히 했다. 그러므로 정의를 회복하며 평화를 지키고 공동선을 지키기 위한 노력을 경주해야 할 국가권력이 정당한 전쟁이론에 따라 전쟁을 치를 경우, 아퀴나스는 이를 죄스러운 일이 아니라 공적 직무를 수행하는 행위로 여겼다.[36]

_____ 종교의 두 얼굴

아퀴나스의 정당전쟁론

로마제국을 기독교화한 교회는 아퀴나스를 통해 과거의 전쟁론을 다듬어 마침내 공식적인 교회의 사회이론으로 전쟁윤리를 마련했다. 아퀴나스의 정당한 전쟁론은 대부분 아우구스티누스의 사상에 의해 뒷받침된다. 아우구스티누스는 "해를 끼치려는 욕망, 보복을 향한 잔인한 목마름, 호전적이며 잔인한 정신, 반역의 열기, 권력에 대한 탐욕과 같은 것들은 언제나 전쟁에서 심판받아야 한다"고 주장했다.[37] 이런 논리를 수용하여 아퀴나스는 《신학대전》 II-II의 질문 40항에서 정당한 전쟁의 요건으로 세 가지 중요한 범주를 제시했다. 전쟁을 선포할 수 있는 정당한 권위, 정당한 전쟁의 조건, 그리고 전쟁을 치를 때의 정당한 의도다.[38]

아퀴나스의 정당전쟁론의 논거는 다음과 같다. 첫째, 전쟁은 기존의 질서를 해하려는 모든 시도에 대해 기존 질서를 책임지고 있는 정치적 권위자에 의해 선포되어야 한다는 원칙에서 사회·정치적 안정을 깨는 외부의 침입이나 반역에 대한 징벌적 의미를 가진다. 둘째, 정당한 전쟁은 정의로움을 거부하는 집단이나 국가가 원인 제공자가 되어야 한다. 다시 말해 불의한 침략이나 폭력 행위에 대한 징벌적 전쟁은 원인 제공자에 의한 것이므로 공격을 받은 측에서 전쟁을 한다 할지라도 징벌의 대상이 될 수 없다는 것이다. 정의를 회복하기 위한 전쟁은 시원적 원인이 아니라 상대방의 공격에 대한 방어이며 결과적인 행위이기 때문에 정당한 것이다. 셋째, 정당한 전쟁은 평화의 수단일 경우에만 정당하다. 비록 상대의 불의한 공격 행위에 대한 응전으로 전쟁을 한다 할지라도 그 목적은 평화를 지향하는 것이지, 이런 기회를 이용해 자국의 유익을 추구한다든지 잔인한 보복적 제의를 수행하는 등의 행위는 정당하지 못하다. 따라서 인간의 잔인성을 풀어 놓아 벌어지는 과도한 보복이나 비인간적 행위는 전쟁 상황이라 할지라도 정당한 행위일 수 없다.

정당전쟁론의 종교적 적용

아퀴나스의 정당전쟁론은 국내외의 정의와 평화를 회복하기 위한 수단으로 강구되었지만, 실제로 순수하게만 이용되지는 않았다. 교회의 교사로 스스로를 규정했던 아퀴나스는 악과 악행을 규정할 때, 정치적 문제만이 아니라 종교적인 문제까지 포함시켰다. 그는 이단자를 관용할지,[39] 불신앙자에게 신앙을 가지도록 강제할지,[40] 정치권력을 불신앙인에게 맡기거나 신자에게만 맡길 것인지 등의 문제에 대해 정당전쟁론의 빛에서 판단하려 했다. 그 판단에 따르면 기존의 정치 질서와 종교 질서를 옹호하는 행위는 모두 정당할 수밖에 없었다.

평화를 위협하는 불일치에 대처하는 방안으로 사랑과 정의, 지혜의 덕이 사람과 공동체 안에서 평화를 보존하고 지키며 이루어 나갈 수 있을 것이지만, 그렇지 못할 경우 기독교적 일치와 공동체의 평화를 깨는 죄와 악의 범주로 인식되어 심판과 정죄의 대상이 되었다. 하지만 아퀴나스는 교회가 피를 흘리는 전쟁에 직접 개입하는 것에는 동의하지 않았다. 교회는 하나님 말씀을 통해 평화를 지키고 증진하는 과제를 수행하지만, 다수의 폭력이나 국가적 폭력으로서의 전쟁이 일어날 경우 그것은 국가의 과제가 된다고 생각했기 때문이다.

따라서 아퀴나스는 성직자가 전쟁에 참여하는 행위를 두 가지 이유를 들어 금지했다.[41] 첫째, 성직자는 세속적 이득을 좇아 사는 것을 금함으로써 영적으로 묵상하며 신도를 위해 기도하는 직무를 소명으로 갖기 때문에 전쟁이라는 어지러운 정황에 처해서는 안 된다. 둘째, 전쟁은 사람을 죽이고 피 흘리는 일이기에 성직자는 그보다 그리스도를 위해 헌신하고 피를 흘려야 한다.

중세 기독교 신학이 로마의 자연법 전통을 수용하면서 조화와 일치를 향한 노력을 공동선의 중요한 요소로 규정하고 이를 지키기 위해 정치적 불안이나 종교적 불안을 사회악의 본질이라고 여기는 관점은 기독교 세계에서 일관성 있게 적용되었다. 이 과정에서 정치와 종교는 자연스럽게 사회 안전과 평화에 대해 공통된 시각을 나누었다. 따라서 사회악은 정치권력의 안정성을 위협할 뿐 아니라 종교의 안전도 위협하는 것으로 인식될 수밖에 없었다. 더구나 종교가 특수한 국가나 사회의 권력보다 높은 자리에서 광범위한 역할을 담당해야 할 때, 종교는 종교에 반하는 세력에 대해 단호한 조처를 취하곤 했다.

정치와 종교 연대의 결과

악을 징벌하는 것이 당연하다는 생각은 기독교 안에서 증오의 범죄를 불러와 일치를 도모하지 않는 이견자에 대한 증오를 정당화했다. 중세 교회는 거룩한 교회를 자인했지만, 거룩함을 지키기 위해 불경건과 이교, 기독교 신조에 거스르는 사고와 행동에 자의적인 심판 기준을 적용해 징벌했다. 중세 기독교 성직자는 종교재판소를 설치하고 재판 과정에서 최고 권위를 행사했을 뿐만 아니라 온갖 고문과 형벌, 심지어는 화형을 선고해 일반인이 두려워하는 형벌의 집행자가 되었다. 종교재판소에서 적용된 악마적 범죄라는 개념은 오로지 종교 재판관만 판단해 낼 수 있는 범주였다.

이교도에 대한 증오, 유태인에 대한 증오, 여성에 대한 혐오 사상, 이슬람권에 대한 야만적 징벌, 마녀사냥의 공식화 등의 역사는 스스로를 거룩하게 여기던 종교가 정치와 야합할 때 일어나는 포악을 거룩한 행위로 오인하는 종교적 오류를 불러들였다.[42] 이런 양태는 기독교가 한때 지상에서 가장 높은 권위를 자랑하며 포악한 방편을 통해 경건을 지킬 수 있다는 사고, 즉 아우구스티누스 이후 아퀴나스에 이르는 수백 년을 지배한 포악의 오류를 비판적으로 이해하지 못하는 이들에 의해 재생산되는 종교적 악이다.

18세기를 넘어 인류 사회가 보다 합리적인 토론을 거쳐 인간의 권리와 생명에 대한 새로운 이해를 받아들이게 되면서 종교와 정치에 의한 포악은 상당 부분 제거되거나 억제되었다. 그럼에도 불구하고 과거 기독교 역사에 기생하던 종교의 포악은 오늘날에도 여러 유형의 증오 범죄의 모판이 되고 있다. 자신의 신앙과 신념을 절대화하는 폐습은 비이성적 종교의 영역에 여전히 기생하며 경건과 신앙의 이름으로 약자들의 인권을 훼손하는 구습을 정당화하는 경우도 적지 않다.

정당전쟁론은 기독교 권위자에 의해 치러진 폭력과 전쟁에 의한 평화로서, 로마의 평화를 기독교의 평화 혹은 그리스도의 평화로 변형한 이론이다. 정당전쟁론은 군사적 폭력에 의한 일방적 평화였던 로마의 평화가 기독교적 현존 질서 유지의 관점에서 형성된 정의론에 근거해 현존 질서에 반하는 불의한 집단의 공격과 반역을 억제하고, 비기독교적 충동이나 공격에 대처하는 방안으로 기독교 세계의 평온한 질서를 지키려 했던 것이다. 즉 기독교적 정의와 폭력에 의해 유지되는 기독교 세계의 평화론이라 보아야 할 것이다.

VIII
종교개혁자들의 평화

"우리는 평화라는 장벽 안에서 안전하게 지낼 수 있다. 평화가 있는 곳에 하나님 나라의 절반이 있다."―마르틴 루터

4세기 후반 로마제국의 국교가 된 기독교는 한편으로 예수의 역사적 증언과 하나님 나라 운동을 재해석함으로써 그 급진성을 희석시키고, 다른 한편으로 경전과 교리를 앞세워 강력한 교회론을 형성해 대중적 신앙운동을 전개하는 데서 그 정체성을 찾았다. 이 신앙운동은 이 세상을 세속과 거룩의 영역으로 나누고, 거룩의 영역에서 기독교의 권위를 보전하고 강화하는 길을 열었다.[1] 세속은 원죄로 오염된 현실에서 벗어나지 못하는 공간이지만, 교회는 하나님 은총의 진원지인 거룩한 영역으로서 이 세상을 초월하는바 죄의 오염에서 벗어나 신비와 성례의 능력이 부여된 영역으로 이해되었다.

동시에 세속 정치권력은 거룩의 영역을 보호하는 현실적 힘이

었고, 교회는 세속 지배자들의 권위를 신의 질서라는 이름으로 정당화하여 양자는 교차적인 상호의존성을 갖게 되었다. 이렇듯 기독교 세계에서 형성된 교회 우위의 질서이론은 중세기를 지나면서 강화되었고, 아퀴나스에 이르러서는 종합적인 신학적 체계를 갖추었다.

지상에서 최고의 권위를 자랑하던 중세 교회는 11세기 말부터 약 2세기에 걸쳐 십자군 전쟁[2]을 수차례 치르면서 막대한 인명과 에너지를 낭비하더니 급격히 쇠약해졌다. 때마침 15세기를 전후해 일어난 인문학 부흥의 여파로 중세 교회는 찬란한 영광을 훼손당하기 시작했다. 이런 시대 흐름에서 1517년 마르틴 루터로부터 발화된 종교개혁의 불길은 중세 가톨릭교회의 심장부를 향하고 있었다.

이 무렵부터 중세의 절대 교권은 상대화되는 대신 세속 권력의 권위는 과거에 비해 긍정적으로 재평가되기 시작했다. 로마서 13장에서 바울이 주장한 세속 정권은 하나님께서 제정하신 것이라는 논리가 루터에 의해 계승되었고,[3] 나아가 영국과 프랑스에서 왕권신수설[4]까지 등장하는 성서적 근거가 되었다. 왕의 권력은 하나님에게서 주어지기 때문에 왕의 지배를 받는 신민은 왕에게 복종할 뿐이지 결코 저항해서는 안 된다는 것이다.

이렇듯 왕권신수설은 교회의 영적 권위 아래 세속 권력을 종속시키던 중세기의 종교 정치권력이 힘을 잃어 갈 시점에 형성되었다. 그 결과 세속 정권은 교회의 권위조차 왕권신수설의 이름으로 자신의 권위에 종속하려 했다. 기독교는 아우구스티누스 이후 인류 사회는 죄로 인해 본질적으로 폭력적 구조를 벗어나기 어렵다고 보고 정치를 긍정하고 전쟁을 후원하면서 초기 그리스도 공동체가 지향한 예수의 평화사상을 약화시켜 왔다. 그리고 마침내 왕권신수설에 의해 예수의 평화사상이 결정적으로 부정되는 결과를 초래했다.

왕권신수설은 교황이나 민중이 왕의 절대 권력에 저항할 수 없다는 이론의 근거를 제공했다. 그 결과 도덕적이며 영적인 우위를 자랑하던 교회의 권위는 상실되고 왕권에 의해 심각하게 권위를 침해당하고 말았다.

이런 변화는 사실 오래전부터 나타나고 있었다. 1077년 교황의 지상권을 상징하는 역사적 일화를 남긴 '카노사의 굴욕 사건'이 있었다. 당시 교황 그레고리오 7세(Gregorius Ⅶ)의 성직자 서임권에 이의를 제기하고 교황을 폐위하겠다고 선언한 하인리히 4세(Heinrich Ⅳ)가 오히려 교황에 의해 파문당하고 권력 장악에 실패하자 카노사성에 머물던 교황을 찾아가 3일간 무릎을 꿇고 용서를 구한 사건이다. 교황은 하인리히 4세를 용서했지만 얼마 지나지 않아 다시 권력을 장악한 하인리히 4세는 무력으로 그레고리오 7세를 밀어내고 인노첸시오 3세(Innocentius Ⅲ)를 교황으로 세우는 정치력을 행사했다. 이 사건이 일어난 11세기 이후 교황의 영향력은 십자군 전쟁으로 소진되었고, 16세기를 지나며 쇠퇴해 갔다.

세속 권력에 대한 재평가

왕권신수설의 논리는 인간 본성에 대해 불신하는 기독교 인간론의 뒤집힌 논리다. 인간의 본성에 깊은 불신을 던지던 기독교의 관점이 역으로 교회와 민중의 힘을 부정하는 이론이 되는 동시에 오히려 현실적인 정치권력이 신성하다고 간주되는 논리를 불러왔기 때문이다. 루터의 종교개혁은 바로 이 시점에서 시작되었다. 세속적인 것이 거룩의 영역을 훼손하는 전통은 중세 말 종교개혁자의 사상에까지 파고들었다.

마르틴 루터는 후에 학자들에 의해 두 왕국설(Zweireichelehre)[5]

로 불리는 논리 구조를 만들어 교회와 세속의 권위를 모두 하나님의
질서로 해명하려 했다. 하나님의 오른손 역할을 하는 교회와 왼손
역할을 하는 세속 관헌(Obrigkeit)의 관계를 해명하는 이론이다. 그는
교회란 하나님 말씀으로 세상에 복음을 증거하지만, 세속 관헌은 창
과 칼을 동원해 악한 자를 재갈 물리는 역할을 수행하는 소명을 하
나님에게서 받았다고 가르쳤다. 그리하여 교황의 교권을 약화시키고
교황의 세력에 억압받던 세속 군주나 귀족의 위상을 높여서 그들의
지지와 후원을 받을 수 있었다.

　　루터는 1523년 〈세속 정부에 관하여(Secular Authority)〉라는 논문
을 통해 세속 정부의 신적 지위를 긍정했다. 그리고 〈군인도 구원받
을 수 있는가?(Can soldiers be Saved?)〉[6]라는 논문에서는 이웃의 평화
를 지키기 위해 전쟁 행위를 하며 적을 살상하는 데 참여한 군인은
사적 감정이 아니라 공적 소명을 따른 것이므로 구원받는 데 지장이
없다고 가르쳤다. 루터는 국가권력을 칼과 창으로 잠정적 평화를 지
키는 하나님의 소명자로 보았다. 아퀴나스는 국가권력의 본질을 교
회의 영역을 넘나들 수 없는 세속적인 것으로 보았으나, 루터는 재평
가하여 신의 위임과 소명을 가진 것으로 인정한 셈이다.

　　아우구스티누스 이후 루터의 종교개혁에 이르기까지 교회의
영역에는 하늘의 평화를 기다리는 신앙 공동체의 원칙이, 사회 공동
체에는 세속적 칼과 창에 의한 평화 원칙이 적용되는 이중 구조를
갖게 되었다. 이는 성서적인 예수의 평화윤리만으로는 정치·사회 현
실을 해명할 수 없다는 판단에서 나온 것이다. 아우구스티누스 이후
종교개혁자에 이르기까지 신자의 삶에서 예수의 평화윤리가 배제
되고 현실적인 폭력 정치가 긍정된 것이다.

관료적 권위의 출현

종교개혁 당시 루터의 가르침은 독일 기독교인에게 공적인 삶의 영역에서 공인으로서의 냉철성과 객관성을 유지하는 관료(bureaucracy, Obrigkeit) 사상을 불어넣었다. 종교적으로 위임된 공직을 수행하는 관직의 수행자는 공직자로서 공적 대리자의 엄정성을 지키기 위해 사적 감정을 버려야 하는 냉철함이 요구되었기 때문이다. 사적 감정을 지극히 제한하는 공직 수행자의 역할을 수용한 기독교는 공직을 맡은 기독교인에게 하나님 정의의 집행자로 공적 살인인 사형 집행과 전쟁에서의 살상 행위의 불가피성을 인정해 주었다. 하나님의 정의를 집행하는 행위는 사적 감정에 의한 것이 아니라 냉철한 공인으로서의 역할이라고 생각한 것이다.

이런 사상은 중세기에도 형성되었으나 개신교에도 이어져 이교도나 이단자를 징벌하고 처형하는 행위를 영적으로 정당화하는 냉혹한 결과를 초래했다. 냉혹한 정치윤리를 담은 정치신학적 가르침은 청교도 전통을 낳은 칼뱅주의적 개혁교회에도 여실히 나타났다. 그 결과 개신교 정통주의 논쟁을 이끈 17세기 북유럽에서는 기독교를 국교화하는 한편, 비기독교나 이단자로 규정된 이들에 대해서는 잔인한 징벌이 행해졌다. 구약성서에서 사무엘이 이교도들을 처형한 사건이나 엘리야가 갈멜 산에서 바알 신의 사제들을 몰살시킨 사건을 올곧은 신앙적 행위라고 간주하는 열광적 관점은 암암리에 가톨릭교회와 개신교회에서 종교 안에서의 야만, 즉 불관용과 배타적인 포악의 원리의 전거로 받아들여진 것이다.

아이러니하게도 유럽 기독교 역사에서 기독교도에 의해 가장 박해받은 이들은 유대인이었다.[7] 기독교가 공인된 로마제국에서 유대인은 관료가 될 수 없었다. 또한 기독교인에 의해 하나님의 아들을 죽인 민족인 동시에 그리스도를 거부한 족속으로 규정됨으로써 그들은 증오의 대상으로 간주되었다. 선조의 행위에 대한 기독교 측의 일방적 해석에 따라 후손에게까지 연대적 책임을 묻는 전근대적 논리는 기독교 세계에 편만하게 내재되었고, 로마의 제국주의적 세력과 연합한 기독교는 비기독교적인 세계를 향해 예수의 평화가 아닌, 잔인한 땅의 평화 규범을 적용했다.

아우구스티누스의 주장대로 말하면, 기독교는 자신들만의 평화를 추구했던 것이다. 이런 습성은 기독교 역사에 축적되어 이슬람을 향한 적대성과 증오, 히틀러 집단에 의한 유태인을 향한 증오와 말살 정책으로 재현되곤 했다.[8] 예수의 평화사상과는 상관없이 기독교 신앙에 대한 절대화로 인해 기독교인과 신앙의 일치를 이룰 수 없는 이들을 타자화하고 박해한 역사는 차이와 다름을 긍정하지 못하게 만드는 지성적 불구의 결과다. 서구 기독교 역사의 흐름 속에 열광적 신앙이 요구되는 곳마다 기독교 신앙의 후원을 받은 타자에 대한 증오와 냉혹한 관료성은 시너지 효과를 낳았다.

칼뱅의 신정론

루터의 개혁사상을 이은 칼뱅은 신정론의 입장에서 하나님의 주권을 한층 강조함으로써 세속 정권의 타락 가능성을 고려하여 하부 관리의 저항권[9]을 승인했다는 점에서 독특했다. 하지만 저항의 논거를 배타적인 기독교 신학 사상에서 찾았기 때문에 칼뱅은 자기 안에 기생하고 있는 악에 대한 인식에 실패하고 말았다. 제네바를 종교적 이견이 없는 거룩한 도시로 만들겠다는 의욕이 지나쳐, 그는 신앙과 신념이 자신과 다르다는 이유로 58명이나 되는 종교인과 지성인을 처형하는 일에 직간접적으로 가담했다.[10]

종교개혁자들은 편들어 주는 정치권력을 현실적 악에 대처하는 방안으로 인정하는 한편, 자신들의 종교적 이해관계를 위해 자신의 종교 신념에 반하는 개인이나 집단을 하나님의 뜻을 거스르는 사탄이나 악마로 규정함으로써 그들의 생명권과 존엄성을 박탈하는 일에 신앙적 거리낌을 갖지 않았다. 그들의 양심은 자신들의 절대적 신앙에 의해 제한되었던 것이다. 이런 양태는 후에도 종교적 평화라는 이름으로 적대자나 상대편의 인간다움조차 부정하여 인정과 배려의 여지를 남기지 않는 잔인성을 지지하는 내적 동기가 되곤 했다. 관용을 불신앙으로 이해했던 기독교 세계의 승리주의는 기독교적 우월성에 근거해 이견자(異見者)들을 화형에 처하는 잔인한 제의를 마다하지 않았던 것이다.

중세 십자군 정신에 버금가는 배타적이며 징벌적인 신앙 우위의 논리는 개신교 안에서도 영적 적대성의 형태로 불타올랐다. 구교와 개신교 사이에 벌어졌던 30년 전쟁(1618~1648)은 기독교 세계에서 서로를 적대한 영적 싸움이라는 종교적 논리가 도화선이 되었다. 이 시대를 풍미한 영적인 적대의식은 냉정한 관료의식보다 강한 적대성을 불러왔기 때문에 교활한 교회 정치가나 세속 정치가가 자신에게 적대적인 이들을 음해하고 처단하기 위한 도구로 오용하기도 했다. 이렇듯 하나님의 정의를 앞세운 종교인의 정치는 자기 절대화의 오류에서 빠져나오지 못하는 아이러니를 갖고 있었다.

루터의 평화사상

루터는 가톨릭교회의 사제였으나 가톨릭 신앙에 대한 신학적 성찰을 거듭하면서 가톨릭교회가 지나치게 교권 중심의 교회주의에 빠져 성서적 근거가 없는 신앙 전통을 생산해 왔다는 문제의식을 갖게 되었다. 루터 당시 천 년의 역사와 전통을 자랑하던 가톨릭교회가 처한 정치·종교적 정황은 매우 복잡했다. 거룩함을 독차지하고 있는 교회는 더 이상 거룩하지 않았고, 영적 우위를 자랑하던 교회는 영적으로 거룩하지도 않았다. 성직자의 부패와 탐욕, 권력에 대한 욕망은 더 이상 거룩에 가려지지 않은 채 모두 드러나 있었다.

1517년 루터는 하나님의 교회가 성서가 아닌 다른 논리와 원리 위에 세워져서는 안 된다는 신념으로, 교회는 성서의 원칙으로 돌아가야 한다는 입장을 공표했다. 이것이 소위 가톨릭교회의 성례와 교권에 대해 비판한 95개 조항의 반박문이다. 교황은 루터의 반박문이 발표된 직후에는 단순히 한 젊은 수도사의 의기의 표출로 여겼으나 시간이 지날수록 많은 사람이 동조하기 시작하자 급기야 루터를 파문했다.

가톨릭교회에서 파문당한 루터는 자신의 사상에 동조하는 독일 귀족들의 보호를 받으며 가톨릭교회의 위선과 허위의식을 파헤치고 비판하며 개혁을 요구하는 글을 발표할 수 있었다. 루터는 당시 교황청의 횡포에 대해 불만에 가득 차 있던 세력을 규합하고 그들에게 지지받았다. 교황은 세속 군주들을 교회의 권위 아래 있는 하인과 같이 취급했으나 루터는 그들을 하나님이 세운 소명자 라고 치켜세웠다.

세속 정권의 신적 권위

초기 교부 시대부터 종교개혁에 이르기까지 기독교가 취한 평화를 위한 노력은 대략 세 가지 입장으로 정리된다. 하나님의 뜻이나 신앙을 앞세운 전투적인 평화사상에서 형성된 십자군 정신, 정의가 훼손되는 상황에서 힘에 의한 정의의 회복을 교회가 지지하는 입장에서 형성된 정당전쟁론, 그리고 예수의 평화적 가르침에 충실하며 현실과의 타협을 거부한 입장에서 형성된 평화주의다.[11] 기독교는 정치적 상황에 따라 이 세 가지 입장을 시의적절하게 적용해 왔다.

어쨌든 교회는 표면적으로나마 언제나 평화주의 사상을 함축하고 있었다. 정치적으로 숨겨진 의도나 종교 지도자의 종교·정치적 의도가 작용한 경우도 많았지만, 정당전쟁론이나 십자군 정신은 기독교의 우월성이 부정되거나 교회가 정치·종교적으로 위협받는 상황에 처했을 때 적용한 이론이었다. 그러나 기독교는 종교적 거룩 혹은 승리주의적 관점에서 세상을 향해 기독교의 우월성을 입증하려는 유혹에 빠지기도 했다.

루터는 아우구스티누스의 사상과 성서의 전통을 중시했지만, 낙관적인 평화론보다는 현실적으로 정당전쟁론을 받아들이는 입장에 서 있었다. 그는 기독교 공동체에는 세 가지 소명이 있다고 보았는데, 각기 몸과 정신과 영혼 그리고 사회를 지탱하는 역할과 관계된다고 생각했다.

> 루터는 세 가지 일반적 범주를 인정했는데, 식량을 공급하는 직분(Naehrstand), 가르치는 직분(Lehrstand), 사회를 지키고 방어하는 직분(Wehrstand)이다. 첫 번째는 농업을 포함해 사람의 몸을 유지하는 직을 포함하고, 두 번째는 다스리고 교육하는 등 마음과 영혼에 관심하는 직무이며, 세 번째는 평화의 시기든 전쟁 시기든 정부와 관계되는 것이다.[12]

루터는 기독교 사회에서 이 세 가지 직무를 수행하면서 상호 보완적인 역할을 맡는다고 보았다. 그는 또한 삼각대(Dreistaende

Lehre) 이론을 펼쳐 가정과 교회, 정부가 사회 구성의 실질적인 구조물이라고 생각했다. 이는 하나님의 창조 섭리에 따른 것으로, 창조 질서(Schoepfungsordnung)에 속한다고 했다. 그리하여 루터 신학에서 가정과 교회, 정부는 하나님의 창조 질서를 이루는 대행자로서의 권위를 부여받았다. 이상은 가톨릭교회의 전통적 견해를 일부 수용하면서 정치권력의 역할을 보다 높이 평가한 것이다.

십자군 전쟁은 경건하고 열렬한 신자들의 열심을 교회와 세속 정치권력이 서로를 이용하거나 동원함으로써 일어난 피의 전쟁이었기에 루터는 그러한 종교와 정치의 야합적 사건의 반복을 원하지 않았다. 이런 역사적 오류는 교회가 세속 정부를 지배할 수 있다는 생각에서 나온 것이었고, 세속 권력이 기독교 신앙을 이용한 것이기도 했다. 따라서 루터는 중세 가톨릭교회의 세상을 지배할 수 있다는 교회의 우월성을 많은 부분 포기했다.[13]

따라서 교회의 우상숭배적 주장의 폐기와 세속 권력에 대한 긍정적 평가가 루터의 사상적 체계에 뚜렷이 자리 잡게 되었다. 우선 루터는 가톨릭교회와 사제가 모든 도덕적 판단의 주체가 되어야 한다는 교도권(teaching authority)과, 교회가 신앙과 신비의 핵심 내용으로 삼았던 성례전(sacraments)의 상당 부분을 성서적 전거나 근거가 없다며 폐기했다. 그 결과 가톨릭교회의 초월적이며 절대적인 권위의 토대를 붕괴시켜 버렸다.

교회의 절대성에 대한 루터의 비판은 엄청난 파급효과를 불러왔다. 그리하여 유럽 사회는 루터파, 교황파로 나뉘어 한동안 정치·종교적인 전쟁을 치렀다. 그 결과 1555년 아우크스부르크 평화 조약(Peace of Augsburg)이 선포되었고,[14] 교황과 가톨릭교회에 묵종하던 영주들과 귀족 세력들은 루터와 가톨릭교회의 주장 가운데 양자택

일할 수 있는 종교의 자유를 보장받게 되었다. 이때 가톨릭교회와 루터파 신앙 외의 다른 종파는 종교의 자유와 평화에 대한 이 결정에서 승인받지 못하고 제외되었다. 그리하여 이 협약은 후에 루터교회와 가톨릭교회가 소종파 신앙을 억압하는 법적 근거가 되었다.

아우크스부르크 평화 조약 이후 종교개혁 세력은 독일 제국 의회와 황제의 승인을 얻게 됨으로써 비로소 종교의 자유와 평화를 누리게 되었다. 이는 무수한 독일 귀족과 제후가 루터의 신학을 지지했음을 의미하며 나아가 루터로부터 세속 정치권력이 가톨릭교회에 버금가는, 하나님에 의해 제정된 '하나님의 왼손'[15]이라는 주장을 기꺼이 받아들인 결과라 할 수 있다. 루터는 바울이 로마서 13장에서 세상 권세에 복종해야 할 신자의 의무를 강조한 것을 그대로 수용한 것이다.

> "사람은 누구나 위에 있는 권세에 복종해야 합니다. 모든 권세는 하나님께로부터 온 것이며 이미 있는 권세들도 하나님께서 세워 주신 것이기 때문입니다"(로 13:1-2).

죄를 억제하는 기능

루터는 세속 권위에 대한 논문에서 예수의 산상설교 중 "악에게 저항하지 마라"(마 5:39)라는 요구를 기독교 공동체의 규범으로 받아들일 것을 권했다. 하지만 이를 세속 권위에는 적용하지 않았다. 이로써 그는 이중 규범을 설정하게 되었는데, 하나님의 오른손으로 여겨지는 교회의 개인 윤리와 하나님의 왼손으로 여겨지는 세속 관헌의 사회윤리다. 교회와 세속 권위는 이 세상의 죄인들을 구원하시려는 하나님에 의해 제정되었지만 그 기능은 서로 다르다. 교회는 복음의 말씀으로 죄인을 구원으로 인도해 참평화를 얻게 하지만, 세속 정부는 칼과 창으로 죄인을 강제하는 데 소명의 본질이 있기 때문이다.

> 적은 수의 사람만이 믿고, 기독교적 삶을 살아가는 더 소수의 사람은 악에 저항하지 않고 악을 행하지도 않는다. 이 때문에 하나님은 비기독교인을 위해 기독교적 삶이나 하나님 나라 밖에서 다른 정부를 세우시고 그들을 칼의 지배하에 두셨다. (…) 이런 까닭에 두 왕국은 날카롭게 구분되어야 하고 또한 존속되어야 한다. 한 나라는 경건을 이루고, 다른 나라는 외적인 평화를 가져오며 악한 행위를 막는다. 이 세상에서는 영적인 정부든 세속 정부든 하나만으로 충분하지 않다.[16]

이런 루터의 입장은 종교개혁적인 죄인론, 즉 아우구스티누스 이후 기독교인의 자의식을 깊이 구성해 온 죄론 때문에 역사 현실을 낙관할 수 없다는 판단에서 나온 것이다. 하나님은 죄인들을 위해 두 가지 조치를 취하셨는데, 이는 두 왕국설의 모태가 되는 이중규범의 사회이론을 형성한다. 하나는 세속 권위자가 맡고 있는 공적 직무로 죄인들을 강제하고 억압하는 기능이다. 이들은 사적 감정에 치우치지 않는 공적 태도로 냉철히 법을 집행하고 죄인을 심판하고 처형하며 상대적이며 잠정적인 사회의 평화를 지키는 소명을 위임받은 이들이다. 다른 하나는 복음을 통해 의인(義認) 됨을 구원으로 받아들임으로써 미래에 주어질 영원한 평화를 바라보며 하나님의 백성으로 살아가도록 돕는 기능이다. 이 기능은 교회에 맡겨졌다. 교회가 하나님 사랑의 수단이라면, 세속 정부는 지상에서 얻

을 수 있는 외적 평화의 수호자이며 보존자이자 하나님의 분노의 수단이다.[17]

프랑스 수도자 클레르보의 베르나르(Bernard de Clairvaux, 1090-1153)는 중세 가톨릭교회가 영적 권위와 세속 권위를 모두 가졌다는 양검이론(Two Swords Theory)을 펼쳤다. 이 이론이 주장하는 맥락에서 본다면, 루터의 입장은 교회로부터 검을 빼앗는 경우다. 루터에게 교회는 정의의 집행자로서의 역할이 위임되어 있지 않다. 오히려 세속 정부에 위임된다. 어느 편도 양검을 가져서는 안 되며, 다만 양자는 서로 협력하여 한편은 사람들의 내면적인 영적 삶을 주도하고 다른 한편은 사람들의 외적 삶의 질서를 강제하는 역할을 담당해야 한다는 것이다.

루터의 이론을 요약하면 다음과 같다. ① 하나님은 이 세상을 복음과 율법이라는 두 기준을 가진 영적 왕국인 하나님 나라와 세속 국가를 의미하는 세상 나라라는 두 왕국을 통해 다스리고 계신다. ② 모든 신자는 그들이 의로운 한 하나님 나라에, 그리고 그들이 죄스러운 한 세상 나라에 지배를 받는다는 의미에서 두 나라에 동시에 속해 있다. ③ 두 왕국은 세심하게 구별되어야 하지만 완전히 분리되지 않는다. ④ 두 왕국은 서로를 보완하고 있기에 피차 존속되어야 하는데, 복음과 율법이라는 이중 구조를 통해 하나님이 이 세상을 구원하시려는 섭리가 있기 때문이다. ⑤ 하지만 그 기능에 있어 한편은 사랑의 규범을 적용한다면 다른 한편은 율법을 적용하고, 한편이 복음과 설교를 통해 세상을 설득한다면 다른 한편은 칼과 창이라는 폭력적인 방법을 통해 죄인에게 경고하고 심판하며 정죄해 악의 발현을 억압하는 기능을 담당한다.[18]

소극적 평화이론

루터는 모든 기독교인은 현실적으로 두 주인을 섬겨야 하는 정황에 놓여 있음을 인정했다. 하지만 마틴 호네커(Martin Honecker)는 루터의 이론이 가진 문제를 다음 세 가지 이유를 들어 비판했다. 첫째, 모든 그리스도인은 그리스도와 세속 정부, 사랑과 정의, 복음과 율법이라는 이중 구조 아래 놓여 있다고 보는 관점이 있다. 둘째, 그리스도의 주권은 신자들의 내면 세계를 지배할 수 있지만 신자들의 외적 세계에서 그리스도는 아직 주님이 아니라는 의미도 가진다. 따라서 셋째, 하나님 나라의 복음의 역동성이 루터의 두 영역론에서 정체적이며 소극적인 의미로 해석되어 보수적이며 반동적인 이데올로기로 전락할 가능성이 있다는 것이다.[19]

결국 루터의 정치윤리로서의 평화윤리는 교회의 과제가 아니다. 신자의 과제가 아니라 세속 정부의 자율성에 맡겨진 것이다. 따라서 루터가 남긴 글에 비치는 평화를 향한 의지는 소극적이었다. 그는 언제나 기존 질서를 유지하기 위해 정당전쟁론을 적용하는 입장을 취했다. 그리고 농민 전쟁의 여파 속에 자신이 한때 가톨릭교회를 비판하며 거부했던 십자군 정신을 고취하는 입장을 취하기도 했다.

이런 점을 고려한다면 루터는 전통적 방식으로 억압적 평화를 이해했다고 생각할 수밖에 없다. 그는 평화란 삶에서 참으로 많은 것을 의미 있게 하고, 행복을 가져오는 것이라고 했다. 그에게 평화는 행복한 삶을 지켜 주는 울타리와 같은 것이었다.

> 평화를 통해 우리는 우리 몸과 삶, 아내와 아이들, 집과 성, 손과 발, 눈 등의 모든 지체와 건강 그리고 자유를 향유한다. 우리는 평화라는 장벽 안에서 안전하게 지낼 수 있다. 평화가 있는 곳에 하나님 나라

의 절반이 있다. 평화는 마른 빵 한 조각을 달콤한 설탕같이 먹게 하고, 한 모금의 물을 달콤한 포도주처럼 마시게 한다. 평화가 가져오는 축복을 다 헤아리는 것보다 모래알을 헤고 풀잎을 헤아리는 것이 더 쉽다.[20]

루터에게 일반 신자의 평화의 울타리는 그들 자신이 취하는 것이 아니라 주어지는 것이다. 루터의 사회이론을 살펴볼 때 교회는 신자의 내면생활을 가르치고 이끌어 가지만 신자의 외적인 삶은 세속 관헌에 의해 지켜지기 때문이다. 그리하여 신자나 교회는 외적인 삶의 평화에 대해 적극적인 행위를 할 수 없다는 입장이 루터의 신학과 사회윤리의 한 귀결점이 된다.

루터는 〈세속 정부에 관하여〉[21]라는 논문에서 신자가 취해야 할 태도에 대해 두 가지 입장을 분명히 했다. 첫째, 세속 권위자가 신자의 내면 세계를 지배하려 들지 않는 한 세금이나 소득의 문제와 존경과 경외의 태도를 요구할 경우 복종해야 한다. "가이사의 것은 가이사에게 돌리라"(마 22:21)는 예수의 말씀을 인용하면서 루터는 세속 권위의 한계를 세속의 영역에 제한했다.[22] 그러므로 세속 사회에서 최고의 권위자는 세속 정권을 가진 자다. 따라서 세속 권위자에게 대항하거나 비판하거나 조롱하는 태도는 하나님이 세우신 권위에 반하는 행위라고 가르쳤다.

둘째, 하급자가 상급자에 무력으로 저항하면 안 된다. 반면 동급자나 하급자, 외부 권력의 공격이 있을 경우, 일단 평화를 모색하고 그래도 안 되면 폭력으로 대처하라고 가르쳤다.

그리스도인답게 행동하기 위해 제후는 상급자인 왕이나 황제, 다른 영주들과 전쟁을 벌여서는 안 된다. 그러나 나는 상급자가 전쟁을 하려 할 때엔 하라고 말하겠다. 통치권에 대해 힘으로 저항해서는 안 되기 때문이며 하급자는 힘 대신 진리를 고백함으로 저항해야 한다. 이 방법으로 영향을 미칠 수 있다면 좋은 일이다. 그러나 말을 듣지 않으면 그대들은 하나님을 위해 악한 상급자의 오류로 인한 고통을 받아들여라. 만일 적대자가 그대들과 동급이거나 하급자, 외국 정부일 경우 그대들은 마치 모세가 이스라엘 백성에게 가르쳤던 것처럼 먼저 정의와 평화를 제안해야 한다. 만일 거절하면 무엇이 최선의 것인지 생각하고 모세가 신명기 20장 10−12절에서 말한 바와 같이 무력에 대해서는 무력으로 방어해라. 그러나 그렇게 하면서 그대의 이익을 추구하거나 어떻게 제후의 자리를 지킬 것인가를 생각해서는 안 되고, 다만 그대가 도움과 보호를 베풀어야 하는 백성을 생각해야만 한다. 이런 행위는 사랑 안에서 이루어져야 한다.[23]

아래로부터의 저항과 비판을 금하고 위로부터의 통치와 진압을 지지한 루터의 입장에서, 우리는 평화란 아래로부터 오는 것이 아니라 위로부터 주어지는 것이라는 그의 생각을 여실히 볼 수 있다.

십자가의 신학

루터는 1525년 농민들의 폭동과 반역에 대해 몇 편의 글을 남겼다.[24] 루터가 살던 시기의 농민은 가뭄과 흉작, 질병으로 극심한 고통을 겪었다. 농민의 반란이 그치지 않았고, 농민 민란은 대개 지도자의 영적이며 종말론적인 비전 때문에 일어났다. 비록 루터가 농민의 삶에 피폐함을 가져오는 제후들을 비난하는 글을 썼지만 대체적으로 루터의 입장은 기존 질서를 지키려는 뜻을 가진 보수적이며 방어적인 것이었다. 하급자들이 호소할 경우 루터는 "고난을 당해라. 십자가를 지라는 것이 그리스도인의 법이다. 다른 법은 없다"[25] 라는 입장을 취했다.

하지만 1530년 아우크스부르크 회의 이후, 루터는 소신을 바꾸기 시작했다. 루터는 교황 편에 서는 황제나 독일인에게 일종의 경고 서한을 작성했는데[26] 이 서한에서 그는 폭력이나 군사력을 사용해 하극상을 일으키는 것에 반대하던 평소 입장을 바꾸어 특별한 경우 황제에 대해 불복종하거나 무력으로 방어할 수 있다는 가능성을 인정했다.

루터는 황제가 루터파에 적대하여 군대를 모은다든지 교황의 세력과 더불어 핍박하려 한다면, 독일의 법이나 성서의 가르침에 반하며 불의하게 피 흘리게 하는 경우이기 때문에 무력으로 저항할 수 있다는 주장을 펼쳤다. 30년 전쟁 중에 정치권력자가 교회의 태도에 적대적 입장을 취함으로써 피를 요구하는 상황을 전제하고 십자가를 지는 심정으로 이에 저항하고 반격할 수 있음을 인정한 것이다.

루터는 명백하게 하나님 말씀과 진리에서 벗어나 기독교 신앙과 교회에 위해를 가할 가능성이 높을 경우, 황제의 권위에도 저항하고 맞설 수 있다고 주장했다.[27] 이는 루터 이후 발전된 형태로 자리 잡은 칼뱅의 저항권(Widerstandsrecht) 사상[28]과 비교할 때, 저항권에 대한 이해가 칼뱅만의 고유한 사상은 아니었음을 밝혀 준다. 루터에게도 저항권의 사상이 싹트고 있었다.

위로부터의 평화

루터의 견해는 루터교회에 깊이 자리 잡았고, 교회와 정치를 분리하는 원칙을 강조하게 만들었을 뿐 아니라 기독교 지도자를 하나님의 대리자로 간주하는 기독교적 주장을 강화했다. 여기서 기독교 전통에 깊이 배인 죄론으로 인해 인간 죄성의 깊이를 들여다볼 수 있었지만, 한편으로 권력을 가진 세속 권위자의 죄성에 대한 비판적 시각이 취약했음을 지적하지 않을 수 없다. 루터는 세속 정권을 하나님이 내신다고 가르쳤다. 그래서 비록 불의한 권력이 신민을 억압할지라도 신민은 그것을 하나님의 뜻으로 받아들여야 한다는 복종의 윤리를 불러왔다. 이런 약점을 지닌 루터의 정치윤리는 수 세기 지나 등장한 히틀러조차 하나님께서 세우신 지도자로 오인하게 만들었다는 비판을 받게 되었다.

제네바의 실권자 칼뱅

　　법학과 신학을 공부한 칼뱅은 종교개혁 세력을 탄압하는 정치 세력에 위협을 느껴 프랑스 남부 스트라스부르로 피신했다. 그리고 제네바에 있던 파렐(William Farel)의 초청을 받아 제네바로 가서 종교개혁운동에 본격적으로 동참했다. 인구 약 12,000명의 제네바는 가톨릭 교권과 프랑스 국왕의 영향이 적극적으로 미치지 못하던 지역이었다. 스위스에 피신처를 얻은 칼뱅은 대작 《기독교 강요(Christianae Religionis Institutio)》를 쓰기 시작했다. 《기독교 강요》 초판은 그가 26세 되던 해(1536)에 출판되었다. 책이 발간되자마자 칼뱅은 개신교의 정신적 지도자로 부상했다.

　　스위스 주 정부는 대부분 수 세기 동안 가톨릭교회 감독의 지배를 받고 있었다. 그러나 제네바 시민은 1387년 시민일반회의(The General Assembly of Citizens)에서 시의원 네 명과 형사 법정을 관장하는 공직자 네 명을 선출할 권리를 확보하고 있었다. 이런 권한은 시간이 지나면서 더욱 강화되어 제네바 시를 관장하는 소의회인 25

인회, 외교 업무를 관장하는 60인회를 만들었고, 1527년 이후에는 60인회를 대체하는 200인회를 두게 되었다. 1530년 이후 소의회는 200인회 의원을, 200인 의회는 소의회 회원을 교차 선출하기 시작했다.

이렇듯 칼뱅이 제네바로 오기 전부터 제네바 시는 이미 가톨릭 세력의 지배 구조에서 벗어나 있었다.[29] 당시 제네바는 정치적으로 인근의 베른, 프라이부르크와 군사적 연대를 나누며 사보이 왕가의 지배권을 거부했다. 1534년경 베른은 종교개혁 사상을 공식적으로 받아들였고 제네바도 베른의 영향을 받아 종교개혁을 적극 추진하기 시작했다. 시의회는 가톨릭교회의 모든 재산을 몰수했고, 도덕과 종교에 관한 문제를 통제했다. 1536년 제네바 시의회는 도덕과 종교적 실천을 위한 규정을 통과시켰는데, 여기에는 신성모독 행위, 세속성, 노름, 주사위 놀이, 간통, 도둑질, 부랑자, 주색잡기, 음주를 금하고 주일을 제외한 모든 휴일을 폐지하는 내용이 담겼다.

제네바의 모든 시민은 주일에 예배에 참석해 설교를 듣도록 명해졌고 가톨릭교회의 미사와 성례전은 금지되었다. 제네바의 시민이 되려면 누구나 복음과 하나님의 말씀을 따라 살아갈 것을 맹세해야 했다. 이를 위한 기본적인 교육과정이 개설되었고 가난한 사람들은 무상으로 교육을 받게 했다. 칼뱅이 오기 전에 이미 이러한 원칙이 제네바에서 대부분 시행되고 있었다. 제네바에 도착한 칼뱅은 시의원이 되었고, 교회를 시의회로부터 독립시킬 목적으로 자신의 생각에 동조하는 파렐과 함께 성만찬에 참여할 수 있는 사람과 그렇지 못할 사람을 결정할 권한을 교회의 자율권으로 인정해 줄 것을 시의회에 제안했다.

결국 이 문제가 정치적으로 비화되어 교회가 시의회의 지배를 받을 것인가 아니면 목사들의 결정을 따를 것인가라는 교회 권한 영역 문제가 되었다. 하지만 파렐과 칼뱅을 지지하는 이들이 선거에서 정치적 교두보를 마련하지 못하고 패했다. 이런 정황에서 어느 주일 날 칼뱅은 성만찬에 참예하는 이들의 자세가 바르지 못하다며 이들에게 성찬을 베풀면 곧 하나님의 거룩함을 소홀하게 하는 것이라고 성찬분급을 거부했다. 그 결과 칼뱅과 파렐은 제네바에서 정치·종교적 갈등을 겪다가 1538년 4월 18일 추방되어 망명의 길을 떠나게 되었다.[30] 칼뱅의 엄격한 통제적 사고가 발단이 되어 종교개혁의 선두 주자들이 제네바에서 추방당한 셈이다.

칼뱅은 망명 생활 중 스트라스부르에서 설교를 했고, 두 아이가 있는 재세례파 과부 이델레트 드 뷔르(Idelette de Bure)와 결혼해 가정을 꾸렸다. 스트라스부르에서 3년 정도 지냈을 무렵인 1541년, 칼뱅을 지지하던 이들이 제네바에서 다시 세력을 잡자 칼뱅을 초청했다. 그 당시 칼뱅과 포렐의 종교개혁을 지원하던 기에르멩(Guillermins)파가 제네바를 정치적으로 장악하고 있었다. 이 소식을 들은 칼뱅은 제네바로 다시 돌아가기로 결심했다. 칼뱅이 제네바로 돌아올 무렵 칼뱅의 적대자들은 죽임을 당하거나 도망친 상태였다.

1541년 9월 13일 칼뱅이 제네바로 돌아왔다. 그의 나이 32세였다. 시에서는 호수가 바라다보이고 아름다운 정원이 딸린 집을 그에게 마련해 주고 상당한 급여까지 책정해 주었다. 그는 이때 비로소 가난에서 벗어났다. 칼뱅은 자신의 편에 선 정치 세력의 지지를 받으면서 실질적인 제네바 개혁에 나섰다.

칼뱅은 성서적 근거로 교회의 직제에 관한 규칙을 제정하여 목사, 교사, 장로, 집사라는 네 직분을 교회에 두게 했다. 네 직분 중 가장 강력한 권한을 가진 것은 장로였다. 장로의 직임은 모든 시민의 생활을 감독하는 것이었다. 세 의회에서 피선된 열두 명의 장로와 일련의 목사로 구성된 종교법원(Consistory)을 만들고, 모든 시민의 신앙생활을 감독하도록 했다. 종교법원은 신자의 신앙생활을 훈육하는 권위만이 아니라 재판할 수 있는 권한까지 부여받았다. 종교법원은 형식적으로 시의회의 견제를 받으며 1555년까지는 종교적인 권한만 행사했다. 하지만 종교법정은 칼뱅파의 주도하에 있었기에 실질적으로 칼뱅의 정치적 영향력 아래에 있었다.

역동적 신정정치가

칼뱅의 종교개혁적 선구자는 루터였다.[31] 그러나 루터가 봉건적인 세계관에서 영주들의 후원과 지지를 받으며 교황의 세력에 대립하는 가운데 종교개혁운동을 벌였다면, 칼뱅은 박해를 피해 비교적 종교개혁 세력이 자리 잡은 제네바와 스트라스부르에서 종교개혁의 기초를 쌓았다. 따라서 봉건주의적 세계관 아래 서 있던 루터에 비해 칼뱅의 윤리사상[32]은 보다 역동적이며 사회 변화를 긍정적으로 바라보는 관점에서 형성되었다. 그 결과 칼뱅의 개혁사상과 운동은 루터의 운동보다 훨씬 공격적인 성향을 갖게 되었다. 그는 자신의 신학사상에 도전하던 사람들 중 많은 이를 추방했고, 세르베투스(Servetus)를 비롯하여 58명이나 되는 지식인을 단두대에서 처형하거나 화형에 처하는 데 가담했다.[33]

젊은 날부터 거의 평생을 망명자로 살아가며 험악한 일을 겪어온 칼뱅에게서 평화사상을 추출해 내는 것은 쉽지 않은 일이다. 그는 평생 적대자와 싸워야 했고 추방도 겪은 사람이다. 교리적으로는 로마 가톨릭교회와 재세례파 사이에서 하나님의 주권을 해명하고 인간 죄성의 깊이를 증언해야 했다. 정치적으로는 제네바의 종교와 정치를 분리하면서도 종교 권한을 강화하여 정치적 독자성을 허용하지 않고, 오히려 정치권력을 압도하고 지배해 종교적 절대 폭정을 옹호하는 입장을 취했다. 그 이면에는 인간의 어두운 모습, 즉 인간이란 피할 수 없이 전적으로 타락한 죄인이라는 이해가 깔려 있었다.

> 칼뱅의 정부에 대한 견해는 인간의 타락이라는 이유로 인해 시민 정부가 필요하다는 입장, 하나님의 섭리에 대한 믿음, 그리고 정부를 포함해 모든 것에 대한 절대적인 하나님의 주권에 대한 확신에서 유래한다. 하나님을 거역한 아담으로 인해 결과된 인간 본성의 부패함에 대한 칼뱅의 견해는 문서로 잘 정리되어 있다. 그는 인간이란 전 존재가 완전히 죄스러운 것이라고 믿었다.[34]

인간의 죄성과 하나님의 절대주권에 대한 강조는 칼뱅 신학사상의 두 가지 핵심 축이다. 죄인인 인간을 억압하는 역할을 위해 하나님이 정부를 제정하였다는 점에서는 루터와 견해를 나누고 있지만, 칼뱅은 루터와 달리 정부의 자율성을 영적인 권한을 가진 교회 아래 복속시켰다. 따라서 정치권력이 교회의 수족으로서 혹은 죄인을 다스리는 통제적 권력으로 기능할 경우 신자는 세속 정권에 복종해야 한다. 칼뱅은 신자 내면의 성숙과 성화의 과제를 교회의 감독 아래 두었지만 외적인 사회 평화의 과제는 철저하게 정부의 과제로 여겼다.

루터의 사상이 이성의 영역을 보편적으로 인정하고 그 기능에 긍정적인 평가를 했던 것에 비하면, 칼뱅의 사상은 인간 본성에 대한 죄스러움을 더욱 강화하여 기독교 신앙의 감독과 후견 아래 세속적인 가치판단을 하게 했다는 점에서 기독교적 우월성에 대한 절대 가치를 전제한다. 이런 점에서 루터 전통이 종교의 자유를 상대적으로 긍정한 데 비해 칼뱅은 종교의 자유를 관용하지 않았다. 그 결과 많은 사람의 인간으로서의 권리를 박탈하는 결과를 초래했다. 이 영향은 후에 청교도의 경건주의와 결합되어 신정정치의 이상(理想)을 강화하는 부작용을 불러왔다.

대부분의 종교개혁자가 그러했듯 칼뱅의 삶과 신학사상 역시 가톨릭교회와의 갈등 속에 전개되었다. 칼뱅은 한편으로 가톨릭교회의 체제와 싸웠고, 다른 한편에서 기존의 정치 질서를 승인하지 않으려는 재세례파와 싸웠다. 그는 종교의 이름으로 기존 질서를 파괴하고 정의로운 재판정을 훼손하는 행위를 마다하지 않는 재세례파 신앙운동을 무법적인 것이라고 평가했다.[35] 당시 가톨릭교회가 자연법적인 질서신학을 대변했다면, 재세례파들은 종말론적 완전주의를 지향하고 있었다. 이 틈바구니에서 칼뱅은 그리스도 중심의 정치 해석을 통해 교회와 국가의 관계를 새롭게 규명하려고 노력했다.[36]

그리스도의 주권과 정부

칼뱅은 《기독교 강요》 20장에서 시민 정부 혹은 세속 정부에 대해 비교적 상세히 설명했다. 칼뱅에게 세속 정부가 가진 권한은 율법의 기능을 수행한다는 측면에서 권위가 주어지는 동시에 한계를 갖는다. 이런 사상은 《기독교 강요》 초판이 나온 1536년 이후 다섯 차례의 개정을 거쳐 완성된 1599년 최종본에서 구체적으로 논의되었다.[37]

칼뱅의 정치신학적 이해 구조를 살펴보면 그리스도의 주권 아래 교회와 국가가 종속되고, 국가는 교회가 그리는 하나님 도성의 그늘 아래에서 주어진 기능을 수행한다. 칼뱅은 세속 정부 혹은 세속 권위를 사법 기능을 지닌 관헌이라고 이해하고 그 기능을 세밀하게 규정한 바 있다. 그는 정부의 구성 요소를 세 가지로 나누었다. 우선 정부의 존재 이유는 정부가 하나님의 종의 역할을 수행하는 데 있다. 칼뱅은 키케로의 이론을 따라 법의 수호자로서 '관헌'과 집행해야 할 '법' 그리고 법을 적용할 대상인 '백성'이 있어야 정부의 요건을 갖추는 것이라 하고, 이렇게 구성된 정부의 관헌은 하나님의 종이라고 규정했다.[38]

그는 관헌의 권한은 하나님에게서 온 것이며, 하나님의 선물이므로 백성은 이에 복종해야 한다고 가르쳤다. 그러나 정치권력의 본질은 하나님이 제정한 것이기 때문에 당연히 권위가 있지만, 동시에 하나님의 뜻 앞에 복종해야 하는 의무도 있다. 따라서 그는 정치권력은 자의적이고 독자적인 자율성을 가질 수 없다고 보았다. 여기서 정치권력을 의미하는 창과 칼의 존재 이유는, 인간이 죄인이라는 전제하에 죄인을 다스려 평화를 지키려는 하나님의 섭리와 목적에 있다.

그러므로 하나님의 주권 아래 놓인 정치권력은 죄인을 다스려 하나님의 법에 복종하게 할 책무를 가진다. 하나님을 향해 불순종하는 인간의 사악함의 깊이에 대해 칼뱅은 그 어느 종교개혁자보다 깊이 파악하고 있었다. 칼뱅은 법을 통해 세속 권위가 죄인을 다스리지 않으면 죄인의 악행을 막을 길이 없다고 주장하면서 정치권력이란 하나님의 영광을 드러내기 위한 목적으로 거룩한 진리를 수호하며 그리스도 왕국의 존속을 지켜 내라는 과제를 부여받았다고 주장했다.[39] 하나님의 절대주권 아래 놓인 정치권력을 죄인들을 위한 하나님의 보호 장치라고 간주한 셈이다.

우리가 더불어 살아가는 한 세속 정부는 외면적으로 하나님을 예배하는 일을 기리고 지키며, 건전한 경건의 교리와 교회의 지위를 지키고, 우리 삶을 사람들이 살아가는 사회에 맞추게 하고, 우리의 사회적 행위를 통해 시민적 의를 이루게 하며, 서로를 화해하게 하고, 일반적인 평화와 평정을 증진시키는바 위탁된 목적을 가진다.[40]

정부의 평화 수호 과제

칼뱅은 아우구스티누스가 키케로의 평화론을 수용하여 재해석했던 맥락과 동일한 의미에서 세속 정부의 기능을 이중적으로 이해했다. 하나는 죄인을 다스리는 역할이고, 다른 하나는 하나님의 거룩함을 수호하는 기능이다. 그가 키케로와 다른 점은, 키케로가 정치권력을 자연법의 근거를 갖는 자연 질서라고 보았던 것에 비해 칼뱅은 대주재이신 하나님께서 당신의 영광과 거룩함을 위해 제정하신 것이기에 신적 권위가 있다고 보는 것이다.

세속 권력의 본질이 악마의 도성에 속하는 것이라는 아우구스티누스의 견해에 비해 칼뱅은 하나님이 제정한 것이라고 신적 권위를 승인했다. 이런 점에서 칼뱅은 아우구스티누스와 달리 신정론적인 정치신학의 동기를 강화했다. 칼뱅은 하나님의 주권이 그리스도에게 양여(讓與)되었으므로 정부의 시원과 목적은 그리스도의 주권 아래 규명해야 한다고 생각했다.[41] 다시 말해 그리스도의 주권을 벗어나 존재하는 권력이란 존재할 수 없다는 것이다.

정부가 하나님에게서 위임받은 역할은 일반적인 평화, 즉 사회적 평화를 지키고 증진하는 것이다. 이는 곧 우상숭배와 하나님의 진리를 거스르는 신성모독, 교회에 대한 공격 행위, 공공의 평화를 교란하는 행위를 막고 개인의 사유재산, 안전과 건강을 지키는 일이며 백성이 정직과 공손함을 지키도록 교도하는 것이다.[42] 그러므로 칼뱅에게 평화를 침해하는 행위는 곧 공공의 평화, 일반적인 평화를 훼손하는 행위로 규정되고, 하나님의 뜻에 어긋나므로 세속 정부는 단호하게 징벌을 가해야 마땅하다는 귀결을 불러온다.

칼뱅은 하나님은 분란의 하나님이 아니라 평화의 하나님이시고,[43] 우리의 평화를 위해 그리스도가 중재하시며,[44] 그리스도를 통해 우리는 양심의 평화와 영혼의 평화[45]를 누린다고 했다. 이 평화와 더불어 그리스도인의 자유가 있는데 칼뱅은 그것을 '내적인 평화(the inward peace of the soul)'라고 불렀다.[46] 《기독교 강요》에서 칼뱅은 교회의 평화와 안전(peace and safety of the church)[47]에 관해서도 언급했는데, 교회의 평화는 감독과 장로의 치리에 의해 지켜져야 한다고 주장했다.

칼뱅에게 그리스도의 십자가를 통해 얻어지는 것이 내적인 평정과 평화라면 사회적이며 국제적인 관계에서 형성되는 평화는 외적인 평화를 의미한다. 이 외적인 평화는 궁극적으로 아우구스티누스가 보았던 천상의 평화의 모형을 따라 형성되는 상대적인 것이다. 천상의 평화와는 달리 외적인 평화, 즉 이 지상에서의 평화는 세속 정부나 관헌이 다양한 악을 제어함으로써 수호된다. 정부는 공동의 평화와 일치를 보장하고[48] 사회 안에 거룩한 질서를 유지함으로써 거룩한 것에 대한 경외심을 가진 공동체의 진정한 평화와 평정을 이루어야 한다.

공적 보복과 저항권

칼뱅은 《기독교 강요》 제4권 20장 8항에서 정부의 억압적 기능을 경건과 정의로움을 기준 삼아 악행자를 처벌하고 무죄한 이를 보호하며, 치안을 방해하는 자를 진압하고 재세례파의 분노를 제거할 것,[49] 그리고 공동체의 평화를 침해하는 세력을 향해서는 단호히 징벌적 전쟁을 수행하는 것이라고 주장한다. 이는 곧 사회적 불의에 대한 정부의 공적인 보복 기능을 말한 것이다.

> 그러나 왕과 백성은 간혹 무장을 하고 공적 보복을 수행해야 한다. 이런 기준을 따라 우리는 그렇게 수행되는 전쟁의 적법성을 판단할 수 있다. 그들에게 주어진 권력이 그들의 지배의 평정을 지키고 분요한 이들의 소요를 불러일으키는 사람들을 억제하고, 강압적으로 억압받는 이들을 구하고 악한 행위를 징벌하는 것이라면, 그 권력을 개인의 평안이나 모든 사람의 공공적 평정을 침해하고 사회를 혼란스럽게 만들고, 난폭한 억압과 악한 행위를 벌이는 이의 광포함을 감시하는 것보다 더 강하게 행사해야 할 것이다. 법의 수호자와 방어자가 되어야 한다면 그들은 법의 규범을 범하는 모든 범법자의 노력을 뒤엎어 버려야 한다.[50]

한편으로 칼뱅은 기독교 신앙을 가진 집권자와 교회의 가르침의 도덕적 우월성을 믿으려 했다. 그리고 다른 한편으로 사회 평정을 깨는 범법자들을 법과 징벌로 진압함으로써 사회 평화가 유지될 것이라고 믿었다. 그는 법 집행자의 공정성과 객관성을 요구하면서 증오나 보복의 동기로 법을 집행하는 것을 반대했다. 비록 정치권력자가 정의롭지 못한 경우가 있다 할지라도 백성은 그들에게 복종과 존경의 태도를 가져야 한다고 가르쳤다. 사악한 지배자도 간혹 하나님의 심판의 도구일 수 있다고 생각했기 때문이다.[51]

칼뱅은 개인의 경우에서 본다면 악한 지배자에 저항하는 것은 항시 타당하지 않다고 주장했다. 하지만 하나님에게서 부르심을 받은 관헌은 왕이 폭정을 행하는 경우 무기를 들고 왕을 적대하여 항거해도 하나님이 왕에게 부여한 위엄을 범하는 것이 아니라고 가르쳤다.[52] 궁극적인 복종은 사람이 아니라 오직 하나님께만 드려져야 한다는 믿음이 더 큰 원칙이었기 때문이다.

하나님의 평화와 사람의 평화

16세기 유럽을 뒤흔든 종교개혁 세력은 광범위하게 퍼져 가는 르네상스의 여파에서 계몽 이성의 역할이 점점 확대되는 사상의 흐름을 타고 퍼져 나갔다. 외적으로는 로마 가톨릭교회와 그에 결부된 정치권력, 내적으로는 유럽 사회 하층민에게 파고든 급진적인 종말론 신앙을 담고 있던 재세례파 운동 사이에서 종교개혁자들은 어쩌면 진정한 평화이론을 제시하기 힘든 격변의 시대를 살아간 것이 아닌가 싶다. 당시 가톨릭교회도 제국주의적 세력도 그 터전이 흔들리고 있는 시대에서 평화에 대한 민중의 염원은 요원했다.

이런 정황에서 종교개혁 세력의 모든 지류는 폭력을 사용하는 일에 동의했다. 가톨릭교회만이 아니라 루터와 칼뱅은 진압의 폭력을 허용했고, 초기 재세례파 역시 저항의 폭력을 사용했다. 하지만 흔히 재세례파가 종교개혁자보다 폭력적이라는 평가는 공정하지 않다. 종교개혁자들이 기존의 정치권력을 앞세워 포악한 진압의 폭력을 행사하면서도 자신들은 폭력적인 것이 아니라 하나님 의(義)의 수단이라고 간주하는 기존의 관점으로 저항 세력이던 재세례파를 폭력적인 존재로 몰아간 입장에서 나온 견해이기 때문이다.

그럼에도 불구하고 종교개혁과 더불어 일어난 재세례파운동은 기존의 정치, 종교 권력에 상당한 충격을 주었다. 가톨릭교회만이 아니라 종교개혁자들도 민중 저항을 이끈 재세례파 신도들을 침묵

_____ 종교의두얼굴

하게 하려고 힘을 쏟았기 때문이다. 루터나 칼뱅은 재세례파를 악마시하며 폭력적으로 진압하고 재세례파 신자들을 적발하여 대부분 사형에 처했다. 재세례파 교도들은 종교개혁자와 세속 정권, 가톨릭교회에 의해 모진 핍박을 받았다.

이런 역사의 흐름에서 종교개혁 세력을 대표했던 루터와 칼뱅의 평화사상은 기존 권력을 옹호하면서 저항의 폭력을 진압함으로써 얻은 폭력에 의한 평화를 선호했다고 평가할 수 있다. 기존 사회의 평안과 평온을 깨는 것을 불경스럽게 본 그들은 죄인들의 저항을 진압함으로써 사회의 공동 평화를 지켜 나가야 한다고 믿었기 때문이다. 루터는 농민을 진압하도록 교사했고, 칼뱅은 재세례파를 진압하는 일이 하나님의 일이라고 여겼다.

거룩한 도성 제네바를 꿈꾸었던 칼뱅은 거룩하지 못한 것에 대한 거부감이 컸다. 인간의 죄성에 뿌리를 둔 불신앙과 이단 사상을 두려워했던 칼뱅은 교회와 관헌을 순수한 신앙의 옹호자로 앞장세웠다. 아이러니하게도 인구 12,000명 정도의 작은 도시 제네바에서 칼뱅의 실질적 지배 아래 있던 5년 동안(1542-1546) 78명이 추방당하고, 당대의 저명한 인문학자 세르베투스를 포함해 58명이 이단, 간통, 신성모독, 마술 행위로 몰려 처형당했다.[53] 칼뱅이 세력을 장악한 후 제네바에서 이교도나 이단자로 몰린 이들이 거의 한 달에 한 명씩 잔인하게 처형당했다.

거룩한 도성을 일구려던 인간들의 의지는 마침내 제네바를 종교의 관용이 없는 도시로 만들었다. 칼뱅이 그리도 원하던 거룩한 도성 제네바는 그런 방식으로 평화를 누리며 거룩해질 수 없었다. 그 도성에서 하나님의 의를 앞세워 거룩함을 지키려 했던 사람들 역시 다른 이의 생명을 하나님의 이름으로 빼앗은 죄인이었다는 사실을 역사가 기록하고 있기 때문이다. 칼뱅은 하나님의 이름으로 평화를 추구했지만 결국 하나님의 평화가 아니라 칼뱅주의가 만든 사람의 평화를 만들었던 것이다.

IX
재세례파 신앙운동과 평화

"우리는 전쟁을 하거나 보복을 하지 않을 것이기 때문에 많은 칼이 필요하지 않다. 누구든지 이 사실을 저버리면 그는 그리스도와 그의 본성을 부인하는 것이다."–피터 리데만

종교개혁운동의 여파

종교개혁운동은 유럽 사회에 수많은 분파적 운동을 낳았다. 종교개혁운동의 원인 제공자가 로마 가톨릭교회라면 종교개혁은 가톨릭교회 내부의 이견자가 된 셈이다. 종교개혁의 중추적 인물로 알려진 루터나 칼뱅, 멜란히톤이나 츠빙글리 외에도 다수의 인물이 진정한 종교개혁을 요구하고 나섰다. 새로운 개혁운동이 일어났지만, 대부분 제도의 배리(背理)를 비판하면서도 그 제도의 구조를 상당 부분 그대로 수용하는 입장을 보였다.

엄밀하게 말해 루터나 칼뱅의 신학은 가톨릭교회의 사회이론

을 거의 대부분 수용했다고 볼 수 있다. 가톨릭교회가 교회의 성스러움을 지나치게 강조하면서 성직자 중심주의의 틀을 갖추고 있었다면 종교개혁운동은 교회의 성스러움의 신학적 본질이 허위라는 점을 지적한 셈이다. 성례전의 축소, 교도권 부인, 성직자의 독신주의 거부, 교회의 제도적 거룩함 비판, 은총 주입설 거부 등 인간 죄성에 대한 새로운 성찰은 교회의 전통보다 성서적 기반으로 돌아가는 길에서 일어났다.

하지만 종교개혁자들은 세속 정치권력과의 관계에서 상호 협력적이거나 교권 우월주의를 지속했다. 그리고 기존 질서를 유지하는 정치윤리를 존속했을 뿐 아니라 인간의 죄에 대한 성찰을 강화함으로써 사회·정치·경제적 선(善)을 실현하려는 적극적인 의지를 오히려 약화시켰다. 이런 입장은 하나님 나라의 복음을 비현실적인 것으로 해석하고 교회 중심의 신앙을 강조했던 로마 가톨릭교회의 사회이론과 별반 다르지 않았다.

제도의 혜택을 받지 못했던 내중의 관점에서 볼 때 종교개혁운동은 기존의 종교적 가르침과 크게 차이 나지 않았다. 그들의 눈에 종교개혁자들은 진정한 복음의 기수가 아니라 새롭게 해석된 세속 정치권력과 밀접한 관계에서 군림하는 또 다른 종교권력자로 보였다. 종교개혁이 진정한 의미에서 민중을 위한 것이었다면 '역사적 평화교회(historical peace churches)'라 불리는 신앙운동들은 일어나지 않았을지도 모른다.

가톨릭교회나 종교개혁운동이나 한결같이 참된 교회를 외쳤지만, 가난하고 억압받던 이들의 관점에서 양자는 예수의 평화적 가르침을 외면한 비성서적 교회를 옹호하는 것처럼 보였다. 가톨릭교회나 종교개혁자들은 하나님의 능력을 믿는다고 하면서도 여전히 세속 정치권력을 도구화하여 세상의 평화를 위한 수단으로 삼았기 때문이다.

역사적 평화교회

종말론적이며 평화주의적인 관점을 강조하던 일련의 개혁가가 볼 때 새로운 개혁운동이 불가피했다. 종교개혁운동 시대에 성서의 평화적 전통을 망각한 교회들에 반해 성서적이며 예수의 평화사상에 기반을 둔 새로운 신앙운동을 제창하는 흐름이 생겨났다. 이 흐름이 바로 역사적 평화교회[1]의 전통을 형성하게 되었다.

역사적 평화교회 전통은 그리스도인이나 그리스도 신앙 공동체는 어떤 대가를 치르더라도 기독교 신앙의 본질인 예수의 평화적 가르침을 폐기하거나 망각할 수 없다는 데서 일치를 이루고 있다. 이들은 가톨릭교회나 종교개혁자들이 세속 권력을 후원하며 정당전쟁론을 신학적으로 옹호했던 역사를 비판하고 폭력성과 포악성의 상징이라 할 수 있는 전쟁을 불러들이는 정치권력과의 근친적 관계를 청산하고 비폭력 평화주의를 실천하는 길에서 그리스도인 됨을 증거하려 했다.

16세기 무렵부터 평화를 지키며 살아가는 것이 기독교 공동체의 본질이라고 믿는 소종파로 살아남은 재세례파와 그 후예인 메노나이트 공동체와 스위스 형제단 그리고 18세기 영국에서 일어난 평신도 운동인 퀘이커 신앙운동은 19세기 말에 이르기까지 현실주의 정책을 옹호했던 주류 교회로부터 거센 비판과 핍박을 받거나 소외되었다. 이들의 평화적 신념은 20세기 두 차례의 세계대전을 치르는 시기에 빛났다. 평화를 상실한 세계에서 이들의 평화운동은 기독교의 평화적 신앙을 증언하고 실천함으로써 폭력적인 갈등 해결 방법과는 다른 대안적 사고와 실천의 지평을 열었기 때문이다. 이들의 평화운동은 주류 교회들에도 번져 현대 기독교 평화운동의 중요한 흐름이 된 1980년대의 핵평화주의, 독일 교회와 미국 교회의 정의로운 평화론, 세계교회협의회의 에큐메니칼 평화론의 논거를 마련하는 데 크게 기여했다.

주류 교회의 정치이론

아우구스티누스 이후 기독교 세계는 죄의 현실에서 사회 평화를 유지하는 방법은 도덕과 영적인 가르침이나 설득이 아니라 죄와 악에 대한 엄격한 징벌 내지는 보복이 효과적이라고 생각했다. 물론 기독교가 전쟁 지상주의를 택했던 것은 아니다. 하지만 신앙적 권면, 합리적 대화나 설득이라는 방편도 정치적인 상황에서는 일방적인 강요나 비굴한 복종을 요구하는 것을 의미했기 때문에 효과가 미미했다. 그런 방법이 사회 내적 폭동이나 대외적인 국가 간의 갈등을 해결할 수 있는 방책이 되지 못했기에 암브로시우스-아우구스티누스 이후의 기독교는 정당전쟁론을 적용함으로써 대리적 폭력을 승인했다. 이기적인 죄인들이 분립과 갈등, 불화를 초래할 경우 정치권력은 이웃을 섬기는 태도로 사회 전체를 대리하는 입장에서 악을 제압하기 위한 전쟁을 치를 수밖에 없다는 인식이 있었기 때문이다.

이런 이론은 4세기 암브로시우스 시대에 시작되어 종교개혁자들의 사상까지 물들였다. 국가와 사회의 안전을 지켜 내기 위해 군대를 유지하고, 폭력을 동원해 사회 안정을 지키며, 나아가 교권과 교리를 지켜 낼 수 있다고 믿는다는 점에서 중세의 교권주의자들과 종교개혁자들은 공통된 시각을 가지고 있었다.

물론 주류 교회 전통에도 사소한 차이는 있었다. 아우구스티누스는 정치권력의 본질을 악한 것으로 보았지만, 아퀴나스는 보다 선한 자연적 요구에 응답하는 것이라고 보았고, 루터는 하나님의 왼손으로 죄인들이 죄를 짓지 못하도록 억압하고 억제하는 기능을 맡았다고 생각했다. 칼뱅 역시 국가권력이란 하나님의 도구로 악을 징벌하고 이단자들을 처단함으로써 사회 공동체의 거룩함을 지키는 봉사자라고 여겼다. 기독교는 실로 오랫동안 제도적 폭력을 사용하는 권력을 하나님의 선물로 받아들이라고 가르친 셈이다.

가톨릭교회와 개신교 역시 하나님의 은총에 의한 구원을 가르치면서 실질적인 사회 평화는 하나님에게서 주어지는 평화가 아니라 정치권력에 의하여 질서 지워진 현실적 평화를 추구했다. 양자는 참된 평화란 내면적인 것이거나 미래에 영원한 하나님 나라에서 얻을 수 있는 것이라고 여겼다. 그리하여 폭력에 의해 수호되는 상대적 평화를 긍정함으로써 성서의 평화주의 전통과 예수의 가르침을 타세계적이거나 영적인 것으로 밀어냈다.

그 결과 현실 세계에서는 예수가 규범이 될 수 없었다. 그리하여 기독교 지도자들은 정치적 폭력이나 포악을 승인하고 심지어 이용하기까지 했다. 폭력이 종교적으로 승인될 경우 더욱 가공할 만한 폭력성과 비인간성을 불러온다. 이렇게 될 수밖에 없던 까닭은 기독교가 민중의 종교, 가난하고 버림받은 자들의 종교가 아니라 사회 지배 계층의 이익을 대변하고 그들과 자리를 같이하며 기득권의 향유자가 되곤 했기 때문이다. 중세기와 종교개혁기의 종교 지도자 역시 이런 범주에서 크게 벗어나지 못했다.

종교개혁자들의 포악성

종교의 포악성에 대한 사례는 이루 말할 수 없이 많다. 루터는 처음에 방어적인 전쟁을 용인했으나 16세기의 다양한 전쟁 구조에서 신앙의 옹호자를 자처하는 봉건 영주들의 전쟁을 시인했다. 루터는 영주들에게 농부의 미친개들을 쳐 죽이고 없애 버리라고 요구했고,[2] 츠빙글리는 종교개혁을 받아들이지 않던 스위스의 가톨릭주 군대와 종교전쟁을 벌이다가 카펠에서 전사했다.[3]

루터는 1526년 〈군인들도 구원받을 수 있는가?(Kriegsleute auch in seligem Stande sein koennen?)〉라는 논문에서 전쟁을 일상화하는 입장을 보였다. 그는 "무기를 든 손은 이제 인간의 손이 아니고 하나님의 손이다. 적의 목을 매달고 마차를 부수고 목을 치고 조이는 이는 인간이 아니라 하나님이시다"[4]라고 주장했다. 그는 농민군을 치고 교살하며 칼로 찌르는 것은 악한 일이 아니라고 가르쳤다.

루터는 전쟁을 벌이는 주체를 정부와 정부의 지시에 따르는 병사들이라 지칭하는 데 머무르지 않고 하나님의 전쟁이라고까지 주장했다. 그에게 전쟁이라는 상황은 악을 제거하라는 하나님의 명령이고 악에 의해 고통을 겪는 이웃을 위한 사랑의 실천이기도 했다. 따라서 궁극적으로 루터는 전쟁의 본질이 죽이고 파괴하는 것이지만, 이웃 사랑으로 촉발된 대행적 행위로서의 전쟁은 하나님의 명령이며 그분의 일이라고 주장한 것이다.

칼뱅은 사회윤리적인 도덕적 판단을 할 때 사적인 영역과 공적인 영역을 나누지 않았다. 그 역시 사회윤리적 도덕성의 전거를 구약성서에서 찾았다. 그는 산상수훈은 기독교적 전쟁을 옹호할 만한 근거를 충분히 주지 못한다고 생각한 것 같다. 그래서 그는 구약성서에 나오는 경건한 이스라엘 왕들의 전쟁이나 구약의 법전 내용[5]이 신약성서의 산상수훈 내용과 갈등할 이유가 없다고 주장하면서 악에 대한 공적 징벌로서 전쟁의 필요성을 옹호했다. 이렇게 종교의 재가를 받아 치러진 전쟁은 이성의 동기보다 신앙의 동기가 작용함으로써 십자군 전쟁과 같은 잔혹성을 동반했다.

역사적 평화교회

역사적 평화교회 운동을 불러일으킨 이들은 정치나 경제 권력의 그늘 아래 형성된 과거의 종교적 특권과 유산을 상속받기를 거부했다. 이들은 예수의 전통과 성서에 충실하려는 신앙운동가들이었다. 과거의 종교적 특권과 유산을 이어받지 못했기 때문에 이들은 과거의 종교와 권력에 의해 모진 박해를 받았다. 또한 전쟁 참여를 거부하는 종교적 신념과 양심 때문에 자신들을 박해하는 이들에게도 폭력으로 저항하지 않았다. 이들의 특성에 대해 베인튼은 이렇게 설명한다.

> 재세례파 교도들은 사형에 처해졌고, 형제단 교도들은 유배를 당했으며, 퀘이커들은 감옥에 갇혔다. 가톨릭교회에 의해 화형에 처해지고 개신교도에 의해서는 수장(水葬)되었던 재세례파 교도들은 인간에게서 어떤 희망도 볼 수 없었다. 그러나 재판과 감옥 생활을 자신들의 신앙을 증거할 만한 방편으로 삼을 수 있었던 퀘이커들은 자신들의 증언—윌리엄 펜(William Penn)이 덜 위협적인 배심원들의 마음을 얻을 수 있었던 이성적인 증언의 방법은 모든 영국인의 심성에 영향을 끼칠 수 있었다는 점에서 희망적이었다.[6]

재세례파 평화주의

근대 평화주의의 중요한 기독교적 근원 중 하나는 재세례파의 사상과 실천 원리에서 비롯되었다. 우리가 요즈음 많이 사용하는

'평화주의(pacifism)'라는 용어도 20세기에 이르러 16세기의 재세례파 교도들의 평화적 실천 원칙을 지시하는 말로 사용된 것이다.[7] 그만큼 재세례파 신앙운동의 기본 성격이 비폭력 평화주의였다. 이들은 엄청난 고난을 겪으면서 평화주의 원칙과 비폭력 무저항의 원리를 실천해 왔다. 이들에게 폭력이란 기독교적 삶의 영역에서 결코 수용될 수 없는 것이었다.[8]

현존 질서를 옹호하기 위해 루터와 칼뱅은 전쟁 폭력을 공적인 정의와 질서를 세우기 위한 필요악일뿐 아니라 하나님의 사역이라고까지 주장했다. 그러나 재세례파 신도들은 사적이든 공적이든 폭력은 기독교인에게 위임된 사항이 아니라는 입장을 분명히 견지했다.

1524년 스위스 재세례파 운동을 창시한 그레벨(Konrad Grebel)은 뮌처(Thomas Müntzer)에게 보낸 편지에서 영주의 뺨을 후려치는 것과 같은 폭력적 행태에 대해 진지하게 비난한다. 이런 비난은 뮌처의 폭력적 행위의 근본을 부정하는 것이다. 그레벨은 그리스도의 메시지를 빈은 사람들에게서 누군가를 죽이는 일은 완전히 사라졌다고 주장하며 "우리는 더 이상 칼뱅이 말하는 그런 옛 법 아래 있는 것이 아니다"[9]라고 강조했다. 이와는 정반대로 루터는 그리스도인 영주의 의무를 다음과 같이 규정했다.

> 그러므로 나는 영주의 네 가지 의무를 간략하게 말함으로써 세속 권력에의 복종에 관한 내 견해를 마치려 한다. 첫째, 하나님을 향해 영주들은 진실한 확신과 성실한 기도를 드려야 한다. 둘째, 신민을 향해서는 사랑으로 그리스도교적인 섬김의 자세를 가져야 한다. 셋째, 조언자와 신하들을 향해서는 열린 마음으로 강요 없는 판단으로 대해야 한다. 그리고 넷째, 악행을 하는 자들을 향해서는 마땅히 열심과

단호함으로 대처해야 한다.[10]

현실 정치에서 지배자들의 편에 서 있던 루터는 양의 길이 아니라 늑대의 길도 피할 수 없다고 판단한 것이 분명하다. 따라서 루터는 폭력, 전쟁, 파괴, 살인 등 전쟁에 부수하는 현실과 마주하는 일을 피할 수 없다고 보았다. 하지만 재세례파 교도들은 루터와 확연히 다른 입장을 취했다. 그레벨은 뮌처에게 보낸 편지에서 이렇게 말한다.

> 신앙을 가진 참된 그리스도인은 늑대 우리에 있는 양과 같다. (…) 그들은 칼을 들고 육체적인 적으로부터 승리를 얻는 이들이 아니라 영적인 원수를 이기는 이들이므로 영원한 안식이 있는 아버지의 나라에 도달해야만 하는 이들이다. 이들은 세속적인 칼을 휘두르거나 전쟁을 하지 않는다. 왜냐하면 이들은 더 이상 옛 법 아래에서 살지 않기 때문에 이들에게 사람을 죽이는 행위는 이제 아예 일어나지 않기 때문이다.[11]

그레벨뿐 아니라 후기 스위스 재세례파 모임에 속했던 안드레아스(Andreas Castelberger)는 1523년에 취리히 지방 법원에서 재세례파의 입장을 다음과 같이 밝혔다.

> 거룩한 가르침이 전쟁에 얼마나 강력하게 반대하며 전쟁이 왜 죄악인지에 대해 많이 언급했다. 그는 말하기를 부친에게서 물려받은 재산이 많은 병사가 전쟁에 나가 죄 없는 사람들을 죽이라고 돈을 주고받거나, 그에게 결코 악행을 한 적이 없는 사람의 소유를 빼앗는 행위는

전능하신 하나님 앞에서나 복음의 가르침에 비추어 볼 때 살인자의 행위다. 인간의 법으로는 그렇지 않다 하거나 그리 나쁜 일이 아니라는 주장이 있다 할지라도 그는 소유를 위해 살인하고 도둑질하는 사람과 다를 바가 없다.[12]

안드레아스와 그레벨의 견해는 츠빙글리 이전, 즉 재세례파 교도에 대대적인 박해가 가해지고 재세례파 교도들이 무저항 원칙을 선언하기 이전에 나온 것이다. 이런 점을 고려한다면 초기 재세례파의 폭력에 대한 기본 입장은 종교개혁 세력과 명백한 차이를 보이고 있음이 분명하다. 이미 이들은 1525년 츠빙글리와 공개 논쟁을 하면서 16세기에 유럽 전역에서 변함없이 견지한 입장, 즉 전쟁과 살인을 비롯한 어떤 종류의 폭력이라 할지라도 철저히 거부하는 무저항 비폭력 평화주의 입장을 확고히 하고 있었다.

폭력성의 한계 경험

평화교회 전통의 뿌리가 되는 일부 재세례파 운동을 살펴보면 그들도 한때는 의로운 권력의 사용이라는 유혹에 빠진 적이 있었다. 뮌처의 농민전쟁이나 호프만(Melchior Hoffmann)의 뮌스터 사건이 바로 그런 경험이다.[13] 뮌처나 호프만 같은 초기 재세례파 지도자들은 급진적이었는데, 종말론적 신앙을 가로막던 기존의 우상숭배적 권력을 제거할 목적으로 폭력 사용을 받아들였다.

하지만 결과는 참담했다. 곧 하나님의 나라가 다가올 것이라 믿고 하나님 나라의 선도자가 되어 악한 세력과의 마지막 전쟁을 해야 한다고 믿었던 이들의 판단은 곧 오류로 판명 났기 때문이다. 이 폭력적 시도에 참여한 이들은 기존의 종교권력과 정치권력에 참담하게 패배했고, 그 결과 처참하게 처형당하고 말았다. 급진적 개혁 신앙을 따라 형성되었던 재세례파 신앙운동은 호프만이 이끈 뮌스터 사건을 겪은 후 종말론적 신앙의 한계와 오류를 인식하고 방향을 바꾸어 더욱더 비폭력 평화주의 원칙을 고수하는 신앙을 견지했다.

그리하여 이들은 성서적 원칙을 더욱 강조하며 철저하게 개혁 운동에 임했다. 만인 사제직의 신앙을 따라 성직 계급을 부정했고, 예수의 삶의 모범을 따라 살기 위해 단순한 삶과 고난의 수용을 결단하는 사람에게만 세례를 베푸는 것이 옳다고 판단했다. 그리하여 이들은 유아세례의 유효성을 인정하지 않았다. 그리스도의 참제자가 되겠다는 결단이 분명한 성인에게만 세상을 향해 죽고 영원한 생명을 얻은 삶의 시작을 의미하는 증표로 세례를 베풀었다. 이들이 택한 예수를 따르는 삶의 규범은 절대 평화주의의 원칙으로 무저항주의까지 수용하는 것이었다.

비폭력 무저항주의

1526년 그레벨과 재세례파 신앙운동을 벌였던 만츠(Felix Manz)는 취리히 법정에서의 증언으로 인해 재세례파 최초의 순교자로 기록되었다. 당시 재판 기록에 이런 내용이 담겨 있다. "어떤 기독교인도 정부의 관리가 되어서는 안 되고, 칼을 사용하는 것도 안 되며, 누구를 죽이는 것도 안 되고, 징벌하는 것도 안 된다. 성서는 그런 행위를 위한 근거를 담고 있지 않기 때문이다."[14] 만츠는 형제들에게 보낸 마지막 편지에서 "그리스도께서는 누구도 미워하시지 않았다. 그러므로 그의 충실한 종들 또한 미워하지 않으며 당연히 우리보다 앞서 가신 그리스도를 따라 그 길을 가는 것이다"[15]라고 증언했다. 스위스 형제단은 이런 만츠의 입장을 받아들여 1537년 무저항주의 입장을 다음과 같이 표명했다.

> 우리는 정치권력이 하나님에 의해 그리스도의 완전 밖에서 주어졌다
> 는 점에 동의하고, 이는 국가 권위가 질서를 유지하고 악을 징벌하며
> 선을 지켜 내기 위한 적법한 입장을 취할 수 있음을 받아들인다. 그
> 러나 그리스도인인 우리는 복음을 따라 살며 우리의 유일한 권위자
> 는 예수 그리스도뿐이다. 결과적으로 우리 그리스도인이 사용하는
> 유일한 수단은 사람을 죽이는 일이 아니라 기독교적인 금지 원칙뿐
> 이다. 그리스도인과 세상 사이에는 큰 차이가 있다. 그리스도인은 산
> 상설교의 기준을 따라 살지만 세상은 편벽되고 사탄에 지배를 받는
> 다. 세상은 칼을 쓰지만 그리스도인은 오직 자비와 용서, 경고와 더
> 불어 영적인 무기를 사용할 뿐이다. 따라서 우리는 폭력 사용을 전제
> 하는 공직을 맡지 않는다. 세상은 무기로 무장하지만 우리는 하나님
> 의 사랑, 진리, 의와 평화와 믿음, 구원 그리고 하나님의 말씀으로 무
> 장한다.[16]

모든 전쟁 행위를 거부한 재세례파 교도들은 정당전쟁론을 계
승해 온 가톨릭교회와는 물론이고 종교개혁 세력과도 마찰을 불러
일으켰다. 평화주의와 현실주의 사이에서 신앙 체계의 다름을 관용
할 줄 몰랐던 주류 기독교 지도자 루터, 칼뱅, 츠빙글리는 산상설교
에 근거하는 재세례파의 평화주의를 반박했다. 구약성서의 아브라
함의 사례(창 14), 로마 병사를 향한 세례 요한의 권고(눅 3), 콘스탄티
누스나 테오도시우스 같은 크리스천 황제의 사례를[17] 들어 그들을
비난했다. 하지만 츠빙글리파 사람이었던 불링거(H. Bullinger)는 재세
례파 교도에 대해 다음과 같은 기록을 남기고 있다.

기독교인이라면 (보복하기보다는) 고난을 받을 준비가 되어 있어야 한다고 믿는다. 어느 누구도 지배자가 될 수 없다는 것이다. 정부는 신앙이나 종교적 실천 등을 규제할 수 없다고 한다. 그리스도인은 폭력에 저항하지 않을 뿐 아니라 법의 보복도 추구하지 않는다. 그들은 재판정의 법을 이용하지 않는다. 그리스도인은 살인하지 않는다. 그들에게 징벌이란 옥에 가두거나 칼을 사용하는 것이 아니라 교회의 규칙을 적용하는 것이다. 그들은 자신을 방어하지 않으므로 전쟁에 나가지 않으며 이런 점에서는 정부에 복종하지 않는다.[18]

절대 평화주의적인 재세례파의 신앙고백과 이에 일치하는 삶의 태도는 종교나 세속 권력에 비협조적인 결과를 초래했고 마침내 그들의 분노를 불러일으켰다. 그리하여 재세례파 교도들의 순교가 끝없이 이어졌다. 그리스도에게 평화의 가르침을 받은 기독교인으로서 하나님의 명령과 그리스도의 평화를 지키기 위해 비폭력 무저항 원칙을 일관되게 고수함으로써 기존의 정치가와 루터주의자에게 비난과 고초를 받았고, 결국 많은 사람이 순교의 자리에 이르렀던 것이다. 1545년 재세례파 지도자 리데만(Peter Riedemann)은 다음과 같은 고백의 글을 남겼다.

그리스도는 평화의 임금이시므로 당신의 피로 이루신 교회, 즉 왕국을 준비하셨다. 이미 오래전 약속된 바와 같이 이 왕국에서는 세상의 모든 전쟁이 그치게 될 것이다. (⋯) 그러므로 그리스도인은 전쟁에 나가지 않으며 보복하기 위해 세상의 칼을 소유하지 않는다. (⋯) 원수를 갚는 것은 우리의 일이 아니라 하나님의 일이니 하나님께 맡겨야 한다. 그리고 우리 스스로 그 일을 실행해서는 안 된다. 우리는 그리스도의 제자이기 때문에 악으로 악을 갚지 않으실 그리스도의 본성을 따른다는 것을 반드시 진실되게 보여 주어야 한다. 따라서 우리는 전쟁을 하거나 보복을 하지 않을 것이기 때문에 많은 칼이 필요하지 않다. 누구든지 이 사실을 저버리면 그리스도와 그 본성을 부인하는 것이다.[19]

메노나이트 평화주의

네덜란드 재세례파의 지도자로 평화주의 원칙을 밝힌 메노 시몬스(Menno Simons, 1496-1561)는 여러 글에서 재세례파의 평화주의 원칙을 철저한 무저항 정신으로 규명하고 이후의 모든 재세례파의 신앙적 삶의 지침을 명시했다. 시몬스를 따르는 재세례파 신도들은 그의 이름을 따라 '메노나이트'로 불리기 시작했다. 이들의 기본적 실천 강령은 다음과 같은 내용으로 구성되었다.

(1) 거듭난 사람은 전쟁에 가지 않고 싸움에 휘말리지도 않습니다. 그들은 평화의 자녀들로서 칼을 쳐서 쟁기로, 창을 쳐서 낫으로 만들었기 때문에 전쟁이라는 것을 모릅니다. 그들은 가이사의 것은 가이사에게로 돌리고 하나님의 것은 하나님께 돌립니다. 그들의 무기는 성령으로 역사하는 선한 양심을 지닌 성령의 무기입니다.

(2) 우리는 그리스도의 형상을 옷 입어야 하는데(롬 8:29) 어떻게 칼을 들고 적과 싸울 수 있습니까? 사도 베드로가 말한 바와 같이 우리가 부르심을 받은 것은 그리스도께서 우리를 위해 고난을 받으시고 우리에게 본을 보이셨으니 그 자취를 따라오게 하려 하심입니다. 그리스도께서는 죄를 범치 아니하시고 그 입에 궤사도 없으시며 욕을 받으시되 위협하지 않으셨습니다(벧전 2:21-23; 마

16:24).

(3) 나는 스스로 그리스도인임을 자랑하면서 무서운 전쟁과 피 흘림을 정당화하고 모세와 여호수아를 사례로 들면서 선한 일이라고 주장하는 포악한 자들이 있음을 잘 알고 있습니다. 그들은 모세와 그 후계자들이 철로 된 칼을 들고 그 시대를 섬겼다고 생각하지만, 이제 예수 그리스도께서 우리에게 새 계명을 주시고 다른 칼을 허리에 채워 주신 것을 생각하지는 않습니다. 그들은 성경에 기록된 모든 복음에 반해 형제들, 즉 신앙을 나누며 같은 세례를 받고 같은 성찬을 나누어 한 몸의 지체 된 이들에게 전쟁의 칼을 휘두른다는 사실을 생각하지 못합니다.[20]

메노나이트의 평화주의적 태도는 한동안 정부의 권위를 거절하는 열광적 무정부주의자로 간주되어 개신교, 가톨릭교회 그리고 정부의 박해를 받았다. 그 결과 16세기 말에 이르기까지 유럽 기독교 세계에서 약 2천 명에 이르는 재세례파 교도가 순교의 피를 흘렸다.[21]

새 법의 사람들

메노나이트는 예수 그리스도의 가르침을 따라 비폭력 평화주의를 신앙의 신념으로 받아들였다. 제국의 신학자들이 구약성서를 인용할 때면, 그것은 옛 법이고 그리스도께서 주신 새 법을 따라야 한다는 입장을 고수했다. 예수 그리스도는 모세나 여호수아에 비해 더 높은 주님이시기 때문에 이제는 새 법을 주신 그리스도를 따르는 것이 그리스도인의 마땅한 의무라고 주장한 것이다. 그러나 종교개혁가들은 예수께서 구약성서에 나오는 전사들을 비판하거나 전쟁을 금하지 않았다고 주장했다. 하지만 이들과는 달리 재세례파 교도에게 주님은 오직 새 법을 주신 그리스도뿐이며 그분만이 그들이 복종해야 할 궁극적인 대상이었다.

무수한 형극의 길을 걸었던 재세례파 교도들은 자신들의 경험에서 '순교의 신학과 수난교회(theology of martyr and a doctrine of the suffering church)'라는 신학적 입장을 발전시켰다. 이들에게는 아우구스티누스 이후 현실주의적 태도를 선택한 두 도성설이나 루터의 두 왕국설, 칼뱅의 두 정부론은 큰 의미를 갖지 못했다. 그런 이론을 수용하는 한 그리스도가 주님(Lord)이라는 의미는 무색했기 때문이다. 이들로부터 전하는 재세례파의 기본 신조에는 다음과 같은 요소들이 있다.

1) 교회는 오로지 진실로 그리스도에게 돌아선 신자들로 형성된다.
2) 교회는 자발적인 구성원으로 이뤄진다. 따라서 유아세례는 이 원칙에 위배된다.
3) 신앙 공동체 안에서 자발적으로 교제를 나누기 원하는 이들을 위한 교회의 제자훈련은 필요하다. 교회는 제자다운 삶에 불응하는 이들에 대한 제명권을 행사한다.
4) 성례전이 유효하다는 교설을 거부한다. 성만찬은 그리스도인의 사귐의 축제라는 의미를 가진다.
5) 거룩한 삶을 강조한다. 여기에는 국가로부터의 물러섬, 맹세하지 않음, 전쟁이나 사형 제도와 같이 어떤 종류의 폭력에도 관여하지 않는 것과 불의에 대해서는 그리스도의 수난에 동참하는 의미에서 십자가와 수난의 제자직을 받아들이는 것을 포함한다.
6) 평등성과 상호성을 중시한다. 남성과 여성 사이에 모든 교회 구성

원은 평등하다. 따라서 평등하게 돕고 나누며 협력한다.

7) 산상설교의 가르침을 따른다. 예수의 가르침과 삶을 삶의 규범으로 받아들인다. 따라서 우리는 예수의 규범과 고난을 따른다.[22]

메노나이트 신학자 요더는 예수의 가르침이 철저히 비폭력 평화주의였음을 천명하면서 기독교회의 역사는 예수를 배반하거나 적어도 예수와 관련 없는 정치신학을 형성해 온 오류를 안고 있다고 했다. 그는 기독교 세계에서 일어난 이러한 거역이나 왜곡은 서양사에 빛을 던져 준 계몽주의나 종교개혁자들, 심지어는 일부 해방신학자에 의해서도 되돌려지지 않았다고 지적했다.

요더의 관점에서 본다면 예수의 평화윤리는 결코 현실주의적인 악을 수용하는 입장이 아니라 성서적인 완전주의적 요구로 이해될 수 있다. 그동안 교권 신학자들은 예수의 윤리를 구체적인 삶의 현실에 적용하는 것이 불가능하다고 주장해 왔다. 예수의 삶과 사상을 철저히 따라 살기보다는 예수의 사상을 각자의 삶에 적절한 것으로 바꾸어 살려는 인간적인 판단에 경도되었기 때문이라고 평가한다.

그리하여 요더는 성서의 가르침이 담고 있는 내용은 제국의 논리를 뒷받침하는 것도 아니고, 보편 원칙을 따라 일반화된 삶을 지향하는 것도 아닌, 오직 하나님의 창조 세계를 즐거워하며 공동의 삶을 통해 하나님의 뜻에 복종하는 것을 부끄러워하지 않는 구체적인 요구를 담고 있다고 주장한다. 따라서 현대 테크놀로지를 동원한 탐욕과 효율성, 능력의 가치를 중시하는 것보다 농경적 환경 세계를 보존하며 더불어 살아가는 데서 참된 기독교적 삶의 의미를 규명하는 것이 성서적이며 그리스도의 가르침에 가까운 것이라고 본다.

이 관점은 메노나이트 전통을 대변하는 견해로서 전통적 기독교의 윤리적 실패는 바로 탐욕과 효율성의 논리를 담고 있는 도덕 수준에 만족하고 긍정함으로써 기독교의 특수한 요구, 즉 비폭력적 사랑의 실천을 외면하거나 포기하는 데서 왔다고 보는 것이다. 그러므로 요더는 기독교 평화윤리를 되찾기 위한 길은 추상적인 보편성의 원리에서가 아니라, 신앙 공동체의 구체적인 특수성의 원리가 더욱 강조되는 방향이어야 한다고 주장한다.

인간과 자연의 분리

요더는 16세기 농경사회를 배경으로 형성된 메노나이트들의 사상을 높이 평가하면서 농경문화와 깊은 관련성을 갖는 성서의 가르침은 인간과 대지를 동일시하는 인간과 자연 간의 평화라는 토대 위에서 주어진 것이라고 보았다. 따라서 땅과 관련하여 기독교 사상이 담고 있던 원축복(original blessing)을 상실하게 된 것은 인간과 자연의 분리로 인한 것이라고 했다. 사실 이런 전통은 초기 예수 공동체에 내재해 있었고, 13세기에 라인란트 지역의 신비주의자로 이어졌다.

13세기 여성 신비가들에 의해 자각된 이 전통은 일종의 세계 내적 신비주의(inner worldly mysticism) 혹은 범재신론(penentheism)적 신비주의의 성격을 가진다. 물과 산, 강과 들, 그리고 새와 나무—피조 세계를 형제자매로 부르며 인간만이 아니라 피조 세계의 모든 존재를 창조주에 의해 피조된 존재로서 동일시하는 전통을 가진다.[23] 이들은 피조 세계를 향해 그것(it)이라고 대상화하거나 타자화하지 않고 그대(thou)라고 부르는 신앙적 태도를 창세기 2장에서 모든 피조 세계를 보살피라며 맡겨 주신 창조주 하나님의 뜻에 따르는 신앙적 삶의 자세에서 우러나는 것이라고 이해했다. 하나님의 피조물로서 인간과 자연은 형제자매의 관계라는 것이다.

본디 인간과 자연-창조 세계의 관계는 거리가 없는 평등한 관계였다. 그런데 기독교에서 이를 주종 관계로 이해하거나 자연을 인간의 향유와 착취의 대상으로 왜곡하게 된 것은 지나친 인간중심주의와 인간의 오만과 탐욕의 무비판적인 승인 때문이다. 한편에서 인간의 죄스러움을 강조하면서도 다른 한편에서는 인간의 오만과 탐욕을 긍정하고 승인해 온 문화는 결국 십자가의 도를 어리석은 것으로 여기는 가치 체계를 형성하고, 이를 제도화함으로써 보다 효율적인 생산과 번영과 행복을 추구해 왔다. 따라서 메노나이트는 고도의 산업화된 삶이나 제도화된 삶을 멀리한다.

> (메노나이트의) 거룩한 삶에 대한 강조는 다음과 같이 표현된다. (a) 국가에 대한 봉사를 포함해 국가로부터 물러섬, (b) 맹세의 거절, (c) 전쟁이나 사형 집행 등을 포함해 모든 종류의 폭력의 거부, (d) 그리스도의 고난에 참여하는 신앙은 그리스도의 제자의 몫으로 고난을 받아들이고 불의로 인한 고통도 수납하는 것이다.[24]

요더는 가인의 삶에서 볼 수 있듯이 죄란 자연의 착취와 동류 인간을 향한 적대성에서 노골화되고, 자연을 비하하며 인간의 합리성과 정신적 우월성을 강조해 온 전통에서 형성된 영적 우월성에 의해 점점 깊어져 왔다고 본다. 현대 문명의 본질은 바로 가인의 문화에서 건설되었다는 것이다. 그 문화에서 일어나는 사건은 동일한 가인의 죄, 즉 보다 효율적으로 자연을 착취하기 위해 기술 문명을 도구화하고 합법적인 폭력 구조를 승인받은 제국주의적 국가권력이 전쟁을 벌여 왔다는 점을 고려하여 악의 세력의 확장이라는 관점에서 다시 보아야 한다고 주장한다.

잃은 길 되찾기

요더는 기독교가 잃어버린 길을 되찾으려면 깊은 원인을 인식할 수 있어야 한다고 생각한다. 그 깊은 원인은 예수에 대한 잘못된 해석이다. 요더는 예수의 평화윤리에 대한 왜곡이 왜, 어떻게 일어났는지에 관해 《예수의 정치(The Politics of Jesus)》에서 밝히고 있다. 이 책에서 그는 예수 윤리사상의 핵심이 메시아적 윤리(messianic ethic)[25]에 있다고 보고, 기독교 역사에서 표명된 여타의 기독교 윤리는 인간의 합리적 실천 능력을 염두에 두고 그것에 의해 여과된 타협주의적인 결과이기 때문에 진정으로 기독교 신앙인이 살아야 할 삶의 내용을 지시하지 못했다고 비판한다.

단순하게 말해서 예수의 윤리를 배제한 윤리 체계를 앞세운 가르침에서는, 예수가 더 이상 기독교 윤리의 규범으로 받아들여지지 않는다. 따라서 대부분의 주류 기독교가 가르치는 윤리는 '기독교 윤리'라는 이름으로 표명되고 있기는 하지만, 오히려 예수의 가르침을 삭제하거나 심지어 예수를 부담스러워하며 도외시하고 있다는 것이다. 이와 같은 생각으로 요더는 기독교 주류의 윤리학적 전제를 분석했다.[26]

요더의 주장에 따르면, 기독교가 예수의 가르침을 기독교 윤리학의 핵심 규범으로 받아들이지 않으면서도 기독교 윤리학을 구성하게 된 원인은 기독교가 세속적인 가치와 융합하는 데 급급하여 예수를 따라 살아가는 제자직의 윤리를 외면하는 입장을 택했기 때문이다. 기독교가 예수의 가르침을 외면하는 논의를 정당화한 데에는 예수가 사회윤리적인 문제들에 대해 직접적인 언급을 하지 않았다고 본 까닭이다. 즉 예수의 어록에 우리가 살아가는 복잡한 세계에서 구체적으로 실천할 수 있는 정치·경제·사회·윤리적 지침이 결여되어 있다고 간주했던 것이다.

기독교 정당전쟁론을 넘어

요더의 논의는 결국 한 가지 관심, 즉 왜 예수의 평화적 가르침이 지난 기독교의 역사에서 기독교 사회윤리를 형성하는 데 충분하지 않았는가를 비판적으로 해명하는 것이었다. 이 논의의 핵심은 예수의 삶과 가르침은 너무 도덕주의적이거나 종교적이어서 현실적 타당성이 결여되었으며, 따라서 이를 발전시키거나 다른 자료를 첨가해야만 적용 가능한 윤리[27]가 된다는 결론과 마주 닿아 있다.

예수의 평화사상을 현실주의자들이 재해석하더니 평화주의가 아닌, 호전주의 혹은 현실적 전쟁 옹호론으로까지 발전된 셈이다. 그리하여 기독교가 주류를 이루는 사회에서 사회 책임의 윤리를 강조할 수는 있었으나 평화를 위한 실천 방법에서는 호전적이고 방어적인 논리를 수용하여 예수의 사상과 거리가 먼 기독교가 되고 말았다는 것이다. 이런 윤리적 입장은 결국 기독교 윤리학의 규범이 예수의 복음에 근거한 것이 아니라, 일종의 자연신학적 관심으로 지나치게 기울어진 것이다.[28]

이상의 논의를 전체적으로 살펴보면, 주류 교회의 가르침 속에 예수의 가르침이 개인적인 것, 종교적인 것, 실존적인 것으로 규정됨으로써 그 가르침이 사회적 적절성을 상실하고 있다고 평가되어 수정되지 않으면 안 되었다는 결론에 이른다. 그러므로 신학의 역사에서 예수의 가르침이 사회와의 관련성을 갖도록 보다 적절하게 수정함으써 효과적인 방안을 추구하게 되었음을 알 수 있다. 이런 성향은 로마 가톨릭교회나 개신교회, 근래의 상황윤리에서 동일하게 작용하고 있다.

하나님 말씀을 경청하고 그 말씀을 통해 변화되어야 할 사람들이 오히려 자신의 경험과 이성적 합리성에 맞추어 하나님의 말씀을 바꾼 것이다. 예수의 말씀을 듣는 청자가 아니고, 그의 말씀의 적용 가능성을 판단하는 입장에서 예수를 수정해 온 역사가 기독교 주류 신학자들에 의해 지속되어 왔고, 오늘날 대부분의 기독교회는 이런 신학적 귀결을 근거로 왜곡된 평화와 믿음, 구원을 이해하게 되었다는 것이다.

요더는 예수의 사회윤리적 가르침이 실존적이고 내면적이며 종교적인 성격에 그치는 것이라면, 그리하여 현실 관련성을 결여하고 있다면 유대인들이 어찌하여 예수를 저주하며 십자가에 매달았는지 그 이유를 묻는다. 또한 예수를 통해 전해지는 메시지를 비현실적인 것으로 여겨 거부하는 것은, 하나님의 계시를 통해 현실적인 삶을 넘어서 새로운 의미를 찾으려는 신앙적 태도에서 크게 이탈한 것이라고 한다.[29]

그러므로 메노나이트는 예수의 메시지가 충분히 현실적일 뿐 아니라, 현실 관련성이 있고 특별한 기독교 사회윤리를 구성하는 데 충분히 규범적이라고 믿는다. 이런 주장은 재세례파 사상가들과 그 후예의 삶과 사상에 깊이 각인된 역사적 신앙을 낳았다.

메노나이트 전통과 예수 이해

메노나이트 전통을 대변하는 요더의 주장을 살펴보면 다음의 몇 가지 관점이 명료해진다. 첫째, 요더는 트뢸치를 비롯한 교단 신학자들이 주장했던 예수 윤리의 비사회적 순수성과 순수 종교적인 성격에 대한 주장은 사실에 근거한 것이 아니라고 한다.[30] 예수가 그의 시대와 정치 상황에서 자신의 입장을 의식적으로 명료하게 선택함으로써 정치적 소명을 수행했다고 보기 때문이다. 다만 예수의 정치적 입장은 어떤 폭력도 정당화할 수 없다는 관점에서 나온 비폭력 평화주의 원칙을 주장하는 것이었고, 이 원칙은 초기 기독교 공동체 안에 엄연히 살아 있었다.

둘째, 당시 예수가 선택할 수 있는 정치적 대안은 현존 질서를 거부하고 변혁시키거나 역사 현실을 회피하고 사막으로 퇴각하는 것이었다. 그러나 예수는 현실 한가운데에서 비폭력 평화적인 방식으로 소명을 다했다고 요더는 이해한다. 여기서 분명하게 떠오르는 예수의 이미지는 비폭력적으로 저항하다가 고난을 수용하는 십자가를 짊어지신 분이다. 요더는 "한 가지 관점에서, 한 가지 주제에 초점을 두면 지속적으로 또한 보편적으로 예수는 우리의 모범이다"[31]라고 주장한다. 기존의 주류 교회에서 입으로는 십자가를 예찬하면서 행동으로는 십자가의 신학을 외면했기 때문에 예수가 그리스도인의 삶의 규범 밖으로 밀려났다는 것이다.

셋째, 약자의 입장에서 끊임없이 받을 수밖에 없는 유혹은 사회적 책임을 수납하기 위해 저항적 폭력을 사용해야 한다는 요구다. 하지만 요더는 우리가 예수를 이해하려면 세 가지 거절을 이해할 수 있어야 한다고 주장한다. 그것은 정적주의의 거절이며, 질서 형성을 위해 사회적 책임을 지겠다는 태도의 거절, 그리고 십자군적 태도를 가지라는 지속적인 유혹의 거절이다. 주제넘게 책임을 짊어지라는 것은 신앙적이라기보다는 인간의 도덕적 자만에서 나온 것이라고 보는 것이다.

따라서 성서의 기록에 근거한 이해가 아닌, 성서 외적 근거로 예수를 이해하는 것은 기독교 평화윤리를 구성하는 데 있어 잘못 들어서는 길이라고 요더는 판단한다. 결국 요더는 예수는 위의 세 가지 입장을 거절하고 비폭력적으로 십자가를 지는 길을 선택했다고 본다. 그렇지 않다면 기독교 평화윤리는 비폭력 평화주의가 아니라 폭력적 평화주의를 지향할 수밖에 없을 것이며, 결과적으로 강자의 논리 위에 의존하는 평화윤리로 전락할 수밖에 없을 것이기 때문이다.

평화교회 신앙고백

예수는 제자들을 향해 자기 십자가를 지라고 명료하게 요구했다. 그러나 기독교 역사는 십자가 대신 타협을 통해 권세와 영광을 누리려다 예수의 평화윤리를 잃고 말았다. 그러므로 제자직의 요건은 요더에게 예수의 비폭력 평화주의적인 삶으로 돌아서는 길이다. 이런 전통은 메노나이트 공동체에 그대로 전수되어 1995년 그들의 신앙고백문에서 다음과 같은 입장으로 표명되었다.

우리는 평화가 하나님의 뜻이라고 믿는다. 하나님은 이 세상을 평화 속에 지으셨고 하나님의 평화는 우리의 평화이시며 동시에 세상의 평화이신 예수 그리스도 안에 충만하게 계시되었다. 성령의 인도함을 받아 우리는 정의를 행하고 화해를 일구어 내며 폭력과 전쟁에 직면한다 할지라도 무저항을 가르치는 평화의 길에서 예수를 따른다. 하나님께서 평화스러운 세상을 지으셨지만 인간은 불의하고 폭력적인 길을 선택했다(창 1-11). 보복의 정신이 넘쳐 나고 폭력이 증가하고 있는데도 불구하고 평화와 정의에 대한 근원적인 비전은 사라지지 않았다(사 2:2-4). 예언자를 비롯한 하나님 말씀의 전언자들은 이스라엘 백성에게 무기와 근대의 힘이 아니라 하나님을 신뢰하라고 가르치기를 계속해 왔다(레 26:6; 사 31:1; 호 2:18). 인간과 창조 세계를 위한 하나님의 평화는 예수 그리스도 안에서 충만하게 계시되었다. 환희에 찬 평화의 노래가 예수의 탄생을 예고했다(눅 2:14). 예수는 원수 사랑을 가르치시고 잘못된 이들을 용서하라고 가르치시면서 저항하기를 택하지 않고 기꺼이 자기 생명을 내어 주셨다(마 26:52-53). 그의 죽으심과 부활로 말미암아 예수는 죽음의 권세를 물리치시고 우리에게 하나님의 평화를 주셨다(고전 15:54-55; 롬 5:10-11; 엡 2:11-18). 그러므로 예수는 우리를 하나님과 화해하게 하심으로 화해의 사역을 우리에게 위탁하신 것이다. 예수의 제자로서 우리는 그의 평화와 정의의 사역에 참여하고 있다. 그는 우리를 부르셔서 평화를 이루어 정의를 실현하는 데서 우리의 축복을 찾게 하신다. 우리는 의를 위하여 박해를 기꺼이 받을 마음을 가지고 부드러운 정신으로 사역한다(마 5:3-12). 그리스도의 제자로서 우리는 전쟁을 준비하거나 전쟁이나 군 복무에 참여하지 않는다. 또한 예수께서 주신 정신은 우리에게 원수를 사랑하고, 보복하기보다는 용서하며, 바른 관계를 이루어 나가고, 다툼을 피하기 위해 신앙 공동체를 의지하는 것과 악에 대해 폭력을 사용하지 않고 저항할 수 있는 능력을 주셨다(마 5:39; 고전 5:1-16; 롬 12:14-21). 성령의 인도함을 받아 교회 안에서부터 우리는 모든 백성에게 폭력은 하나님의 뜻이 아니라고 증언한다. 우리는 국가 간 전쟁과 인종과 계급 간의 적대성, 어린아이와 여성을 함부로 대하는 것, 남성과 여성 사이에서 일어나는 폭력, 그리고 인공유산과 사형 제도를 비롯한 모든 형태의 폭력을 거부하는 증언을 해야 한다. 우리는 하루하루 선으로 악을 이기게 하시고, 우리에게 정의를 행할 능력을 주시며, 하나님의 평화스러운 통치를 바라보는 영광스러운 희망을 부여잡게 하시는 은혜와 평화의 하나님께 우리의 궁극적인 충성을 바친다(사 11: 1-9).[32]

십자가의 신학

메노나이트 신앙고백문에 담긴 평화교회의 정신은 성서와 예수가 우리에게 어떻게 평화에 대해 일러 주는지를 잘 요약해 준다. 정치·경제적 이해타산이라는 때가 묻지 않은 평화론이다. 기존의 교파주의적 교회들은 평화를 공동체의 정당방위와 안전을 위한 대리적 논거와 이해관계를 전제한 데서 승리주의적으로 이해하려 했다. 하지만 메노나이트들은 자기중심의 신앙이 아니라, 정당성을 주장하거나 이해관계를 보존하려는 차원이 아니라, 오히려 성서가 지시하는 믿음을 지키기 위해 박해받을 준비가 되어 있는 신앙 공동체의 구성원으로 자신을 이해한다. 동시에 윤리적 본질의 한 요소를 비폭력 평화주의에서 찾고 있는 것이다.

구약학자 브루지만(Walter Brueggemann)은 평화를 이해하는 데 성서가 말하는 전통은 두 가지가 있다고 했다. '가지지 않은 자들'의 전통과 자신이 소중히 여기는 것이 많은 '가진 자들'에 대한 성서적 전통이다.[33] 브루지만은 가지지 않은 자들의 전통이 예수의 전통에 더 가깝다고 보면서 그 전통이 묵시적 종말을 희망의 지평으로 삼고 새로운 질서의 도래를 기다리는 공동체를 형성해 왔다고 본다. 하지만 가진 자들의 전통은 새로운 세계의 도래를 기다리지 않는다. 브루지만의 관점에서 본다면 메노나이트들은 가지지 않은 자들의 전통을 따라 예수의 평화주의 가르침에 충실한 십자가의 길을 걷고 있는 셈이다.

X
퀘이커 신앙운동과 평화

"나는 세상의 빛이다. 나를 따르는 사람은 어둠 속을 걷지 않고 생명의 빛을 얻을 것이다"(요한복음 8:12).

　메노나이트 전통이 재세례파의 발흥에 연원을 두고 있다면, 퀘이커 전통은 국교화되어 경직된 영국 교회에 절망한 평신도 운동에 뿌리를 두고 있다. 18세기 영국 사회는 커다란 격동을 겪고 있었다. 정치적으로는 봉건 왕조의 특권이 부정되고, 경제적으로는 봉건 귀족들이 신흥 산업 세력에 의해 구축되고 있었다. 종교적으로는 대륙의 종교개혁 세력이 확장되어 가던 시기였다. 영국 왕실과 갈등을 불러일으켰던 가톨릭교회는 영국 국왕의 수장령(Acts of Supremacy) 선포로 인해 영국에서 힘을 잃게 되었다.
　사회 변동의 여파로 신흥 산업 구조와 맞물려 도시로 몰려든 도시 빈민들은 극빈의 어려움 속에 살고 있었다. 가난한 이들은 일터나 직업을 구할 수 없었고 교육조차 제대로 받을 수 없었다. 이 시대의 영국 국교회는 영국 왕실과 귀족의 옹호를 받으며 가톨릭교회가 누리던 모든 특권을 향유하고 있었다. 가톨릭교회에서 종교개혁 사상을 받아들여 교회를 개혁한 영국 성공회였지만 많은 그리스도인은 교회의 가르침이 자신들의 실제적인 삶을 전혀 변화시키지 못하고 있음을 극심하게 경험하고 있었다.

17세기 이전의 영국 교회는 위클리프(John Wyclif)의 개혁사상에 영향을 받아 평신도들의 신앙 주체에 대한 인식과 더불어 가톨릭 교권에 대한 저항의식이 깊었다. 하지만 이런 흐름은 가톨릭 세력에 의해 억압되고 위클리프는 제거되고 말았다. 가톨릭교회와 갈등을 겪던 헨리 8세(Henry Ⅷ)는 1534년 수장령을 선포함으로써 영국령에 있는 모든 교회가 가톨릭교회의 지배에서 독립해 영국 국왕의 통제하에 처하도록 조치했다. 그가 세상을 떠난 후 왕좌에 오른 에드워드 6세(Edward Ⅵ)는 개신교를 지지했지만 재위 기간이 6년밖에 되지 못했다. 다시 왕좌는 로마 가톨릭교회를 옹호하던 메리 여왕에게 넘어가 5년간 피비린내 나는 종교적 숙청이 일어났다. 메리 1세(Mary Ⅰ)가 통치한 5년간 280명이 이단자로 몰려 화형을 당했다.[1]

성직자 중심주의를 넘어서

영국은 국왕의 성향에 따라 종교·정치적으로 한동안 좌충우돌하고 있었다. 권력의 그늘 아래 생존의 갈림길이 결정되던 시기에 성직자들은 교회의 거룩함과 권위를 바르게 지켜 내지 못했다. 이런 와중에 성직자들의 삶 역시 그들이 설교하는 내용과는 전혀 다른 별개의 삶이었고, 오랜 역사를 거치며 형성된 성례 문화도 신자들의 삶에 변화를 일으키지 못하고 그저 형식적인 것에 지나지 않았다. 신학적으로는 죄와 악의 현실에 대처할 수 있는 특별한 방안이 없었다. 하나님 나라가 오기까지 죄와 악의 현실을 극복할 수 없을 것이라는 윤리적 패배주의가 성직 전문가의 정신세계를 지배하고 있었기 때문이다.

종교개혁의 여파로 성경을 손에 들고 읽게 된 평신도들은 점차 그들이 교회에서 가르침을 받은 내용과 성서가 증언하는 진리 사이에 메울 수 없는 간격이 있음을 알고 무수한 질문을 제기했다. 하지만 전문 성직자들은 이들의 의문에 속 시원한 답을 제시하지 못했다. 퀘이커 신앙운동을 일으킨 폭스(George Fox, 1624-1691)도 그런 사람 중 하나였다. 그는 거룩한 삶에 대한 가르침으로서의 궁극적인 진리에 몇 가지 질문이 있었지만, 어느 성직자도 그에게 설득력 있는 답변을 해주지 못했다.

> 일반인의 입장에서 본다면 교인 가운데 혹은 항간에 전문가라고 불리는 이들이 행하는 엄청난 위선이 있었다. 심지어 성직자 중에는 탐욕스러운 지위를 얻기 위해 어떻게 거짓말을 하고 뇌물을 바쳐야 하는지를 아는 이들이 있었고, 그들 중 일부는 아주 나쁜 소문을 냈다. 영성적 삶은 대체로 바닥이었다. 거듭나지 못한 완고한 이들은 그저 잘 알려진 말만 하며 정부가 강제하는 십일조를 내면서 집에서는 세속의 사람들처럼 처신했다. 제도 교회에 참석하는 무리는 생명의 떡을 갈구했지만 찾을 수 없었다.[2]

이런 정황에서 폭스는 교회와 교권에 대해 깊은 절망감을 느꼈다. 도덕적 정당성을 상실하고 영성이 메마른 교회는 신자들에게 희망을 줄 수 없었다. 생명의 떡을 갈구했지만 교회에는 생명의 떡이 없었다. 폭스를 비롯한 경건한 이들은 영적인 절망을 헤쳐 나갈 길을 찾으려고 하나님께 기도했다. 폭스는 일단 신학 훈련을 받은 성직자에게서 해결책을 찾으려 했지만 구하면 구할수록 그들로부터는 아무것도 얻을 수 없었다. 오히려 그들에게 미움과 책망의 말을 듣게 되었다. 이에 대해 윌리엄스(Walter R. Williams)는 이렇게 기록하고 있다.

어린 시절부터 조지 폭스는 부모님을 따라 규칙적으로 교구 교회에 다녔다. 이런 습관은 그가 열아홉 살쯤 실망과 혼란 그리고 영적인 불안으로 교회에 나가기를 그만둘 때까지 계속되었다. 이런 상태는 헌신적 신앙인이었던 그의 부모에게 큰 근심거리였다. 그는 몇 달 동안 많은 시간을 집이나 벌판에서 성경을 읽으며 홀로 지냈다. 그는 기독교인을 자처하는 이들의 그럴듯한 불일치로 인해 고뇌하며 혼란스러워했다. 그가 알고 지내던 이웃 개신교인들도 기독교 신앙을 고백했지만 세상 사람들과 다를 바 없이 사는 것같이 보였다. 기독교 신앙은 삶을 변화시킬 수 없는 것인가? 그는 성경은 회개한 죄인에게 죄를 버리고 의롭고 거룩한 삶을 살라고 부르고 있음을 알고 있었다. 그러나 설교자들은 늘 인간이 이 세상을 사는 동안 죄와 불완전한 상태에 있다는 것만을 주장하고 있었다. 폭스는 참된 종교라면 그릇된 사람을 바른 사람으로 만들어야 한다는 확신을 강하게 품고 있었다.[3]

내면의 빛을 만나다

그러던 어느 날 폭스는 펜들 힐(Pendle Hill)[4]에 올라 하나님께 부르짖을 때 깊은 좌절을 깨고 들려오는 하나님의 음성을 들었다. 성직자나 전문 신앙인이 답해 주는 것이 아니라 그리스도께서 말씀하시는 것을 들어야 한다는 음성이었다. 그 이후 그는 신앙의 참된 권위는 교회나 교리 혹은 성직자가 아니라 오직 하나님에게 있다는 믿음을 더욱 확고히 갖게 되었다. 그는 종교개혁 정신의 관점에서 볼 때 기존 교회들이 과거의 부패한 유산을 이어받음으로써 성서의 정신에서 벗어난 위선과 자기기만을 초래하고 있다고 생각했다. 그리하여 진실한 신앙의 장애가 되는 것을 신앙 양심으로 거부하기로 작정했다. 그는 펜들 힐 경험 이후 인간에게 진리에 관한 답을 얻으려는 태도를 모두 버렸다. 이 경험에 대해 폭스는 다음과 같은 기록을 남겼다.

> 성직자를 비롯한 모든 인간에게 가졌던 희망이 사라졌을 때, 나는 "너의 형편에 대해 말씀해 주실 분은 오직 그리스도 예수"라는 음성을 들었다. 그 순간 내 가슴에는 기쁨이 벅차올랐다.[5]

폭스는 펜들 힐 경험으로 모든 인간은 하나님의 음성을 직접 듣고 체험하며 깨달을 수 있는 '내면의 빛'을 지녔다고 믿게 되었다. 어떤 매개적 수단보다 내면의 빛을 통해 하나님과 영적 교제를 직접 나눌 때 비로소 인위적인 장애를 넘어 참된 신앙에 이를 수 있음을 깨달았다. 그는 하나님과 영적 교제를 나눌 수 있는 인간은 언제나 소중하고 피차에 평등하기 때문에 서로 위해를 가하거나 해치는 행위를 해서는 안 된다는 기본적인 신념을 갖게 되었다. 하나님과 영적인 교제를 나눌 수 있는 존귀한 인간은 자유로운 존재이며, 제도나 권위의 노예가 될 수 없다는 생각은 그에게 확고한 신념이 되었다. 요한복음 15장 14절에서 언급하듯, 모든 인간은 서로를 향해 벗이 될 뿐 결코 노예가 아니라는 성서적 의미에서 퀘이커 모임을 '벗들의 모임(society of friends)'이라 부르기 시작했다.

평화의 복음과 그 장애물

폭스는 교회나 성례 혹은 예배 자체도 신자와 하나님의 직접적인 교제를 가로막는 수단이 될 수 있다는 점에서 그 가치를 높이 평가하지 않았다. 오히려 참된 신자와 하나님 사이를 가로막고 있는 장애를 제거하는 것이 옳다고 생각했다. 그리고 신앙은 제도적 신앙이나 고백이 아니라 신앙인의 선한 삶의 질을 결정하는 것이며, 일상에서 구현되어야 한다고 믿었다. 나아가 참된 신앙은 이 세상을 보다 아름다운 세상으로 변혁해 나가는 능력이어야 한다고 주장했다.

폭스는 예수 그리스도를 통해 주어진 복음의 본질은 하나님에 대한 경험에서 형성되는 평화에 있다고 믿었다. 그는 평화를 파괴하는 모든 악의 근원을 폭력에서 보았다. 폭력을 불러오는 것이 어둠의 세력이며 하나님의 선한 사역은 어둠을 빛으로, 폭력을 버리고 사랑으로 하나가 되는 길에서 이루어진다고 생각한 것이다. 그리하여 그는 하나님을 향한 신앙 체험을 위해 제의나 축제, 형식적인 성례전을 매개하는 기존의 교회를 떠나 간접적인 동로가 아닌 침묵 속에서 하나님의 선하신 뜻을 분별하는 체험을 중시했다. 그리스도인은 하나님을 직접 체험하고 인식하며 자각하는 증언자가 되어야 한다고 믿었던 것이다.

> 나는 하나님에 의해 모든 폭력과 어둠의 사역에 반대하여 사람들로 하여금 어둠에서 빛으로 돌아서게 하는, 그리고 전쟁과 다툼을 불러 일으키는 원인에서 벗어나 평화의 복음으로 나아가게 하는 한 사람의 증인으로 보냄을 받았습니다.[6]

이런 폭스의 입장은 기존의 제도 교회가 취했던 복음에 대한 해석이 모두 하나님의 뜻에 대한 인간적 해석에 의존하여 복음의 본질을 현실 타협적인 것으로 희석한 결과, 교회는 능력을 잃었고 세상을 변혁하기보다 오히려 세상에 동화되는 기독교가 되었다는 비판적 관점에서 더욱 강화되었다. 세상에 동화된 기독교는 폭력을 용인하고, 심지어 전쟁을 지지하며 지원했을 뿐 아니라 스스로 폭력을 동원하는 종교로 전락하고 말았다는 것이다. 이런 점에서 폭스는 기존의 기독교를 진리의 길에서 이탈했다고 보지 않을 수 없었다.

일반적으로 소종파 신앙은 현실이 죄스럽기 때문에 현실을 벗어나 세속적인 것들로부터 영향을 받지 않는 영역을 신앙 실천의 자리로 잡는 경향이 있다. 이런 성향을 소위 '분리의 원칙'이라고 하는데, 지난 역사에서 수도원주의자나 가톨릭교회의 성직자의 삶의 원칙 혹은 메노나이트나 아미쉬 공동체와 같은 소종파의 삶에서 찾아볼 수 있다. 하지만 폭스는 회피주의적인 길에서 복음 실천의 길을 찾지 않았다. 오히려 그는 악과 선, 빛과 어둠, 폭력과 사랑이 공존하는 이 세상 한가운데에서 살아 계신 하나님의 무한한 사랑을 신뢰하며 궁극적으로 선이 악을 이기고, 어둠을 이기며, 사랑이 폭력을 이길 수 있다는 신념을 갖게 되었다.

> 나는 "왜 악에 오염되지 않은 저를 이렇게 보아야만 합니까?"라고 주님께 부르짖으며 외쳤다. 주님은 내가 모든 정황을 이해할 수 있을 때 비로소 다른 정황에 대해 말할 수 있다고 응답해 주셨다. 이런 일을 통해 나는 하나님의 무한한 사랑을 보았다. 또한 어둠과 죽음의 대양(大洋)을 보았지만 그 어둠의 대양 위에 넘쳐흐르는 빛과 사랑으로 넘실대는 대양도 보았다. 이 체험에서 나는 하나님의 무한한 사랑을 보았고 커다란 안목이 열리는 것을 느꼈다.[7]

이 세상의 어둠과 폭력의 힘이 제아무리 강하다 할지라도 빛과 생명의 힘이, 하나님의 무한하신 사랑이 그 어둠과 악의 세력을 이길 것이라는 확신을 갖게 된 폭스는 비로소 자신에게 주어진 사명을 깨달았다. 이때 폭스는 죄를 인식하고도 극복하지 못하는 루터적인 신학이나, 죽음에 이르기까지 악과 싸워야 하는 실존으로 그리스도인을 이해했던 칼뱅의 신학이 제시하는 길을 버릴 수 있었다. 그리고 그는 내면의 빛을 따라서 하나님의 인도하심에 이끌려 걷는 거룩한 삶에서 일어나는 하나님 사랑의 능력에 의해 죄를 버리고 새사람이 되는 진정한 회복이 가능함을 받아들였다.

내적 체험의 능력

종교개혁자들은 인간의 역사는 죄스럽고, 그 상태는 현세에서 극복될 수 없기에 의인(義認)과 사죄(赦罪)의 역사가 죽기까지 일어나야 한다고 가르쳤다. 때문에 그리스도인의 실존이란 언제나 불안하고 불완전한 상태에 처할 수밖에 없고, 현실의 악에 저항하기보다 인내하고 고통을 수납해야 한다는 결론에 이르렀다. 하지만 폭스는 이런 가르침은 진정한 의미에서 그리스도를 통한 영적 능력을 인정하지 않는 것이라고 생각했다. 오히려 그의 일기에는 이렇게 적혀 있다.

이제 나는 영적으로 화염검을 지나 하나님의 낙원에 이르렀다. 모든 것이 새롭고, 모든 피조물이 이전과 다르게 인간의 언어로 주장할 수 있는 한계를 넘어 새로운 향기를 풍겨 주었다. 그리스도 예수의 이미지로 새로워지면서 나는 단지 순수함, 순진함과 의로움을 보았다. 그 결과 나는 내가 아담이 타락하기 이전의 상태로 변화되었다고 말했다. 피조 세계가 나를 향해 마음을 열고 그 세계가 나에게 어떻게 모든 것이 그것들의 본성과 덕목을 따라 이름 지어졌는지 보여 주었다. 나는 영적으로 순식간에 들어 올려져 아담의 순진함보다 더 온전한 상태를, 나아가 결코 죄가 없는 예수 그리스도 안에서의 상태를 들여다보았다. 주님이 하신 놀라운 일은 주께서 나를 인도하셔서 언표(言表)할 수 있는 것을 넘어 경이롭고 깊은 곳으로 인도하시고, 사람들이 하나님의 성령 안에 거하게 되매 전능하신 분의 이미지와 능력에 이르기까지 자라게 되어 모든 것을 드러내는 지혜의 말씀을 받아 영원한 존재 안에 숨겨져 있던 일체를 알 수 있게 되었다.[8]

바울도 로마서에서 성령 안에 거하는 삶의 능력에 대해 언급한 바 있지만, 폭스는 성령의 능력에서 '열린' 새 세계에 대한 인식이 가능하다는 점을 반복적으로 진술한다. 폭스는 성서를 읽고 예언자들의 음성을 전하면서 우리가 과연 진정으로 하나님에게서 내면의 음성을 들은 것인가를 거듭 묻다가 마침내 모두가 오류를 범했다고 선언한다. "나는 우리 모두가 분명히 오류를 범해 왔다는 것을 알았다. 그래서 나는 주저앉아 슬프게 울었다. 그리고 내 영혼 깊은 곳에서 주님께 부르짖었다. '우리는 모두 도적입니다, 우리는 모두 도적입니다.' 성경을 문자로 읽었을 뿐 우리는 성경이 말하는 내용을 하나도 알지 못했습니다."[9]

신비주의 유형

트뢸취의 유형론적 이해[10]에 따르면, 신비주의 유형이란 교회의 제도적 구속을 원하지 않는 동시에 소종파 유형의 엄격한 율법주의적인 공동체성도 원하지 않는 사람들로 비제도적인 신앙을 가진 신자들을 의미한다. 교회 유형으로도 파악되지 않고, 소종파 신앙의 분리주의적 공동체를 강조하는 유형으로도 파악되지 않는 이들이다. 어쩌면 퀘이커들은 세 번째 항의 신앙 유형에 근접한 사람들이 아닐까 생각된다. 왜냐하면 퀘이커들은 교회의 형식적 제도성이나 소종파의 분리주의적 경건과 성결을 모두 바람직하지 않은 것으로 보았기 때문이다.

퀘이커들에게 가장 중요한 신앙인의 요건은 내적인 빛에 이끌리는 믿음이다. 타율에 따라 움직이는 노예 같은 신앙인이 아니라, 그리스도의 벗과 같이 평등하고 자율적이며 자유를 이해하는 신앙인의 믿음이다. 따라서 이들은 하나님 외의 모든 권위에 대해 복종할 의무가 없다고 생각한다. 국왕의 권위도, 국가의 법적 타율도, 국가의 강제 징집권도, 교회가 중시하는 교리의 강요나 제의의 유의미성도 근원적인 것이 아니라 오히려 신앙의 길에 장애가 된다고 생각한다.

그들이 만나는 하나님은 일상에서 만나는 하나님이며, 내면의 침묵과 기다림 속에 만나는 하나님이다. 따라서 특정한 제의나 성례전 혹은 축일이라는 의미는 이들에게 아무런 설득력이 없다. 전문 성직자라는 의미도 중요하지 않다. 오직 평등한 신앙인의 관계만 있을 뿐이다. 이런 까닭에 대부분의 퀘이커 모임에는 성직자가 없다. 탈성직주의, 탈교리주의, 탈권위주의적 신앙인이 있을 뿐이다. 하나님을 내적 체험으로 만나고, 그 하나님과 일상에서 교제를 나누는 신자는 진정한 의미에서 모든 타율에서 벗어나 진정한 양심의 자유를 누릴 수 있다는 것이다.

침묵에는 수도사의 침묵이 있고, 신비주의자의 침묵이 있다. 수도사들의 침묵이 수도원의 침묵과 명상 훈련을 위해 요구되는 것이라면, 신비주의자들의 침묵은 신성 앞에서 인간의 유한함을 인식하는 침묵이라 할 수 있다. 퀘이커들의 침묵은 수도사의 것이라기보다 신비주의자들의 침묵에 가깝다. 퀘이커들은 인위적인 질서와 수사학적인 화려한 언술을 버리려는 깊은 절제가 몸에 배어 있다. 언어를 사용할 수 있다면 그것은 공격적인 언어도 자기 과장의 언어도 아니다. 그것은 하나님의 현존 앞에서 가지는 고백의 언어다. 이런 까닭에 퀘이커들의 예배에는 화려한 교회음악의 전통도 이어지지 않는다. 이들의 청빈하고 단순한 예배실에는 화려한 파이프오르간의 웅장한 소리도 성가대의 아름다운 화음도 없다. 오히려 그런 것이 거룩하신 하나님을 향한 우리의 감수성을 일정한 범주 안에 제한해 자유로운 초월의 차원을 제거하기도 하고, 문화적 관습에 우리를 매어 두기도 하는 까닭이다.[11]

여기서 우리가 기억해야 할 것이 있다. 기독교 전통은 성직자 중심주의에 오랫동안 의지한 결과, 전문 성직자를 기독교 전통의 수호자로 삼았다. 그로 인해 성직자와 평신도 간의 위계질서가 형성되어 서로 평등한 관계가 이루어질 수 없었다. 가르치는 자와 가르침을 받는 자로 분류되었기 때문에 한편은 보다 우월한 영성을 가진 자로서 도덕의 교사를 자처했고, 다른 편은 그러한 이들에게 영성적으로나 도덕적으로 안내받아야 한다고 생각한다.

그러나 퀘이커들은 그런 전통이 안고 있는 심각한 문제, 곧 성직자의 타락과 교회 권위의 추락, 그리고 영성과 도덕성을 주장하는 이들에게서 드러난 능력의 결여를 경험했다. 그들이 가르치던 내용의 한계를 파악한 셈이다. 그들의 가르침은 지나치게 현실적이었고, 종교를 빙자하여 권력과 부유함을 사랑했으며, 동료 인간을 향해 권위와 위세를 부리는 종교적 폭력을 행사했을 뿐 아니라 전쟁을 수용하고 정치권력과 연대하여 무수한 포악을 행하도록 조장하거나 방임했다. 퀘이커들은 이런 일련의 양상은 진정한 의미에서 복음의 정신에 합당하지도 않거니와 참된 성령에 의해 이끌린 것이 아니라고 생각했다.

비폭력 평화주의

퀘이커 신앙과 개신교 전통을 비교 분석해 보면, 개신교 전통이 전투적 신앙을 지향한다면 퀘이커 신앙에는 평화주의적 신앙이 담겨 있음을 알 수 있다. 종교가 정치 세력을 힘입고 폭력적 종교가 될 수도 있다는 청교도의 전통에 비해, 퀘이커 신앙 전통은 정치로부터의 독립과 종교 자체의 억압으로부터의 해방을 거쳐 신앙인의 자율성을 긍정한다. 이 긍정을 통해 기독교 신앙의 핵심을 예수의 비폭력 평화주의적 가르침과 그 실천 능력을 되찾는 데 모든 역량을 모으고 있다.

> 우리는 그 목적이 무엇이든지 어떤 전제가 있는지와 상관없이 무기를 들고 싸우는 외적인 전쟁과 징벌 그리고 다툼 모두를 철저히 부정합니다. 이것은 전 세계를 향한 우리의 증언입니다. 우리가 인도함을 받고 있는 그리스도의 영은 바뀔 수 있는 것이 아니기에 일단 우리에게 무엇인가 악이라고 알려 준 이상 항상 그렇게 생각합니다. 우리는 모든 진리로 우리를 인도하시는 그리스도의 영은 결코 우리로 하여금 그리스도의 왕국이나 혹은 이 세상 나라들을 위해 어느 누구와도 적대하여 다투거나 무기를 들고 전쟁하는 길로 인도하시는 일이 결코 없다는 사실을 잘 알고 있으며 또한 우리는 이를 세상에서 증거할 것입니다.[12]

_____ 종교의 두 얼굴

• 퀘이커와 개신교 비교

퀘이커	개신교
공적인 신앙고백의 의미 부정 성직자 계급, 성례전 불필요	종교의 엄격성, 성례전의 생활화 인간은 죄인의 범주를 벗어날 수 없음
인간에게는 내적으로 신성을 경험할 능력이 있음	하나님의 배타적 성격과 예정론
성직자 계급과 성례전 불필요	성서의 가르침 수용
하나님에 대한 직접적 체험	종교의 권위에 의해 사회가 통제되어야 한다고 믿음
모든 이들에게 주어지는 구원	교회의 개혁을 희망함
노예나 미성숙의 신앙이 아닌 자유인으로서의 신앙	가부장의 권위 아래 있는 가족제도
다른 양태의 신성을 경험하는 신앙을 인정함	하나님께 영광을 돌리는 삶
거룩한 삶의 선택: 자유과 평화, 자율의 신앙	믿음이 다를 경우 교인이 아님
다양한 유형의 폭력을 행사하는 공직, 법관, 군 복무 국가의 권위를 거부	모든 권위를 하나님의 뜻에 맞게 사용할 수 있음: 권위자를 긍정
현실적 악의 구조를 거부	현실적 악의 구조도 하나님의 도구일 수 있다고 봄
평등한 예배자 간 침묵의 예배와 일상의 신앙	성직자-평신도 이중 구조에서 말씀과 성례전을 주고받음
의사 결정: 성령의 인도하심을 받는 기다림 속에서 공동체의 만장일치적 합의	의사 결정: 민주적 절차와 다수결 원칙
하나님과의 영적 교제를 통해 순전하고 거룩한 삶이 가능	죄인은 죽음의 순간까지 성서 말씀과 교회에 의해 타율적 가르침을 받아야 하는 삶을 살아야 함
평화주의: 폭력은 그리스도와 양립 불가	정당전쟁론: 악을 징벌하는 폭력 인정 악에 대한 징벌적 사회 참여
사회 변혁에 평화주의적으로 참여	모순적 현실 인정: 내외적 죄의 현실과 신앙적 전투

우리는 폭스의 평화주의에 대한 신념을 그가 남긴 기록 곳곳에서 찾아볼 수 있다. 그는 기독교 호전론자들이 승리주의에 도취되어 평화의 길을 버리고 다툼과 전쟁을 불러일으키면서 그것이 의로운 것이라고 주장하던 논리를 모두 거부했다. 그는 전쟁과 다툼에서 그리스도인이 교훈으로 얻을 것은 하나도 없다고 주장했다. 심지어 복음이나 교회를 위하여 스스로 정당하게 싸우고 있다고 주장하는 청교도 목사들을 향해 기만당하고 있는 것이라고 지적했다.

개신교 성직자와의 갈등

퀘이커들을 가장 괴롭힌 이들은 바로 호전적인 청교도 목사들이었다. 폭스는 여덟 차례나 투옥되었고 재판정에서 여러 번 심문받았다. 론서스턴(Launceston) 감옥에서 재판받는 동안 폭스는 시기와 질투가 넘치는 청교도 지도자들의 진면목을 경험했다. 폭스의 평화 사상에 동의하는 신앙적 벗들은 재판 과정에서 자신을 하나님 앞에서 두려워 전율하는 신앙인으로 해명했고, 재판관들은 이들을 조롱하는 의미에서 '퀘이커'라고 불렀다.[13]

감옥에서 풀려난 폭스는 입장을 분명히 하지 않으면 악의적인 공격과 왜곡된 비난이 빗발칠 것이라 생각했다. 폭스와 동료들은 퀘이커들의 신앙을 증언하는 문서를 내야 할 필요를 느꼈다. 폭스와 친구들이 낸 문서의 기본적인 성격은 변증과 주장을 담은 것이었다. 퀘이커들을 반사회적이며 반정부적인 열광주의자로 몰아가는 청교도 목사들의 그릇된 인식에 대해 비판적으로 규명하고 퀘이커들의 신앙이 비폭력 평화주의적임을 밝히는 데 문서 발행의 목적을 두었다.

이때부터 퀘이커들은 자신들을 핍박하는 데 앞장서는 청교도 목사들을 향해 성서 정신과 참된 평화의 영성을 상실한 거짓 예언자

_____ 종교의 두 얼굴

들이며 적그리스도라고 비판했다. 1653년 폭스는 〈적그리스도의 가면을 벗기고 구별하는 일(Unmasking and Discovering of Antichrist)〉이라는 문서를 냈다. 그리고 다음 해에는 〈죄인을 향해 쏟아지는 하나님의 보복(The Vials of the Wrath of God poured forth upon the Seat of the Man of Sin)〉이라는 문서를 냈다. 그의 아내 마가렛 펠(Margaret Fell)도 1655년 "거짓 예언자들, 적그리스도들, 기만자들이 영원한 빛에 의해 이 마지막 날에 마침내 본모습을 드러냈다"[14]고 주장했다.

이렇듯 전통 기독교와 다른 신앙을 가진 평화주의 신앙인들은 기존의 기독교 사상과 권위자에 의해 다양한 핍박을 받았다. 이런 역경의 길에서 폭스는 마침내 한 가지 귀결점을 찾고 1661년경 친구들을 향해 혈과 육에서 나온 모든 전쟁과 다툼에서 물러설 것을 권고하는 문서를 냈다.[15] 심지어 퀘이커들을 변증하고 해명하는 다툼에서도 물러나기로 결심한 것이다.

전사들은 그리스도의 왕국의 사람들이 아니요, 그리스도의 나라와 더불어 있는 이들이 아니다. 왜냐하면 그리스도의 나라는 평화와 의(義) 가운데 세워지지만 전사들은 육욕을 따르는 사람이기 때문이다. 그리고 인간의 생명을 파괴하는 모든 사람은 생명을 구원하러 오신 그리스도의 마음을 갖고 있지 않다. 그리스도의 나라는 이 세상 나라가 아니다. 그 나라는 평화로운 나라이고, 투쟁 한가운데 있는 모든 것은 그리스도의 나라에서 유래한 것이 아니다. 복음을 위하여 싸우는 체하는 자들은 기만을 당하는 이들이다. 그러므로 복음을 위하여 싸우고 언쟁하는 체하지만 그들은 복음을 모르는 사람들이다. 시온을 위하여 싸운다고 말하는 소리는 어둠에 사로잡힌 것이다. 시온은 그런 도움을 필요로 하지 않는다.[16]

그리스도는 평화의 주님

우리는 폭스의 입장에서 주류 기독교가 옹호해 온 정당전쟁론이나 십자군 전쟁의 모든 동기가 철저히 거부되고 있음을 읽을 수 있다. 그가 확신한 것은 그리스도는 정황에 상관없이 영원히 평화의 주님이라는 사실이다. 이 단순한 진리를 부정하는 모든 형태의 시도를 폭스는 그리스도인의 삶에서 마땅히 부정해야 한다는 강고한 입장을 취했다. 따라서 그는 친우들에게 육과 혈에 따라 싸우는 것이 아니라 평화의 방법으로 평화를 수단으로 싸워야 할 것을 강조했다.

폭스의 퀘이커 신앙은 영국에서는 바클레이(Robert Barclay)에 의해 신학적으로 해명되었고, 미국 펜실베이니아에서는 펜(William Penn)에 의해 사회적 의미를 갖게 되었다. 특히 폭스와 동시대를 살며 설교자로 명성을 떨친 래일러(James Layler)는 1658년 문서를 발간하여 퀘이커 평화주의란 일종의 영적인 것이며 그 본질은 효율성이 아닌 복종의 길에서 일어나는 '어린 양의 전쟁(the war of the lamb)'[17]이라는 점을 밝혔다. 퀘이커들이 벌이는 영적 전투는 청교도들이 현실 정치에서 국가적·종교적 폭력을 동원하여 그리스도의 승리를 쟁취하려는 방향과는 다르게 고난과 순교의 길도 마다하지 않는 평화주의 투쟁이라는 것이다.

어린 양의 전쟁

참된 그리스도인은 어린 양 그리스도의 전쟁에 참여하는 이들이다. 그들은 하나님이 기뻐하시지 않는 세상의 모든 것에 투쟁한다. 사악한 영은 육과 혈의 싸움을 통해 속이고 마침내 파멸에 이른다. 하지만 어린 양의 전쟁은 해함을 끼치지 않으며 하나님의 영에 이끌리는 전쟁이다. 이 전투에 참여하는 이들에게 "어린 양은 그들의 심령과 손에 안겨 주신 영적인 무기다. 그들의 병기는 빛이고, 그들의 칼은 성부와 성자의 영이며, 그들의 방패는 믿음과 인내고, 그들이 가는 길은 평화의 복음과 하나님의 모든 피조물을 향한 선한 의지로 예비된 것이다".[18]

그러므로 어린 양의 전쟁은 누구도 해하지 않는 평화의 전쟁이다. 하지만 퀘이커들은 정의와 불의 사이에서 평화로운 물러섬의 길을 택한 것이 아니다. 이들은 모든 투쟁 가운데 폭력성을 부정한다. 심지어 정의를 쟁취하기 위한 투쟁의 폭력성까지 부정했다. 퀘이커들이 추구한 것은 비폭력 평화주의 영성 안에서의 싸움이다.

그들은 아무리 불리하다 해도 그리스도의 평화의 영성을 따르는 길이 아니라면 그리스도인이 따라 살아야 할 복종의 길이 아니라고 믿는다. 효율성으로 평가하는 성패가 행위 양식을 결정하는 것이 아니라, 그리스도인의 영성이 참된 그리스도인의 삶의 범주와 행동 양식을 결정한다고 믿기 때문이다. 그러므로 우리 내면과 외부 세계에서 그리스도와 상관없는 모든 폭력성의 제거가 하나님의 사람들이 평화를 열어 나가는 길이다.

퀘이커들은 비폭력 평화주의적 삶을 살아가기 위해 사상과 삶의 통전성(Integrity)을 중시한다. 그들은 삶의 네 가지 기본 원칙에 대체로 합의한다. 평등성(equality), 단순성(simplicity), 조화(harmony)와 공동체성(community)이다.[19] 퀘이커들에게 이런 요소들에 버금가게 중요한 것은 경쟁 관계를 거부하는 삶의 태도와 정직성이다. 이들은 하나님 현존에 대한 영적인 감수성으로 살아가는 것이 신앙의 근본이라고 생각하기 때문에 이중적 삶의 태도는 그리스도인의 삶의 태도가 아니라고 생각한다.

노예해방과 여성운동

퀘이커들은 18세기 이후 전쟁에 참여하지 않는 대신 평화를 위한 봉사에 크게 기여했다. 사람은 하나님과 영성의 교제를 나누는 하나님의 자녀라는 생각에서 이들은 공동체 안에서 인종이나 성, 종교와 국가, 민족이 다르다는 이유를 들어 행하는 모든 차별을 거부하고 평등한 삶을 살아간다. 이런 퀘이커들의 기본 신념이 인류 역사에서 노예해방의 첫 문을 열었다. 영국 퀘이커들은 1727년 공식적으로 노예 폐지를 주장했고, 미국 퀘이커들은 1780년경 노예를 해방했다.[20] 요한 웨슬리의 노예해방운동 역시 퀘이커들과의 사상적 교감에서 이루어졌다.[21]

평등과 평화에 대한 퀘이커들의 신념은 여성해방운동에도 크게 기여했다. 하나님과 영적 교제를 나누는 인간을 평등하게 보기 시작한 퀘이커들은 영성의 증언이 남성들의 전유물이었던 시대를 극복하고 여성들에게도 증언의 기회를 보장했다. 그리고 기독교 신앙 공동체에서 여성의 영성 증언이 가능한 설교가 최초로 허락되었다.[22] 마침내 퀘이커 평등주의 사상은 현대 여성주의 운동의 효시라 할 수 있는 여성 참정권 운동의 선두 주자 모트(Lucratia Mott)를 낳았다.[23]

퀘이커들의 평화운동은 비폭력 평화사상을 공유하며 2차 세계대전 중에도 신실한 평화운동으로 이어졌다. 퀘이커들은 국가가 요구한다 할지라도 상대를 적으로 인식하고 죽여야 하는 전투 행위를 신앙 양심으로 거부하기 시작했다. 퀘이커들은 군 복무 대신 전쟁으로 고통 받는 이들을 돌보는 평화 봉사에 매진했다. 군 복무에 대한 양심적 거부 행위는 오늘날 인권사상을 보편화한 대부분의 선진국이 수용한다. 종교와 양심의 자유가 국가의 안보 논리보다 더 중요한 인간 내면의 요구라고 인정한 셈이다.

퀘이커들이 벌인 평화운동은 2차 세계대전 당시 광범위하게 퍼졌다. 전쟁이 끝난 직후인 1947년 노벨 평화상 위원회는 2차 세계대전 기간 미국 퀘이커 봉사회(American Friends Service Committee)와 영국 퀘이커 봉사회가 인류 평화를 위해 기여한 점을 높이 인정하고 노벨 평화상을 수여했다. 이후 퀘이커들은 기독교 전통 안에서 평화운동의 상징적인 종파로 알려지게 되었다.

평화의 그리스도인

퀘이커의 역사를 살펴보면서 퀘이커들이 주장하는 평화주의의 독특한 성격을 발견할 수 있다. 첫째, 모든 정치적 폭력 구조와 평화의 그리스도는 양립할 수 없다는 신념에서 나온 기독교 비폭력 평화주의를 신앙의 핵심으로 받아들인다. 둘째, 모든 종교적 권위, 예컨대 성직자의 권위나 교리적 권위, 성례전의 거룩함, 성직자와 평신도가 나누어진 예배 행위조차 인위적인 부산물이라고 보는 급진적 탈권위성을 지지한다. 셋째, 평화의 그리스도와 내적인 교제를 나누는 삶에서 죄의 극복을 거쳐 온전한 삶을 회복할 수 있다는 그리스도인의 완전성에 대한 믿음이 있다. 넷째, 퀘이커의 평화사상은 삶을 분리주의적인 공동체의 삶에서가 아니라 개인 및 공동체적 일상에서 현실 참여적으로 실천하는 것이 신앙의 길이라고 보는 현실 참여적 평화사상이다.

이렇듯 퀘이커들은 종교 자체의 폭력과 이기성에서 해방된 평화주의자들이다. 그러므로 어떤 권위도 이들의 평화주의 신앙을 제약하지 못했다. 폭스가 그러했듯이 퀘이커들은 하나님에게만 헌신과 복종을 드리고, 오직 하나님의 존귀한 권위를 인정한다. 그 밖에 어떤 권위도 그들의 평화에 대한 신념과 신앙, 양심을 지배할 수 없다고 생각한다.

XI
독일 개신교의 평화운동

"우리는 정부가 헌법을 통해 양심 때문에 병역의무를 거부하는 이들을 보호해 줄 것을 감사한 마음으로 희망하고 있다. 양심 때문에 병역을 거부하는 이는 교회의 지원과 기도를 기대해도 좋다."–독일 개신교회

18세기 이후 근대와 현대를 아우르는 시점에서 기독교 평화운동을 규명해 보면 그 이전에 비해 철저히 평화주의적인 방향으로 선회하고 있음을 발견하게 된다. 현대 기독교 평화운동이 반전 비폭력 평화운동으로 초점을 모으게 된 것은 무엇보다 20세기에 일어난 두 번의 세계대전과 그 참혹한 현실에 대한 기독교의 책임과 응답이라는 문제를 피할 수 없었기 때문이다. 이와 더불어 1950년대를 지나면서 이념과 결부되어 양대 정치 진영으로 나뉜 세계는 냉전의 기류를 타고 핵무기를 다량 생산하기 시작했고 급기야 전 세계를 수십

번 초토화할 수 있는 막강한 파괴력을 확보하고 서로를 위협하는 정황에 좌초해 있기 때문이다.

1989년 동구권의 몰락 이후 냉전의 기류가 약해지고 있지만 아직까지 전 세계에는 약 23,000기의 핵탄두가 존재하며, 미국이 2,150기, 러시아가 1,800기, 영국이 160기, 프랑스가 290기를 보유하고 인도와 파키스탄, 이스라엘, 북한이 핵탄두를 실전 배치하고 있다고 알려져 있다.[1] 이런 현실에서 반전과 비폭력 평화운동은 기독교 신앙 공동체의 가장 긴급한 평화운동의 현실적 과제가 된 것이다.

핵 시대의 전쟁은 종래의 재래식 무기를 사용하는 전쟁과 개념이 다르다. 일방적인 핵 공격은 상대방의 핵 응전을 불러와 인류가 공멸하게 되는 결과를 초래할 것이라는 예측이 가능하다. 만일 한반도와 같은 좁은 지역에서 핵전쟁이 일어난다면 한반도에 살고 있는 남과 북의 국민 모두 회복할 수 없는 치명적인 피해를 입게 될 것이다. 이런 점에서 정당전쟁론이라는 전통적인 전쟁 옹호론은 그 빛을 잃게 되었다. 1980년대부터 일어난 핵 평화주의 사상은 이런 딜레마를 잘 드러내는 논리를 함축하고 있다.[2]

두 번의 세계대전을 겪은 세계는 냉전 기류를 강화했고, 1950년 한반도에서의 이념 전쟁을 비롯해 1960년대부터 시작된 베트남, 캄보디아 지역에서의 군사적 갈등을 지속시켰다. 1964년 통킹만 사건으로 베트남을 향한 미국의 적극적 군사 개입이 시작된 후 거의 15년을 끌어 온 베트남 전쟁은 기독교 문화권에서 전쟁과 평화에 대한 비판적 숙고를 거듭하게 만들었고 전쟁 현실에 대해 다양한 반응을 불러왔다.[3]

그중 가장 중요한 요소는 소위 주류 교회의 정당전쟁론이 핵 시대에 더 이상 중요한 의미를 갖지 못한다는 점일 것이다. 기독교 세계는 정당전쟁론을 앞세워 국가는 정당한 군사적 힘을 가져야 하고, 상대보다 강한 견제력을 가질 때에만 정의를 회복할 수 있다는 믿음을 강조해 왔다. 그 결과 하나뿐인 행성 지구에서 끝없는 군비 경쟁과 핵무기 경쟁을 불러오는 모순에 빠지게 만들었다. 기독교 주류 교단들은 여전히 낡은 정당전쟁론을 부분적으로 수용하는 태도를 보이는 오만에 빠져 있지만, 전 세계적으로 볼 때 소종파 교도들이 증언해 온 기독교 평화주의가 제3세계의 지지를 받으면서 기독교 평화운동의 방향을 가늠하고 있다.

오늘날 우리가 직면한 현대적 정황이란 단순한 협약이나 제국주의적인 평화 혹은 기독교 제국주의적인 하나님의 평화, 나아가 종교 공동체의 내적 원리로서의 평화라는 개념을 적용할 수 있는 상황을 훨씬 뛰어넘는 전 세계적인 정황을 의미한다. 바야흐로 인류는 공동 안보와 평화를 추구하지 않으면 안 되는 현실에 직면해 있는 것이다.

과거에는 평화 논의가 정치·종교적인 의미에서 특정한 국가나 교회의 안보와 관계되어 전개되었다면 오늘날에는 평화라는 개념 자체가 포괄하는 삶의 전 지평을 고려하지 않고서는 논의되기 어렵다. 따라서 시공간적으로 제약된 의미에서 국가 안보나 전쟁의 부재라는 평화 개념은 평화운동을 위한 하나의 조건이 될 수는 있지만 현대 평화 담론을 담아내기에는 부족하다. 또한 종교의 이론 구조는 나름의 역사적 배경이 있기 때문에 그 배경 자체가 시공간의 한계를 드러낼 수밖에 없다.

오늘날 기독교 평화운동은 신앙고백적으로 고백되는 선언적 의미에서의 평화나 통치적 의미에서 논의되던 평화 이해보다 '정의로운 평화'라는 구체적 개념에 수렴되고 있다. 여기서 말하는 정의는 국가나 이념 공동체 혹은 신앙 공동체 내에서의 정의로움이 아니라 전 지구적 관점에서 바라보는 정의다. 이런 수준의 논의를 다룬 대표적인 문서 가운데 하나가 바로 독일 교회의 2007년 백서다.[4] 이 문서는 현대 평화 담론이 단순한 신학적인 논의에서 벗어나 보다 구체적인 현실을 다루지 않으면 안 된다는 입장을 보여 주는 사례다.

기독교라는 서양 종교가 과거 기독교 세계에서 차지하던 사회·정치적 위상은 사실상 오늘날 지속되지 못하고 있다. 오늘의 기독교가 사회의 주류 세력으로 자리를 지키지 못하고 있기 때문에 기독교 평화주의 이론은 간혹 기독교 내부의 신앙고백적인 의미로 해석되기도 한다. 그리고 정당전쟁론은 교회가 자국의 정치 현실과 밀접한 관계를 갖는 국내 정치적 논의의 장에서 부분적으로 여전히 타당한 이론으로 받아들여지기도 한다. 하지만 십자군 전쟁 이념은 현대의 일부 열광주의적인 종교 전통에서만 선교적 의미에서 재해석될 뿐, 그 이상의 의미를 찾기 어려운 이론으로 전락했다. 물론 간혹 기독교 세계나 이슬림 세계가 시도하는 종교선쟁에 성당성을 부여하면서 십자군의 논리가 등장하기도 하지만 대개 세계 기독교의 보편적인 동의를 얻지 못한다.

돌아보건대 기독교 안에서 20세기에 이르기까지 과연 기독교가 추구한 평화가 전 지구적인 보편적 정의를 보장할 수 있는 것인가에 대한 철저한 자기 비판적 반성은 찾아보기 어려웠다. 오히려 평화라는 이름으로 기존 질서에 편승하고 근친적 권력을 옹호하거나 강화해 주는 경우가 더 많았다. 이런 폐습을 벗겨 낸 하나의 사례적 문서로서 우리는 독일 교회의 평화문서에 관심을 가질 필요가 있다.

현대 교회의 평화운동의 사례적 특성을 살펴보기 위해 일단 독일 교회의 평화문서[5]와 미국 교회의 교단적 평화문서를 분석함으

_____ 종교의두얼굴

로써 유럽 교회와 북아메리카 교회의 평화사상을 범례적으로 살펴볼 필요가 있다. 그리고 개별 국가와의 정치적 이해관계와 책임 구조를 받아들이는 교파주의를 넘어 보편적인 세계 평화를 위한 에큐메니칼 운동의 일환으로 형성되고 있는 세계교회협의회의 평화운동을 분석함으로써 현대 기독교 평화사상의 주요 흐름을 가늠해 볼 수 있을 것이다.

오늘날 세계교회협의회 문서는 보편적인 기독교 평화사상이 나아가야 할 이정표로서 의미가 깊다. 이렇게 판단하는 까닭은 비록 교단의 세력은 취약하지만 국가나 민족주의, 이념에 오염되거나 경도되지 않은 기독교 평화운동의 원류와 오늘의 에큐메니칼 평화운동이 세계교회협의회의 평화운동에서 합류하고 있기 때문이다. 세계교회협의회의 평화문서를 살펴보면 역사적 평화교회(Historic Peace Church)의 관점이 세계교회협의회에서 새롭게 평가되고 받아들여지고 있음을 인지할 수 있을 것이다.

독일 교회의 평화운동

에어하르트 에플러(Erhard Eppler)는 2차 세계대전 이후 독일 교회의 평화운동을 네 단계로 나누어 분석했다. 첫 번째 단계는 1950년대 초반 독일이 북대서양조약기구(North Atlantic Treaty Organization, NATO)에 가입하면서 재무장의 정당성 여부를 논쟁한 시기다. 두 번째 단계는 1950년대와 1960년대를 거치면서 원폭과 같은 대량 학살 무기를 확보하려 할 때 이에 반대를 표명했을 때다. 그리고 1965년 독일 교회가 과거 적대국이었던 나라에서 유입된 독일인들을 유배자로 여기고 그들에 대한 서독의 책임을 논구하면서 동구권 국가들과의 화해를 일구어 내기 위해 동독문서(Ostdenkschrift)를 냈을 때가 세 번째 단계다. 그리고 네 번째 단계는 평화 정책이 어느 정도 성공적이었다 할지라도 실질적으로 평화를 보장하는 것이 아니라는 점에 독일 교회가 실망하고 1979년 나토의 이중 정책에 반대하며 독일 영토 안에 대량 살상 무기의 반입을 막았던 시기다.[6]

마지막 단계에서 독일 교회는 하이델베르크 테제 중 무기 감축과 제거가 기독교적 삶의 양식으로 인식되어야 한다는 7항과 더불어 8항에서 핵무기를 동원한 방어책도 기독교적 행동 양식이라고 승인했던 견해를 버리면서 보다 평화주의적인 입장을 강조하기 시작했다. 국가는 전쟁의 원인이 될 수 있는 모든 가능성을 회피하는 동시에 무기 감축을 도모하고 비폭력적인 방법으로 갈등을 해결해야 한다는 입장을 제시한 것이다. 따라서 네 번째 단계에 이르러서야 독일 교회는 대량 살상 무기의 보유와 사용 가능성에 대해 '아니요'라는 입장을 선명하게 표명했다.

루터 전통의 오류

독일 교회는 2차 세계대전 이후 평화 문제를 바라보는 평화 신학적 관점에 커다란 변화를 보여 주었다. 신학적인 견지에서 볼 때 2차 대전 이전에는 전통적인 루터의 관점, 즉 국가권력과 교회의 분리주의 입장과 국가권력에는 신적으로 위임된 권한이 있다는 관점이 지속되고 있었다. 교회가 영적인 문제에 관심을 가져야 하는 책무가 있다면 국가는 하나님에게서 위임된 통치권을 가진다고 이해했기 때문에 국가는 지상에서 실질적인 하나님의 대행자로 간주되었다.

물론 여기서 말하는 국가의 통치 구조도 기독교적인 관헌에 의한 통치를 의미한다. 이런 연유로 모든 사람은 국가의 권위에 복종해야 한다는 관점이 지배적이었다. 루터에게 국가권력에 의한 지배권의 승인은 결국 기독교 평화주의 전통보다 정당한 전쟁을 치를 수 있는 국가권력의 권위를 인정함으로써 정당전쟁론의 정신을 계승하는 것이다. 여기서 문제되는 것은 국가권력을 향한 그리스도인의 복종을 요구하면서도 국가권력이 과연 어떤 한계와 의무를 갖는지에 대해 상세한 해명이 취약했다는 점이다.

이 취약성은 히틀러 나치 세력이 집권했을 때 여지없이 드러났다. 히틀러의 비인도적인 전쟁과 잔혹한 집단학살 사건에 대해 무수한 독일 기독교인은 침묵했을 뿐 아니라 심지어 국가권력에 협력하는 것을 당연하게 여겼기 때문이다. 이런 루터적 관점과는 달리 국가권력의 한계를 비판했던 고백교회 전통은 독일에서 사실상 소수의 견해에 지나지 않았다. 2차 대전이 종료되고 독일이 범한 죄가 만천하에 드러났을 때 비로소 독일 교회는 자신들이 소중히 여겨 온 루터의 종교개혁 전통에 심각한 정치신학적 오류가 있음을 인정했다.

루터가 평화주의 전통보다 정당전쟁론의 전통을 강조했던 까닭은, 인간의 죄성에 대한 깊은 의심과 더불어 불의한 세력이 있는 세상에서 순진한 이웃들을 돌봐야 한다는 대리적 책임의 윤리를 강조했기 때문이다. 그러나 정작 정치권력에 의무를 명시하지 않고 권리만을 부여한 형국에서 정치권력 오용의 심각성에 대한 루터교회의 대처는 대단히 취약했다. 평화주의보다 정당전쟁론을 옹호했던 루터교회의 습성은 결국 권력을 가진 편을 하나님의 편으로 이해하고, 약자를 통치의 대상으로 바라보며 기존의 질서를 유지하려는 보수적 정치윤리를 계승해 온 것이다.

이런 루터의 정치신학은 특정한 정치 상황에서 실천 가능한 기독교 윤리학적인 지침을 주기보다 세속 정부의 권위를 인정하고 그 자율성만 승인해 주는 결과를 초래했다. 그 결과 보다 나은 세상을

이루기 위해 국가권력은 어떤 책무를 가지는가를 규명하는 일에 소극적인 정치적 풍토를 낳았다.[7]

정치적 동기의 전쟁 거부

독일 교회는 나치즘에 의한 인간 학살의 잔학한 범죄에 대한 공동의 책임 앞에 섰을 때 인식과 실천의 실패에 따른 죄책을 고백하는 〈슈투트가르트 죄책 고백(Stuttgarter Schuldbekenntnis)〉을 발표했다.[8] 이 문서를 낸 후 독일 교회는 루터적 가르침의 오류를 시정하려는 신학적 노력에 힘을 쏟았다. 그 결과 정치 행위가 교회의 존립만이 아니라 인간으로서의 존엄성에 영향을 끼치는 것이므로 신앙 영역 밖에 존재하는 어떤 것이 아니라는 점을 인식하게 되었다. 독일은 패전국으로서 전쟁에 대한 책임을 져야 할 의무와 나라가 분단되는 현실에 직면했다. 이에 독일 교회는 전통적인 정당전쟁론의 한계와 문제점을 지적하면서 새로운 정치윤리를 제안하기에 이른다. 이 내용이 반영된 문서가 독일 교회의 1, 2차 평화문서다.

2차 대전 이후 연합군에 의해 네 지역으로 분할되었지만 동서독의 독일 교회는 정치 구도에 따라 분열되지 않고 하나의 협의체를 지속하고 있었다. 1948년 7월 아이제나하에서 열린 '평화(平和)를 위한 말씀(Wort zum Frieden)' 대회에서 독일 교회는 정치적 수단으로서의 전쟁을 거부하는 입장을 표명했다.[9] 그러나 1949년 동독이 자체 정부를 세우고 바르샤바 조약에 가입하여 동구권 동맹체에 속하자, 서독도 정부를 구성하고 나토에 가입함으로써 독일은 정치적으로 본격적인 분단 상황에 돌입했다.

1961년 베를린 장벽이 세워진 분단 상황을 직면한 독일 교회는 정치적 분단과 이념적 분단을 넘어서 일치된 교회의 모습을 견지하려 했지만 현실적으로 두 개의 독일이 존재한다는 사실을 부정하기 어려웠다. 그럼에도 불구하고 독일 교회는 1969년까지 평화 문제에 관련된 사항에 관해서는 동서독 두 교회가 아니라 하나의 독일 교회로서 입장을 정리하려고 노력했다. 그러나 그 이후 독일 교회는 냉전의 급격한 기류에 밀려 하나의 교회로서 합의된 견해를 제시하기 어렵게 되었다.

독일 교회는 1950년 4월 바이센제에서 열린 총회에서 두 개의 국가라는 정치 구조가 충성을 요구하는 것과 그리스도인이 이에 응답하는 것을 복음적 부름과 구별하고, 그리스도인 개인의 신앙 양심에 따라 병역의무를 거부할 수도 있다는 주장을 받아들였다. 정치적 충성의 요구는 본질적으로 정치적이거나 민족적인 동기에서 나온다고 보고 이를 복음적 동기와 동일시하지 않겠다는 태도를 분명히 했다. 즉, 복음을 민족과 정치의 이해관계에 복속되는 것으로 생각할 수 없다는 탈국가 혹은 탈민족주의적인 평화의 길을 선택한 것이다.

그럼에도 동서독 교회는 정치 참여 행위를 개인 양심의 문제로 보면서 개인의 선택을 존중하여 비록 총을 집어 드는 쪽을 선택한다 할지라도 이를 개인의 양심적 행위로 보아 교회는 비난하거나 비판하지 않는다는 이중적 입장을 취했다. 기독교인으로서 동족을 향해 총부리를 겨누는 행위를 할 수 없다는 사람이나 국가나 민족을 위한 봉사로서 군 복무를 수행하는 이들 모두 긍정할 수 있다는 입장을 표명하면서 동서독 교회는 한목소리로 군 복무를 양심적으로 거부하는 이들을 옹호하고 지원하겠다는 의지를 대내외적으로 천명했다.

우리는 정부가 헌법을 통해 양심 때문에 병역의무를 거부하는 이들을 보호해 줄 것을 감사한 마음으로 희망하고 있다. 양심 때문에 병

역을 거부하는 사람은 교회의 지원과 기도를 기대해도 좋다.[10]

양심적 병역 거부 옹호

독일 교회는 분단 상황에 처해 있었지만 한편으로 교회의 일치를 도모하면서 다른 한편으로는 복음의 빛에서 이념적 편당성에 따르기를 거부했다. 여기서 한 걸음 더 나아가 이념적 편당성에서 벗어난 양심 세력을 옹호하는 입장을 표명한 것이다. 이 입장은 종래의 주류 교회들이 정당전쟁론을 수용하면서 평화주의적인 입장을 개인이나 영적 이기주의로 폄하했던 관점을 수정한 것으로, 정당전쟁론을 택하는 입장이나 평화주의 신념을 택하는 입장을 모두 수용하면서 양심적 평화주의를 선택하는 이들을 교회의 보호와 후원의 대상으로 본다는 견해를 밝힌 것이다.

개인이 신앙 양심과 평화 신념에 따라 집총(執銃)을 거부할 수도 있다는 서독 교회의 주장은, 그리스도인에게는 국가에 대한 충성보다 평화의 그리스도에 대한 복종이 앞선다는 것을 명백히 밝히는 것이었다. 또한 기독교 신앙을 갖지 않더라도 인간애적 신념을 가진 사람이 국가 안보를 이유로 상대를 살상하라는 국가의 명령을 거부할 수도 있다는 점을 승인한 것이다. 국가나 안보 이념보다 한 신앙인으로서, 한 인간으로서 자신의 양심을 지킬 수 있어야 한다는 주장은 동서독에서 합법적 요구로 받아들여졌다. 그리하여 독일 헌법 제4조 3항에는 개인이 양심에 따라 강제 군 복무를 거부할 수 있다는 양심적 병역 거부권이 명시되어 있다.[11]

반전 반핵을 지지

1950년대 말 독일 교회가 집중적으로 관심을 가진 문제는 핵무장에 대한 교회의 입장이었다. 독일 교회는 다양한 논의를 거쳐 1958년 총회에서 핵무장에 대해 반대의 입장을 명백히 밝혔다.[12] 이 때 낸 문서에서 독일 교회는 모든 그리스도인이 핵무장을 준비하는 행위를 거부해야 할 당위성을 강조했다. 비록 정치적 분단 상황이 지속되고 있었지만 독일 교회는 1962년 〈평화 문제에 관한 안내서(Die christliche Friedensbotschaft, die weltlichen Friedensprogramme und die politische Arbeit für den Frieden)〉[13]를 냄으로써 동서독 간의 공존의 요구를 밝혔다. 그리고 1968년에는 독일 교회의 사회적 책임을 규명하는 위원회(die Kammer fur Offentliche Verantwortung)를 통해 〈독일인의 평화적 과제(Friedensaufgabe der Deutschen)〉라는 문서를 냈다. 1969년에는 〈그리스도인의 평화봉사(Der Friedensdienst der Christen)〉라는 문서를 냄으로써 그리스도인의 평화봉사는 반드시 무기 없이 이루어져야 한다는 점을 강조했다.

이 당시 골비처(Helmut Gollwitzer)는 교회가 전통적으로 승인해 온 정당전쟁론의 관점에서 핵무장을 하거나 핵무기를 사용하는 것은 어떤 이유를 들더라도 신학적 정당성이 결여된 것이라고 주장했다.[14] 독일 교회는 1970년대를 지나면서 이런 주장을 전폭적으로 지지하며 철저한 반전, 반핵의 입장을 취함으로써 핵 평화주의를 그리스도인의 평화 사역으로 받아들였다.

이상의 논의를 거쳐 독일 교회는 1981년에 평화에 관한 최초의 백서 〈평화를 지키고 요구하며 새롭게 하자(Frieden wahren, fördern und erneuern. Eine Denkschrift der)〉를 냈다. 이 문서는 1980년대 냉전의 긴장 상황에서 평화가 위협받는 정황을 설명하고 그 위험을 예측하였다. 따라서 1945년 이래로 무장과 안보의 관점에서 평화를 지킬 수 있을 것이라는 정치 논리의 오류를 비판함으로써 그동안 독일 교회가 제시해 온 평화운동을 재차 확언했다.

이 문서는 1959년 하이델베르크 핵 평화주의 테제[15]의 정신과 무기 없는 평화봉사의 정신, 그리고 이주민과의 평화적 관계를 규명하면서 교회 안에서 실천해야 할 네 가지 과제를 제시했다. 무장 없이 살기, 무기 없이 평화 만들기, 평화 지키기 그리고 무장 해제를 위한 노력 등이다.[16] 이 문서 4장에서는 평화신학의 핵심 논의를 전개하고, 5장에서는 교회의 당면 과제를 논구하면서 핵 평화주의의 과제를 핵 공포와 그 위협을 넘어 평화 건설에 이어지는 과제로 규명했다.

이런 논의의 구조는 결국 독일 교회가 당시 바르샤바 조약국들이 소련의 중거리 핵미사일로 무장하자, 이에 대비하여 1979년 나토의 주축국인 미국의 퍼싱 II 중거리 미사일을 독일에 배치하는 이중전략에 반대하는 단호한 의지를 직접적으로 표방한 성격을 가진다.[17] 독일이 핵무장을 할 경우 독일 영토에서 핵전쟁이 일어난다면 그 피해는 고스란히 독일 민속이 입게 되는 비극을 피할 수 없다는 판단과 이런 비극을 감내할 만한 더 큰 선(善)이 없다는 판단에서 독일 교회는 핵무장 반대를 선택한 것이다.

이 문서는 결국 동서의 냉전이 고조되고 서로 핵무장이라는 방편으로 상대를 위협함으로서 핵 위하력을 행사하려는 정치적 기획을 독일 교회가 거부했다는 의미를 가진다. 비록 분단 상황이라 할지라도 독일 교회와 국민은 이런 교회의 결정에 동기화되어 핵무장을 거부하는 여론을 확대할 수 있었고, 마침내 미국의 퍼싱 II 중거리 핵탄두 미사일은 독일에서 자리를 찾지 못했다.[18]

냉전 체제를 넘어선 통일

1989년 독일은 동구권의 몰락과 더불어 동서독 통일 시대를 맞이했다. 냉전 기류가 서서히 걷히는 시대적 징후를 바라보면서 독일 교회는 1차 평화백서에 다 담지 못했던 새로운 평화 과제를 담아낼 2차 평화백서를 준비했다. 독일 교회는 2001년 〈평화의 도상으로 나가자(Schritte auf dem Weg des Friedens)〉[19]라는 문서를 발표한 후 통일 독일에서 일어나는 문제에 대해 다양한 대처에 몰두했다. 그 결과 2007년 197항으로 나뉜 〈하나님의 평화를 누리며 정의로운 평화를 지키자(Aus Gottes Frieden Leben-Fuer gerechten Frieden sorgen)〉[20]라는 2차 평화백서를 발간하기에 이르렀다.

이 문서는 1981년에 낸 1차 문서와는 사뭇 다르게 냉전의 논리를 넘어 오늘날 전 세계적으로 요구되는 포괄적인 평화 과제에 깊이 관심을 쏟고 있다. 1차 평화백서는 1970년대 말 전개되던 긴급한 정치·군사적 상황에 대한 교회의 신속한 응답으로, 1959년 하이델베르크에서 결의한 핵무기 시대의 전쟁과 평화에 대한 선언의 정신에 근거하여 모름지기 독일 교회는 평화를 지키고 요구하며 새롭게 하는 책임을 져야 한다는 내용을 담고 있다. 이에 비해 2차 평화백서는 미국의 9·11 테러 이후 그 시야를 넓혀 독일을 넘어 전 세계적인 평화에 대한 독일 교회의 관심과 책임을 논구하고 있다.

2차 평화백서는 정의로운 평화를 구축하여 공동의 안전을 도모하자는 의미에서 단순한 전쟁의 방지나 폭력의 제거만이 아니라 단호하게 핵무장을 거절하는 입장을 취하는 동시에 정치·경제·문화·사회적 갈등 요인을 분석하면서 포괄적인 평화 과제를 제시한다. 볼프강 후버는 독일 교회의 지난 25년간의 평화윤리를 분석하며 이 문서의 성격을 다음과 같이 규정했다.

이 평화백서에는 새로운 평화 연구에 따른 인식과 연관하여 평화란 단순한 전쟁의 부재가 아니라 다차원의 과정으로 이해되고 있다. 이 과정은 국가 간에 일어나는 갈등을 폭력적으로 해결하는 방식의 제거, 궁핍과 비참함에 빠진 이들의 문제를 해결하는 것, 민족들의 자유와 자결권을 보장하는 것, 인종적·사회적 억압과 차별을 없애는 것, 그리고 자연적인 생명의 토대와 인간의 권리를 보장하는 것을 포함한다.[21]

인정의 윤리와 평화

2차 평화백서는 현대 기독교 평화운동의 핵심을 전 세계적인 지평에서 정의, 평화 그리고 창조의 보전이라는 포괄적 관점에서 찾으면서 평화라는 개념을 폭력 사용의 근절, 자유 증진, 문화의 다양성, 궁핍의 제거 과정으로 새롭게 이해하려는 시각을 보인다. 이 문서는 1992년 보스니아 사태, 1999년 나토군의 코소보 공습 사태, 2001년 9·11 테러, 서방군의 아프간과 이라크 개입에 대한 독일 교회의 포괄적 비판을 제시하면서 오늘날 평화란 단순히 국지전적인 국가 간의 문제일 뿐 아니라 군사·정치·경제·문화·종교의 관점에서 다각도로 연구되고 실천해야 할 과제라는 점도 상세히 밝혔다.[22]

이 문서에 독일 교회의 새로운 평화 과제로 인식된 지평이 나타나는데 바로 문화적 다양성의 승인이라는 문제다. 전 세계적인 평화를 논구할 때 지구가 하나의 종교나 특정한 문화 구조로 대변될 수 없다는 인식이 반영되었기 때문이다. 문화적 다양성을 승인하고 인정하는 인정의 정치(politics of recognition) 없이 평화를 논구한다는 것은 사실상 불가능한 일이다. 인정의 정치는 인정의 윤리와 정의의 윤리[23]를 요구한다. 일방의 윤리가 아닌 상호 인정의 윤리는 오늘날과 같은 다문화 사회에서 요구되는 사회 정책이다.

2차 평화백서의 핵심 논의를 살펴보면 1장에서 전 지구적인 사회·경제적 불평등의 문제, 국가의 붕괴와 정치 공동체의 몰락, 무장 세력에 의한 위협, 문화·종교적 갈등이 초래하는 문제, 그리고 다자적 소통 구조의 취약성이 평화를 위협하는 갈등 요인이 되고 있다고 분석한다.[24] 다시 말해 세계 평화를 위협하는 사례를 살펴보면서 동구권의 몰락과 9·11 사태 이후 정치와 문화의 다양성이 새롭게 재편성되면서 이에 반하는 문화 제국주의적 획일성이 전 지구적 평화를 위협하고 있음을 지적하는 것이다.

그리고 2장에서는 평화를 위한 기독교의 기여를 나열하면서 기독교가 평화의 생산자가 아니라 수용자라는 점, 하나님에게서 받은 평화를 나누는 주체라는 점, 그리고 이를 위해 교육과 양육의 책임을 걸머지고 있다는 점을 밝히고 있다. 동시에 기독교는 개인의 양심을 평화의 관점에서 일깨우고 지켜 나가기 위해 새로운 시대적 요구를 '정의로운 평화(just peace)'로 규정하고 지금까지의 평화운동의 방향을 재조정해야 한다는 관점을 제시하고 있다.[25]

여기서 우리가 주목할 것은 역사적으로 볼 때 2차 평화백서는 기독교가 정의로운 전쟁을 수단으로 삼아 정의를 찾아왔던 입장에서 벗어나 국가권력이나 국가 간의 협약을 통한 정의 확립 노력을 상대화하는 동시에 보편적인 정의의 관점에서 종전의 전쟁과 평화에 대한 기독교의 입장을 비판적으로 수정하고 있다는 점이다. 또한 정당전쟁론이 개체 국가에 의한 자의적 정당성 주장이나 국가들의 상호의존적 집단 혹은 블록 형성을 통한 정의 주장에 이용되어 왔음을 지적하면서 핵무기로 대치되는 오늘의 정황에서는 보다 보편적인 정의의 보장을 통한 공동의 안전과 평화를 추구하려는 노력에 그 역량이 모아져야 한다는 견해를 담고 있다.

군사적 해결 반대

결국 독일 교회는 정당전쟁론 자체를 폐기하려는 것은 아니었지만 그동안 정당전쟁론이 오용되어 왔고, 기독교가 정당전쟁론을 앞세워 전쟁을 옹호하거나 지지할 수도 있다는 점을 우려하면서 군사 폭력 정당성에 회의적인 입장을 취한 셈이다. 이런 점에서 2차 평화백서는 아우구스티누스 이후 기독교가 국가권력을 옹호하며 통치적 질서를 하나님의 도구로 여기던 입장을 버리고, 통치 질서를 시민사회적 법 개념 아래에 두고 있다. 다시 말해 하늘로부터 위임된 권력이 아니라 시민사회의 권리를 지키고 봉사하는 권력으로 머물러야 한다는 것이다. 따라서 이 문서는 권력 행사는 반드시 시민적 인권 혹은 보편적 인권을 옹호하는 국제법적 정당성을 고려해야 한다는 입장을 지지한다.

2차 평화백서 3장에서는 정의로운 평화가 법을 통해 실현될 수 있는 방안에 대해 논구한다. 여기서 독일 교회는 평화에 근거한 세계의 법질서를 지키기 위한 전제로 집단의 안전을 적극 고려해야 하고, 인권의 보편성과 개체성을 승인하며, 초국가적인 사회정의와 문화 다양성을 구현할 수 있는 법적 질서가 합의되어야 한다고 주장한다. 이 관점은 결국 오늘날 한 국가의 안전과 평화를 도모하는 일이나 한 개인의 인권을 보호하는 일이 시공간적으로 제약된 지역이나 지엽적 관심에 한정된 것이 아니라 이미 전 지구적 관심이 되었음을 의미한다.

따라서 개인의 권리를 옹호하고, 각 나라가 평화를 추구하는 방식은 이제 전 지구적 지평에서 보편타당성을 획득할 수 있는 방법이 되어야 한다. 그래야만 보다 보편적인 평화에 이를 수 있기 때문이다. 이런 관점에서 본다면 자기 방어권도 제한될 수밖에 없고, 국가 내적인 위협에 대처하는 집단적 방어 책임도 그 한계를 인정해야 할 뿐 아니라 평화를 회복하기 위한 국제 공조나 무장 개입도 국제 법상의 차원이나 시민 권리를 옹호하는 차원에서 수행되어야 한다.

마지막 4장에서는 정치적인 평화의 과제를 규명하고 있다. 독일 교회는 국제연합(United Nations, UN) 역할의 중요성을 강조하면서 유럽 공동체와 독일 방위군의 존재 이유를 평화권력(peace power)으로 규정했다.[26] 동시에 후반부에서는 독일을 포함한 무기 수출국이 결과적으로 세계 평화를 위협하는 요인을 제공하고 있다고 비판한다. 2차 평화백서는 2002년부터 2007년까지 러시아와 미국이 270억 달러 이상의 무기를 수출했고, 영국과 독일과 프랑스가 그 뒤를 잇고 있다고 밝힌다.[27] 실질적인 예로 전 세계적으로 인명살상용 화학무기가 약 70,000톤이 있었고 그동안 약 9,600톤이 폐기된 상태라는 점, 그리고 지난 냉전 시대의 유산으로 약 5만 개의 핵탄두가 존재한다는 점을 밝히고 있다.

> 개신교 평화윤리의 관점에서 본다면, 핵 위협은 오늘날 자기 방어의 수단으로 더 이상 정당한 수단이 될 수 없다. 이런 입장은 의식적으로 평화윤리적 입장을 표방하는 것으로서 변화된 역사적 정황에서 1959년 하이델베르크 테제 8번과 다른 것이다. 하지만 이런 입장에서 어떤 정치적 결론이나 전략적인 결론을 도출해야 할 것인가에 대해서는 아직 합의하지 못하고 있다.[28]

핵무기를 방어의 수단으로 더 이상 받아들일 수 없다는 입장은 명백하지만, 이 입장에서 평화를 증진할 방안을 어떻게 모색할지에 대해서는 아직 충분한 합의에 이르지 못했다는 것이다.

평화 형성을 위한 정치적 노력을 구체적으로 나열하는 4장에서 독일 교회는 장기간에 걸쳐 존속 가능한 가치와 정책을 증진시킬 수 있는 '시민 갈등 조정(civilian conflict management)' 기능의 확대를 주장한다.[29] 이는 오늘날 평화 문제가 단순히 종교나 정치적 차원에서의 논의를 넘어 시민사회의 갈등 조정 능력의 중요성까지 고려해야 함을 지적한 것이다. 2차 평화백서는 1966년 경제·사회·문화 권리에 대한 국제적 약속(International Covenant on Economic, Social, and Cultural Rights)에 근거한 평등과 자결권 보장 문제가 경제적 불평등 구조에 의해 심각하게 지장을 받고 있음을 밝히고, 오늘날 평화 증진의 과제는 '인간다운 안보와 인간다운 발전'[30]이라는 유엔 정책과 맥을 같이할 필요가 있다고 지적한다.

폭력과 결핍으로부터 인간을 보호하는 차원에서의 국가 안보나 발전이 아니라면 그것은 진정한 의미에서의 안보도 아니고 발전도 아니다. 이런 점에서 인간다움을 옹호하는 안보 개념과 발전 개념에 관심을 갖는 것은 인간 존엄성에 바탕을 둔 정의로운 평화의 관점에서 중요한 요소다. 그러므로 독일 개신교는 인간의 존엄성을 옹호하는 안보와 발전 개념을 앞세워 정치·군사적 갈등을 해결하기 위해 비폭력적인 수단을 사용하는 정책을 지지하는 것이다.

2차 평화백서의 결론부는 몇 가지 호소로 이루어진다. 예컨대 "평화를 원한다면 평화를 준비해라!"[31]라든지, "하나님의 평화를 누리는 자는 세계의 평화를 위해 나서야 한다"[32]는 것이다. 이 문서는 전 지구적인 차원에서 정의로운 평화를 이루기 위해 국제법적인 제도가 필요하다는 점, 그리고 이 국제법은 인간의 안전과 발전을 국

_____ 종교의 두 얼굴

가의 안보나 발전보다 우위로 여기는 법철학적 우선성이 고려되어야 한다는 제안을 담고 있다.[33]

> 국가 안보와 평화 정책은 반드시 '인간 안보'와 '인간 발전'이라는 개념에서 고려해야 한다. 또한 이 개념들은 평화 정책의 지속성이나 다양한 정책 분야에서 평가를 위한 검증 규준이 되어야 한다. 만일 갈등의 다른 측면에 속한 사람들이 필요로 하는 안전이 고려되지 않는다면, 평화 정책이라는 것은 아무런 토대를 가질 수 없다. 다른 편 사람들의 이해관계에 대한 고려 없이 신뢰와 협력이 이루어질 수는 없다. 결과적으로 한 나라의 이해관계 속에서 안보에 대한 경계는—특히 군사적 경계는—평화를 향한 협력적 노력을 대체하는 것이 아니다. 비록 무력 갈등의 결과로서 고통을 겪고 있는 집단들을 무기로 보호한다 할지라도 반드시 이런 존속 가능한 평화의 시각을 잃지 말아야 한다. 예수 그리스도의 교회는 불신과 폭력 그리고 억압에 의해 지배받고 있는 곳에서 평화와 화해를 위한 사역의 증인으로 부름을 받은 것이다. 바로 이런 것들이 그리스도인의 양도할 수 없는 책임이다.[34]

독일 교회의 평화적 업적

독일 교회는 통일 이전 분단된 독일의 정치 상황에서 교회의 주체성을 확보하면서 정치적 분단에 종속된 분단 교회가 되지 않고 오히려 무려 20년간 동서독 교회의 일치를 유지시켰다. 또한 동서독 교회는 정치적으로 긴장된 정황에서도 독일 젊은이들의 신앙의 양심을 지키는 일을 옹호했다. 그 결과 동서독 진영에서 동족을 향해 총부리를 겨눌 수 없다는 기독교인들의 양심적 병역 거부의 자유를 보장해 내어 그들의 양심과 인간성을 지켜 냈다.

나아가 독일 교회는 2차 대전 직후 방어적 핵무장의 필요성을 잠시 인정했지만 1차 평화백서에서 기독교 평화운동은 전쟁이 아니라 평화의 방법을 통해 수행해야 한다는 점을 밝히고 정당전쟁론을 비판적으로 극복하려 했다. 특히 1980년대 독일에 중거리 핵탄두 미사일을 배치하려는 나토의 이중 전략에 독일 교회들이 대대적으로 반대함으로써 핵무장을 거부하는 결과를 거두었다.

1989년 동서독의 통일과 더불어 독일 교회는 새로운 평화운동의 과제를 전 지구적인 지평에서 모색하기 시작했고, 그 결과 2007년 2차 평화백서를 발표하여 전 지구적인 평화를 위한 그리스도인의 과제를 규명했다. 여기서 독일 교회는 문화·정치적 다양성을 승인하여 일방적인 평화운동의 한계를 극복하고 불신과 갈등과 폭력으로 고통 받는 이들이 지속적으로 가져야 할 평화를 위한 노력을 지지했다.

독일 교회는 비록 군사적인 긴장 상태에 놓여 있다 할지라도 상대의 안보 요구를 고려하면서 평화를 점진적으로 구축하는 길은 인간의 안전과 발전을 옹호하는 국제법의 규준을 통해 실현해 나갈 수 있다는 가능성을 제시했다. 핵무기와 전쟁을 통한 평화 모색은 기독교적인 방식이 될 수 없음을 천명하고 불신과 폭력과 억압을 동반한 온갖 지배 세력을 극복하는 길에서 오늘날의 기독교 평화운동의 과제를 규명해야 한다는 입장을 제시한 것이다.

XII
미국 가톨릭교회의 평화운동

"인류 사회는 언제 닥칠지 모르는 최상의 위기를 직면하고 있다. 우리는 바티칸 공의회의 평가에 동의한다. 일순간에 닥칠 위기는 세계를 위협하는 핵무기의 위협에서 구체화되고 우리는 이를 염려하고 있다. 우리는 우리가 섬기는 사람들의 삶 속에서 핵시대 위기의 영향을 보거나 느끼고 있다. 핵무기 체계는 전쟁의 본질을 급격히 바꾸었고 군비 경쟁은 인류의 생명과 문명에 전례 없는 위협을 가하고 있다."—가톨릭 주교문서 서문

가톨릭교회의 정치윤리적 유산

가톨릭교회가 견지해 오던 전쟁과 평화에 대한 기본적인 이해는 이미 아우구스티누스와 아퀴나스의 평화사상에서 충분히 논의되었다. 정치적으로 수없이 분립된 국가와 정치 세력을 향한 총괄적인 가톨릭교회의 정치신학적 입장은 정당전쟁론에 요약되어 있다.[1]

다시 요약하면 다음과 같다. 첫째, 국가는 정당한 폭력을 행사하는 기관이다. 둘째, 국가권력에는 사회의 안녕과 안전을 위협하는 세력에 대해 단호하게 제지하거나 방어해야 할 책임이 위임되어 있다. 셋째, 정당한 전쟁에 관한 최종 판단은 국가 스스로 내리는 것이 아니라 교회의 정치신학적 평가에 의한다.

16세기 이후 세속화된 세계에서 가톨릭교회의 전쟁과 평화에 대한 입장은 그 권위를 상당 부분 잃었지만, 교회의 내적 담론에서는 여전히 유효했다. 물론 정당한 권력 혹은 정당한 폭력에 대한 비판이 역사적 평화교회에 의하여 끊임없이 제기되기도 했다. 하지만 가톨릭교회는 악의 현실에 대처하기 위한 현실적 방안으로 교회의 사회·정치적 책임의 윤리를 강조함으로써 기독교 평화주의적 입장보다 정당전쟁론이 보다 성서적이고 이성에 적합한 현실적인 방책이라고 가르쳐 왔다.

요한 23세의 평화문서

현대 가톨릭교회의 평화에 대한 관심은 2차 세계대전 이후 전쟁의 비극에 대한 반성에서 출발하여 1963년 교황 요한 23세(Ioannes PP. XXⅢ)가 공표한 회칙 〈지상의 평화(Pacem in Terris)〉에서 포괄적으로 나타났다. 이 문서는 가톨릭교회가 평화론적인 관점에서 그간 사회윤리의 근간으로 여기던 공동선을 보다 새롭고 구체적으로 명시하여 기존의 질서 유지적인 해석을 뛰어 넘어 진보적이며 에큐메니칼한 차원에서 평화의 지평을 열었다는 점에서 크게 기여했다.

이 문서는 무엇보다 공동선을 "인간의 권리를 객관적으로 시인하고 경외하며 지키고 증진하는 것"[2]으로 재규정했다. 전통적으로 국가나 종족의 가치 아래 두던 공동선은 이제 국가나 종족의 가치를 초월하여 보편적인 인권사상의 지평으로 옮겨진 셈이다. 따라서 이 문서는 평화 개념을 인류 공동체의 연합을 지원하는 과제로 새롭게 규정하고 있다. 그리하여 교회의 평화 실천 과제는 전 지구적인 관점에서 가톨릭적인 세계시민주의를 지향한다는 의미가 있다. 그러므로 교회의 정치 사회 현실에 대한 인간애적인 개입은 회피할 수 없는 과제가 되는 것이다.

둘째, 이 문서는 평화를 새롭게 규명하는 개념으로서 '총체적이면서 진정한 발전(integral and genuine development)'이라는 표현을 사용하고 있다. '평화의 새로운 이름을 발전(development is a new name of peace)'[3]이라고 할 때, 진정한 개발이란 사람들이 자신을 충분히 계발할 수 있는 수단을 가질 권리를 증진하는 것이고, 물질적인 진보라는 개념보다 더 의미 깊은 차원을 의미한다. 부유한 나라는 가난한 나라에 대한 지원만이 아니라 경제 구조의 변화를 도모할 책무를 가진다는 요구도 강조한다. 따라서 이런 평화의 관점에서 발전이라는 의미를 고려한다면 전쟁은 반드시 거부되어야 한다.[4]

셋째, 이 문서가 강조하는 것은 연대성이다.[5] 이는 하나님 안에서 우리는 한 인류 가족이라는 사상에 근거한다. 교회는 인류 가족이 연합하도록 지원하면서 세상을 섬겨야 한다는 당위를 가진다. 전 세계는 하나이며 상호 의존하기에 지구의 문제를 해결하기 위해 새로운 메커니즘을 찾을 수 있어야 하다는 것이다.

넷째, 정치적인 세계 질서에 대한 가톨릭교회의 가르침은 바티칸 공의회를 전후로 나온 두 문서, 즉 〈지상의 평화〉와 〈희망과 기쁨(Gardium et spes)〉에 잘 나타나 있다. 인간의 존엄성이 보장되는 인간다운 발전을 지향하며 인류 공동체 의식을 진작함으로써 교회는 보다 평화로운 세계 질서 형성에 기여하여 인류 종말을 초래할 수 있는 가공할 핵전쟁을 막아 내는 데서 신앙인의 기쁨과 희망을 찾아야 한다는 것이다.

> 가톨릭교회의 평화에 대한 비전은 기본적으로 긍정적인 것으로서 인권 옹호와 증진, 진정한 개발을 돕는 것, 민족 간의 연대 도모, 그리고 세계 평화를 제도적으로 형성하는 데 초점을 둔다. 평화가 파괴된 현실에 접근하는 방법은 비폭력적인 실천을 증진하는 것이고, 전 인류가 위험에 처할 경우에만 인간애적인 개입을 위해 무력 사용을 허용하는 것을 의미한다."[6]

이런 희망을 가로막고 있는 것은 다름 아닌 기존 정치 질서의 결과물인 핵전쟁의 위협이다. 따라서 핵무기의 폐기나 제거는 윤리적인 차원에서 군사 정책이 되어야 한다. 요한 23세의 평화문서는 우리 삶에 일어나는 갈등을 해결하는 방법은 반드시 비폭력적이어야 하고, 그리스도의 겸비를 본받아 고난을 수용할 수 있는 입장이어야 함을 확고하게 표명하고 있다. 따라서 핵무기 시대에 정당전쟁론은 더 이상 교회 안에서 존중받을 수 있는 이론이 될 수 없다는 전제가 명료해진 셈이다.

1983년 평화백서

미국 가톨릭교회가 평화 문제에 관심을 갖게 된 역사적 배경은 2차 세계대전의 참혹함을 경험했던 기억과 동서간 냉전 기류로 양대 진영이 핵무기를 경쟁적으로 비축해 온 결과 인류 공동체가 위협받고 있다는 현실 인식, 즉 최고의 위기 순간(a moment of supreme crisis)[7]에 대한 인식 지평이다. 이런 역사적 인식을 받아들이면서 가톨릭교회는 요한 23세의 칙서에 이어 1983년 다시 체계적인 평화백서를 발표하면서 평화에 관한 세 가지 관점을 밝혔다.

첫째, 가톨릭교회의 1983년 평화백서는 바티칸 공의회에서 언급했던바 인류 사회가 최대 위기에 직면해 있다는 정황 인식에서 출발한다.

> 제2차 바티칸 공의회는 다음과 같이 현대 전쟁을 평가하면서 개회되었다. 전 인류 사회는 언제 닥칠지 모르는 최고의 위기에 직면해 있다. 우리는 바티칸 공의회의 평가에 동의한다. 일순간 닥칠 위기는 세계를 위협하고 있는 핵무기로 구체화되고 있다는 점을 우리는 우려하고 있다. 우리는 우리가 섬기는 이들의 삶에서 핵시대의 위기가 영향을 끼친다는 사실을 보거나 느끼고 있다. 핵무기는 전쟁의 본질을 근본적으로 바꾸었고 군비 경쟁은 전례 없이 인류 생존과 문명을 위협하고 있다.[8]

복음에 따른 신앙과 이성의 합리성을 자원으로 삼아 도덕적 판단을 내려 오던 가톨릭교회의 도덕신학은 사실상 아퀴나스 이후 큰 변화를 보이지 않았다. 하나의 보편 교회로서 현존하는 질서를 위협하는 악에 대해 저항하고 징벌함으로써 기존의 조화로운 질서를 지켜 내야 한다는 명제가 보편적으로 받아들여져 왔기 때문이다. 그러나 이 평화백서는 지금까지 받아들인 정당전쟁론의 요건이 급변한 상황, 즉 핵무기 시대에서는 근본적으로 수용될 수 없다는 점에 동의하고 있다.

둘째, 이 문서가 갖는 또 하나의 성격은 전통적인 가톨릭교회의 교도권 행사를 위해 작성되었다는 데 있다. 물론 이 문서에 담긴 모든 표현이 교도권의 가르침에 해당하는 권위를 가지는 것이 아니라는 점도 지적하고 있지만, 도덕적이며 영적인 문제는 신앙과 이성에 있어서 탁월한 훈련을 받은 이들에 의해 신중하게 숙고되어야 한다는 전제하에 성직자들에 의한 결의론(casuistry)을 따르는 형식을 취하고 있다. 이 문서는 최고 성직자들인 감독들의 협의회에서 낸 문건으로서 신앙 공동체 안에서 실천을 위해 제안되었던 것이다.

교회 안에 다양한 이해의 관점들이 공존하고 있기 때문에 가톨릭교회는 교회의 문서가 정치적이거나 집단의 이해관계가 얽힌 문제를 다룰 때 신중한 입장을 취해 왔다. 이 문서 또한 가톨릭교회의 도덕신학의 범주에서 평화가 숙고되어야 하지만 자기 확신과 헌신만이 아니라 견해가 다른 사람들에 대한 정중함과 배려 역시 요구된다는 점을 밝힘으로써 교회 안팎에 다양한 이견이 존재한다는 점을 암시한다. 심지어 마지막 부분에서 가톨릭교회 밖에 있는 이들을 향해서도 실천적 협력을 요청하고 있다.[9]

셋째, 이 문서는 평화 개념을 정의의 관점에서 긍정적인 용어로 표현하고 있다. 단순히 전쟁을 반대하는 차원만이 아니라 핵시대의 평화 건설은 '정의의 적용(enterprise of justice)'[10]이라는 관점에서 정치적 명령으로 인식해야 한다는 것이다. 따라서 평화 건설은 인간의 존엄성이 보장되는 정의롭고 평화로운 질서 구축과 동일 선상에서 실행되어야 한다고 주장한다.

> 평화란 단순히 전쟁의 부재가 아니다. (…) 하나의 성전같이 우리는 인내심과 흔들리지 않는 믿음으로 평화를 이루어야 한다. 평화는 질서의 열매다. 인류 사회에서 질서는 하나님의 초월성을 경외하고 자유, 정의, 진리 그리고 사랑으로 이해되는 모든 사람의 독특한 존엄성에

대한 경외에 근거하여 형성되어야 한다. 점증적으로 상호의존적인 세계에서 우리 시대에 일어날 수 있는 전쟁을 피하기 위해서는 의도적으로 평화 건설에 매진해야 한다.[11]

이 표현에 담긴 가톨릭교회의 입장은, 교회는 평화로운 질서 형성의 한 주체가 되어야 한다는 당위를 주장하는 것이다. 따라서 미국 가톨릭교회 감독들의 문서는 핵무기 시대에 미국의 정치·군사적 권력이 어떤 입장을 취하는 것이 바람직한 방향이며, 동시에 가톨릭 교인들은 어떤 평화윤리적인 실천에 나서야 할 것인가에 깊이 관심을 갖고 있다. 이 문서는 미국 정부와 세계가 평화로운 질서를 형성하는 과제에 동참할 수 있도록 모든 이를 향한 가톨릭교회의 권고와 희망을 담고 있다.

정당전쟁론의 적용 범위

가톨릭교회의 평화백서는 전쟁과 평화에 대한 전통적인 입장[12]을 새롭게 정리함으로써 이 문서의 본질적 의도가 분쟁에 대한 평화적인 해결 방법을 모색하는 데 있음을 밝힌다. 이 문서가 밝히는 현대 전쟁에 대한 가톨릭교회의 입장은 아래와 같다.

첫째, 정당전쟁론의 입장에서 폭력의 사용이 허용될 수 있다.

둘째, 각 나라는 불의한 침략에 대해 방어할 권한과 의무를 가진다.

셋째, 공격적인 전쟁은 어느 것이라도 도덕적 정당성이 없다.

넷째, 핵무기나 재래식 무기로 무차별적으로 도시를 공격한다든지 인구밀도가 높은 지역을 공격하는 행위는 결코 허용되어서는 안 된다.

다섯째, 비록 방어적인 행위라 할지라도 비율의 원칙(principle of proportionality)을 어기거나 적법한 방어의 한계를 넘어 과도하게 공격하는 행위는 도덕적으로 허용될 수 없다.[13]

결국 이 문서는 정당전쟁론의 기본 공리에 근거해 다른 나라를 침략하는 행위를 비난하는 동시에 개체 국가의 자기 방어권을 인정하고 있지만, 전투 요원과 비전투 요원을 구별할 수 없는 대량 살상을 결과하는 행위나 방어권을 지나치게 확대 해석하여 과도한 공격을 하는 행위에 대해 도덕적 정당성을 부여할 수 없다는 판단을 내리고 있다. 이는 결국 정당전쟁론을 적용한다 할지라도 핵무기의 사용은 어느 경우에도 정당성을 획득할 수 없다는 선언이다. 전쟁 억제력에 대해서도 이 문서는 다음과 같이 언급한다.

첫째, 비록 평화를 보장받으려는 노력의 일환이라 할지라도 전쟁이 일어날 긴장 상태가 존재하고 있다는 점을 십분 고려할 때 현재의 정황에서 균형을 취하며 전쟁 억제력을 확보하기 위한 노력은 점진적인 군비 축소를 지향하는 것일 경우에 한해서 도덕적 정당성을 부여받을 수 있다.

둘째, 해악 금지의 원칙하에 비록 우리의 생명과 사랑하는 이웃들의 생명이 해함을 받을지라도 의도적인 악을 기획하지 않는다는 교회의 가르침에 따라 차별의 원칙과 비율의 원칙을 위배하는 핵무기의 사용은 결코 의도되어서는 안 된다.

셋째, 전쟁 억제책은 장기적인 안목에서 볼 때 적절한 전략이 될 수 없기에 이는 오직 무기 감축과 무장 해제를 위한 예비 단계라는 의미만 가진다.[14]

이 문서는 불의한 침략으로부터 자국을 방어하기 위한 합리적인 대처 방안을 마련하기 위해 군비를 균형 있게 갖추는 것은 필요하지만 군사적 대처 방안의 목적이 무차별적인 해악을 끼치기 위한 의도까지 포함하는 것은 아니라는 점을 명확히 선언한다. 이런 관점에서 본다면 차별과 비율의 원칙이 적용될 수 없는 핵무장이나 사용은 원칙적으로 도덕적 정당성이 결여된 것으로 규정된다.

그러나 '현시점'이 강조되는 이 문서는, 상대 진영이 핵무기로 무장하고 있다면 전쟁 억제책이라는 제한된 의미에서 균형 있는 핵무장은 가능하다는 입장을 보인다. 동시에 군비 균형을 이룬다는 명목 아래 일어나는 고도의 군비 경쟁의 비도덕성 역시 지적한다. 결과적으로 가톨릭교회 감독들은 균형 있는 방어책을 넘어 지나친 군비 우월성 확보를 향한 핵 군비 경쟁의 부당성을 비판하고 공격 의도를 지닌 핵무장을 거부하는 입장을 주장한 것이다.

정당전쟁론의 모순

독일 신학자 도로테 죌레(Dorothee Soelle)는 군비 경쟁은 전쟁을 하지 않아도 사람을 죽인다는 주장을 한 바 있다. 천문학적인 돈을 군비 경쟁에 낭비하는 군사주의 정책이 결국 가난한 이들에게 가야 할 몫을 사용하게 되어 그들의 생명권을 무시하고 죽음으로 몰아넣는 결과를 초래하기 때문이다.[15] 그녀는 적과 대치하기 위해 마련된 방어 혹은 공격 무기 역시 결국 자국민의 안전을 위협하는 결과를 초래한다고 보았다. 핵전쟁은 가공할 파괴력이 있기 때문에 승부를 가릴 수 없고 그 파괴력에 의해 자멸이나 공멸에 이를 것이 예측되기 때문이다.

하지만 1983년 평화백서는 군비 경쟁이 인류를 향한 일종의 저주요, 위험이며 가난한 이들을 향한 공격과 같은 것이라고 지적하면서도 잠정적인 대처 방안으로의 균형 있는 군사 억제력 유지 정책은 인정하고 있다는 점에서 현실주의적인 입장을 드러낸다.[16] 악을 징벌하고 억제할 수 있는 방지책은 공동 안전을 위한 방편이기에 현실적으로 포기할 수 없다는 것이다. 이 점에서 이 문서는 평화주의 전통에 중심을 두지 않는다.

아이러니하게도 이런 방지책은 언제나 보다 강한 억제력을 갖추기 위해 상대의 힘보다 더 큰 힘을 가져야 한다는 논리에 의존할 수밖에 없다. 이 경우 방어책으로서의 군사력 확보와 사용이 방어하려는 악의 총량보다 더 적은 것인지 아닌지를 누가 판단하느냐의 문제가 남는다. 나아가 이 문서는 정당전쟁론을 적용하여 전쟁 방지책으로 더 큰 군사력을 갖추려는 노력이 냉전의 대립 구조에서 끝없는 군비 경쟁이라는 악순환을 초래하고 있다는 점 역시 지적하는 모순을 안고 있다.

군비 경쟁의 비윤리성

2011년 전 세계에서 소모된 군사비는 약 1조 7,380억 달러에 달했다.[17] 스톡홀름국제평화문제연구소 2013년 보고서에 따르면, 우리나라 2012년 군사비 지출 총액은 317억 달러(약 34조 원)였으며 2013년 국방 예산은 35조 5천억 원에 이른다. 국민 1인당 650달러를 지출하고 있는 셈이다.[18] 2012년 기준 서울시의 모든 초등학생과 중학생에 대한 무상급식 비용으로 3,900억 원이 소요되었다. 정부가 도입하려는 F-35 전투기 1대가 약 2,100억 원, 달러로 환산하면 1억 9천만 달러이니 전투기 한 대 반과 맞먹는 수준인 셈이다. 아파치 헬기 한 대가 1억 달러, 약 1,100억 원이고, 토마호크 미사일 한 발이

_____ 종교의 두 얼굴

140만 달러, 약 15억 원에 이른다.

2007년 독일 평화문서는 평화 상실의 요인을 사회·경제적으로 분석하면서 2차 대전 이후 2억 7천만 명이나 되는 사람들이 가난으로 죽어 갔다는 사실을 밝혔다. 또한 매년 1,800만 명이 굶주림으로 죽어 가고 있으며 영양실조에 허덕이는 사람이 9억 명에 이른다고 분석한다.[19] 지구에서 가난과 영양실조에 시달리다 죽어 가는 9억 명의 생명, 그리고 한 해에 기아로 죽어 가는 1,800만 명을 살리고도 남을 수 있는 비용을 군사비로 지출하고 있는 비극적인 현실이 우리 앞에 놓여 있는 것이다.

그럼에도 독일의 평화문서에 비해 가톨릭 문서는 정당전쟁론의 사회·경제적 부당성에 대해 세밀한 분석을 외면하고 있다. 다만 형식적으로 경제적인 면에서 군비 경쟁의 어리석음과 부도덕성을 지적하고 있을 뿐이다. "군비 경쟁은 인류를 향한 가장 큰 저주 가운데 하나다. 그것은 가난한 이들을 향한 위험한 공격 행위로 비난받아 마땅하다. 그리고 군비 경쟁이 약속하는 안전을 보장하지도 못하는 어리석은 행위일 뿐이다."[20]

사실 정당한 방어라는 논리는 오늘날 단순한 방어가 아니라 엄청난 군사비용을 지불해야 하는 군사 게임에 불과하다. 이 게임을 위해 인류 사회는 가난한 대중의 인간으로서의 권리와 생명권을 외면하는 셈이다. 이런 의미에서 전통적인 정당전쟁론의 '정당한 방어'라는 개념은 오늘날 달리 해석될 필요가 있다. 정당성을 확보할 수 없는 핵전쟁의 부도덕성과 고도의 천문학적인 군비 경쟁을 하는 행위의 부도덕성까지 정당전쟁론을 들어 옹호할 수는 없기 때문이다.

핵전쟁의 비윤리성

오늘날 무기 체계는 크게 재래식 무기와 핵무기로 나뉜다. 정당전쟁론은 5세기 이후 수제품에 해당하는 무기를 사용하는 전쟁을 전제한 상태에서 형성되었다. 2차 세계대전 때만 해도 이 이론은 전투기와 전차 등을 포함한 (현재 우리가 말하는) 재래식 무기로 벌이는 전쟁을 전제하고 있었다. 그러나 핵무기를 사용하는 전쟁을 예상할 경우에는 정당전쟁론이 요구하는 정당성 구성 요건 자체가 성립하지 않는다.

핵무기의 위력에 대한 사실[21]을 살펴보면, 정당전쟁론의 성립 자체가 불가능하다는 점이 명료해진다. 재래식 무기는 살상 대상을 제한적으로 가해한다. 즉 인명이 파편에 맞아야 살상당하기 때문에 표적의 선택이 가능하다. 그러나 핵무기는 폭발하는 순간 살상 반경 안에 있는 모든 생물을 일시에 증발하게 하거나 죽인다. 그러므로 살상 반경 안에서 전투 요원-비전투 요원을 차별해야 한다는 정당전쟁론의 논리가 요구하는 표적의 차별이 이루어지지 않는 것이다. 또한 이러한 가공할 만한 파괴력을 행사하면서 얻을 수 있는 보다 더 큰 선은 없다.

이렇듯 정당전쟁론의 현대적 해석에서 전통적인 기독교 이론이 그대로 수용될 수 없는 이유는, 전투 행위의 정당성의 요건으로 주장되어 온 '차별과 비율의 원칙'이라는 개념 자체가 핵무기로 서로를 위협하는 상황에서는 더 이상 윤리적 타당성을 가질 수 없다는 데 있다. 핵무기를 동원한 전쟁의 파괴력은 상상을 초월하기 때문에 상대적으로 선과 악을 가늠할 만한 객관적 기준을 적용할 수 없다.

핵무기의 위력

핵폭발 에너지는 폭풍(blast), 열방사(thermal radiation), 핵 방사능(nuclear radiation) 등 세 가지 에너지로 방출되면서 주변의 모든 생명을 무차별적으로 증발시키고 살아남은 생명에게는 치명적인 위해를 가한다. 핵무기가 폭발하면 태양 표면 온도의 백 배나 되는 섬광이 발생하고 동시에 섭씨 6천만 도에서 1억 도에 이르는 열이 발생한다. 폭발 1초 후 이 불덩어리는 직경 1킬로미터에 달하는 거대한 불덩어리로 확장되어 거대한 버섯 모양의 원자운을 형성한다. 그 순간 폭발 지점으로부터 고온의 열 복사선이 방출되는데, 그 속도는 초당 30만 킬로미터에 달한다. 순식간에 주변의 모든 생명을 태워 증발시키는 것이다. 폭발 지점에 가까운 생명들은 섬광과 열에 의해 즉사하지만, 먼 거리의 생명체들은 화상을 입거나 실명에 이른다. 이 순간 형성된 폭풍은 자연 폭풍의 백 배에 이르는 막강한 위력을 발휘하여 수목과 건물을 날리고 태워 버린다. 이후 죽음의 재인 방사능 낙진이 지상에 떨어져 생명체를 오염시켜 생명의 안정성을 근본적으로 파괴한다.

원자폭탄의 표준은 현재 2메가톤 급이 제일 많고 전략핵폭탄은 1메가톤짜리도 있다. 수소폭탄의 경우 20메가톤 급도 있으며 56메가톤 급이 가장 강력하다. 2메가톤 핵탄두가 폭발할 경우 반경 20킬로미터에 이르는 곳까지 파괴할 수 있다. 폭발하는 자리로부터 3킬로미터 내의 물체는 자취도 없이 증발하고 반경 7킬로미터에 이르는 영역 안 건물과 생명체는 모두 파괴된다. 이때 건물 파편은 초속 500미터 이상의 속도로 날아간다. 10킬로미터 반경을 넘어서도 속도가 초속 300미터 정도 되어 피해는 상상을 불허한다. 2메가톤 급 핵폭탄 하나는 사실상 반경 80킬로미터 정도의 영역을 치명적으로 오염시킨다.

20메가톤 급의 수소폭탄이 폭발할 경우, 폭심 15킬로미터 내 물체를 모두 녹여 증발시킨다. 80킬로미터 밖에서 폭탄의 섬광을 볼 경우 즉시 실명할 수도 있다. 반경 30킬로미터 내의 생명은 4도 화상을 입게 되는데 순식간에 숯덩이가 됨을 의미한다. 50메가톤 급이 폭발할 경우 반경 40킬로미터 내의 모든 생명은 위해를 피할 수 없다. 모두 검게 탄 숯으로 변할 것이기 때문이다.

이상과 같은 핵폭탄의 위력을 고려한다면 결국 전통적인 정당전쟁론의 여러 항목이 문제가 된다. 예컨대 승리에 대한 확신을 추정하는 행위도 불가능하고 전투 요원과 비전투 요원을 구별하는 것도 불가능하며 정의를 회복한다는 전쟁의 명분도 성립되지 않는다. 그러므로 불의를 징벌하고 정의를 되찾는다는 정당전쟁론의 윤리적 논거는 그 타당성을 상실한다. 이런 이유에서 모든 교회의 평화문서는 핵전쟁의 비도덕성을 지적하는 것이고, 미국 가톨릭교회도 이를 일부 대변하고 있다.

미국이나 러시아가 있을 수 있는 핵 공격에 대비해 핵 방어력을 증강하는 이유는 즉시 보복할 수 있을 것이라는 전제에 기반을 두는데, 이는 상당 부분 타당성을 잃는다. 이 가상의 논리가 성립한다면, 사실상 지구의 종말을 의미하는 것이기 때문이다. 공격과 보복이 이어지면 지구상의 모든 생명은 핵전쟁으로 인한 핵겨울을 맞아 종말에 직면할 수밖에 없다. 따라서 핵무기를 통한 방어 전략은 결코 진정한 평화를 위한 방편이 될 수 없다.[22] 그런데 이 문서의 치명적 약점은 아이러니하게도 핵 방어 전략의 잠정적 기능을 인정한다는 것이다. 핵을 통한 힘의 균형이 비록 진정한 평화가 아니라 할지라도 현실적인 핵전쟁 억제력으로 기능할 수 있다고 보기 때문이다.[23]

평화를 위한 교회의 과제

오늘날 평화를 위한 가톨릭교회의 과제는 국제 갈등을 극소화하고, 핵전쟁을 억제하는 길을 모색하는 데 있다. 이 길은 핵전쟁 억제와 핵감축, 강대국의 도덕적 책무, 그리고 경제적인 곤경에 빠진 가난한 세계에 대한 강대국의 책임 있는 노력을 포함한다. 무엇보다 이 문서는 핵무기를 생산, 비축, 배치하는 군사적 긴장 관계의 해소 방향은 현실적으로 상호 긴장을 유지하면서 궁극적으로는 핵무장을 해제하는 데 목적이 있을 경우 양해될 수 있다고 한다. 따라서 이 문서는 핵무장을 강화하려는 모든 시도를 비판하면서, 군사적 수단에 의한 평화 구축 방안을 기독교적인 평화의 방법으로 받아들이지 않겠다는 의지를 담고 있다.

오늘날 도덕적 책무는 항시 일어날 수 있는 핵전쟁을 미연에 방지하고 개인의 존엄성과 국가의 통전성을 지키는 데 필요한 정의와 자유와 독립이라는 핵심 가치를 지키고 보전하는 것이다. 이에 관해 교황 요한 바오로 2세(John Paul II)는 "핵 방어 전략은 도덕적으로 수용 가능하다고 볼 수 있겠으나 목적 그 자체일 수 없고 그저 점진적인 군비 해제를 향한 단계일 뿐"[24]이라 했다.

이런 관점에서 이 문서는 핵 억제력은 현실적으로 인정할 수 있지만 핵전쟁은 반대하고, 억제력을 가지는 것으로 만족해야지 핵 우월성을 확보하려는 노력에는 반대한다는 입장을 보여 준다. 그리고 그 억제력조차도 점진적인 핵무장 해제를 지향하는 과정으로서만 인정한다는 것이다.[25] 따라서 이 문서는 구체적으로 선제공격 위협을 불러오는 핵무기의 배치에 반대하고 핵전쟁 능력을 추구하는 핵전략을 지원하는 노력에 반대하며 핵무기의 위력을 재래식 무기와 유사한 동류의 것으로 보려는 순진한 시각에 대해서도 반대한다는

입장을 명시하고 있다.[26]

핵에 의존한 평화논리 거부

1983년 평화백서는 평화 형성의 과제로서 핵실험이나 핵무기 생산 그리고 새로운 핵무기의 배치를 금하는 즉각적인 상호 핵무기 감축 합의를 지지하고, 중·단거리 핵미사일의 감축 협상과 제거를 요구하는 동시에 핵무기 관리 체계를 강화할 것을 요구한다. 이는 전 지구적인 안전과 평화를 위해 현재 미국의 안보와 방어 전략의 현실성을 인정하면서도 그 불안을 제거하기 위한 노력으로서 핵감축 협상뿐 아니라 다양한 국제 분쟁을 비폭력적으로 해결하려는 노력이 전개될 필요성을 강조하는 것이다.[27] 이 문서는 핵을 통한 군사적인 해결 방안은 어떤 논리로도 정당화될 수 없음을 분명히 하고 있다.

독일 교회 평화문서와 마찬가지로 미국 가톨릭교회 감독들은 국제 질서의 중요성을 강조하면서 유엔이 세계 질서를 선도할 것을 기대한다. 평화란 오늘날 국민국가의 과제인 동시에 국제적인 과제이기도 하다. 하지만 미국 가톨릭교회는 자국을 중심한 국제 질서의 도덕적 우위를 인정하는 한편 소련연방의 제국주의적 지배욕과 동구권의 집단 정치체제의 강제성, 그리고 개체 국가의 자유와 책임의 구조가 제약되어 있다는 점과 인간의 기본권으로서 다양한 자유가 동구권과 소련연방 안에서 보장되어 있지 않다는 점을 지적하고 있다.[28]

미국과 러시아가 서로를 표적으로 삼아 겨누고 있는 핵미사일이 존재하는 한, 진정한 의미에서 평화를 구축할 가능성은 희박하다. 이 문서는 지나치게 낙관적인 환상에 빠지지 않으면서 양자의 평화를 향한 노력을 가로막고 있는 것은 바로 강팍한 마음이라고 지적한다.[29] 하지만 이 문서는 두 강대국이 핵무기를 사용하지 않는 것이 피차의 이익에 부합한다는 현실적 관점에서 모든 외교 수단을 동원하여 핵무기를 감축하고 적대 관계를 해소해 나가는 길을 끊임없이 모색하는 것이 가장 바람직하다고 권고한다.

이 문서는 진정한 교회는 기도와 회개의 공동체이며 동시에 양심적인 공동체여야 한다고 주장한다. 참된 양심적 공동체로서의 교회는 민주사회 안에서 정치적 견해의 다양성을 부인해서는 안 된다. 동시에 교회는 다원 사회에서 생명 경외의 가치를 담은, 진정한 평화를 지향하는 도덕적 원칙들을 가르치며 양심적인 공동체를 창조하는 사역을 담당해야 한다. 그러므로 이 문서는 오늘날 평화의 과제는 가톨릭교회만의 과제가 아니라 선한 이웃들, 즉 다른 기독교인들이나 유대교나 이슬람 공동체와의 연대에서 이뤄 가는 과제여야 한다고 본다. 평화의 과제에 가톨릭교도들만이 아니라 평화를 이루려는 선한 이웃들을 초대하면서 이 문서는 이렇게 마치고 있다.

> 마지막으로 우리는 군비 경쟁을 멈추게 하고 세계 평화를 지키려는 선한 의지를 가진 모든 남녀와 더불어 공공의 노력에 참여하기 원한다는 사실을 다시 확언한다.[30]

XIII
세계교회협의회의 평화운동

"평화란 그저 전쟁이 없는 상태를 일컫는 것이 아니다. 평화는 부정의 위에 세워지지 않는다. 평화는 모든 나라를 위해 그 안에서 이루어지는 정의에 기초한 새로운 세계 질서를, 하나님이 주신 인간다움과 모든 인간의 존엄성을 존중할 것을 요구한다. 평화는 이사야 선지자가 가르쳤듯이 의로움의 결과다."─세계교회협의회 밴쿠버 문서에서

세계교회협의회(World Council of Churches, WCC)는 1975년 나이로비 총회에서 환경 파괴 현실을 인식하고 환경의 존속 가능성을 논의했다. 1983년에는 '정의, 평화 그리고 창조의 보전'[1] 위원회를 조직했고, 1990년 대한민국 서울 회의에서 정의, 평화, 창조의 보전을 위한 제안 문서를 냈다.[2] 이 과정에서 세계 교회는 독일 교회와 미국 교회가 제안한 바 있는, '정의로운 전쟁'이라는 논리를 넘어 '정의로운 평화'라는 지평에서 오늘의 기독교 신앙 공동체들이 지향해야 할 평

화운동의 합류점을 찾았다.

정의로운 평화를 향한 세계교회협의회의 노력은 마침내 1998년에 하라레 총회에서 의미심장한 결과를 거두었다. 이 총회에서 전 세계의 교회는 '폭력을 극복하는 10년(The Decade to Overcome Violence)' 운동을 벌이기로 결정한 것이다. 세계교회협의회는 폭력이 가정과 시장, 일터 그리고 사회·정치적 영역에 기생하고 있음을 분석하면서 폭력을 극복하기 위한 다양한 형태의 기독교 신앙운동을 전개했다. 그리고 용서와 화해, 약자의 보호, 동료 인간과의 평화, 자연과의 평화 등이 과거와 현재의 다양한 폭력에 대처하는 방안으로 제안되었다. 2006년 포르토 알레그레 총회에서는 2011년 국제 에큐메니칼 평화회의에서 폭력 극복을 위한 10년을 총결산하기로 결의한 바에 따라 2011년에 〈정의로운 평화에 대한 에큐메니칼 선언문(Ecumenical Declaration on Just Peace)〉을 발표하기로 합의했다.

이미 살펴본 바와 같이 독일 교회나 미국 가톨릭교회는 새로운 기독교 평화운동의 지평을 선 시구적인 지평에서 보고 있다. 과거의 기독교가 제국이나 유럽의 개별 국가 사회의 정황, 혹은 신학자의 사회 정치적 입지에 의존해 기독교 평화론을 제안해 왔다면 오로지 소종파 교회들만 정치적 이해관계나 권위에 영향을 받지 않는 독자적인 길을 모색했었다.

이런 입장을 종합하고 넘어서면서 독일 교회뿐 아니라 미국 교회들은 오늘의 평화운동 과제는 과거의 국지적이거나 지엽적인 정치적 이해관계에서 정의로운 전쟁을 통해 평화를 지키겠다는 입장을 포기하고 있다. 오히려 그들은 민족, 국가, 이념, 진영 논리에 빠져 버린 정당전쟁론을 넘어 정의로운 평화를 지구적 차원에서 모색하는 것이 보다 바람직하다는 합의에 이른 셈이다. 이는 결국 세계의 질서

_____ 종교의 두 얼굴

가 정의롭지 못할 경우 국지적이거나 지구적인 평화를 이루어 내는 과제 자체가 불가능하다는 인식을 받아들인 까닭이다.

그리하여 정의가 결여된 평화란 존재하지 않는다는 입장에 독일 교회, 가톨릭교회, 그리고 연합감리교회가 이미 합의한 것으로 보인다. 이런 관점은 세계교회협의회의 평화문서에 그대로 반영되었다. 세계교회협의회의 구성원인 그들이 세계교회협의회 안에서 정의로운 평화를 위한 새로운 세계 질서를 구상하는 것은 어쩌면 당연한 것이다. 정의로운 평화론은 독일에서 1970년대 말부터 형성되었고, 세계교회협의회에서는 1983년 밴쿠버 총회에서 본격적으로 논의하기 시작했다.

밴쿠버 평화문서 1983

1948년 설립된 세계교회협의회는 다양한 측면에서 전 지구적인 정의, 화해, 평화, 창조 세계의 보전을 위한 노력을 경주해 왔다. 세계교회협의회의 평화운동에 관한 분석은 무수한 모임과 문서에 대한 분석을 요하는 큰 과제다. 하지만 최근 세계교회협의회의 평화문서를 살펴보면 지난 기독교 역사에서 전개되었던 국지적인 평화운동이 세계교회협의회 문서에서 종합되고 있음을 확인할 수 있다. 특히 세계교회협의회는 1983년 밴쿠버 총회에서 평화와 정의에 관한 선언문을 발표함으로써 이런 방향을 여실히 보여 주었다.

평화란 그저 전쟁이 없는 상태를 일컫는 것이 아니다. 평화는 부정의 위에 세워지지 않는다. 평화는 모든 나라를 위해 그 안에서 이루어지는 정의에 기초한 새로운 세계 질서를, 하나님이 주신 인간다움과 모든 인간의 존엄성을 존중할 것을 요구한다. 평화는 이사야 선지자가

가르쳤듯이 의로움의 결과다.[3]

　밴쿠버 총회에서 평화와 정의에 관한 성명서가 나온 배경에는 앞서 논의했던 독일 교회와 가톨릭교회의 평화문서가 상당 부분 영향을 끼쳤다. 이 문서는 인류 사회가 직면한 위기는 단순한 평화의 부재로 인한 것이 아니라 정의의 부재 때문이라는 점을 지적하고 평화란 정의 없이 존재할 수 없다는 사실을 거듭 표명하고 있기 때문이다. 독일 교회와 미국 교회의 평화윤리학적인 논의가 세계교회협의회의 평화 논의로 확대된 셈이다.

　27개 단락으로 구성된 밴쿠버 평화문서에서 1981년 독일 교회 평화문서에서 논의되었던 다양한 주제를 찾아볼 수 있다. 특히 국제적 갈등을 군사주의로 해결하는 방법에 대한 비판적 거리 두기, 정의 없는 국가 안보에 대한 비판, 갈등 해결의 평화적 방법 강구, 핵무기 폐기와 감축 문제, 정당전쟁론의 한계와 정의로운 평화 개념 제시, 기아에 허덕이는 생명 지원보다 우선석인 군사비 지출과 경제정의 문제 등은 독일 교회 평화문서와 미국 가톨릭교회 문서와 맥락상 일치하는 점이 많다.

　따라서 세계교회협의회 문서에서 민족이나 국가 안보 이데올로기를 앞세워 통치 질서를 옹호했던 주류 기독교의 전통이 수용되지 않는다는 사실을 확인할 수 있다. 전 지구적 지평에서 일어나는 위기는 적과 아군이라는 이분법적 대립 구도에서 야기되어 왔기 때문에 그동안 정의 개념이 개체 국가의 이익이나 안보에 종속되어 해석되어 왔음을 반성하고 보다 보편적인 정의에 근거한 평화에 대해 논의하고 있기 때문이다.

　결국 정의로운 평화를 추구하던 주류 교회의 정치윤리는 사실

____ 종교의두얼굴

상 현대 세계에서 오히려 정의를 가로막고 있다는 구체적인 문제의식을 갖게 되었다. 또한 정의가 세워지지 않는 곳에서는 평화가 없다는 단순한 인식에 그치지 않고 정의가 부재한 곳에는 폭력이 기생하고 있음을 통찰하기에 이르렀다. 그리하여 정의로운 평화의 전제 조건으로 평화를 파괴하는 구체적인 악, 즉 폭력의 본질과 그 현상에 대한 연구와 폭력 극복의 과제를 제시한 것이다. 평화에 대한 관심은 1998년 하라레 총회 이후 보다 구체화되었다.

폭력 극복을 위한 10년

1999년, '정의, 평화, 창조 질서의 보전'대회가 반세기 넘게 분단 상황에 처한 대한민국에서 개최되었다. 1999년 9월, 세계교회협의회 중앙위원회는 평화의 전제 조건이 정의라면 그 정의를 가로막고 있는 것은 폭력이라는 인식을 보편화하고 '폭력을 극복하는 10년' 운동을 전개하기 위한 기본 윤곽을 제시하는 문서를 작성했다.[4]

이 문서는 화해와 비폭력 운동을 통해 평화로운 문화를 확산시키기 위한 노력의 일환으로 세계교회협의회라는 기구를 넘어 전 세계 개별 교회에 실천 과제를 제안했다. 또한 2차에 걸친 목표를 두고 2000년부터 2010년까지 10년 동안 온갖 종류의 폭력을 극복하는 노력에 나설 것을 당부했다. 세계교회협의회 중앙위원회는 이 운동을 제안하는 초안 문서에서 다음과 같은 입장을 밝혔다.

> 교회의 삶과 증언의 주변부에서 중심에 이르기까지 평화를 이루기 위해 그리고 평화로운 문화를 형성하기 위해 일하는 교회와 네트워크, 운동 간에 보다 강력한 연대와 이해를 도모하기 위해 폭력 극복을 위한 10년의 목표는 다음과 같다.

- 가정과 공동체 그리고 국제 영역에서 직접적이거나 간접적인 것을 망라하여 폭넓은 폭력의 다양성에 대해 총체적으로 논의하고 폭력과 폭력 극복의 방법에 대한 지방이나 지역적 분석을 배운다.
- 폭력적인 정신과 논리, 행위를 극복하도록 교회에 도전하고, 폭력에 대한 신학적 정당성을 주장하는 것을 버리며 화해의 영성과 적극적인 비폭력 정신을 새롭게 확언한다.
- 지배와 경쟁 대신 협동과 공동체라는 측면에서 안보에 대한 새로운 이해를 도모한다.
- 타 종교의 평화 형성의 영성과 자원을 배워 다른 종교의 공동체와 더불어 평화를 추구하고 다원화된 사회에서 종교나 종족적 정체성의 오용을 반성하도록 교회에 문제를 제기한다.
- 세계 군사화 증진에 도전하되, 특히 소규모의 무기나 경무기의 확산을 문제 삼는다.[5]

여기서 우리는 기독교 평화운동이 정치적인 개념에서 문화적인 개념으로 전환되고 있으며, 지엽적인 지평에서 에큐메니칼한 전 지구적 지평으로 확대된 것을 알 수 있다. 이 문서의 정신은 국가주의라든지 자기 종교의 우월성에 대한 집착을 넘어 연대와 화해의 문화를 창안해 나갈 것을 제안하고 있기 때문이다. 이 입장은 유엔이 2001년부터 2010년까지 벌인 '세계 아동을 위한 평화와 비폭력 문화를 위한 10년(The United Nations Decade for a Culture of Peace and Nonviolence for the Children of the World 2001-2010)' 운동과 내적 가치를 공유하고 있다.

평화운동이 폭력 극복 운동으로 재규정된 까닭은, 이제 비폭력 평화운동은 정치 집단의 과제가 아니라 민중 문화와 평화 교육의 과제로 받아들여져 일종의 문화 형성 운동으로 전환되어야 함을 의미한다. 이 맥락에서 이 문서는 폭력 극복을 위한 노력은 연구와 운동 차원, 교육과 영성훈련으로 구체화되어야 한다고 주장하면서 열세 가지의 구체적인 평화운동의 지평을 제시했다.[6]

평화의 과제는 국가 간의 외교·정치·군사적 문제만이 아니라 우리 삶의 모든 차원에 기생하는 폭력을 찾아내 제거하는 운동으로 이해해야 한다는 것이다. 따라서 평화로운 삶의 기저를 형성하는 과제는 모든 삶의 영역에서 '그들의 문제'가 아니라 '우리 모두의 문제'로 인식되었다. 2011년 세계교회협의회는 '폭력 극복을 위한 10년' 운동을 총 결산하는 의미에서 자메이카 킹스턴에서 평화대회를 열고 킹스턴 평화문서 초안을 확정했다.

킹스턴 평화문서

'폭력 극복을 위한 10년' 운동이 종료된 직후 세계교회협의회의 폭력 극복을 위한 10년 위원회는 '하나님께는 영광을, 땅에는 평화'라는 슬로건 아래 국제 에큐메니칼 평화대회를 열고 〈정의로운 평화에 관한 에큐메니칼 선언(Ecumenical Declaration on Just Peace)〉[7] 초안을 확정했다. 이 문서에서 우리는 세계교회협의회가 지난 십여 년 동안 에큐메니칼한 지평에서 폭력을 제거하며 평화운동을 전개해 온 사상 구조를 찾아볼 수 있다.

지구적 위기에 대한 관심

평화가 위협받고 있는 세계에서 지구상의 교회는 삶의 모든 지평에서 일어나는 폭력을 제거하고 극복하기 위한 노력에 지난 10년을 바쳐 왔다. 이런 경험에 근거하여 에큐메니칼 선언 문서는 일종의 평화신학의 기초를 제시하고 있다. 폭력이 난무하는 세상에서 하나님의 교회가 해야 할 증언은, 오늘의 세계가 무수한 위기에 처해 있으며 우리는 이런 위기에서 하나님의 부름을 받고 있다는 사실에서 출발해야 한다는 것이다. 이런 위기는 오늘의 교회와 인류 사회에서 피할 수 없는 새로운 도전이기 때문이다.

유엔과 세계교회협의회는 이러한 도전에 대처할 수 있는 에큐메니칼한 시각을 지닌 초국가적인 기관들이다. 에큐메니칼한 기관으로서 세계교회협의회는 국지적 이해관계, 즉 오늘의 위기들은 민족주의, 국가주의, 진영 논리, 이데올로기 대립 구도와 같은 지엽적인 이해관계에서 일어나는 폭력 구조 때문이라고 파악하고 이를 극복하기 위해 에큐메니칼한 평화운동의 주체가 되어 왔다. 유엔과 세계교회협의회의 분석은 식민주의의 병폐에 대한 비판적 이해, 냉전 체제에서 진행된 핵무기 대결 구도, 지구 환경의 파괴, 군비 경쟁과 맞물린 극빈 상태의 인류 사회, 다양한 폭력에 깊이 상처 입어 온 약자들의 현실을 먼저 드러낸다.

1989년 베를린 장벽이 무너진 이후 세계는 평화와 화해의 새 시대를 여는 것처럼 보였다. 그러나 기대와는 달리 이념 대립의 장벽에 숨어 있던 문제들이 세상에 드러나기 시작했다. 보이는 곳이나 보이지 않는 곳에서 지속된 폭력과 억압의 현실이 드러났기 때문이다. 이에 유엔은 1992년을 '토착민의 해'로 선포하고 인류 역사에서 지난 5백 년 간 지속된 식민주의의 현실에 대한 세계민의 인식을 촉구하기에 이르렀다.

또한 유엔은 1992년 환경과 개발에 관한 협의를 거쳐 고조되는 생태적 위기와 지구 기후변화에 관한 선언문을 발표하고, 1994년 베이징 대회에서는 여성과 아동을 향한 폭력에 대한 관심을 촉구했다.

_____ 종교의두얼굴

세계 도처에서 일어나고 있는 가정 폭력, 인신매매와 인권 유린에 대한 비판적 논의도 잇달았다. 이런 노력의 결과로 1994년 남아프리카 공화국에서 마침내 인종차별법이 폐지되었다. 하지만 같은 해, 르완다에서는 인종 청소라는 비극이 일어나기도 했다.

이렇듯 세계적으로 본다면, 지난 수십 년 동안 전 세계가 처한 정황은 위기의 연속이었다. 이분법적 진영 논리 아래 전개된 냉전 체제는 가공할 만한 핵무기 대결 구도를 조장했고, 세계 도처에서 국가 안보라는 명분을 앞세워 국가 폭력의 횡포를 방조했다. 소수 인종이나 민족에 대한 억압 역시 지역을 불문하고 아프리카, 중동, 유럽, 중국, 호주, 미국, 뉴질랜드, 일본, 대만 등지에서 인종 청소와 인종 차별의 형태로 지속되었다. 동구권의 몰락 이후 신자유주의가 촉진하고 있는 지구화는 가난한 이들의 삶을 더욱 어렵게 하고 부유한 나라와 개인에게는 더 좋은 기회를 제공하고 있다.

이 문서는 이렇듯 지구적이거나 지역적인 위기가 다양한 형태의 폭력 때문에 일어나고 있다는 세계교회협의회의 현실 인식을 보여 준다. 이런 위기 정황에 직면하여 교회에 주어진 복음의 증언은 어떤 의미를 가져야 할지 물으면서 '다양한 불의를 조장하는 폭력의 극복'이라는 근본 과제에서 답을 찾는다. 세계교회협의회는 하나님의 교회가 폭력의 극복을 통해 정의를 회복하고, 정의를 회복함으로써 평화를 이루어 낼 수 있다는 신학적 결론에 도달한 것이다.

하나님의 평화

킹스턴 평화문서는 평화를 일구어 내기 위해 삼위일체의 평화신학을 제안한다. 이 제안에 따르면 평화의 하나님은 교회를 부르셔서 하나님의 평화를 이루고 나누며 지키라 요구하는 하나님이시다.

이런 맥락에서 본다면 구약성서의 샬롬은 온전함과 정의로움과 의로움 그리고 동정과 진실함을 포괄하여 하나님의 평화를 노래한다. 하나님의 평화인 샬롬은 의의 열매와 진리와 정의의 실행을 요구한다. 그러므로 구약성서의 관점에서 볼 때 평화란 단순히 전쟁의 부재를 의미하는 것이 아니라 삶의 모든 영역을 아우르는 총체적인 복지를 의미한다. 이런 복지와 동의어가 되는 평화, 곧 샬롬은 하나님의 평화다. 이 문서는 이런 관점에서 평화의 하나님을 증언하는 소명이 교회와 신앙 공동체에 주어져 있다고 선언한다.[8]

평화의 그리스도

신약성서는 구약성서의 샬롬을 그리스어인 에이레네로 번역했다. 신약성서에서 평화는 하나님의 백성이 정의롭고 자비로우며 의로워야 한다는 하나님의 요구에 복종하는 이들에게 주어지는 하나님의 선물이요, 축복이다. 하나님은 정의로우며 자비롭고 의로우시기 때문에 하나님의 평화는 당연히 정의 실천의 열매를 맺어야 한다. 또한 신약성서는 예수를 평화의 자원이며 동시에 이 세상이 줄 수 없는 평화의 수여자로 증언한다. 예수는 제자들에게 "내가 너희에게 평화를 준다"고 하면서 세상을 염려하거나 두려워하지 말 것을 요구했다(요 14:27-28). 따라서 킹스턴 평화문서는 그리스도인이라면 모름지기 평화에 대한 예수의 가르침을 따라 증오와 분열을 극복하고 평화의 사역자로 살아야 한다는 당위를 주장한다.

평화의 세계, 교회

하나님의 집으로서의 세계(Oikos)는 모든 사람의 거주지로 사람들의 행위와 소유, 관계와 사건이 일어나는 곳이다. 이 세계에서 사람들은 다른 사람을 향한 책임을 나누고 공동선을 위해 일한다. 하나님의 교회는 바로 이렇게 일하는 이들의 공동체로 하나님의 집이면서 온 인류의 거주지인 이 세상에서 서로 연결되어 있다. 이렇듯 에큐메니칼 선언 문서는 인류는 하나의 지붕 아래 있는 한 가족이라는 인식을 품고 있다.

따라서 이 문서는 지구에 공동 거주하는 사람들은 하나님의 집에서 평화를 이루고 지키는 중대한 과제로 부름 받는다고 주장한다. 진리와 정의 그리고 평화를 하나님의 집, 곧 지구에서 함께 나누도록 부름을 받았다는 것이다. 그러므로 우리 모두는 평화의 하나님의 집인 지구에서 평화를 지키고 이루어 나가야 할 책임을 걸머져야 한다. 따라서 모든 그리스도인은 폭력과 힘의 오용을 막고 주린 자를 먹이고 병든 자를 치유하며 외로운 사람을 위로하고 눈먼 자를 보게 하며, 벙어리 된 이를 말하게 하신 예수를 따라 평화의 사역에 참여해야 한다는 것이다.[9]

또한 이 문서는 평화는 인류를 향한 하나님의 선물이라고 규정한다. 우리가 평화를 누린다 함은 곧 우리가 하나님의 선물로서 생명의 충만함, 안전과 자유를 향유함을 의미한다(겔 34:25-31). 하나님은 당신의 종인 우리를 평화가 있어야 할 곳으로 부르시고 성령은 평화의 사역을 돕기 위해 우리를 인도하신다. 그러므로 우리는 진정한 하나님의 주권이 이루어질 그날에 대한 희망 속에 평화의 사역자로서 살아가야 할 것이다.

피조 세계의 평화

하나님은 우리에게 신실하시고 정의로우며 자비로우신 하나님으로 당신을 드러내심으로 하나님의 평화를 증거하신다. 하나님은 말씀으로 세상에 오시고 성령의 역사 속에 예수의 제자들의 사역을 인도하신다. 이렇듯 하나님은 우리의 현실과 동떨어지지 않고 이 세상에서 우리 가운데 거하신다. 삼위일체 하나님은 세상의 현실을 모두 감싸 안으시는 길에서 피조 세계와 관계하는 하나님이시라고 에큐메니칼 선언 문서는 증언한다.

따라서 하나님은 당신의 창조 세계에서 성례전으로 성부의 사랑과 성자의 은혜와 성령의 교제로 존재하신다.[10] 이렇듯 하나님은 세상을 창조하고 보전하며 치유하고 구원하며 온전케 하고 평화의 화해로 당신의 현실을 드러내시는 것이다. 이런 세상에서 그리스도인은 하나님의 평화를 확장하고 드러내며 완성해 가도록 부름 받았다. 여기서 평화는 인간만의 것이 아니라 하나님의 것이기도 하면서 또한 자연과 다른 모든 생명의 평화로 이해되는 것이다.

하나님의 형상인 인간

평화의 신학에 따르면 하나님의 형상을 따라 지음 받은 인간은 평화를 이루고 폭력을 극복할 수 있는 능력을 부여받은 존재다. 우리는 하나님의 화해와 평화의 매개자로서 화해와 평화의 길을 열어 나갈 소명 앞에 있는 존재이기 때문이다. 예수의 십자가는 다름 아니라 하나님과의 화해, 그리고 모든 피조물과의 화해의 징표로서 평화로 이끄는 능력이다. 그러므로 킹스턴 평화문서는 그리스도인이라면 모름지기 하나님께는 영광을 돌리고 땅 위에서는 평화를 이루는 것이 마땅하다고 주장한다.[11]

하지만 인간은 하나님의 형상인 동시에 여전히 땅의 소산이다. 인간은 하나님의 피조 세계인 지구, 환경, 다른 생명과 공동 운명을 가진 존재다. 그러므로 이 문서는 그리스도인은 정의롭고 평화로운 관계에서 하나님의 형상을 따라 평화의 사역에 참여하며 이 땅의 모든 피조물과 연대를 나눠야 한다고 주장한다.[12] 그래야 우리가 참된 인간성을 지켜 나갈 수 있다는 것이다.

폭력의 뿌리로서의 죄

인간은 하나님에게서 멀어져 죄를 지을 성향이 있다. 악은 수치와 죄책, 비난과 거짓말, 교제의 거절과 살인, 속임과 보복, 두려움과 근심, 욕망과 강간, 약탈과 부정함에 기생한다.[13] 이러한 다양한 악은 인간이 하나님의 형상을 잃고 본래 부름 받은 소명을 왜곡한 결과다. 킹스턴 평화문서는 바로 이런 성향으로부터 모든 형태의 폭력이 야기된다고 본다. 폭력의 본질은 인간에게 주어진 한계를 벗어나 하나님의 창조 세계를 존속하게 하는 무수한 관계로 얽힌 삶에서 일치와 조화를 파괴하기 때문이다.

폭력과 죄의 현실은 극명하다. 개인의 차원에서 일어나는 폭력은 의도적인 모욕과 상처 주기, 성적 오용, 그리고 강간과 살인, 버림과 굶주림 등이 있다. 사회 국가적 차원에서는 전쟁과 테러와의 전쟁을 포함한 테러, 수백만의 난민과 피난민들, 소년군과 매춘, 그리고 갚을 수 없는 빚으로 인한 농민 자살 등이 폭력의 결과다. 폭력은 자연 세계의 생명의 다양성에도 해를 끼친다. 물과 화석연료의 무문별한 착취, 열대림의 파괴, 무절제한 어획, 쓰레기 오염, 종(種)의 소멸 등은 자연 세계의 다양성을 해치는 악의 형태로, 이 모든 것 역시 인간이 자연에 가하는 폭력의 결과다.

악은 인간의 편벽됨을 통해 경제적 세계화, 인종 중심주의, 문화 배타주의에 기생한다. 만족을 모르는 소비적 삶의 스타일이 토착 문화를 뿌리 뽑고 불평등한 무역 협약이 부채의 증가와 국가 및 지역의 자율성을 해친다. 세계 경제의 군사화와 폭력적이며 호색적인 위락산업의 연계는 구조적이며 제도적인 폭력을 생산하고 있다. 그뿐 아니라 폭력은 자연의 소산과 인간을 욕망의 대상으로 여기는 관습과 전통을 타고 전쟁을 정당화하며 여성을 억압하고 유린하는 문화를 용인한다. 이렇듯 도처에 산재한, 민감한 형태의 폭력은 모두 죄의 결과다.

힘과 폭력

킹스턴 평화문서는 힘(power)이란 개별 유기체가 그 실재를 확증하고 주장할 수 있는 능력이며 에너지라고 정의한다. 이런 힘이 폭력(violence)으로 바뀌는 것은 누군가의 힘이 다른 유기체의 고유한 생명 영역을 침해할 때 일어난다. 타자를 향한 힘이 성숙하지 못하여 오용되거나 남용될 때 타자에게는 억압과 비열함이나 살인적인 것이 된다. 힘이 정의롭게 행사될 경우 사귐의 관계를 창조하거나 유지할 수 있어 서로 돕거나 돌보는 힘이 된다. 하지만 너불어 행사되는 힘이 타자를 지배하거나 의식적으로 타자로부터 물러서서 우리 자신의 존속만을 도모할 때 힘은 폭력으로 전환된다.

타자를 위한 힘 역시 나의 힘을 강화함으로써 상대의 힘을 오용하게 만들어 상대를 의존적으로 만들거나 진압적인 정황이나 구조를 불러오면 그 힘은 폭력이 된다. 이렇듯 힘을 억압적으로 사용하거나(over), 교제 관계를 위해 사용하거나(with), 타자를 위해(for) 사용하는 경우는 개인적·사회적·경제적·정치적 차원에서 다차원적으로 분석될 수 있다. 모든 차원에서 힘은 필요하고 심지어 생명을 구할 수도 있지만 반대로 오용될 경우 다른 생명에게 해악을 끼치거나 심각하게 치우친 폭력으로 전환될 수 있음을 이 문서는 규명하

고 있다.[14]

적대성의 형태와 구조

폭력의 현실을 드러내는 방법 중 또 다른 길은 우리 삶을 편벽되이 파고드는 적대성의 형태와 구조를 살피는 것이다.[15] 인간과 인간, 종족과 종족, 나라와 나라, 그리고 종교와 종교 사이를 깊이 파고드는 적대성은 보편적인 양태로 시대마다 우리 삶의 방식에 파고든다. 그리하여 의식하든 의식하지 못하든 우리는 누군가의 적이 되기도 한다. 결국 적대성의 현실은 인간이 주어진 힘을 주제넘게 오용한 결과다. 우리는 너와 나, 우리와 그들을 나누는 무수한 장벽에서 적대성의 증표를 얼마든지 찾아볼 수 있다.

과도한 인간의 욕망은 자연을 적으로 간주하고 자연을 향해 온갖 폭력을 행사한다. 적대 관계에 들어서면 그 대상이 무엇이든 동반적 관계로 이해되지 않는다. 상대에 대한 배려와 이해, 지원과 협력 관계는 단절되고 삶의 공동성은 사라지게 되는 것이다. 삶의 공동성이 사라지면 죄책감이나 수치심을 느끼지 못하고 가해자와 피해자에 대한 구별이 모호해진다. 그리하여 적대성에 오염되면 아무런 죄책감 없이 물을 오염시키고 폭탄을 터뜨리며 소년에게 총을 쥐어 주고 소녀의 몸을 유린하는 것이다.

적대성에 오염된 문화는 하나님의 평화를 받아들일 수 없는 무능함에 빠진다. 사회 부정의, 환경 오염과 재앙, 세계 인구의 반이 굶주림에 처한 현실, 핵무기에 의한 파멸을 예고하는 지구가 바로 이런 정황을 가리킨다. 이런 세계에서 우리는 '그리스도인이 이루고 지켜야 할 평화란 과연 가능한 것인가?', '적대성으로 가득 찬 세상에서 우리가 취하고 이루는 평화가 참된 평화일까?' 묻게 된다. 그러므로 오늘의 그리스도인과 교회가 추구해야 할 하나님의 평화는 지상에서 우리가 누리는 평화와 단절된 것이어서는 안 된다고 이 문서는 강조한다.

평화의 성례전으로서의 교회

교회는 하나님의 백성으로 이루어진다. 하나님의 백성이 걷는 길은 참된 길이신 예수를 따르는 길이다. 또한 교회는 그리스도의 몸이며 하나님의 영이 머무는 성전이다. 교회에서 그리스도인은 삼위일체이신 하나님과 공동성을 나누며 사귐을 가지는 것이다. 따라서 평화의 삼위일체적 하나님과의 사귐을 나누는 교회는 죄와 분리와 적대성을 극복할 수 있는 능력을 부여받는다. 그러므로 교회는 마땅히 이 세상에서 분리된 것들을 화해하게 하는 도구여야 한다. 교회는 모름지기 깨어진 관계를 회복하고 화해하게 하며 치유하는 공동체다.[16] 여기에 교회의 존재 의미가 있다.

킹스턴 평화문서는 오랫동인 교회가 화해케 하는 하나님의 선교에 참여하는 것을 교회 중심으로만 이해하여 공격적인 개종과 비기독교 문화의 오만한 파괴자가 되기를 서슴지 않았다고 지적한다. 평화의 사역을 감당하려면 이제 기독교는 오만을 버리고 회개해야 한다. 따라서 이 문서는 교회에 즉각적인 이득이 될 것인지를 살피는 일보다 하나님이 원하시는 바를 분별하고 그 일을 이루는 것이 더 중요하다고 주장한다.[17] 그러므로 교회는 종교성을 이용하는 이익 집단의 모습에서 탈피해 평화의 성례전적 도구가 되어야 한다는 것이다.

교회는 모름지기 창조주 하나님의 말씀과 영을 이 세상에 분여하는 도구가 되어야 한다. 하나님이 그리스도 안에서 이루신 구원의 사역을 우리는 예배에서 그리스도의 성육신, 삶과 죽음, 그리고 부활을 회상하며 되새기는 것이다. 예배를 통해 죄가 고백되고 회개가 일어나며 하나님의 구원을 예찬하면서 우리는 감사와 평화를 나눈다. 이런 점에서 교회의 사역은 생명의 평화를 나누는 것, 즉 하나님의 평화를 이 세상에 임하게 하는 데에 중심을 두어야 한다. 교회의 예배(liturgy)를 통해 우리의 삶이 변혁되고 조명을 받아 평화를 나누고 이루는 삶으로 나아갈 수 있기 때문이다. 이런 의미에서 이 문서는 교회는 하나님 평화의 성례전적 존재 의미를 가진다고 밝힌다.[18]

예언적 징표로서의 교회

예언적 소명은 불의를 고발하고 평화를 옹호하는 데 핵심이 있다. 교회는 불의를 지적하고 억압받는 이들과 연대를 나누며 세상을 변화시켜 새로운 창조를 이루어 가는 데서 예언적 소명의 핵심을 찾아야 한다. 폭력이 만연한 세상에서 이 평화의 소명을 이루어 내기 위해 교회가 지녀야 할 덕목은 '헌신과 용기 그리고 언행일치'다.[19]

에큐메니칼 선언 문서는 평화의 예언적 소명 앞에 서기 전에 교회는 먼저 교회의 죄를 고백해야 한다고 주장한다. 교회는 역사적으로 폭력적인 정치와 정략에 협력했고 그것을 정당하다고 여겼던 죄를 고백해야 한다는 것이다. 교회는 국가주의와 종족주의를 지지했고 적에 대한 억압과 말살 행위를 축복했다. 심지어 종말론 신앙에 빠졌을 때 교회는 폭력을 행사하기도 했다. 세상의 고통을 회피하고 교회의 번영을 구가한 죄도 있다(참조. 눅 10:31-32). 이런 죄에 대한 고백은 교회가 교회의 이익에 초연하고 약자를 끌어안으며 가난한 사람들과 소외된 사람들을 향해 물러서지 않는 헌신의 자세를 회복하여 그리스도의 사역에 동참한다는 의미를 가지는 것이다.

그러므로 교회는 모름지기 평화의 도구가 되어야 한다. 중세기에 교회는 정당전쟁론을 통하여 포악한 전사들의 약탈 행위에 재갈물렸다. 교회는 하나님의 평화를 선포함으로써 폭력을 견제하기도했다. 성전으로서의 교회란 폭력이 허용될 수 없는 장소라는 의미도가진다.[20] 이런 사례는 교회가 평화의 도구였다는 사실을 입증하는것이다. 교회가 지녀 온 이런 전통은 오늘의 위기 상황에서 되찾아야 할 중요한 평화윤리적 유산이기도 하다.

교회가 평화의 도구가 된다고 하는 것은, 무력적이며 폭력적인갈등이 일어나기 전이나 갈등이 일어난 정황 그리고 그 갈등이 해소된 후에 평화를 이루어 나가는 사역에 참여한다는 것을 의미한다.이상의 단계마다 이 문서는 평화의 사역자로서 교회가 취할 다양한역할에 대해 상세히 설명하고 있다.

교회의 평화 사역

갈등이 일어나기 전 교회가 추구해야 할 평화적 과제는, 교회내외적으로 폭력을 야기하는 요인을 제거하고 비폭력 평화주의적인삶에 대한 믿음을 갖도록 노력하는 것이다. 만일 갈등 상황이 일어났다면 교회는 피해자를 보호하고 폭력적인 상황이 종식되도록 중재에 나서야 한다. 이 과정을 통해 폭력 상황이 종료된다면 교회는진실을 밝히고 책임성을 규명하는 동시에 용서와 화해를 통해 새로운 미래를 열어 나갈 수 있도록 노력해야 한다. 평화는 하나의 인생관이 아니라 삶의 방식이어야 한다.[21]

•교회의 평화 사역 과제[22]

단계	목표	교회의 실행 과제
갈등 상황 이전 단계	폭력 방지 및 평화 교육	1. 분노와 폭력을 불러오는 억압과 불의의 극소화를 위한 노력 2. 왜곡된 종교의 인종주의, 타인 공포증, 외부인의 악마화 방지 3. 종교적 가르침의 이념적 왜곡 오용 방지 　(자살 테러의 영웅화, 타 종교 인격의 정당화 주장) 4. 예배와 기도, 교육을 통해 비폭력 평화주의적 삶의 영성 증진 5. 평화 실천 능력의 지원 공동체
갈등 상황 단계	피해자의 보호와 중재	1. 피해자의 긴급 구호와 돌봄을 위한 노력 2. 무장충돌 상황 중재: 교회의 언행일치 능력으로 상호 신뢰를 확보하고 교회 지도력의 다양한 차원에서 중재를 위한 노력을 경주함 3. 국내 갈등 상황일 경우 교회는 국민을 대변할 신뢰를 얻을 만큼 이해관계에 개입되지 않아야 함
갈등 상황 이후 단계	평화 확립, 진실 조명, 다양한 정의 회복, 용서와 장기간에 걸친 화해 모색	1. 진실 조명을 통해 억압된 이념, 왜곡과 비밀이 편만한 정황에서 책임성을 규명하고 새출발을 독려함 2. 피해자의 복귀와 구조적 정의의 회복 3. 개인과 사회의 용서를 통해 과거로부터 자유를 얻게 함 4. 기억의 치유를 통해 과거를 새롭게 이해하도록 도움 5. 과정과 목표로서의 화해: 진실을 찾고 정의를 회복하며 개인과 사회의 용서를 통해 하나님의 형상으로서의 인간성을 회복하여 새로운 미래를 열어 나감 6. 교회는 지난 과오에 대해 진정한 회개의 공동체로서의 모델이 되어야 함. 교회나 개인의 경우 피해자이면서 가해자인 경우 후속적인 회개와 화해가 요구됨 7. 치유와 자유와 화해를 지향한 평화의 영성 실천의 항구화

에큐메니칼 선언 문서는 교회는 다양한 폭력이 생명을 위협하는 정황에서 평화의 영성을 통해 하나님의 평화를 나누며 새로운 희망의 미래를 열어 나가도록 부름 받은 공동체로서 생명을 보전하고 변혁하며 성화하는 삼위일체의 관계를 드러내는 거울이 되어야 한다고 호소하고 있다.[23]

우리 모두는 하나님이 지으신 아름다운 지구의 거주자로 '땅의 평화'를 이루라는 하늘의 메시지를 받았다. 내면적으로는 평화의 영성을, 외면적으로는 정의로운 제도를 통해 평화를 이루며 살아가도록 부름 받은 것이다. 2011년 킹스턴 평화문서가 밝히는 그리스도인과 교회의 평화 사역은 모든 인간과 피조물 사이에 연대(solidarity)를, 기술과 생산 영역에서는 존속 가능성(sustainability)을, 공정한 소비와 유기적인 자원의 분배에서는 자족함(sufficiency)을, 그리고 사회적으로는 일용할 것을 얻고 모두의 선함을 위한 공동체를 영위하는 결정에 참여(participation)할 것을 요구한다. 세계교회협의회는 우리가 진정한 평화를 향한 노력을 경주한다면 정의와 평화, 창조 세계의 보전이라는 규범이 절실하게 요구되고 있음을 거듭 확언하는 것이다.[24]

맺는말

인간의 삶과 평화는 아무리 분리시키려 해도 분리할 수 없는 관계다. 때문에 기독교 2천 년 역사에서 서로 다른 시대를 살아간 그리스도인들도 나름대로 기독교적 평화를 구상하고 실천하려고 노력했다. 다양한 평화를 추구해 온 역사를 살펴보면서 나는 다음과 같은 결론에 이르렀다.

첫째, 기독교가 지난 2천 년 동안 추구해 온 평화는 각 시대마다 폭력을 극소화해 왔다는 점에서 인류의 역사에 크게 공헌했다. 초기 교부들의 내적인 평화가 외적인 억압과 핍박 속에 선택한 길이었다면, 아우구스티누스 이후 제국화된 기독교의 평화론은 로마제국의 폭력성을 기독교적 사랑의 관점에서 극복하려 했다는 점에서 긍정적으로 평가될 수 있다. 이 점에서 정당전쟁론은 긍정적 측면과 부정적 측면을 모두 안고 있다. 그리고 16세기 이후 소종파 신앙운동에서 재현된 예수의 평화주의 사상과 운동도 기독교 평화사상 역사에서 소중한 유산으로 평가되어야 한다.

둘째, 기독교 평화사상 역사에서 가장 문제가 되는 지점은 기독교가 핍박받던 종교에서 권력 종교로 변신하면서 하나님의 평화를 교회의 평화 혹은 국가의 평화로 잘못 해석한 것이다. 이러한 오류의 길은 암브로시우스와 아우구스티누스부터 시작되었다. 로마제국을 선교적으로 끌어안으면서 그들은 로마제국의 폭력성까지 끌어안았다. 그들은 선교를 위해 로마제국의 폭력성을 이용하기도 했다. 그들은 하나님의 평화보다는 지상의 불완전한 평화를 선택하면서 정당한 평화가 아니라 정당한 전쟁론을 제시함으로써 기독교 역사에 전쟁을 향한 길을 열었다.

셋째, 아우구스티누스 이후 아퀴나스에 이르기까지 로마 가톨릭교회의 정치이론은 철저하게 강자의 이론을 대변했다. 정당전쟁론의 일곱 가지 요건은 강자가 아니면 정당한 전쟁을 도모할 수 없다는 이론이라는 사실을 배제할 수 없다. 이는 사실상 기독교 세계의 영적이며 군사적인 우월성을 전제한 이론이다. 이 전통은 역사적으로 기독교를 평화의 종교가 아닌 지배적이며 폭력적인 종교로 키워왔다. 종교개혁자들의 평화사상에서도 이런 흐름은 바뀌지 않았다. 그 결과 종교와 정치의 거룩하지 못한 연대가 일어나 기독교를 포악한 종교로 변모시켰던 것이다.

넷째, 하나님의 평화라는 지평을 상실하고 교회의 평화, 기독교 세계의 평화를 옹호해 온 기독교 전통은 십자군 전쟁, 마녀사냥, 이교도 징벌 등 종교재판의 역사를 점철하면서 인간의 존엄성을 짓밟았다. 이러한 기독교의 오만은 계몽주의 이후 근대화된 세계에서 형성된 인권사상과 민주사상에 의해 부정되기 시작했고 마침내 18세기 혁명의 시대를 지나면서 기독교가 행사하던 종교재판권은 몰수되기에 이르렀다.

다섯째, 16세기 종교개혁 이후 전개된 재세례파 신앙운동은 초기의 종말론적 기대에서 발생한 폭력성을 비판적으로 극복한 후 메노나이트 등 소종파 평화주의 운동으로 그 명맥을 이어 왔고, 18세기 영국 국교의 교권적 형식주의에 반하여 형성된 퀘이커 신앙운동은 반교권적, 반권력적 기독교 평화운동으로 자리를 지켜 왔다. 이들의 기독교 평화주의에 대한 증언과 실천의 중요성은 오늘날 핵무기의 위협 아래 놓인 이 시대에 새롭게 평가받고 있다.

여섯째, 기독교 정당전쟁론은 1, 2차 세계대전의 비참함을 경험한 후에도 이념적 편당성을 지원하며 각 진영의 군비 경쟁의 이론적 논거를 제공해 왔다. 그 결과 지구를 수차례 초토화하고도 남을 핵무기를 비축한 양대 진영은 지구라는 행성에 거주하는 모든 생명을 담보로 삼아 핵폭탄으로 서로를 위협하는 정황을 초래했다. 이런 위기 인식에서 독일 교회는 핵평화주의를 선택했고, 미국 가톨릭교회 역시 핵평화주의를 받아들였다. 세계교회협의회도 정당전쟁론의 유효성을 폐기하고 '정의로운 평화' 이론을 기독교 평화운동의 새로운 방향으로 제시함으로써 기독교 평화운동의 대전환을 이루어 왔다.

일곱째, 2011년 킹스턴 평화문서에서 세계교회협의회는 인류와 지구상의 모든 생명을 위협하는 군비 경쟁과 핵전쟁의 위협 앞에 기독교가 하나님의 평화가 아니라 민족적, 국가적, 이념적 가치에 편승하며 군사 및 폭력적 수단에 동의해 온 지난 역사에 대해 반성과 회개를 촉구했다. 오늘의 기독교가 자기 안에 있는 폭력성을 근절하고 진정한 회개를 통해 사람의 평화가 아니라 하나님의 평화를 위한 소명 앞에 새롭게 서야만 한다는 당위가 있었기 때문이다.

마지막으로, 이 연구를 통해 나는 오늘의 기독교 평화운동은 단순한 정치적 평화가 아니라 개인과 사회, 집단과 국가, 그리고 동류 인간과 자연에 대한 모든 폭력을 비폭력적인 방법으로 제거함으로써 일구어 내는 평화운동으로 재규정되어야 한다는 사실을 확인했다. 이를 위해 세계교회회협의회는 평화의 신학을 제창하고 '정의로운 평화운동'을 제안했다. 오늘의 그리스도인과 교회는 사람의 평화나 국가의 평화 혹은 이념적 평화를 위한 봉사자에 그치는 것이 아니라 개인, 교회, 사회, 국가에 기생하는 모든 폭력성을 제거함으로써 보다 정의로운 하나님의 평화 사역자로 나서야 한다는 것이다.

오랫동안 주류 기독교는 참된 평화의 길과 폭력의 길을 제대로 구별하지 못했다. 그 결과 평화와 폭력이라는 두 얼굴을 가지는 모순을 품고 있었다. 이제 모든 그리스도인은 기독교 신앙의 이름으로 정당화되었던 다양한 폭력을 제거하여 진정한 평화를 이루어 가는 소명의 사람들이 되어야 한다.

이런 결론은 핵무기 시대에 직면하여 소종파 교회만이 아니라 주류 교회조차도 교회가 선택할 수 있는 유일한 평화의 길은 핵전쟁으로 인한 공멸과 자멸을 초래할 수 있는 정당전쟁론이 아니라 비폭력 평화주의의 길뿐이라는 현실 인식에 합의한 것을 의미한다. 2천 년의 긴 방황 끝에 주류 교회도 예수 그리스도의 평화의 가르침으로 다시 돌아오게 된 것이다. "평화를 위하여 일하는 이들이 복이 있다. 저희가 하나님의 자녀라 불리울 것이다"(마 5:9).

주

Ⅰ 고대 그리스의 평화 – 에이레네

1 "In peace sons bury their fathers, in war fathers bury their sons." Herodotus, *The History of Herodotus*(Chicago: Chicago UP, 1987), 1.87.4.

2 Thucydides, *The Peloponnesian War*, tr. Steven Lattimore(Indianapolis/Cambridge: Hackett Publishing Co, Inc., 1998).

3 Thucydides, *The Peloponnesian War*, 1.23.

4 Thucydides, *The Peloponnesian War*, 3.84.

5 Homer, *Illiad*, tr. William Cowper(London: J. Johnson, 1791); Homer, *Odyssey*, tr. William Cowper(London: J. M. Dent & Sons, 1920).

6 Homer, *Illiad*, p. 147.

7 Homer, *Odyssey*, p. 363.

8 Homer, *Illiad*, p. 348.

9 Gerardo Zampaglione, *The Idea of Peace in Antiquity*, tr. Richard Dunn(Notre Dame, Indiana: University of Notre Dame Press, 1973), p. 109.

10 William Klassen, *Love of Enemies: The Way to Peace*(Philadelphia: Fortress Press, 1984), p. 14.

11 참조, Euripides, *Hercules Furens*(Michigan: University of Michigan Library, 2009).

12 Euripides, *Heracles*(London: Duckworth Publishing Co., 2006).

13 William Chase Greene, "Some Attitudes Toward War and Peace", *The Classical Journal*, Vol. 39, No. 9(Jun., 1944), pp. 513–532, p. 518.

14 플라톤, 《국가》, 박종현 역(서울: 서광사, 2001), p. 556.

15 William Chase Greene, "Some Attitudes Toward War and Peace", p. 527.

16 Gerardo Zampaglione, *The Idea of Peace in Antiquity*, pp. 19–20.

17 Leopold Schmidt, *Die Ethik der Alten Griechen*(Berlin: Hertz, 1882), p. 338 이하;

Kapitel 8, Freundschaft und Feindschaft.

18 케피소도토스(Cephisodotus)가 만들어 아테네 아고라 신전에 세운 에이레네상은 이후에 여러 개가 더 복제되었다. 참조, Willard M. Swartley, *Covenant of Peace: The Missing Peace in New Testament Theology and Ethics*(Michigan: Wm. B. Eerdmans, 2006), p. 36.

19 Herodotus, *The History of Herodotus*, 1.87.4.

20 Gerardo Zampaglione, *The Idea of Peace in Antiquity*, p. 28.

21 투키디데스의 《펠로폰네소스 전쟁사》에는 고대 그리스 도시국가 연맹체 간에 맺은 다양한 협약 내용이 구체적으로 나열되고 있다. 참조, Thucydides, *History of the Peloponnesian War*, pp. 291-292, p. 306.

22 인탈키다스의 평화(The Peace of Antalcidas). 일명 '왕의 평화(King's Peace)'라고도 불리는 이 조약은 기원전 387년 페르시아 왕 아르탁세륵세스(Artaxerxes)에 의해 보장된 것인데 일종의 공동 조약의 성격이 있다.

23 기원전 590년경 만들어졌는데, 전쟁을 피할 것을 체결하는 동시에 전쟁이 일어날 경우 약속을 어긴 편에 책임이 있다는 점을 명시하고 있다.

24 A. O. Larsen, "Federation for Peace in Ancient Greece," *Classical Philosophy*, Vol. 39, No. 3(Jul., 1944), p. 146.

25 A. B. Breebaart, "Review of *Koine Eirene: General Peace and Local Independence in Ancient Greece*," Mnemosyne, Fourth Series, Vol. 20, Fasc. 4(1967), p. 525.

II 로마의 평화 - 팍스 로마나

1 리처드 호슬리, 《예수와 제국: 하나님 나라와 신세계 무질서(Jesus and Empire: The kingdom of God and new world eisorder)》, 김준우 역(서울: 한국기독교연구소, 2004), p. 37 참조.

2 Aristeid, *Die Romerede des Aelius Aristides*, hg., Richard Klein(Darmstadt: Wissenschaftliche Buchgesellschaft, 1983), p. 103; 클라우스 뱅스트, 《로마의 평화》, 정지련 역(서울: 한국신학연구소, 1994), p. 27에서 재인용.

3 Aristeid, *Die Romerede des Aelius Aristides*, p. 99.

4 리처드 호슬리, 《예수와 제국》, p. 57.

5 Nancy Thomson De Grummond, "Pax Augusta and the Horae on the Ara Pacis Augustae," *American Journal of Archaeology*, Vol. 94, No. 4(Oct., 1990), pp. 663-677.

6 참조, Mario Tolleri, *Typology and Structure of Roman Historical Reliefs*(Ann Arbor: UP. of Michigan, 1982), pp. 39-43.

7 Stefan Weinstock, "Pax and Ara Pacis," *The Journal of Roam Studies*, Vol. 50, Parts 1 and 2 (1960), pp. 44-58, p. 45.

8 Gerardo Zampagione, *The Idea of Peace in Antiquity*, p. 133.

9 Titus Livius, *Roman History*, II, CXXVI.

10 안토니오 네그리·마이클 하트, 《제국(Empire)》, 윤수종 역(서울: 이학사, 2001), p. 36.

11 안토니오 네그리·마이클 하트, 《제국》, p. 36, 주 15번 참조.

12 안토니오 네그리·마이클 하트, 《제국》, p. 37.

13 제국의 주권에 대한 세밀한 분석은 Antonio Negri and Michael Hardt, *Empire* (Cambridge: Harvard UP, 2000), p. 183 이하 참조.

14 Gerardo Zampaglione, *The Idea of Peace in Antiquity*, p. 135.

15 Tacitus, *Das Leben des Iulius Agricola*(Berlin: Akademie Verlag, 1979), ch. 30.

16 로마는 특정 지역을 정복했을 경우 동전을 만들어 유포함으로써 정복 사실을 주변에 알렸다. 로마의 동전에 관한 다양한 이해는 클라우스 뱅스트, 《로마의 평화》, pp. 34-39 참조.

17 평화의 제단에 관한 상세한 설명은 다음 논문을 참조하라. Nancy Thomson de Grummond, "Pax Augusta and the Horae on the Ara Pacis Augustae," pp. 663-677. 이 논문은 로마 평화의 제단에 새겨진 다양한 형상과 당시 사용되던 로마의 동전을 살펴 로마의 평화를 어떻게 이해했는지를 해명하고 있다.

18 Augustus, *Meine Taten: Res Gestae Divi Augusti*, hg. Ekkahard Weber(Muenchen, 1970), p. 26; 클라우스 뱅스트, 《로마의 평화》, p. 51에서 재인용.

19 클라우스 뱅스트, 《로마의 평화》, p. 55.

20 Gerardo Zampaglione, *The Idea of Peace in Antiquity*, p. 137

21 클라우스 뱅스트, 《로마의 평화》, p. 76.

22 Petronius, Satyrica, *Schelmengeschichten*, tr. Konrad Mueller/Wilhelm Ehlers (Menchen/Zuerich, 1983), p. 119; 클라우스 뱅스트, 《로마의 평화》, pp. 83-84에서 재인용.

23 Apuleius, *Der goldene Esel: Metamorphosen*, hg. Edward Brandt/Wihelm Ehlers (Muenchen, 1980), X, 33, 1; 클라우스 뱅스트, 《로마의 평화》, p. 94에서 재인용.

24 Erika Simon, *Ara Pacis Augustae*(New York, Greenwich: New York Graphic Society LTD., N.D), p. 25. 평화의 제단에 새겨진 전쟁의 신 마르스의 형상은 무력 없이 평화를 표현할 수 없다는 로마인의 생각을 드러내고 있다.

25 클라우스 뱅스트, 《로마의 평화》, pp. 14-15.

III 구약성서의 평화-샬롬

1 사전적 의미에서 샬롬은 구원, 전체, 통전성, 공동체, 의로움, 정의와 평화 그리고 복지의 의미를 모두 포괄한다. 샬롬은 하나님, 타자, 하나님의 창조 세계와의 바른 관계로 이끌어 가는 성령의 역사를 함축한다. "Peace," *New Dictionary of Christian Ethics & Pastoral Theology*(1995).

2 Jack L. Stotts, *Shalom: The Search for a Peaceable City*(New York, Nashville: Abingdon, 1973), p. 94.

3 하나님의 천지창조를 담고 있는 창세기 1장은 여섯 번이나 하나님이 보시기에 좋았다고

기록하고 있다.

4 이태훈, "구약에 나타난 평화", 〈장로교회와 신학〉, Vol 7(2010), p. 12.

5 볼프강 후버·H.R. 로이터, 《평화윤리》, 김윤옥·손규태 역(서울: 대한기독교서회, 1997), p. 50.

6 Jack L. Stotts, *Shalom: The Search for a Peaceable City*, p. 104.

7 Gordon L. Anderson, "The Ellusive Definition of Peace," *International Journal on World Peace*, Vol. 2, No. 3(Jul.–Sep., 1985), pp. 101–104.

8 참조, Thomas Ogletree, *The Use of the Bible in Christian Ethics*(Philadelphia: Frotree Press, 1983), p. 52.

9 George Gillett, "The Old Testament and War," *The American Advocate of Peace and Arbitration*, Vol. 53, No. 2(Feb.–Mar., 1891), pp. 42–43. 내용을 요약하자면, ① 이스라엘이 경험했던 출애굽의 군사적 경험은 하나님의 직접적인 섭리에 의한 것이지만 결국 그런 전쟁에 참여한 모든 사람은 약속의 땅에 들어가지 못했다. ② 비무장 상태에서 그들은 병거와 총검으로 무장하고 전쟁을 준비한 국가를 갖고 있지 않았다. ③ 그들이 가나안 땅에 들어가 땅을 얻게 되는 것은 그들의 군사적 능력 때문이 아니라 하나님이 섭리하신 것이다. ④ 하나님이 여호수아에게 적을 섬멸할 것을 요구한 것은 비군사적인 민족에게 스스로의 힘을 의지하지 않고 하나님을 신뢰하도록 하기 위함이다. ⑤ 사사기 시대나 사울 시대에 걸쳐 이스라엘은 군대와 병거를 갖지 않았다. ⑥ 다윗 후기와 솔로몬 시대에 이르러 이스라엘은 1,400 병거와 12,000 기마병을 거느렸지만 솔로몬의 죽음 이후 그 나라는 종교 정치적으로 재난을 당한다. 이스라엘이 군사적 평화를 추구한 결과는 참혹했다. ⑦ 이스라엘은 군사력을 믿던 사악한 왕들의 통치기에는 몰락하고, 신실한 왕들의 통치기에는 승리를 거두었다. ⑧ 구약성서는 군사주의를 통한, 전쟁을 통한 승리를 약속하지 않는다.

10 볼프강 후버·H.R. 로이터, 《평화윤리》, p. 51.

11 볼프강 후버·H.R. 로이터, 《평화윤리》, p. 51.

12 참조, 미가 4:1–5.

13 *Der Prophet Hesekiel*, 34:25–28(Die Bibel nach der Uebersetzung Martin Luthers).

14 Walter Bruegemann, "Living Toward a Vision," *Christian Peace and Nonviolence: A Documentary History*, ed. Michael G. Long(New York: Orbis Books, 2011), pp. 2–7, p. 2.

IV 예수의 평화

1 클라우스 뱅스트에 의하면 신약성서에는 '평화'와 그 파생어가 정확하게 100곳에서 나타나며 "주로 네게 평화가 있을지어다", "평화의 하나님", "그리스도의 평화" 등의 표현으로 나타난다고 한다. 참조, 클라우스 뱅스트, 《로마의 평화》, p. 13.

2 Gerardo Zampaglione, *The Idea of Peace in Antiquity*, p. 208.

3 Gerardo Zampaglione, *The Idea of Peace in Antiquity*, p. 210.

4 볼프강 후버, H. R. 로이터, 《평화윤리》, p. 60.

5 볼프강 후버·H.R. 로이터, 《평화윤리》, p. 57.

6 리처드 호슬리, 《예수와 제국》, p. 181 이하 참조.

7 리처드 호슬리, 《예수와 제국》, p. 218.

8 리처드 호슬리, 《예수와 제국》, p. 221.

9 이 관점은 메노나이트 신학자 요더도 주장하는 것이다. 요더는 그리스도인의 전쟁과 평화 그리고 혁명에 대한 태도를 분석하면서 예수의 평화윤리가 변질된 정황을 네 가지 유형으로 나누어 도표화하고 있다. 참조, John Howard Yoder, *Christian Attitudes to War, Peace and Revolution*, ed. Theodore J. Koontz and Andy Alexis-Baker (Michigan: Grand Rapids: Brazos Press, 2009), pp. 27-28.

10 초기 기독교 공동체에 대한 성서의 기록을 살펴보면, 그리스도인은 인사를 나눌 때 하나님 혹은 주 예수 그리스도께서 내려 주시는 은혜와 '평화'를 빌었고 '평화의 주'의 이름으로 매듭짓는다.

11 Charles A. Briggs, *The Ethical Teaching of Jesus*(New York: Charles Scribner's Sons, 1904), p. 14. 할라카란 선생과 제자 사이에 대화의 방법을 통해 율법을 설명하고 적용하는 것인데, 묻고 답하는 형식이다. 이에 비해 하가다는 보다 일반적인 방법으로 유대 지혜문학에서 볼 수 있듯이 시적인 어구나 수수께끼 혹은 상상력을 자극하는 우화를 사용하여 설명하듯 가르치는 방법이다.

12 Charles A. Briggs, *The Ethical Teaching of Jesus*, p. 21. 이런 비유는 대부분 유대 지혜문학이나 시문학의 다양한 장르에서 온 것이다.

13 여기서 독일의 조직신학자 에른스트 트뢸치(Ernst Troeltsch)의 사회학적 관점을 수용해야 한다. 그는 기독교 역사를 분석하면서 분석의 방법론으로 정치, 경제, 문화라는 관점을 응용했다.

14 성서에서 '앙갚음하지 말라'는 예수의 말씀은 영어로 'do not resist evil' 혹은 'evil man'이라고 번역되어 있다. 이 구절은 평화주의자들에게 비폭력적인 평화를 지시하는 예수의 명령으로 이해되었다. 비교적 최근에 번역된 성경은 'evil person'이라는 표현을 사용하고 있지만[New English Verson(1984), New Living Translation(2007), English Standard Version(2001), New American Standard Bible(1995), International Standard Version(2008)] 오래전의 번역본들은 'evil'이라고 번역하고 있다(King James Bible, American King James Version, Douay-Rheims Bible, Webster's Bible Translation).

15 Reinhold NIebuhr, Why Walter Wink, "Jesus and Nonviolence: A Third Way," *Christian Peace and Nonviolence*, pp. 8-11.

16 레프 톨스토이, 《국가는 폭력이다》, 조윤정 역(서울: 달팽이, 2008), p. 261.

17 참조, Peter Brock, *The Roots of War Resistance: Pacifism from the Early Church to Tolstoy*(New York: The Fellowship of Reconciliation, 1981).

18 John Howard Yoder, *Christian Attitudes to War, Peace, and Revolution*, p. 37.

19 Calvin Redekop, *Mennonite Society*(Baltimore and London: The John Hopkins UP., 1989), p. 194.

20 Lisa Sowil Cahill, *Sex, Gender & Christian Ethics*(Cambridge: Cambridge UP,

2000), pp. 166-167.

21 참조, 창세기 16:1-4. 아브람의 아내 사래는 아이를 낳지 못했는데, 마침 사래에게는 하 갈이라는 이집트인 몸종이 있었다. 사래가 아브람에게 말하였다. "야훼께서 나에게 자 식을 주지 않으시니, 내 몸종을 받아 주십시오. 그 몸에서라도 아들을 얻어 대를 이었으 면 합니다." 아브람은 사래의 뜻을 받아들이기로 하였다. 아브람의 아내 사래는 이집트 인 몸종 하갈을 남편 아브람에게 소실로 들여보냈다. 이것은 아브람이 가나안 땅에 정착 한 지 십 년이 지난 뒤의 일이었다. 아브람이 하갈과 한자리에 들었더니, 하갈의 몸에 태 기가 있게 되었다. 하갈은 그것을 알고 안주인을 업신여기게 되었다.

22 Philip Schaff, *NPNF2-01. Eusebius Pamphilus: Church History, Life of Constantine, Oration in Praise of Constantine*, ch. VIII, "Origen's Daring Deed." From http://www.ccel.org/ccel/schaff/npnf201.

23 Charles A. Briggs, *The Ethical Teaching of Jesus*, pp 34-35.

24 참조, James W. Fauler, *To See the Kingdom: The Theological Vision of H. Richard Niebuhr*(New York: Abingdon Press, 1974), p. 151 이하.

25 E. Clinton Garderner, *Biblical Faith and Social Ethics*(New York: Harper and Row, Publishers, 1960), p. 53-54.

26 요한 웨슬리는 이 과제를 수행할 능력이 죄로 인해 손상되었지만 하나님의 선행은총에 힘입어 얻은 의인에서 시작된 성화의 길에서 완전을 이루어 나갈 수 있다고 보았다. 따 라서 그는 사랑과 평화를 이루어 낼 능력이 성령 안에서 악한 생각과 성품으로부터 해 방을 받을 수 있다고 믿었다. 따라서 악한 생각 대신 사랑으로, 평화로운 성품으로 사람 으로 변화되는 성화의 길을 가르쳤다. 《존 웨슬리 설교집 2: 새로운 탄생》, 이계준 역(서 울: 전망사, 1994), pp. 211-236.

V 초기 교부들의 평화

1 Adolf Harnack, *Militia Christi: The Christian Religion & the Military in the First Three Centuries*. Translation of *Militia Christi: Die Christliche Religion Und Der Soldatenstand in den Ersten drei Jahrhunderten*(Tuebingen, 1950).

2 James Moffat, "War," *Hasting's Dictionary of the Apostolic Church II*(1918), pp. 646-673.

3 Roland H. Bainton, "The Early Church and War," *Harvard Theological Review*, Vol. 39, No. 3(Jul., 1946), pp. 198-212.

4 리처드 호슬리, 《예수와 제국》, p. 57.

5 참조, Robert E. Van Voorst, *Jesus Outside the New Testament: An Introduction to the Ancient Evidence*(Grand Rapids: Wm. B. Eerdmans, 2000), pp. 39-53.

6 "Diocletian Persecution." http://www.wikipedia.org/wiki/Diocletian_Persecution.

7 Leonard L. Thomson, "The Martyrdom of Polycarp: Death in the Roman Games," *The Journal of Religion*, Vol. 82, No. 1(Jan., 2002), pp. 27-52.

8 Henry Bettenson and Chris Maunder, eds., *Documents of the Christian*

Churches(London: Oxford UP, 1999), p. 2.

9 Schaff, Philip, ed., *The Apostolic Fathers with Justin Martyr and Irenaeus*(Michigan: Grand Rapids: CCEL, 1885), p. 117.

10 Justin Martyr, *Dialogue with Trypho the Jew*, CX.; http://www.ccel.org/ccel/schaff/anf01.viii.iv.cx.html.

11 Raban von Haehling, Hrg., *Rom und das himmlische Jerusalem: Die Fruehen Christen zwischen Anpassung and Ablehnung*(Darmstadt: Wischenschaftliche Buchgesellschaft, 2000), pp. 1–28.

12 Alexander Roberts and James Donaldson, Ante-Necene Christian Library, vol. Ⅳ. Clement of Alexandria(Edinburgh: T. and T. Clark, 1850), p.97.

13 Tertullianus, *Fathers of the Third Century: Tertullian*, ed. Philip Schaff(Michigan: Grand Rapids, CCEL, 1885), p. 134.

14 Alexander Roberts and James Donaldson, *Writings of Cyprian, Ante-Necene Christian Library*, vol. Ⅷ. (Edinburgh: T. and T. Clark, 1850), pp. 467-468.

15 Origen, *Dialogue with Heracleides*, 영어 번역은 다음을 참조. https://sites.google.com/site/demontortoise2000/Home/origen_dialog_with_heracleides (2013.08.26).

16 John Howard Yoder, *Christian Attitudes to War, Peace and Revolution*, pp. 43–46.

17 Philip Schaff, *The Apostolic Fathers with Justin Martyr and Irenaeus*, ed. Alexander Roberts and James Donaldson(1887, Grand Rapids: Wm. B. Eerdmans Publishing Co., 2001), pp. 257–258.

18 Philip Schaff, *The Apostolic Fathers with Justin Martyr and Irenaeus*, ch. 110, p. 254.

19 Philip Schaff, *The Apostolic Fathers with Justin Martyr and Irenaeus*, ch. 37.

20 Philip Schaff, *The Apostolic Fathers with Justin Martyr and Irenaeus*, p. 259.

21 Philip Schaff, *The Apostolic Fathers with Justin Martyr and Irenaeus*, p. 255.

22 Philip Schaff, *The Apostolic Fathers with Justin Martyr and Irenaeus*, p. 262.

23 이 서간의 저자는 알려져 있지 않다. 연구된 바에 따르면 이 문서는 190–200년 사이에 알렉산드리아에서 작성된 것으로 추정된다. 수신인은 이집트에서 시무하던 로마의 고위 관리다. 참조, 미셸 끌레브노, 《그리스도인과 국가권력: 2–3세기 그리스도교의 역사》, 이오갑 역(서울: 한국신학연구소, 1994), p. 135.

24 미셸 끌레브노, 《그리스도인과 국가권력》, pp. 136–137에서 재인용.

25 켈수스의 《참된 연설》의 일부, 미셸 끌레브노, 《그리스도인과 국가권력》, p. 112에서 재인용.

26 미셸 끌레브노, 《그리스도인과 국가권력》, p. 112.

27 Roland H. Bainton, *Christian Attitudes Toward War and Peace: A Historical Survey and Critical Re–evaluation*(Nashville: Abingdon Press, 1986), p. 73.

28 Clement, p. 104.

29 Clement, p. 182.

30 Clement, p. 97.

31 Roland H. Bainton, *Christian Attitudes Toward War and Peace*, pp. 75-76.

32 Grardo Zampaglione, *The Idea of Peace in Antiquity*, p. 220.

VI 제국화된 기독교의 평화

1 St. Augustine, *The City of God*(New York: The Modern Library, 1950), p. 690.

2 Helmut Richard Niebuhr, *Christ and Culture*(New York: Harper and Row Publishers, 1951), p. 45 이하.

3 기독교도를 향해 무신론자라는 죄목을 붙였던 역사적 배경에 대한 글 참조, William R. Schoedel, "Christian Atheism and the Peace of Roman Empire," *Church History*, Vol. 42, No. 3(Sep., 1973), pp. 309-319.

4 Roland H. Bainton, "The Early Church and War," *The Harvard Theological Review*, Vol. 39, No. 3(Jul., 1946), p. 202.

5 John Howard Yoder, *Christian Attitudes to War, Peace, and Revolution*, p. 50.

6 수도원주의 운동에 관해서는 박충구, 《기독교 윤리사 I》(서울: 대한기독교서회, 2001) 제6장 '성과 속의 이중윤리: 수도원주의 운동' 참조.

7 Roger L. Shinn, *Christianity and the Problem of History*(St. Louise: The Bethany Press, 1964), p. 31.

8 Michael Walzer, *Arguing about War*(New Heaven & London: Yale UP, 2005), p. 41.

9 St. Augustine, *The City of God*, p. ix.

10 St. Augustine, *The City of God*, p. x.

11 St. Augustine, *The City of God*, p. xi.

12 트뢸치의 사회학적인 유형론은 교회 유형(church type), 소종파유형(sect type), 신비주의(mysticism)로 분류되었다. Ernst Troeltsch, *The Social Teaching of the Christian Churches*(Chicago: Chicago UP, 1960), p. 331 이하.

13 St. Augustine, *The City of God*, p. 477.

14 St. Augustine, *The City of God*, p. 594-595.

15 박충구, 《기독교 윤리사 I》, p. 133 이하.

16 이런 관점은 주류 기독교가 16세기를 지나면서 대두된 소종파인(sectarian)의 성서적 신앙을 반박하는 수단으로 이용되기도 했다. 소종파는 루터의 종교개혁 사상을 따라 급진적으로 일어난 재세례파 신앙과 후속 공동체를 의미한다. 18세기에 영국에서 일어난 퀘이커 신앙운동 역시 소종파적 특성을 가진다.

17 St. Augustine, *The City of God*, p. 689.

18 St. Augustine, *The City of God*, p. 690.

19 참조, Michal Henkel, *Frieden und Politik. Eine Interaktionistsche Theorie*(Berlin, 1990), ch. 8, "Gesundheit als Metaphor der Friede."

20 아우구스티누스, 《신국》, 윤성범 역(서울: 을유문화사, 1979), p. 190.

21 Albert Martin, *War and the Christian Conscience: From Augustine to Martin Lu-*

ther, Jr.(Chicago: Henry Regnery Co., 1971), p. 56.

22 St. Augustine, *The City of God*, p. 692.

23 아우구스티누스 당시 오늘날의 '국가' 개념과 같은 이해는 찾아보기 어려웠다. 당시 로마 정부와 여러 나라가 있었지만 오늘날 우리가 생각하는 국가와는 다른 것으로 이해해야 한다. 이를 루터는 1523년에 쓴 논문 〈세속 정권에 대하여(Von weltlicher Obrigkeit, Wie weit Man ihr gehorsam sei)〉에서 '국가(Staat)' 개념 대신 '관헌'이라는 의미의 'Obrigkeit'로 지칭했다.

24 Rex Martin, "The Two Cities in Augustine's Political Philosophy," *Journal of the History of Ideas*, Vol. 33, No. 2(Apr.–Jun., 1972), pp. 195–216. 마틴은 아우구스티누스의 《하나님의 도성》을 분석하면서 상당한 본문(St. Augustine, *The City of God*, pp. 273–274, p. 424, 573, 634)에서 하나님의 도성과 보이는 교회가 동일시되는 느낌을 준다는 점을 지적하면서도, 하나님의 도성과 교회가 명료하게 동일하다고 볼 수 없음을 밝히고 있다.

25 St. Augustine, *The City of God*, p. 441.

26 St. Augustine, *The City of God*, p. 13.

27 Rex Martin, "The Two Cities in Augustine's Political Philosophy," p. 202.

28 이 관점은 로마 자연법론자 키케로의 견해와 동일하다. 아우구스티누스나 아퀴나스는 로마 자연법론자의 견해를 종종 인용한다.

29 St. Augustine, *The City of God*, p. 112.

30 St. Augustine, *The City of God*, p. 114.

31 Marcus Tullius Cicero, *The Political Works of Marcus Tullius Cicero: Comprising his Treatise on the Commonwealth: and his Treatise on the Laws*, tr. Francis Barham, Esq.(London: Edmund Spettigue, 1841–1842), Vol. 1. ch. A review of the History of Cicero's Commonwealth.

32 St. Augustine, *The City of God*, pp. 61–62.

33 St. Augustine, *The City of God*, p. 164, 123.

34 박충구, 《기독교 윤리사 I》, pp. 125–126.

35 이런 관점은 폴 레만의 메시아적인 정치(Messianic politics, political messianism)를 구별하는 기준과 유사하다. 참조, Paul Lehmann, *The Transfiguration of Politics*(New York: Harper and Row., 1975).

36 서구 기독교 전통에서 정당전쟁론이 나오게 된 배경에 대해 요더는, 신학자들이 세 가지 요소에 영향을 받았다는 사실을 지적한 바 있다. 로마의 법철학 전통, 아리스토텔레스의 정의론 그리고 구약성서다. 참조, John Howard Yoder, *Christian Attitudes to War, Peace, and Revolution*, p. 37, 105 이하.

37 Cicero, *De officiis*, trans. *Walter Miller*(Harvard UP, 1913), 1.11.33–1.13.41.

38 Aristotle, *The Nicomachean Ethics*, trans. *David Ross*(Oxford: Oxford UP, 1998), p. 264.

39 Roland H. Bainton, *Christian Attitudes towards War and Peace: A Historical Survey and Critical Reevaluation*(Nashville: Abingdon Press, 1964), pp. 89–91.

40 Roland H. Bainton, *Christian Attitudes towards War and Peace*, p. 90.

41 참조, 미국의 정치철학자 왈저는 정당전쟁론은 정치가나 병사들이 누군가를 대신해 행위를 하는 대리이론(theory of representation)만이 아니라 공동체 가치에 대한 효용주의적 논의를 부수한다고 보았다. Michael Waltzer, *Arguing about War*, pp. 33–34.

42 Roland H. Bainton, *Christian Attitudes towards War and Peace*, pp. 95–100; 기독교 윤리학 교수이자 신부인 랭건도 아우구스티누스의 정당전쟁론이 여덟 가지 요소를 지니고 있다고 해명한 바 있다. ① 징벌적 전쟁 이해 ② 그릇된 태도와 욕망으로서 악한 전쟁에 대한 평가 ③ 폭력 사용을 위한 승인 모색 ④ 영적 선에 우월성을 부여하는 이원론적인 인식론 ⑤ 복음의 규범을 내적 태도라는 뜻에서 해석함 ⑥ 권위와 사회 변화에 대한 소극적 태도 ⑦ 성서 본문을 전쟁에 적법하게 사용함 ⑧ 평화에 대한 유비적 이해. 참조, John Langan, S.J., "The Elements of St. Aufustine's Just War Theory," *The Journal of Religious Ethics*, Vol. 12, No. 1(Spring, 1984), pp. 19–38.

43 St. Augustine, *The City of God*, pp. 693–694.

44 St. Augustine, "Contra Faustum Manichaeum," tr. Richards Stathert, *The Nicene and Post-Nicene Fathers*, Vol. IV(Buffalo: Christian Literature, 1887), p. 301.

45 파우스투스가 구약성서와 신약성서의 불일치를 지적했을 때 아우구스티누스는 구약성서의 기록이 신약성서의 정신과 어긋나지 않는다고 논증하기 위해 이스라엘의 전쟁과 모세와 여호수아의 전쟁을 옹호하는 글을 썼다.

46 구약성서에서 이스라엘을 편드는 야훼는 이스라엘의 해방과 왕정신학과 맞물려 있어 시대적으로나 사상적으로 한계가 있다. 오히려 평화와 관련된 구약성서의 증언은 이스라엘 민족이 가졌던 해방과 전쟁의 동기가 이사야와 미가가 그리는 메시아적 평화사상에 후위한다고 보아야 한다. 참조, 볼프강 후버·H. R. 로이터,《평화윤리》, pp. 51–56.

47 St. Augustine, "Contra Faustum Manichaeum," p. 301.

48 St. Augustine, *The City of God*, p. 683.

49 Frederick William Loetscher, "St. Augustine's Conception of the State," p. 39.

50 Herrmann Ruether, "Augustine ist der erste Dogmatiker der Inquisition," *Augustinische Studien*(Gotha: F.A. Perthes, 1887), p. 501.

51 볼프강 후버·H. R. 로이터,《평화윤리》, p. 69.

52 St. Augustine, *The City of God*, p. 696.

53 St. Augustine, *The City of God*, p. 687.

54 St. Augustine, *De Corona Militis*, XI; Ref. Roland H. Bainton, *Christian Attitudes towards War and Peace*, p. 93.

55 볼프강 후버·H. R. 로이터,《평화윤리》, p. 77.

VII 기독교 세계의 평화-팍스 크리스티

1 '중세'라는 용어는 16세기까지의 시대를 지칭하는 것으로 르네상스 시대에 형성되었다. 일반적으로 교부 시대는 신약성서가 기록된 이후 약 백 년경부터 칼케돈 회의(451)에서 기독교의 기본 교리가 확정된 기간을 지칭하고, 서로마제국의 함락(476)이후 약 천 년까지를 '암흑기'라 부른다. 이 암흑기 이후 비잔티움제국으로 연명한 로마제국은 1453년 제

국의 수도였던 콘스탄티노플의 함락으로 종말을 맞았다. 일반적으로 중세란 암흑기 이후 동로마제국 멸망까지의 시기를 지칭한다.

2 중세를 지나면서 사회의 통치 질서가 기존 종교와 정치 질서를 훼손하는 이단자의 출현으로 어지럽혀졌다. 12세기 프랑스에서 카타리파의 영향력이 강해지자 이단 사설을 미연에 방지하려는 법이 만들어졌다. 이단 문제는 다분히 교회 정치적인 문제였다. 가톨릭교회는 1184년의 교황 회칙에 따라 종교재판법을 공식화했다. 이단으로 판정받게 되면 혐의자는 주교청에서 심문을 받았고 주교는 자기 교구에 이단자가 없는지 늘 확인해야 했다. 교회 정치와 주교의 권한을 강화해 준 종교재판의 폐해는 극심했다. 수백 년 동안 계속되던 종교재판의 악습은 1834년 에스파냐에서 처음 폐지되었다.

3 Helmut Richard Niebuhr, *Christ and Culture*(New York: Harper & Row Publishers, 1951).

4 Ernst Troeltsch, *The Social Teaching of the Christian Churches*, pp. 257–279.

5 Ernst Troeltsch, *The Social Teaching of the Christian Churches*, p. 280.

6 Ernst Troeltsch, *The Social Teaching of the Christian Churches*, p. 315.

7 토마스 아퀴나스의 사상 체계에 관해서는 다음을 참조하라.《기독교 윤리사 I》, pp. 175–196.

8 Bernard Lonergan, "Aquinas Today: Tradition and Innovation," *The Journal of Religion*, Vol. 55, No.2(Apr., 1975), pp. 165–180, p. 180.

9 토마스 아퀴나스의 사상 구조에 대한 설명은 박충구의《기독교 윤리사 I》제8장 '종합의 윤리: 토마스 아퀴나스' 부분을 참조하라.

10 아퀴나스는《신학대전》Ⅱ-Ⅱ, 질문 29항에서 평화 이해를 제시한다. 그는 평화의 일치와 조화가 같은 것인지, 모든 사람이 평화를 추구하는지, 평화가 고유하게 사랑의 열매인지, 평화가 하나의 덕인지를 논하는 가운데 평화의 성격과 본질을 해명했다.

11 "The love which unites the citizens of the heavenly city is disinterested love, or charity. The other city is built on selfish love, cupidity." Thomas Merton, "Introduction of the City of God," *The City of God*, xiii.

12 "Wherefore, it follows that charity is a virtue, for, since charity attains God, it unites us to God..." Thomas Aquinas, *Summa Theologica*, II, p. 1690.

13 Ernst Troeltsch, *The Social Teaching of the Christian Churches*, p. 287.

14 Thomas Aquinas, *Summa Theologica*, II, p. 1695.

15 Thomas Aquinas, *Summa Theologica*, II, p. 1746.

16 Martin Honecker, *Grundriss der Sozialethik*(Berlin/New York: Walter de Gruyter, 1995), p. 412.

17 아퀴나스의 평화 이해는《신학대전》에서 세 가지 중요한 개념을 통해 규명되고 있다. 하나님 사랑과 이웃 사랑이 가능한 근거는 카리타스와 정의와 지혜다. 참조, Maria Muha, "Kirchliche Friedensethik und Erzirhung zu Gerechtigkeit und Frieden als gewaltlose Loesung der Konflikte und als Kriegspraevention," Diss.(Universitaet Passau, 2008), p. 251.

18 Thomas Aquinas, *Summa Theologica*, Ⅱ-Ⅱ, q. 29.

19 Thomas von Aquino, *Summa der Theologie: Die Sittliche Weltordnung*, Ⅱ(Leipzig:

Alfred Kroener Verlag, 1935), p. 2.

20 Thomas Aquinas, *Summa Theologica*, Ⅱ, p. 1752.

21 Thomas Aquinas, *Summa Theologica*, p. 1753.

22 "Of discord which is contrary to peace." Thomas Aquinas, *Summa Theologica*, p. 1803.

23 참조, Chae, Yi-Byung, *Die Lehre des Thomas von Aquin ueber den Frieden* (Koeln, 2001), p. 2-3.

24 Aristotle, *The Nicomachean Ethics*(Oxford: Oxford UP, 1998), p. 154.

25 Aristotle, *The Nicomachean Ethics*, p. 157.

26 Thomas Aquinas, *Summa Theologica* Ⅰ-Ⅱ 69, 4c: Constituere vero pacem vel in seipso vel inter alios, manifestat hominem esse Dei imitatorem, qui est Deus unitatis et pacis.

27 자연법 학자들은 자연법(Naturgesetz) 혹은 자연의 도덕법(Natuerliche Sittengesetz)을 ① 인간이 사물로 이루어진 자연에서 자연 이성의 힘을 빌려 인식할 수 있는 도덕 규범의 총체라고 본다. 따라서 ② 사람들은 자연법이 이성적 관점과 연계되는 한 영원한 법이라고 이해한다. ③ 하나님은 모든 인간에게 자연에서 결정된 도덕 규칙을 부여했고, 바울이 말한 것처럼 '우리의 가슴에 쓰여 있는' 것과 같이 그 도덕 규칙에 복속되어 있다는 것을 안다. ④ 자연법은 법률가의 척도에 따라서가 아니라 자연 자체를 통해 의무를 일깨우고, 단순히 한 부분이 아니라 인류 전체를 구속한다. ⑤ 인간은 자연법을 통해 자신의 자연적 목적이 도덕적 존재라는 것을 안다. Johannes Stelzenberger, *Die Beziehungen der fruehchristlichen Sittenlehre zur Ethik des Stoa*(Zuerich/New York: Gerog Olms Verlag, 1989), p. 96.

28 참조, Ernst Troeltsch, *The Social Teaching of the Christian Churches*, p. 296.

29 Ersnt Trocltsch, *The Social Teaching of the Christian Churches*, p. 289.

30 Thomas Aquinas, *Summa Theologica*, Ⅱ-Ⅱ, q. 40.

31 참조, Thomas Aquinas, *Summa Theologica*, Ⅱ-Ⅱ, q. 37.

32 참조, Thomas Aquinas, *Summa Theologica*, Ⅱ-Ⅱ, q. 39.

33 참조, Thomas Aquinas, *Summa Theologica*, Ⅱ-Ⅱ, q. 42.

34 참조, Thomas Aquinas, *Summa Theologica*, Ⅱ-Ⅱ, q. 95, 96.

35 참조, Thomas Aquinas, *Summa Theologica*, Ⅱ-Ⅱ, q. 96.

36 Thomas Aquinas, *Summa Theologica*, Ⅱ-Ⅱ, q. 40. 1.

37 St. Augustine, *Contra Faust*, xxii, p. 74.

38 Thomas Aquinas, *Summa Theologica*, Ⅱ-Ⅱ, q. 40.

39 Thomas Aquinas, *Summa Theologica*, Ⅱ-Ⅱ, q. 10, 11.

40 Thomas Aquinas, *Summa Theologica*, Ⅱ-Ⅱ, q. 10, 8.

41 Thomas Aquinas, *Summa Theologica*, Ⅱ-Ⅱ, q. 40, 2.

42 종교와 정치의 불경건한 연대에서 일어나는 포악에 관한 연구서로서 Marc Ellis, *Unholy Alliance: Religion and Atrocity in Our Time*(Minneapolis: Fortress Press, 1997), 특히 이 책의 프롤로그(xi-xviii)를 참조하라.

VIII 종교개혁자들의 평화

1 기독교 사회이론의 이중 구조는 초대교회를 지나 아우구스티누스에 의해 구성적으로 제
   시되었다. 그의 하나님 도성은 세상의 도성과 평행하는 것으로 하나님과 악마, 상징적으
   로는 바벨론과 하나님의 교회를 유비한다. 이런 성향은 아퀴나스에게서 교회 우위 이론
   으로 자리를 잡고(리처드 니부어의 이론에 의하면 '문화 위의 그리스도'), 루터와 칼뱅
   에서는 각기 두 왕국설과 그리스도 주권론으로 자리매김했다. 참조, Helmut Richard
   Niebuhr, *Christ and Culture*; Marin Honecker, *Das Recht des Menschen: Einfuer-
   ung in die evangelische Sozialethik*(Guetersloh: Guetersloher Verlag, 1976), pp.
   155–165.

2 1095년 비잔틴 제국의 황제 알렉시우스가 교황 우르반 2세에게 십자군을 요청하는 편
   지가 발단이 되어 서유럽 지역에서 폭발적인 지원이 일어나 1096년 제1차 십자군 전쟁이
   시작되어 1291년까지 약 200년간 간헐적으로 지속되었다. 십자군 전쟁에 대한 상세한 연
   구서로 W. B. 바틀릿의《십자군 전쟁》, 서미석 역(서울: 한길사, 2004) 참조.

3 John Dillenberger, ed., *Martin Luther*(New York: Anchor Books, 1961), p. 366. 루
   터는 1523년에 발표한 글 〈세속 정부에 관하여: 어디까지 복종해야 하나(Secular Au-
   thority: To What Extent It Should Be Obeyed)〉에서 로마서와 베드로전서를 인용하
   며 세속 권력이 하나님에게서 나왔으며, 신자는 복종할 의무가 있음을 주장했다.

4 오랫동안 왕권신수설은 기독교 안에서 암암리에 승인되어 왔으나 공적으로 절대왕권을
   옹호하는 이론으로 주장된 것은 영국 제임스 1세(1603–1625)와 스코틀랜드 제임스 6세
   (1567–1625), 프랑스 루이 14세(1643–1715) 통치기에 이르러서다. 프랑스에서는 프랑스
   혁명 직후 모든 귀족의 특권을 폐지했고, 영국에서는 명예혁명(1688–1689)을 통해 절대
   왕권을 공식적으로 폐지했다.

5 Johannes Heckel, *Im Irrgarten des Zwei-Reiche-Lehre*(Muenchen: Kaiser Ver-
   larg, 1957); Martin Honecker, *Das Recht des menschen: Einfuherung in die evan-
   gelische Sozialethik*(Guetersloh: GTB, 1978), p. 156.

6 Martin Luther, "Can Soldiers be Saved?" *Luther's Works*, vol., 45(Philadelphia:
   Fortress Press, 1966).

7 유대인과 기독교에 관한 종합적 이해를 담고 있는 다음 논문을 참조하라. EKD, "Chris-
   ten und Juden," *Frieden, Versoehnung und Menschenrechte*, Band 1/2(Gueter-
   sloh: Guetersloher Verlaghaus, 1981), pp. 117–174.

8 Mark H. Ellis, *Unholy Alliance*(New York: Frotress Press, 1997), p. 42 이하.

9 John Calvin, *Institutes of the Christian Religion*(Michigan: Eerdman's Publishing
   Co., 1983), IV, p. 20, 24.

10 Herold J. Grimm, *The Reformatiom Era1500–1650*(New York: Macmillan Pub-
   lishing Co., 1973), p. 282 이하.

11 이 세 가지 입장에 대한 자세한 설명은 다음을 참조하라. Roland Bainton, *Christian
   Attitudes towards War and Peace*, ch. 1.

12 Roland Bainton, *Christian Attitudes Toward War and Peace*, p. 139.

13 루터의 입장에 대한 상세한 설명은 다음을 참조하라. 박충구, 《기독교 윤리사 I》, pp. 200-220.

14 1526년 신성로마제국의 제국 의회는 루터교회의 신앙을 허용하기로 결의했고, 1555년 9월 25일 카를 5세가 이를 수락하는 아우크스부르크 평화조약에 서명함으로써 독일 내 로마 가톨릭교회와 개신교 간의 종교전쟁이 끝을 맺었다. 이 조약의 주요 내용은 ① 독일의 제후는 로마 가톨릭교회와 개신교 교회 가운데 하나를 선택할 자유가 있다. ② 비록 주교의 관할 구역 안에 있다 할지라도 루터교회 신도는 신앙의 자유를 가진다. ③ 로마 가톨릭교회와 개신교 중 하나를 공식 종교로 선포한 나라라 할지라도 상대의 종교를 차별하지 못한다. ④ 그러나 이 두 교회를 제외한 다른 소종파는 예외로 한다. 참조, Hermann Kunst et. al., "Ausburger Religionsfriede," *Evangelisches Staatlexkon*(Berlin: Kreuz Verlag, 1975), p. 91 이하.

15 루터는 1544년 강림절 세 번째 일요일을 위한 설교문에서 두 왕국설의 기초가 되는 논의를 밝히고 있다. 세속 국가 혹은 관헌은 하나님에 의해 제정되어 칼과 힘으로 죄인들을 다스릴 권한을 위임받았다는 것이 요지다. 참조, *D. Martin Luthers Werke*(Weimar Ausgabe) Vol. 52(Weimar, 1883-1929), p. 26; 1523년 〈세속 정권에 대하여(Von weltlicher Obrigkeit)〉에서도 세속 관헌이 하나님에 의해 제정된 것이라 주장한다. 참조, Helmut T. Lehmann, ed., *Luther's Works*, Vol. 45(Philadelphia: Fortress Press, 1985), pp. 75-129.

16 Martin Luther, "Temporal Authority," *Luther's Works*, Vol. 45, pp. 90-91.

17 Roland Bainton, *Christian Attitudes towards War and Peace*, p. 138.

18 Martin Honecker, *Das Recht des Menschen*(Guetersloh: Guetersloher Verlag, 1978), p. 156 이하.

19 Martin Honecker, *Das Recht des Menschen*, p. 159.

20 평화에 대한 루터의 생각은 Roland Bainton, *Christian Attitudes towards War and Peace*, 140에서 재인용; WA, XXX, I, 202.

21 루터가 사용하는 세속 권위나 세속 관헌을 의미하는 독일어 'Obrigkeit'는 오늘날 우리가 익히 이해하는 국가와 같은 개념이 아니다. 루터 당시만 해도 독일어에서 오늘날의 국가를 의미하는 'Staat'라는 개념이 없었다. 따라서 Obrigkeit란 오늘날의 국가나 민족의 의미를 지니지는 않지만 실제적으로 통치력을 의미한다.

22 Martin Luther, *Luther's Works*, Vol. 45, pp. 110-111.

23 Martin Luther, *Luther's Works*, Vol. 45, pp. 124-125.

24 Martin Luther, *Luther's Works*, Vol 46, pp. 17-85: "Admonition to Peace, A Reply to the twelve Articles of the Peasants in Swabia," 1525; "Against the Robbing and Murdering Hordes of Peasants," 1525; and "An Open Letter on the Harsh Book Against the Peasants," 1525.

25 Albert Marrin, *War and the Christian Conscience: From Augustine to Martin Luther King, Jr.*(Chicago: Henry Regnery Company, 1971), p. 101.

26 Martin Luther, *Luther's Works*, Vol. 47, pp. 5-55: "An Appeal to the Ruling Class of German Nationality as to the Amelioration of the State of Christendom."

27 Martin Luther, *Luther's Works*, Vol. 47, p. 30.

28 John Calvin, *Institutes of the Christian Religion*(Philadelphia: The Fortress Press, 1535), ch. 20, No. 31. 칼뱅의《기독교 강요》20장은 세속 정부에 대한 이론을 담고 있다. 마지막 부분에서 칼뱅은 기독교인의 자유를 억압하는 정부에 대한 저항권을 인정했다.

29 칼뱅의 삶의 자리인 제네바에 관한 설명은 다음 책 14장, Gilbert, William, *Renaissance and Reformation*(Lawrence, KS: Carrie, 1998), ch. 14 "Calvin and Geneva." 그리고 Harold J. Grimm, *The Reformation Era 1500-1650*(New York: Macmillan Publishing Co., 1973), part 3 "Spread of Reformation" 참조.

30 Harold J. Grimm, *The Reformation Era 1500-1650*, p. 273.

31 종교개혁자 멜란히톤(Phillip Melanchthon)과 츠빙글리(Ulrich Zwinglich)의 정치윤리도 하나의 평화론을 지향한다. 하지만 루터와 칼뱅이 종교개혁 사상가 가운데 가장 대표적인 견해를 보이고 있다. 멜란히톤은 정치권력에 대한 저항을 죽음에 해당하는 죄로 규정함으로써 비록 기독교 문화에서 내적인 관계를 벗어 버릴 수 없을지라도 세속 정치권력을 독립시키는 데 크게 이바지했다. 멜란히톤의 이원론에 반해 츠빙글리는 복음이 율법을 포괄하는 신학적 이해 구조를 가진다. 따라서 그는 어느 개혁자보다 강하게 그릇된 정치권력에 대한 저항을 주장했다. 그에게 복음의 빛에서 세속 권력을 비판하고 그릇된 권력에 저항하는 것은 그리스도인의 자유와 양심의 역할이다. 공동체 삶의 불의한 관계나 방해에 대해서는 성령의 능력 안에서 저항해야 한다고 보았기 때문이다. 참조, 크리스토퍼 프라이,《개신교 윤리사》, 조경철 역(서울: 보문출판사, 1993), pp. 50-69.

32 칼뱅의 윤리사상에 대해서는 박충구의《기독교 윤리사 I》pp. 223-249를 참조하라.

33 Harold J. Grimm, *The Reformation Era 1500-1650*, p. 287. 세르베투스의 죽음에 칼뱅이 직접적인 책임이 없다는 주장도 있으나, 이런 논리는 제네바 시의회에서 칼뱅주의자들이 모든 권력을 장악하고 있던 시기에 칼뱅이 제네바의 실질적인 지배자였다는 사실을 간과한 것이다. 그림(Grimm)은 당시 종교재판소는 칼뱅보다 칼뱅주의적이었다고 진술한다. 칼뱅의 포악한 행적에 관한 연구서로 Stefan Zweig, *The Right to Heresy: Castellio Against Calvin*(Boston: Beacon Press, 1951) 참조. 칼뱅은 권력을 장악한 기간에 기독교 신앙의 순수성을 지키기 위해 자신의 교설에 적대하는 사람을 78명이나 추방하고, 제네바에서 13명은 교수형, 10명은 참수형, 35명은 화형에 처하고 죄를 자백받기 위해 무수한 고문을 행하는 것을 방임했다.

34 Garry Z. Cole, "John Calvin on Civil Government," *Western Reformed Seminary Journal*, 16, 2(August, 2009), pp. 18-23, p.18.

35 칼뱅은 프랑스 국왕 프랑수아 1세에게 헌정한 〈기독교 강요 서설(prefatory address)〉에서 사회의 평화와 평정을 깨는 이들을 모든 것을 뒤엎으려는 사람이라고 비난함으로써 자신의 입장이 국가나 그 권위에 대해 부정적이거나 공격적인 입장이 아니라는 사실을 암시했다. John T. McNeill, ed., *Calvin: Institutes of the Christian Religion*, p. 10.

36 그리스도 주권론(Koenigsherrschaft Christi)에 관한 상세한 이해는 다음을 참고하라. Juergen Moltmann, *Politisch Theologie-Politische Ethik*(Guenewald: Kaiser, 1984), pp. 137-138.

37 John T. McNeill, ed., *Calvin: Institutes of the Christian Religion*(Phladelphia: The

Westminster Press, 1599).

38 John T. McNeill, ed., *Calvin: Institutes of the Christian Religion*, BK 4, ch. 20, 3.

39 Garry Z. Cole, "John Calvin on Civil Government," *WRS Journal* 16: 2(August, 2009), pp. 18–23.

40 John T. McNeill, ed., *Calvin: Institutes of the Christian Religion*, Bk 4, ch. 20, 2.

41 Juergen Moltmann, *Politische Theologie–Politische Ethik*(Gruenewald: Kaiser, 1984), p. 142.

42 John T. McNeill, ed., *Calvin: Institutes of the Christian Religion*, Bk 4, ch. 20, 3.

43 John T. McNeill, ed., *Calvin: Institutes of the Christian Religion*, 28.

44 John T. McNeill, ed., *Calvin: Institutes of the Christian Religion*, 47.

45 John T. McNeill, ed., *Calvin: Institutes of the Christian Religion*, Bk 3, ch. 19.

46 John T. McNeill, ed., *Calvin: Institutes of the Christian Religion*, Bk. 3, ch. 19, 1.

47 John T. McNeill, ed., *Calvin: Institutes of the Christian Religion*, Bk 4, ch. 9, 4.

48 John T. McNeill, ed., *Calvin: Institutes of the Christian Religion*, Bk 4, ch. 10, 25.

49 John T. McNeill, ed., *Calvin: Institutes of the Christian Religion*, Bk. 4, ch. 20, 3.

50 John T. McNeill, ed., *Calvin: Institutes of the Christian Religion*, Bk. 4, ch. 20, 11.

51 John T. McNeill, ed., *Calvin: Institutes of the Christian Religion*, Bk. 4, ch. 20, 22–25.

52 John T. McNeill, ed., *Calvin: Institutes of the Christian Religion*, Bk. 4, ch. 20, 30.

53 참조, Harold J. Grimm, *The Reformation Era 1500–1650*, p. 281, 284.

IX 재세례파 신앙운동과 평화

1 역사적 평화교회에 관한 소개는 Peter Brock and Nigel Young, *Pacifism in the Twentieth Century*(New York, Syracuse: Syracuse UP, 1999), ch. X, "The Historic Peace Churches since 1945" 참조. 역사적 평화교회 전통은 세 가지 종교개혁의 지류가 합류한 것으로 재세례파 신앙운동, 형제단 교회 그리고 퀘이커를 지칭한다.

2 James Harvey Robinson, *Readings in European History*, 2 vols(Boston: Ginn & Company, 1906), pp 106–108.

3 Harold S. Bender,"The Pacifism of the Sixteenth Century Anabaptists," *Church History*, Vol. 24, No. 2(Jun., 1955), p. 121.

4 *Luthers Werke*, Weimar ed., XIX, p. 626.

5 칼뱅은 루터에 비해 성서의 중요성을 강조했다. 루터가 사랑의 계명에 대한 해석학의 입장에서 윤리사상을 전개했다면, 칼뱅은 성서의 전거로 자신의 주장을 지키려 했다. 이런 점에서 칼뱅은 더욱 성서적이라는 평가를 받고 있으나 성서 주석과 해석에서 근본주의적인 속성을 갖는다.

6 Roland H. Bainton, *Christian Attitudes towards War and Peace*, pp. 152–153.

7 Harold S. Bender, "The Pacifism of the Sixteenth Century Anabaptists," p. 119.

8 J. C. Wenger, "The Schleitheim Confession of Faith," *Menn. Quart. Review*,

XIX(1945), p. 250. Anabaptists, for them the sword was "outside the perfection of Christ" as the Schleitheim Confession of 1527 states it.

9 Cf. H. S. Bender, *Conrad Grebel*(Goshen, 1950), p. 79. Recited from "The Pacifism of Sixteenth Century Anabaptists," p. 121.

10 Martin Luther, "Secular Authority: To What Extent It Should Be Obeyed?" *Martin Luther: Selections from His Writings*, ed., John Dillenberger(New York: Anchor Books, 1961), pp. 399–400.

11 H. S. Bender, *Conrad Grebel*, p. 122.

12 H. S. Bender, *Conrad Grebel*, p. 200.

13 뮌스터 사건에 관한 기록은 다음을 참조하라. James M. Stayer, The German Peasants' War and Anabaptist Community of Goods(London: McGill–Queen's UP, 1991), pp. 123–138.

14 L. von Muralt and W. Schmid, *Quellen zur Geschichte der Taeufer in der Wchweiz I*(Zuerich, 1952), p. 216. Recited from "Pacifism of sixteenth Century Anabaptists," p. 122.

15 L. von Muralt and W. Schmid, *Quellen zur Geschichte der Taeufer in der Wchweiz I*, p. 219.

16 1527년에 발표된 "The Schleitheim Confession of Faith"는 총 일곱 가지 항목을 담고 있는데, 정부의 권한을 의미하는 칼(sword)에 관해서는 6항에서 선언하고 있다. 이 인용문은 6항의 요약이다. 참조, J. C. Wenger, *Glimpses of Mennonite History and Doctrine*(Scottdale: Mennonite Publishing House, 1940).

17 Harold S. Bender, "The Pacifism of the Sixteenth Century Anabaptists," p. 123.

18 H. Bullinger, *Der Widertoeuffern Ursprung, Fuergang, Sesten, Woesen*(Zuerich, 1561), pp. 139–140.

19 Peter Riedemann, *Rechenschaft unsere Religion, Lehere und Glaubens von den Bruedern die man Hutterischen nennt*(Berne, Indiana, 1902), p. 105.

20 Menno Simmons, *The Complete Writings of Menno Simmons*(Elkhart, IN: J. F. Funk and Brother, 1871), Part II p. 170, 435, and Part I p. 198.

21 참조, 재세례파 교도의 순교에 대한 기록으로 네덜란드에서 발간된 *Het Offer des Herrn*(1562), 순교자의 증언을 담은 Thieleman J. van Bracht, *Martyrs' Mirrorof the defenseless Christians*(Scottdale: Herald Press, 1886)가 있다.

22 이 내용은 트뢸취의 재세례파 분석의 내용을 정리한 것이다. 참조, Ernst Troeltsch, *The Social Teaching of the Christian Churches*, pp. 695–703; Calvin Redekop, *Mennonite Society*(Baltimore: The Johns Hopkins UP, 1989), pp. 52–53.

23 박충구, 《기독교 윤리사상사 I》(서울: 대한기독교서회, 2001), p. 162 이하 참조.

24 Calvin Redekop, *Mennonite Society*(Baltimore and London: The John Hopkins UP, 1989), p. 53.

25 요더의 메시아적 윤리는 *The Politics of Jesus*(Wm. B. Eerdmans Publishing Company, 1994) 1장에서 규명되고 있다.

26 John Howard Yoder, *The Politics of Jesus*, pp. 15–19.

27 에른스트 트뢸치는 이를 일러 '문명화된 윤리(civilizational ethics)'라고 불렀다. 그는 제도화된 삶의 영역, 즉 정치·경제·사회적 제도에 적합한 영향력을 발휘하기 위해 예수 의 순수 종교 윤리는 재해석되어야 한다는 입장을 지지한다.

28 John Howard Yoder, *The Politics of Jesus*, p. 20.

'29 John Howard Yoder, *The Politics of Jesus*, p. 22.

30 트뢸취는 예수의 복음을 순수 종교적인 것으로 간주하여 현실 적용 불가능한 것임을 자신의 논거의 출발점으로 삼았다. 참조, Ernst Troeltsch, *The Social Teaching of the Christian Churches*, pp. 39–40.

31 John Howard Yoder, *The Politics of Jesus*, p. 97.

32 Mennonates, *Confession of Faith in a Mennonite Perspective*, 1995, Article 22, Peace, Justice, and Nonviolence.

33 W. 브루지만, 《기독교와 평화》, 홍철화 역(서울: 대한기독교서회, 1982), p. 41.

X 퀘이커 신앙운동과 평화

1 Walter R. Williams, *The Rich Heritage of Quakerism*(Newberg, Oregon: The Barclay Press, 1987), p. 12.

2 Walter R. Williams, *The Rich Heritage of Quakerism*, p. 13.

3 Walter R. Williams, *The Rich Heritage of Quakerism*, p. 3.

4 펜들 힐은 퀘이커 교도들에게는 성산(聖山)과도 같은 장소다. 조지 폭스가 하나님과 영 적인 관계를 교회나 제의, 성직자를 통해 이루어 나가야 한다는 생각을 넘어 하나님과의 직접적인 영적 체험을 한 자리이기 때문이다. 폭스는 기독교 신앙이 가톨릭의 간접성을 넘어섰지만 개신교에서도 여전히 성직자 중심주의와 교회 중심주의가 참된 신앙의 장애 임을 인식하고 그것들을 뛰어넘는 신앙으로 나가기 시작했다. 참조, 박충구, 《기독교 윤 리사 Ⅲ》, pp. 187–214.

5 George Fox, *The Journal of George Fox*, ed. John L. Nickalls(London: London Yearly Meeting, 1975), p. 11.

6 Refus M Johns, ed., *George Fox: An Autobiography*(Philadelphia: Ferris and Leach, 1903), vol. 1, p. 213.

7 George Fox, *The Journal of George Fox*, p. 19.

8 George Fox, *The Journal of George Fox*, pp. 27–28.

9 Mary Garman et. al. ed., *Hidden in Plain Sight: Quaker Women's Writings 1650–1700*(Wallingford: Pennsylvania: Pendle Hill, 1996), p. 235.

10 Ernst Troeltsch, *The Social Teaching of the Christian Churches I*, pp. 328–329.

11 박충구, 《기독교 윤리사 Ⅲ》, p. 204.

12 "Quaker Declaration of Pacifism"(1660).

13 '퀘이커'라는 명칭은 폭스가 집정관에게 "하나님의 이름 앞에서 두려워 떨라"고 했을 때 집정관이 폭스 무리를 일러 퀘이커들이라 부른 데서 연유했다. 초기 퀘이커들은 하나님 의 현존을 경험할 때 전율하는 사람들이었기 때문이기도 했다. 참조, George T. Peck,

What is Quakerism? Pendle Hill Pamphlet 277(Philadelphia: Pendle Hill Publications, 1988), 6; "Quakers," http://www.bbc.co.uk/religion/religions/christianity/subdivisions/quakers_1.shtml(2012.08.25)

14 참조. William C. Braithwaite, *The Beginnings of Quakerism*(Cambridge: Cambridge UP, 1955), p. 280.

15 George Fox, "Paper to Friends to Keep Out of Wars and Fights," *Christian Peace and Nonviolence: A Document History*, ed., Michael G. Long(New York: Orbis, 2011), pp. 97-98.

16 George Fox, "Paper to Friends to Keep Out of Wars and Fights", pp. 97-98.

17 James Layler, *The Lamb's War against the Man of Sin*(London: Bull and Mouth near Aldersgate, 1658); Hugh Barbour and Arthur O. Robert, ed., *Early Quaker Writings 1650-1700*(Philadelphia: Pendle Hill Publications, 1973), pp. 104-116.

18 Hugh Barbour and Arthur O. Robert, ed., *Early Quaker Writings 1650-1700*, pp. 106-107.

19 Howard H. Brinton, *The Pendle Hill Idea*, Pendle Hill Pamphlet 55(Philadelphia: Pendle Hill Publications, 1970), p. 29; 미국 케이커 영성 센터를 창설한 브린튼(Howard H. Brinton)은 케이커 평화의 영성을 네 가지로 소개했으나, 정지석은 케이커를 소개하는 글에서 케이커리즘의 영성 원리를 단순성, 평등성, 정직성, 공동체성, 평화 등 다섯 가지로 소개하기도 했다. 참조, 정지석, "케이커리즘의 다섯 가지 영성원리 1 & 2," 〈기독교사상〉(2011, 11-12). 데일(Jonathan Dale)은 케이커 사회 증언 (Quaker Social Testimony)을 해명하면서 케이커들의 사회 원리를 공동체 안의 평등성, 단순성, 청지기직, 진리 안에서의 정직성, 그리고 평화로 제시했다. Jonathan Dale and others, *Faith in Action: Quaker Social Testimony*, ed. Elizabeth Cave & Ros Morley(London: Quaker Home Service, 2000), pp. 7-10.

20 참조, Walter R. Williams, *The Rich Heritage of Quakerism*(Oregon: The Barclay Press, 1987), pp. 180-181.

21 Ralph Waller, *John Wesley: A Personal Portrait*(London: SPCK, 2003), p. 116.

22 참조, Walter R. Williams, *The Rich Heritage of Quakerism*, p. 146, 148.

23 참조, Dana Greene, "Quaker Feminism: The Case of Lucretia Mott," *Pennsylvania History*, Vol. 48, No. 2(Apr., 1981), pp. 143-154.

XI 독일 개신교의 평화운동

1 http://en.wikipedia.org/wiki/List_of_states_with_nuclear_weapons(2012.09.15)

2 미국 가톨릭 주교들의 목회 서신은 핵무기의 사용은 도덕적 정당성이 없음을 밝히면서 핵 시대 평화의 과제를 논한 바 있다. 참조, The National Conference of Catholic Bishops, *The Challenge of Peace: God's Promise and Our Response: A Pastoral Letter on War and Peace*(May 3, 1983).

3 Albert Marrin, *War and the Christian Conscience: From Augustine to Mar-*

tin Luther King, Jr.(Chicago: Henry Regnery Company, 1971); Thomas Shannon, ed., *War or Peace?: The Search for New Answers*(New York: Orbis Books, 1982); Terry Nardin, *The Ethics of War and Peace: Religious and Secular Perspectives*(Princeton: Princeton UP, 1996). 이런 현실을 반영하면서 현대 기독교 평화사상을 폭넓게 다루고 있는 책은 후버와 로이터의 《평화윤리》다. 이 책은 20세기 이후 핵무기의 위협을 받는 인류 사회에서 평화를 추구해 온 기독교회의 노력과 미래의 평화적 과제를 다루고 있어 현대 기독교 평화사상을 이해하는 데 많은 도움이 된다.

4 EKD, Denkschrift: *Aus Gottes Frieden Leben–Fuer gerechten Frieden Sorgen* (Guetersloh: Guetersloher Verlag, 2007).

5 미국 교회에 앞서 독일 교회는 1981년 〈평화, 화해 그리고 인권(Frieden, Versoehnung und Menschenrechte)〉이라는 백서를 발표해 독일 교회의 기독교 평화사상과 실천 원칙을 표명한 바 있다.

6 Erhard Eppler, "Abruestung–Frieden–Position der evangelischen Kirche", *Gewerkschaftliche Monatshefte*, 34(1983), pp. 576–582 참조.

7 참조, 독일 신학자 위르겐 몰트만의 루터의 두 왕국설에 대한 비판적 해명을 참고하라. Uergen Moltmann, *Politische Theologie–Politische Ethik*(Muenchen: Kaiser, Gruenewald, 1984), pp. 123–136.

8 〈슈투트가르트 죄책 고백〉 문서는 1945년 10월 19일 독일 슈투트가르트의 마르쿠스교회에서 발표되었다. 이 문서는 독일 교회가 히틀러국가사회주의의 범죄를 정치적으로 돌리지 않고 교회가 더불어 죄책을 짊어지겠다는 의지의 표현을 담고 있다. 이 문서는 '독일 교회가 무수한 민족과 나라에 무한한 잘못을 범했다는 점을 인정하고 비록 나치즘과 오랜 기간 싸워 왔지만 그래도 우리는 용감하게 우리 신앙을 고백하지 못했고 진실하게 기도하지 못했으며 즐거운 마음으로 믿음을 지키지 못했으며 열정적으로 사랑하지 못했다'는 고백을 담고 있다. 참조, 슈투트가르트 마르쿠스교회 홈페이지 http://markusgemeinde–stuttgart.de.

9 볼프강 후버·H.R. 로이터, 《평화윤리》, p. 257.

10 W. Rausch/Chr.Walther, Hrg., *Evangelsiche Kirche in Deutschland und die Wiederfruestungsdiskussion in der Bundesrepublik 1950–1955*(Guetersloh: Guetersloher Verlag, 1978), p. 26.

11 독일 헌법 제4조 3항: 누구든지 양심에 반하여 전쟁 복무를 강요당하지 않는다. 2차 세계대전 직후 독일 헤센 주에서 양심적 병역 거부법을 제정했고, 1947년에는 바덴 주에서, 1950년에는 베를린 주에서 헌법적 기본권으로 제정되었다. 독일은 군 복무에 대한 대체 복무도 명시하여 1983년 양심적 병역 거부와 더불어 대체 복무법을 완성했다. 여기서 말하는 양심적 병역 거부란 독일 헌법재판소의 판례에 따르면 윤리적으로 진지하게 선악을 판단하여 내리는 개인의 판단을 의미한다. 참조, http://library.fes.de/pdf-files/bueros/seoul/04556.pdf.

12 볼프강 후버·H.R. 로이터, 《평화윤리》, p. 260.

13 EKD, "Die Christlichen Freidenbotschaft, die weltlichen Friedensprogramme und die politische Arbeit fuer den Frieden"(1962. 12).

14 H. Gollwitzer, *Die Christen und die Atomwaffen*(Muenchen, Kaiser Verlag, 1957).

15 "Die Heidelberg Theses von 1959." Online Document: http://www.friederle.de/ethik/heidelberg.htm

16 EKD, *Frieden wahren*, fördern und erneuern, Kapitel Ⅲ, p. 3.

17 참조, "Communique of the foreign and defense ministers of NATO countries on the occasion of the 12th special sesseion on the decision related to the deployment of medium-range missiles from December 1979."

18 참조, Thomas Risse-Kappen, "Odd German Concensus against New Missiles," *Bulletin of the Atomic Scientists*(May 1988), 14. 고르바초프와 레이건 대통령은 1987년 12월 8일 워싱턴에서 가진 핵감축 협상에서 지상에서 발진하는 500-5,500킬로미터 사거리를 가진 핵미사일을 전 세계적으로 폐기하기로 합의함으로써 퍼싱 Ⅱ 미사일을 폐기했다.

19 EKD, EKD Texte 48(2001). http://www.ekd.de/EKD=Texte/6334.htlm.

20 EKD, *Aus Gottes Frieden Leben-Fuer gerechten Frieden sorgen*(Guetersloh: Guetersloher Verlag, 2007).

21 Wolfgang Huber, "Von der gemeinsamen Sicherheit zum gerechten Frieden-Die Frieden Ethik der EKD in den letzten 25 Jahren"-Vortrag anlaesslich der 12. Dietrich-Bonhoeffer-Vorlesung in Muenster (2008.06.06).

22 이런 견해를 뒷받침하는 글로 다음 발표문을 참조하라. Eva Senghaas Knobloch, "Fuer gerechten Frieden Sorgen"-Zur Einfuerung in der neue FriedensDenkschrift des Rats der EKD, presented in Evangelische Akademie Arnoldshain(2008. 12.12-13).

23 Charles Taylor는 *Multiculturalism and The Politics of Recognition*(Princeton: Princeton UP, 1994)에서 다문화 사회에서의 상호 인정 정치의 중요성을 주장한다. 참조, 최종렬, "탈영토화된 공간에서의 다문화주의: 문제적 상황과 의미화 실천," 〈사회이론〉(2009 봄/여름), pp. 31-46.

24 참조, EKD, *Aus Gottes Frieden Leben-Fuer gerechten Frieden sorgen*(Guetersloh: Guetersloher Verlag, 2007), p. 14.

25 참조, EKD, *Aus Gottes Frieden Leben-Fuer gerechten Frieden sorgen*, p. 28.

26 참조, EKD, *Aus Gottes Frieden Leben-Fuer gerechten Frieden sorgen*, p. 91.

27 참조, EKD, *Aus Gottes Frieden Leben-Fuer gerechten Frieden sorgen*, p. 100.

28 참조, EKD, *Aus Gottes Frieden Leben-Fuer gerechten Frieden sorgen*, p. 102.

29 EKD, *Aus Gottes Frieden Leben-Fuer gerechten Frieden sorgen*, p. 108.

30 EKD, *Aus Gottes Frieden Leben-Fuer gerechten Frieden sorgen*, p. 117.

31 EKD, *Aus Gottes Frieden Leben-Fuer gerechten Frieden sorgen*, p. 124.

32 EKD, *Aus Gottes Frieden Leben-Fuer gerechten Frieden sorgen*, p. 124.

33 비교, Hans Kueng, *Global Responsibility in Search for a New World Ethic*(New York: Cross Road, 1991), p. 89 이하.

34 EKD, *Aus Gottes Frieden Leben-Fuer gerechten Frieden sorgen*, p. 125.

XII 미국 가톨릭교회의 평화운동

1 가톨릭 신앙 체계에서 평화를 보존하는 일에 관한 가르침을 담고 있는 항목은 *The Ca-thechism of the Catholic Church* # 2307–2309, # 2312–2314 등이다. 여기서 일단은 전쟁을 회피하려는 평화로운 비폭력 방안이 제안되고, 이어 불가피할 경우 2308항에서 자기 방어를 위한 정당한 전쟁을 인정하고 있다. 참조, http://www.vatican.va/archive/ ENG0015/__P81.HTM

2 *Pacem in terris*(Apr. 13, 1963) n. 139.

3 *Populorum profressio*(Mar. 26, 1967) n. 76.

4 개발이 전쟁에 대한 대안이 된다는 생각은 개발이 오랫동안 전쟁의 원인이었기 때문에 개발은 전쟁을 대치할 수 있는 도덕적 대안이 될 수 있다.

5 *Populorum Progressio*, n. 43–54. *sollicitudo rei socialis*, n. 38. "a firm and pre-serving determination to commit oneself to the common good; that is to say to the good of al and of each individual, because we are really responsible for all."

6 Drew Christiansen, SJ., "*Catholic Peacemaking: From Pacem in terris to Centesi-mus annus*", presented at Washington D.C.(Feb. 5, 2001), p. 7.

7 National Conference of Catholic Bishops, *The Challenge of Peace: God's Promise and Our Response: A Pastoral Letter on War and Peace*(Washington D.C.; United Sates Catholic Conference, 1983), p. 1.

8 *The Challenge of Peace*, p. 1.

9 "Finally, we reaffirm our desire to participate in a common public effort with all men and women of good will who seek reverse the arms race and secure the peace of the world." *The Challenge of Peace*, p. 99.

10 *The Challenge of Peace*, p. 21.

11 *The Challenge of Peace*, p. ii.

12 전쟁과 평화에 관한 가톨릭교회의 전통적 입장은 이웃에 대한 사랑의 행위로 방어권을 인정함으로써 불의한 세력에 대항하여 전쟁을 할 수 있다는 정당전쟁론으로 요약된다. 정당한 전쟁의 구성 요소는 '정당 전쟁(Jus ad Bellum)' 개념과 '정당한 전쟁 수행(jus in Bello)' 원칙으로 나뉜다. 정당한 전쟁이 되려면 다음 요건이 충족되어야 한다. ① Just cause, ② competent authority, ③ comparative justice, ④ right intention, ⑤ last resort, ⑥ probability of success. 동시에 정당한 이유에서 전쟁을 한다 하여도 전쟁 수행 과정에 적용할 원칙으로 ① proportionality, ② discrimination 원칙이 있다. 오늘날 핵무기를 동원한 차원에서 논의되는 정당전쟁론의 논쟁점은 정당한 전쟁의 개념이 아니라 전쟁 수행원칙을 충족하는 핵전쟁이 없기 때문이다. 참조, *The Challenge of Peace*, pp. 26–34.

13 *The Challenge of Peace*, p. iii.

14 *The Challenge of Peace*, pp. iii–iv.

15 Dorothee Soelle, *The Arms Race Kills even Without War*(Phliadelphia: Fortress Press, 1982), 1.

16 *The Challenge of Peace*, pp. 59–60.

17 2012년 스웨덴 평화연구소의 연례 보고서에 따르면 2011년 한 해 동안 전 세계에서 소
    모된 군사비는 1조 7380억 달러였다. 미국이 7,110억 달러를, 중국이 1,043억 달러를,
    그리고 러시아가 719억 달러를 사용했다. 참조 SIPRI, *Yearbook 2012 Armaments,
    Disarmament and International Security*(Stockholm: SIPRI, 2012), Part 4.

18 스톡홀름국제평화문제연구소 자료 참조, http://portal.sipri.org/publications/pages/
    expenditures/country-search.

19 EKD(2007), # 11, 12.

20 *The Challenge of Peace*, iv.

21 핵무기에 관한 다양한 자료는 다음 사이트를 참조하라. "Section 5. Effects of Nuclear
    Explosions" http://www.nuclearweaponarchive.org/Nwfaq/Nfaq5.html(2012.11.
    10). 핵무기 사이즈에 따라 피해 반경이 비례하는데 20킬로톤의 경우 반경 2.7킬로미터,
    1메가톤의 경우 반경 12킬로미터, 20메가톤일 경우 반경 39킬로미터가 일순간 숯덩이
    처럼 타버린다. 1945년 히로시마에서 폭발한 원자탄은 15킬로톤이었다.

22 The Challenge of Peace, 53(no. 168). 여기서 이 문서는 핵 방어 전략을 통해 보장되
    는 평화는 진정한 평화와 구별하고 있다.

23 *The Challenge of Peace*, 55(no. 174).

24 *The Challenge of Peace*, p. iii.

25 *The Challenge of Peace*, p. 55.

26 *The Challenge of Peace*, no. 190.

27 *The Challenge of Peace*, no. 221.

28 *The Challenge of Peace*, no. 249–252.

29 *The Challenge of Peace*, no. 258.

30 *The Challenge of Peace*, 99.

XIII 세계교회협의회의 평화운동

1 Conciliar Process of Mutual Commitment(Covenant) for Justice, Peace and the
   Integrity of Creation.

2 세계교회협의회, 《정의, 평화, 창조 질서의 보전》(서울: 대한기독교서회, 1989).

3 http://oikoumene.net/eng.global/eng.vancouver83/eng.vancou.5/print.
   html(2013.02.20)

4 세계교회협의회 중앙위원회는 1999년 9월 3일 〈폭력 극복을 위한 10년 운동을 제안하
   는 기초문서(A Basic Framework For The Decade To Overcome Violence)〉를 작성
   하면서 향후 세계교회협의회 평화운동의 방향을 교회 내외의 모든 폭력 제거에 목표를
   두기 시작했다.

5 The document "A Basic Framework for the Decade to Overcome Violence" was
   adopted by the Central Committee of the World Council of Churches in Geneva
   on Sep. 3, 1999.

6 13개의 문제 지평은 Overcoming violence between nations, violence within na-

tions, violence in local communities, violence within the home and the family, violence within the church, sexual violence, socio-economic violence, violence as a result of economic and political blockades, violence among youth, violence associated with religious and cultural practices, violence within legal system, violence against creation, violence as a result of racism and ethnic hatred. Ref. The document "A Basic Framework for the Decade to Overcome Violence," 5.

7 참조, WCC Decade to Overcome Violence, "Initial Statement Toward an Ecumenical Declaration on Just Peace,"(Kingston, Jamaica, May 17-25, 2011). 이하의 글은 이 문서에 기초하여 작성한 것임을 밝힌다.

8 "Initial Statement Toward an Ecumenical Declaration on Just Peace," No. 16.

9 "Initial Statement Toward an Ecumenical Declaration on Just Peace," No. 20.

10 "Initial Statement Toward an Ecumenical Declaration on Just Peace," No. 23.

11 "Initial Statement Toward an Ecumenical Declaration on Just Peace," No. 26.

12 "Initial Statement Toward an Ecumenical Declaration on Just Peace," No. 27.

13 "Initial Statement Toward an Ecumenical Declaration on Just Peace," No. 28.

14 이상의 논의는 "Initial Statement Toward an Ecumenical Declaration on Just Peace," No. 34-38 참조.

15 "Initial Statement Toward an Ecumenical Declaration on Just Peace," No. 39-45.

16 Faith and Order Commition, "The Nature and Mission of the Church. A Stage on the Way to a Common Statement"(Faith and Order Papers no. 198, published in 2005), §40.

17 "Initial Statement Toward an Ecumenical Declaration on Just Peace," No. 51.

18 "Initial Statement Toward an Ecumenical Declaration on Just Peace," No. 52-55.

19 "Initial Statement Toward an Ecumenical Declaration on Just Peace," No. 56.

20 "Initial Statement Toward an Ecumenical Declaration on Just Peace," No. 58.

21 "Initial Statement Toward an Ecumenical Declaration on Just Peace," No. 16.

22 참조, "Initial Statement Toward an Ecumenical Declaration on Just Peace," No. 58-73.

23 "Initial Statement Toward an Ecumenical Declaration on Just Peace," No. 78.

24 "Initial Statement Toward an Ecumenical Declaration on Just Peace," No. 112. 정의로운 평화에 대한 에큐메니칼 선언문 초안을 가다듬어 세계교회협의회는 2011년 〈정의로운 평화를 향한 에큐메니칼 선언(An Ecumenical Call to Just Peace)〉라는 문서를 발표했다. 이 문서는 거의 동일한 시각에서 공동체 안에서의 평화, 지구와의 평화, 시장에서의 평화, 민족 간의 평화의 과제를 언급하고 있다.

참고도서

김광채, "팍스 로마나와 아우구스티누스", *JSRT*, Vol. 6, 2006.

네루,《세계사 편력》, 곽복희·남궁원 역, 일빛, 1993.

마셜 B. 로젠버그,《비폭력 대화》, 캐서린 한 역, 바오출판사, 2008.

루츠 폴,《그리스도인과 국가: 로마서 13장 연구》, 손규태 역, 한국신학연구소, 1989.

미셸 끌레브노,《그리스도인과 국가권력: 2-3세기 그리스도교의 역사》, 한국신학연구소, 1994.

위르겐 몰트만,《희망의 윤리》, 곽혜원 역, 대한기독교서회, 2012.

W. B. 바틀릿,《십자군 전쟁》, 서미석 역, 한길사, 1999.

박충구,《기독교 윤리사 Ⅰ-Ⅲ》, 대한기독교서회, 2001.

클라우스 뱅스트,《로마의 평화》, 정지련 역, 한국신학연구소, 1994

W. 브루지만,《기독교와 평화》, 홍철화 역, 대한기독교서회, 1982.

세계교회협의회,《정의, 평화, 창조 질서의 보전》, 대한기독교서회, 1989.

조셉 L. 알렌,《기독교인은 전쟁을 어떻게 볼 것인가?》, 김흥규 역, 대한기독교서회, 1993.

아우구스티누스,《신국》, 윤성범 역, 을유문화사, 1979.

요한 크리스토프 아놀드,《평화주의자 예수》, 이진권 역, 샨티, 2006.

이태훈, "구약에 나타난 평화", 〈장로교회와 신학〉, Vol 7, 2010.

정지석, "퀘이커리즘에서 배운다 1-10", 〈기독교사상〉, No. 629-638(2010. 6-2011.03).

필립 지강테스,《권력과 탐욕의 역사》, 강미경 역, 이마고, 2004.

최상용, "칸트의 평화사상과 현대", 〈계간사상〉(1994, 여름호).

볼프강 후버·H. R. 로이터,《평화윤리》, 김윤옥·손규태 역, 대한기독교서회, 1997.

크리스토퍼 프라이,《개신교 윤리사》, 조경철 역, 보문출판사, 1993.

조셉 플레처,《상황윤리》, 이희숙 역, 종로서적, 1989.

리처드 호슬리,《예수와 제국: 하나님 나라와 신세계 무질서》, 김준우 역, 한국기
　　　독교연구소, 2004.

안토니오 네그리,《제국》, 윤수종 역, 이학사, 2003.

Apuleius. *Der goldene Esel: Metamorphosen*, Hg. Edward Brandt/Wihelm
　　　Ehlers, Muenchen, 1980.

Aquinas, Thomas. *Summa Theologica*, New York: Benziger Bros., 1948.

Thomas, von Aquino. *Summa der Theologie: Die Sittliche Weltordnung*, Ⅱ.
　　　Leipzig: Alfred Kroener Verlag, 1935.

Aristeid. *Die Romerede des Aelius Aristides*, Hg. Richard Klein. Darmstadt,
　　　1983.

Aristotle. *The Nicomachean Ethics*, Oxford: Oxford UP, 1998.

Augustus. *Meine Taten: Res Gestae Divi Augusti*, Hg. Ekkahard Weber,
　　　Muenchen, 1970.

Bainton, Roland H. *Christian Attitudes towards War and Peace: A Historical
　　　Survey and Critical Reevaluation*. Nashville: Abingdon Press, 1964.

_____. "The Early Church and War," *Harvard Theological Review*, Vol. 39,
　　　No. 3(Jul., 1946).

Barbour, Hugh and Arthur O. Robert, ed. *Early Quaker Writings 1650–
　　　1700*, Philadelphia: Pendle Hill Publications, 1973.

Barry, J. *The Sword of Justice: Ethics and Coercion in International Politics*,
　　　London: Praeger, 1998.

Barth, Karl. Community, *State and Church*, New York: Anchor Books, 1960.

Battles, Ford Lewis. *Analysis of the Institutes of the Christian Religion of
　　　John Calvin*, Michigan: Baker Book House, 1980.

Beauchamp, Tom, L. and James, F. Childress. *Principles of Biomedical Eth-
　　　ics*, Oxford, New York: Oxford UP, 2003.

Bender, Harold, S. "The Pacifism of the Sixteenth Century Anabaptists," *Church History*, Vol. 24, No. 2(Jun. 1955).

Bernard, Lonergan. "Aquinas Today: Tradition and Innovation." *The Journal of Religion*, Vol. 55, No.2(Apr. 1975).

Best, G. *Humanity in Warfare*, New York: Columbia UP., 1980.

_____. *War and law since 1945*, Oxford: Clarendon, 1994.

Beth Foley. "Verfassungspatriotismus," *European Social and Political Research*, Vol. 13(2006–2007).

Bettenson, Henry and Chris Maunder. Eds. *Documents of the Christian Churches*, London: Oxford UP, 1999.

Boucher, D. *Political Theories of International Relations,* Oxford: Oxford UP, 1998.

Bracht, Thieleman J. van. *Martyrs' Mirrorof the defenseless Christians,* Scottdale: Herald Press. 1886.

Brady, James and N. Garver. Eds. *Justice, Law and Violence*, Philadelphia: Temple UP, 1991.

Braithwaite, William C. *The Beginnings of Quakerism,* Cambridge: Cambridge UP, 1955.

Breebaart, A. B. "Review of Koine Eirene: General Peace and Local Independence in Ancient Greece," *Mnemosyne, Fourth Series*, Vol. 20, Fasc. 1967.

Briggs, Charles A. *The Ethical Teaching of Jesus*, New York: Charles Scribner's Sons, 1904.

Brinton, Howard H. "The Pendle Hill Idea," *Pendle Hill Pamphlet 55,* Philadelphia: Pendle Hill Publications, 1970.

Brock, Peter and Nigel Young. *Pacifism in the Twentieth Century,* Toronto: University of Toronto Press, 1999.

Brock, Peter. *Pacifism in Europe to 1914,* Princeton: Princeton UP, 1972.

_____. *The Roots of War Resistance: Pacifism from the Early Church to Tolstoy,* New York: The Fellowship of Reconciliation, 1981.

Brown, Robert McAfee. *The Essential Reinhold Niebuhr: Selected Essays and Addresses,* New Heaven and London: Yale UP, 1986.

Bruegemann, Walter. "Living Toward a Vision," *Christian Peace and Non-violence: A Documentary History,* Ed. Michael G. Long. New York: Orbis Books, 2011.

Bullinger, H. *Der Widertoeuffern Ursprung, Fuergang, Sesten, Woesen,* Zuerich. 1561.

Bultmann, Rudolf. *Jesus and The Word,* tr. L. P. Smith & E. H. Lantero. London: Scribner's, 1934.

Cahill, L.S. *Love Your Enemies: Discipleship, Pacifism and Just War Theory,* Minneapolis: Fortress, 1994.

Cahill, Lisa, S. *Sex, Gender & Christian Ethics,* Cambridge: Cambridge UP, 2000.

Calvin, John. Michigan: Eerdman's Publishing Co., 1983.

_____. *Institutes of the Christian Religion, 1536 Edition,* tr. Ford Lewis Battles. Atlanta: John Knox Press, 1936.

Calvin, Peter. *Karlstadt as the Father of Baptist Movements: the Emergence of Lay Protestantism,* Toronto, Toronto UP, 1984.

Calvin, Redekop. *Mennonite Society,* Baltimore and London: The John Hopkins UP., 1989.

Campbell, D. and M. Dillon. Eds. *The Political Subject of Violence,* Manchester: Manchester UP., 1993.

Chae, Yi-Byung. *Die Lehre des Thomas von Aquin ueber den Frieden,* Koeln, Hundt Druck, 2001.

Charles, A. Briggs. *The Ethical Teaching of Jesus,* New York: Charles Scribner's Sons, 1904.

Christiansen, Drew SJ. "Catholic Peacemaking: From Pacem in terris to Centesimus annus," presented at Washington D.C., Feb. 5, 2001.

Christopher, P. *The Ethics of War and Peace: An Introduction to Legal and Moral Issues,* Englewood Cliffs, NJ: Prentice Hall, 1994.

Cicero, M. Tullius. *The Political Works of Marcus Tullius Cicero: Comprising his Treatise on the Commonwealth; and his Treatise on the Laws,* tr. Francis Barham, Esq. London: Edmund Spettigue, 1841–1842.

Clausewitz, Carl von. *On War,* tr. by A. Rapoport. Harmondsworth, UK: Penguin, 1995.

Clinton, Gardner E. *Biblical Faith and Social Ethics,* New York: Harper and Row, Publishers, 1960.

Coates, A.J. *The Ethics of war,* Manchester. UK: University of Manchester Press, 1997.

Cole, Garry Z. "John Calvin on Civil Government," *Western Reformed Seminary Journal, 16. 2* Aug., 2009.

Dale, Jonathan and others, *Faith in Action: Quaker Social Testimony,* ed. Elizabeth Cave & Ros Morley. London: Quaker Home Service, 2000.

Davis, G. *Warcraft and the Fragility of Virtue,* Lincoln, NA: University of Nebraska Press, 1992.

De Grummond, Nancy Thomson. "Pax Augusta and the Horae on the Ara Pacis Augustae," *American Journal of Archaeology,* Vol. 94, No. 4 Oct., 1990.

Dennis, Gaber. *The Mature Society,* New York: Praeger Publishers, 1972.

Dillenberger, John. ed. *Martin Luther,* New York: Anchor Books, 1961.

Dinstein, Y. War, *aggression and self defence,* Cambridge: Cambridge UP, 1995.

Dodd, C. H. *The Gospel and the Law of Christ,* London: Longman, 1947.

Dombrowski, D. *Christian Pacifism,* Philadelphia, PA: Temple UP, 1991.

_____. *Ways of War and Peace,* New York: Norton, 2000.

Dyck, Harvey, L. Ed. *The Impulse in Historical Perspective,* Toronto: University of Toronto Press, 1996.

EKD. *Denkschrift: Aus Gottes Frieden Leben–Fuer gerechten Frieden Sorgen,* Guetersloh: Guetersloher Verlag, 2007.

_____. *Gewalt gegen Frauen als Thema der Kirche,* Guetersloh: Guetersloher Verlag, 2000.

_____. *Aus Gottes Frieden Leben–Fuer gerechten Frieden sorgen,* Guetersloh: Guetersloher Verlag, 2007.

Ellis, Mark H. *Unholy Alliance,* New York: Fortress Press, 1997.

Elshtain, J.B. *Just War Against Terror,* New York: Basic, 2003.

Eppler, Erhard. "Abruestung–Frieden–Position der evangelischen Kirche". *Gewerkschaftliche Monatshefte,* 1983.

Euripides. *Hercules Furens,* Michigan: University of Michigan Library, 2009.

Fletcher, Joseph. "Reflection and Reply," *The Situation Ethics Debate,* Ed. Harvey Cox. Philadelphia: The Westminster Press, 1968.

Franck, T. *The Power of Legitimacy Among Nations,* Princeton: Princeton UP., 1990.

Loetscher, Frederick William. "St. Augustine's Conception of the State," *Church History,* Vol. 4, No. 1 Mar., 1935.

Fauler, James W. *To See the Kingdom: The Theological Vision of H. Richard Niebuhr,* New York: Abingdon Press, 1974.

Fox, George. *The Journal of George Fox,* ed. John L. Nickalls. London: London Yearly Meeting, 1975.

_____. "Paper to Friends to Keep Out of Wars and Fights," *Christian Peace and Nonviolence: A Document History,* ed., Michael G. Long. New York: Orbis, 2011.

Frey, R.G. and C.W. Morris. Eds. Violence, *Terrorism, and Justice,* Cambridge: Cambridge UP, 1991.

Frost, M. *Ethics in International Relations,* Cambridge: Cambridge UP, 1996.

Gallie, W.B. *Understanding War,* London: Routledge, 1991.

Garman, Mary et. al. ed. *Hidden in Plain Sight: Quaker Women's Writings 1650–1700,* Wallingford Pennsylvania: Pendle Hill, 1996.

Gelven, M. *War and Existence,* Philadelphia, PA: Pennsylvania State UP., 1994.

George, Gillett. "The Old Testament and War," *The American Advocate of Peace and Arbitration,* Vol. 53, No. 2(Feb.–Mar., 1891).

Gilbert, William. *Renaissance and Reformation,* Lawrence. KS: Carrie, 1998.

Gill, Robin. *A Textbook of Christian Ethics,* Edinburgh: T. & T. Clark Limited, 1985.

Gillett, George. "The Old Testament and War," *The American Advocate of Peace and Arbitration,* Vol. 53, No. 2(Feb.–Mar., 1891).

Gollwitzer, H. *Die Christen und die Atomwaffen,* Muenchen: Kaiser Verlag, 1957.

Gonzales, Justo L. *A History of Christian Thought* Ⅰ–Ⅲ. Nashville: Abingdon, 1984.

Gordon, L. Anderson. "The Elusive Definition of Peace." *International Journal on World Peace,* Vol. 2, No. 3(Jul.–Sep., 1985).

Gowa, J. *Ballots and Bullets: The Elusive Democratic Peace,* Princeton, NJ: Princeton UP, 1999.

Greene, Dana. "Quaker Feminism: The Case of Lucretia Mott," *Pennsylvania History,* Vol. 48, No. 2(Apr., 1981).

Greene, William Chase. "Some Attitudes Toward War and Peace," *The Classical Journal,* Vol. 39, No. 9(Jun., 1944).

Griffiths, M. *Realism, Idealism and International Politics,* London: Routledge, 1992.

Grimm, Harold, J. *The Reformation Era 1500–1650,* New York: Macmillan Publishing Co., 1973.

Haehling, Raban von Hrg. *Rom und das himmlische Jerusalem: Die Fruehen Christen zwischen Anpassung and Ablehnung. Darmstadt: Wischenschaftliche Buchgesellschaft,* 2000.

Harnack, Adolf, *Militia Christi: The Christian Religion & the Military in the First Three Centuries. Translation of Militia Christi: Die Christliche Religion und Der Soldatenstand in den Ersten drei Jahrhunderten,* Tuebingen, 1950.

_____. *Aus Wissenschaft und Leben II,* Giessen: Topelmann, 1911.

Hardt, Michael and Antonio Negri. *Empire,* Cambridge: Harvard UP, 2000.

Heckel, Johannes. *Im Irrgarten des Zwei–Reiche–Lehre,* Muenchen: Kaiser Verlarg, 1957.

Homer. *Illiad,* Kindle Edition, 2013.

_____. *Odyssey,* Kindle Edition, 2013.

Honecker, Martin. *Das Recht des Menschen: Einfuerung in die evangelische Sozialethik,* Guetersloh: Guetersloher Verlag, 1976.

_____. *Grundriss der Sozialethik,* Berlin/New York: Walter de Gruyter,

1995.

_____. *Konzept einer Sozialethischen Theorie*, Tuebingen: J.C.B. Mohr, 1971.

_____. *Sizialethik zwischen Tradition und Vernuenft*, Tuebingen: J.C.B. Mohr, 1977.

Huber, Wolfgang. "Von der gemeinsamen Sicherheit zum gerechten Frieden–Die Frieden Ethik der EKD in den letzten 25 Jahren," *Vortrag anlaesslich der 12. Dietrich Bonhoeffer Vorlesung in Muenster* 06. Juni., 2008.

Johns, Refus M. ed. *George Fox: An Autobiography*, Philadelphia: Ferris and Leach, 1903.

Johnson, J. T. *Can Modern War Be Just?*, New Haven, CT: Yale UP, 1984.

_____. *Ideology, Reason and Limitation of War: Religious and Secular Concepts, 1200 1740*, Princeton, NJ: Princeton UP, 1981.

_____. *Morality and Contemporary Warfare*, New Haven, CT: Yale UP, 1999.

_____. *The Just War Tradition and the Restraint of War*, Princeton, NJ: Princeton UP, 1981.

_____. *The Quest for Peace*, Princeton, NJ: Princeton UP, 1987.

Kane, B. *Just War and the Common Good: Jus ad Bellum Principles in 20th century Papal Thought*, San Francisco: Catholic Scholars Press, 1997.

Kant, I. Political Writings, tr. H. Nisbit and ed. H. Reiss. Cambridge: Cambridge UP, 1970.

_____. *The Metaphysics of Morals*, tr. M. Gregor. Cambridge: Cambridge UP, 1995.

Klassen, William. *Love of Enemies: The Way to Peace*, Philadelphia: Fortress Press, 1984.

Koertner, Ulrich H. I. "Christliche Friedenethik in Verantwortungsethischer Perspective," Eine Vortrag der 40. Bundestagung des evangelischen Arbeitkreises der CDU/CSU vom. 2003.

Kueng, Hans. *Global Responsibility: In Search of a New Global Ethic*, New

York: Cross Road, 1993.

Kunst, Hermann, et. al. *Evangelisches Staatlexkon*, Berlin: Kreuz Verlag, 1975.

Langan, John S.J., "The Elements of St. Aufustine's Just War Theory," *The Journal of Religious Ethics*, Vol. 12, No. 1(Spring, 1984).

Larsen, A. O. "Federation for Peace in Ancient Greece," *Classical Philosophy*, Vol. 39, No. 3(ul., 1944).

Layler, James. *The Lamb's War against the Man of Sin*, London: Bull and Mouth near Aldersgate, 1658.

Lehmann, Helmut T. Ed. *Luther's Works*, Vol. 45–48. Philadelphia: Fortress Press, 1985.

Lehmann, Paul. *The Transfiguration of Politics*, New York: Harper and Row., 1975.

Livius, Titus. *Roman History*, Kindle Edition, 2013.

Loetscher, Frederick William. "St. Augustine's Conception of the State," *Church History*, Vol. 4, No. 1(Mar., 1935).

Lonergan, Bernard. "Aquinas Today: Tradition and Innovation," *The Journal of Religion* Vol. 55, No.2(Apr., 1975).

Long, Michael G. *Christian Peace and Nonviolence: A Documentary History*, New York: Orbis, 2011.

Luther, Martin. "Can Soldiers be Saved?" *Luther's Works*, Vol. 45. Philadelphia: Fortress Press, 1966.

_____. "Secular Authority: To What Extent It Should be Obeyed?" *Martin Luther: Selections from His Writings*, ed., John Dillenberger. New York: Anchor Books. 1961.

_____. "Temporal Authority," *Luther's Works*, Vol. 45.

Martin, Albert. *War and the Christian Conscience: From Augustine to Martin Luther King, Jr*, Chicago: Henry Regnery Company, 1971.

McNeill, John T. Ed. Calvin: *Institutes of the Christian Religion*, Philadelphia: The Westminster Press, 1599.

Mehl, Roger. "The Basis of Christian Social Ethics," *Christian Social Ethics in a Changing World*, New York: Association, 1966.

Miller, R. B. *Interpretations of Conflict: Ethics, Pacifism and the Just War Tradition,* Chicago: University of Chicago Press, 1991.

Moffat, James. "War," *Hasting's Dictionary of the Apostolic Church II,* Chcago: Chcago UP, 1918.

Muha, Maria. "Kirchliche Friedensethik und Erzirhung zu Gerechtigkeit und Frieden als gewaltlose Loesung der Konflikte und als Kriegspraevention," Diss.(Universitaet Passau, 2008).

Moltmann, Juergen. *Politisch Theologie–Politische Ethik,* Guenewald: Kaiser, 1984.

Muralt, L. von and W. Schmid, *Quellen zur Geschichte der Taeufer in der Wchweiz I,* Zuerich. 1952.

Nardin, T. Ed. *The Ethics of War and Peace: Religious and Secular Perspectives,* Princeton: Princeton UP, 1996.

National Conference of Catholic Bishops. *The Challenge of Peace: God's Promise and Our Response–A Pstoral Letter on War and Peace,* Washington D.C.: United States Catholic Conference, 1983.

Niebuhr, H. Richard. *Christ and Culture,* New York: Harper & Row Publishers, 1951.

Niebuhr, Reinhold. *An Interpretation of the Christian Ethics,* New York: Harper, 1935.

_____. *The Nature and Destiny of Man,* London: Westminster, John Knox Press, 1996.

_____. *Moral Man and Immoral Society,* New York: Charles Scribner's, 1960.

Norman, R. *Ethics, killing and war,* Cambridge: Cambridge UP, 1995.

Ogletree, Thomas. *The Use of the Bible in Christian Ethics,* Philadelphia: Fortress Press, 1983.

Orend, Brian. *Human Rights: Concept and Context,* Peterborough: Broadview Press, 2002.

Outler, Albert C. & Richard P. Heitzenrater, ed., *John Wesley's Sermons: An Anthology*(Nashville: Abingdon Press, 1991), 419–430: "On Good Steward(1768)."

Peck, George T. *What is Quakerism?* Pendle Hill Pamphlet 277. Philadel-
phia: Pendle Hill Publications, 1988.

Pogge, T. "Cosmopolitanism and Sovereignty." Refereed paper presented
to the Australasian Political Studies Association Conference Uni-
versity of Adelaide 29th September, (October 2004).

Ramsey, Paul. *The Just War: Force and Political Responsibility,* New York:
Charles Scribner's Sons, 1968.

_____. *Just War: Principles and Cases,* Washington, DC: Catholic Univer-
sity of America Press, 1996.

_____. *Basic Christian Ethics,* New York: Charles Scribner's, 1950.

Rausch, W., Chr. Walther. Hrg. *Evangelsiche Kirche in Deutschland und die
Wiederfruestungsdiskussion in der Bundesrepublik 1950–1955,*
Guetersloh: Guetersloher Verlag, 1978.

Redekop, Calvin. *Mennonite Society,* Baltimore and London: The John
Hopkins UP, 1989.

Rex, Martin. "The Two Cities in Augustine's Political Philosophy," *Journal of
the History of Ideas,* Vol. 33, No. 2(Apr.–Jun., 1972).

Riedemann, Peter. *Rechenschaft unsere Religion, Lehere und Glaubens
von den Bruedern die man Hutterischen nennt,* Berne, Indiana.
1902.

Robinson, James Harvey. *Readings in European History,* 2 vols. Boston:
Ginn & Company, 1906.

Ruether, Herrmann. "Augustine ist der erste Dogmatiker der Inquisition,"
Augustinische Studien, Gotha: F.A. Perthes, 1887.

Schaff, Philip. *The Apostolic Fathers with Justin Martyr and Irenaeus,* Edit-
ed by Alexander Roberts and James Donaldson. 1887, Grand Rap-
ids: Wm. B. Eerdmans Publishing Co., 2001.

Schmit, Leopold. *Die Ethik der Alten Griechen,* Berlin: Hertz, 1882.

Schoedel, William R. "Christian Atheism and the Peace of Roman Empire."
Church History, Vol. 42, No. 3(Sep., 1973).

Schweitzer, Albert, *The Quest for the Historical Jesus,* tr. W. Montgomery
and F. C. Burkill. London: Black, 1952.

Shannon, Thomas. ed. *War or Peace?: The Search for New Answers*, New York: Orbis Books, 1982.

Shinn, Roger L. *Christianity and the Problem of History*, St. Louise: The Bethany Press, 1964.

Simon, Erika. *Ara Pacis Augustae*, New York, Greenwich: New York Graphic Society LTD., N.D.

Simmons, Menno. *The Complete Writings of Menno Simmons*, Elkhart, IN: J. F. Funk and Brother. 1871.

SIPRI. *Yearbook 2012 Armaments, Disarmament and International Security*, Stockholm: SIPRI, 2012.

Soelle, Dorothee. *The Arms Race Kills even Without War*, Phliadelphia: Fortress Press, 1982.

Stassen, Glen H. et all., *Authentic Transformation: A New Vision of Christ and Culture*, Nashville: Abingdon Press, 1996.

Stelzenberger, Johannes. *Die Beziehungen der fruehchristlichen Sittenlehre zur Ethik des Stoa*, Zuerich/New York: Gerog Olms Verlag, 1989.

Stotts, Jack L. *Shalom: The Search for a Peaceable City*, New York, Nashville: Abingdon, 1973.

Swartley, Willard M. *Covenant of Peace: The Missing Peace in New Testament Theology and Ethics*. Michigan: Wm. B. Eerdmans, 2006.

Teichman, J. *Pacifism and the Just War*, Oxford: Basil Blackwell, 1986.

The United Methodist Council of Bishops. *The Nuclear Crisis and a Just Peace*, Nashville: Graded Press, 1986.

Thomson, Leonard, L. "The Martyrdom of Polycarp: Death in the Roman Games." *The Journal of Religion*, Vol. 82, No. 1(Jan., 2002).

Thomson, Nancy, De Grummond. "Pax Augusta and the Horae on the Ara Pacis Augustae." *American Journal of Archaeology*. Vol. 94, No. 4(Oct., 1990).

Thucydides. *The Peloponnesian War*, tr. Steven Lattimore. Indianapolis/Cambridge: Hackett Publishing Co, Inc., 1998.

Thurman, Howard. *For the Inward Journey*, Richmond, Indiana: Friends United Meeting, 2002.

Troeltsch, Ernst. *The Social Teaching of the Christian Churches,* Chicago: Chicago UP, 1960.

Troup, Calvin L. "Augustine the African: Critic of Roman Colonialist Discourse," *Rhetoric Society Quarterly,* Vol. 25, 1995.

Walzer, M. *Arguing About War,* New Haven: Yale UP., 2004.

_____. *Just and Unjust Wars: A Moral Argument with Historical Illustrations,* New York: Basic Books, 3rd ed., 2000.

Watt, Jeffrey R. "Women and the Consistory in Calvin's Geneva," *The Sixteenth Century Journal,* Vol. 24, No. 2 Summer, 1993.

Weinstock, Stefan. "Pax and Ara Pacis." *The Journal of Roma Studies, Vol. 50,* Parts 1 and 2, 1960.

Wells, D. A. *An Encyclopedia of war and ethics,* Westport, CT: Greenwood, 1996.

Wenger, J. C. *Glimpses of Mennonite History and Doctrine,* Scottdale: Mennonite Publishing House. 1940.

Williams, Walter R. *The Rich Heritage of Quakerism,* Newberg, Oregon: The Barclay Press. 1987.

Wink, Walter. "Jesus and Nonviolence: A Third Way." *Christian Peace and Nonviolence: A Documentary History,* Ed. Michael G. Long. New York: Orbis Books, 2011.

Wogaman, J. Philip. *Christian Ethics: A Historical Introduction,* Louisville: Westminster/ John Knox Press, 1993.

Yoder, John H. *Politics of Jesus,* Michigan: Grand Rapids, 1994.

_____. *Christian Attitudes to War, Peace, and Revolution,* MI: Grand Rapids; Brazos Press, 2009.

Zampagione, Gerardo. *The Idea of Peace in Antiquity,* London: University of Notre Dame Press, 1973.

Zweig, Stefan. *The Right to Heresy: Castellio Against Calvin,* Boston: Beacon Press, 1951.

종교의 두 얼굴 – 평화와 폭력

2013. 9. 6. 초판 1쇄 인쇄
2013. 9. 13. 초판 1쇄 발행
지은이 박충구

펴낸이 정애주 **편집팀** 송승호 한미영 김기민 김준표 정한나 박혜민
디자인팀 김진성 박세정 조주영 **제작팀** 윤태웅 임승철 김의연
마케팅팀 차길환 국효숙 박상신 오형탁 곽현우 송민영 **경영지원팀** 오민택 마명진 윤진숙 염보미

펴낸곳 주식회사 홍성사 **등록번호** 제1-499호 1977. 8. 1.
주소 (121-897) 서울시 마포구 합정동 369-43
전화 02) 333-5161 **팩스** 02) 333-5165
홈페이지 www.hsbooks.com **이메일** hsbooks@hsbooks.com
트위터 twitter.com/hongsungsa **페이스북** facebook.com/hongsungsa
양화진책방 02) 333-5163